Sehnsucht – der Anfang von allem

Ariane Martin

Sehnsucht – der Anfang von allem

Dimensionen zeitgenössischer Spiritualität

Schwabenverlag

www.schwabenverlag.de

Umschlaggestaltung: Finken & Bumiller, Stuttgart
Umschlagbild: © Francesco Clemente, XVL
Satz: Schwabenverlag mediagmbh, Ostfildern
Herstellung: Druckhaus Thomas Müntzer, Bad Langensalza
Printed in Germany

ISBN 3-7966-1249-0

Inhalt

Vorwort

Kein seriöser Religionssoziologe hätte in den Siebzigerjahren des letzten Jahrhunderts vorhergesagt, dass es eine »Renaissance des Religiösen« (Hubert Knoblauch, Ingo Mörth) oder eine »Wiederverzauberung« (Peter L. Berger) auch und gerade in Westeuropa geben werde. »Respiritualisierung«, so hingegen der zeitgenössische Trendforscher Matthias Horx, ist einer der Megatrends der späten Neunzigerjahre geworden.

Europäische Wertestudien bieten Anhaltspunkte dafür, dass sich zumal in den zugespitzt säkularen Kulturen der meisten europäischen Hauptstädte nicht nur religiöse, sondern zum Teil auch kirchliche Indikatoren erholen. Spiritualität entspringt gesättigter Säkularität.

Das Institut für Pastoraltheologie an der katholisch-theologischen Fakultät der Universität Wien widmet sich unter meiner Leitung schwerpunktmäßig der europäischen Religionsforschung. In diesem Rahmen hat es sich schon vor anderen wissenschaftlichen Einrichtungen seit Jahren forscherisch dieser überraschenden Entwicklung zugewendet. »Kehrt die Religion wieder?« Unter diesem Titel veröffentlichten wir zur Jahrtausendwende Ergebnisse einer Langzeitstudie zu »Religion im Leben der Menschen 1970–2000«. Ergänzt werden die quantitativ angelegten Studien unseres Großforschungsprojektes »Respiritualisierung« durch qualitative, auch interdisziplinär angelegte Tiefenstudien.

Eine Frucht interdisziplinärer Zusammenarbeit mit der Fakultät für Human- und Sozialwissenschaften (näherhin mit dem Institut für Kultur- und Sozialanthropologie – Prof. Dr. Manfred Kremser) ist die vorliegende Studie zu Dimensionen zeitgenössischer Spiritualität der Kulturanthropologin Ariane Martin. Nicht konkrete Gruppen, Bewegungen und Weltanschauungen werden erforscht – dafür liegen bereits Forschungen vor –, sondern durchgängige Dimensionen spiritueller Suche, die sich in säkularen Kulturen mit neuer Qualität ereignet.

Martin legt eine differenzierte Analyse des »spirituellen Feldes« vor. Damit bereichert sie die Tiefenkenntnis zeitgenössischer Spiritualität(en) enorm.

Wien, Mai 2005 Paul M. Zulehner

Einführung

Sehnsucht ist der Anfang von allem.
Nelly Sachs

Zu Beginn des 21. Jahrhunderts haben Sinn-, Heils- und Unsterblichkeitsbotschaften Konjunktur. Seit etwa Mitte der Neunzigerjahre des 20. Jahrhunderts durchziehen sie vermehrt – wenn auch oft diskret – Deutschlands kulturelle Landschaft. Die Spuren des Religiösen und Spirituellen zeigen sich vielerorts: In Werbung und Wellness, in Medien, Management, Musik und (alternativer) Medizin, aber auch in Sport und Spiel finden sich spirituelle Andeutungen.[1] Die Zahl der Zeitschriften, Populär- und Fachbücher, Internetseiten, Workshops, Kurse und Seminarangebote mit spirituellen Inhalten steigt.

Spiritualität kommt – wenn auch unter den verschiedensten Vorzeichen und Intentionen – wieder vor: Von trendiger, oberflächlicher Vernützlichung über Formen des Missbrauchs bis hin zu einer tiefen Hingabe, wie es auch den Wahrheits- und Gottsuchenden in den unterschiedlichen geistigen Traditionen der Menschheitsgeschichte bereits ein Anliegen war.

Im Bereich des Weltanschaulichen hat in den letzten Jahren kein anderes Wort einen solchen Boom erlebt wie *Spiritualität* – Spiegel moderner Sehnsüchte: nach Sinn, nach »geistigen/geistlichen Werten und nach persönlicher (Transzendenz-)Erfahrung«[2].

Sind das Zeichen dafür, dass Aufklärung, sozialer Utopismus, Intellektualismus und Psychoanalyse die grundsätzlichen Fragen menschlichen Lebens für viele nicht zufriedenstellend beantworten konnten? Das von Theoretikern der Säkularisierung prophezeite Ende des Religiösen – und auf diese Arbeit bezogen des Spirituellen – blieb bislang aus. Wer aus dem Rückgang der Gottesdienstbesucher am Sonntagmorgen[3] und der hohen Zahl an Kirchenaustritten[4] Rückschlüsse auf den Rückgang von Religion und Spiritualität zieht, übersieht nicht nur ihre Privatisierung, sondern auch ihre Umgestaltung in neue Formen.[5]

Auffallend ist, dass das neue Aufblühen von Spiritualität – trotz einer Renaissance von Religion als Diskussionsthema auf dem gesellschaftlichen und kulturellen Parkett – weniger aus den Kirchen herauswächst als vielmehr aus dem säkularen Raum. Das Interesse an spirituellen Fragen steigt, während das an institutionalisierter Religion bei den einen schwindet und bei anderen sich wandelt: Nach Zeiten der Institutionsverachtung entsteht bei ihnen eine unsichtbare, wählerische und unverbindliche Institutionenneugier.

Zudem zeigt sich neben einer fundamentalistischen und auch vermehrt politisierten Form neuer religiöser Orientierung eine Art von mehr oder weniger vaga-

1 Die Eisfirma Schöller versuchte, Eis am Stiel namentlich als Todsünden zu vermarkten. BMW wollte mit einer Werbekampagne im Dezember 2003 ihren Produkten durch die Verbindung mit adventlichen Liedtexten zu mehr Absatz verhelfen. Ein Werbespruch der Lufthansa lautet: »Wir halten den Himmel offen.« Die Mitarbeiter des ADAC (Allgemeiner Deutscher Automobilclub) helfen defekten Fahrzeugen als »gelbe Engel« wieder auf die Spur. Mediziner werden in Fernsehserien zu Heiligen stilisiert.

2 Zulehner, Paul M.: Megatrend Religion, in: Stimmen der Zeit 221 (2003) 87–96.

3 Zwar sind zwei Drittel der Deutschen offiziell Mitglied entweder der katholischen (26,7 Mio.) oder evangelischen Kirche (26,3 Mio.), doch nur etwa jeder Zehnte besucht sonntags regelmäßig Gottesdienste. Zulehner, Paul. M./Volz, Rainer: Männer im Aufbruch, Ostfildern 1998.

4 Im Jahr 2001 traten ca. 285.000 Menschen aus den beiden Großkirchen aus.

5 Dennoch verzeichnen auch die Kirchen vor allem in Großstädten wieder einen Zuwachs in Form einer »sehr zaghaften, zögerlichen Anbindung«; allerdings geschieht sie in weitaus geringerem Maße als die Abwendung. Vgl. Denz, Hermann (Hg.): Die europäische Seele. Leben und Glauben in Europa, Wien 2002.

bundierender Spiritualität, die zwar offen für Neues ist, aber als religiöses Nomadentum an keinem Ort länger verweilen will. Viele Menschen strömen »wie die Verdurstenden in einer Wüste (...) irgendwohin an die Quellen«[6].

Wenn sich auch immer mehr Menschen von alten Antworten verabschieden – die Fragen bleiben dieselben: Fragen nach dem Woher und Wohin, nach Sinn und Kontingenz und nach dem Geheimnis der Schöpfung.

Zeitgenössische Spiritualität stellt ein äußerst komplexes Phänomen dar. Die Skizzierung eines einheitlichen Bildes lässt sie nicht zu. Vielmehr sind auf der spirituell zu belebenden Fläche die unterschiedlichsten Spielarten zu verzeichnen. Es besteht der Trend zur Komposition neuer Formen von Spiritualität aus Teilen bereits existierender Weltanschauungen, Philosophien und Religionssystemen.[7] Gleichzeitig versuchen andere, das Wesentliche des Spirituellen als wahres, verbindendes Element in verschiedenen spirituellen Traditionen und Strömungen zu ergründen. Zu beobachten sind auch Tendenzen der Verszenung und Eventisierung.

Die vorliegende interdisziplinäre Arbeit wird einen reflektierten Einblick in die Dimensionen zeitgenössischer Spiritualität in der deutschen Kultur geben und die Komplexität dieser Phänomenologie zumindest im Ansatz interdisziplinär deuten und begründen. Sie richtet sich sowohl an die »scientific community« als auch an ein breiteres Publikum, das sich für die Thematik interessiert.

6 Achenbach, Gerd B., in: Zeitgeist und Spiritualität – Analysen und Themen, http://www.kath.de/kfa/zeitgeist/zgei03.htm.
7 Zulehner, Paul M./Polak, Regina/Hager, Isa: Kehrt die Religion wieder? Ostfildern 2001.

Spiritualität – ein Thema kehrt wieder

Spiritualität löst sich – allen Tendenzen der Säkularisierung zum Trotz – nicht einfach auf: »Das moderne Zeitalter ist ganz gewiss der Schauplatz einer massiven Säkularisierung«, so der Religionssoziologe Peter L. Berger, »es ist aber ebenso der Schauplatz mächtiger Gegenbewegungen.«[8]

Wie Berger verzeichnen auch andere führende Wissenschaftler und ebenso Trendforscher neben der fortschreitenden Säkularisierung und teilweise verordneten Atheisierung, z. B. in kommunistisch geprägten Ländern wie Tschechien oder in großen Teilen Ostdeutschlands[9], einen weltweiten Aufschwung von Religiosität und Spiritualität – unabhängig von konkreten Inhalten und konfessioneller Zugehörigkeit. Dabei scheint Westeuropa nur auf den ersten Blick eine Ausnahme zu machen.[10]

»Europa kann weder als christlich noch als unreligiös und schon gar nicht als atheistisch bezeichnet werden«, so das Ergebnis einer europäischen Wertestudie, die bereits 1990 durchgeführt wurde. »Charakteristisch für Europa ist die Tendenz zu einer unsichtbaren, personbezogenen Religiosität. Das heißt auch, dass – von den Menschen her beurteilt – Europa nicht säkularisiert ist.«[11]

In Deutschland ist nach einer Studie von Michael N. Ebertz (1998) rund die Hälfte der Bevölkerung als »religiös« zu bezeichnen. Die Menschen schätzen sich selbst unabhängig von konfessioneller Zugehörigkeit oder regelmäßigen Gottesdienstbesuchen so ein.[12] Allerdings koppeln viele Zeitgenossen ihre Spiritualität heute nicht mehr automatisch an Konfession und Kirchlichkeit. Nach Christian Friesl und Regina Polak kann man deshalb von einer »terminologischen Entkoppelung sprechen, die nachhaltige Auswirkungen auf die religiöse Praxis hat«[13].

Anders als die alte Frömmigkeit, welche Jenseitshaltung und Diesseitsbewältigung verbunden hat, soll moderne Spiritualität vor allem das Leben bereits hier und jetzt bereichern und verändern und nicht erst als »Belohnung« im Jenseits.

So genannte »östliche Werte« wie Harmonie, Stille und Entspannung, aber auch »allseitige (Selbst-)Aufmerksamkeit« sind im Trend. Das »Leben in Balance« löst die

8 Berger, Peter L.: Sehnsucht nach Sinn. Glauben in einer Zeit der Leichtgläubigkeit, Gütersloh 1999, 35.
9 Zulehner, Paul M./Tomka, Miklos: Religion im gesellschaftlichen Kontext Ost(Mittel)Europas. Gott nach dem Kommunismus, Ostfildern 2000.
10 Vgl. Berger, Peter L. u. a.: Desecularization of the World. Resurgent Religion and World Politics, Washington 1999; Polak, Regina (Hg.): Megatrend Religion? Neue Religiositäten in Europa, Ostfildern 2002; Bochinger, Christoph: Neue Religiosität als Forschungsgegenstand. Stellungnahme zum Projekt »Megatrend Religion?« aus religionswissenschaftlicher und -soziologischer Sicht, in: Polak, Regina (Hg.): Megatrend Religion? Neue Religiositäten in Europa, Ostfildern 2002, 404–420; Höhn, Hans-Joachim: Zerstreuungen. Religion zwischen Sinnsuche und Erlebnismarkt, Düsseldorf 1998; Zulehner, Paul M./Polak, Regina/Hager, Isa: Kehrt die Religion wieder? Ostfildern 2001.
11 Zulehner, Paul M./Denz, Hermann: Wie Europa lebt und glaubt. Europäische Wertestudie, Düsseldorf 1993, 234f.
12 Ebertz, Michael N.: Erosion der Gnadenanstalt. Zum Wandel der Sozialgestalt von Kirche, Frankfurt a. M. 1998.
13 Polak, Regina (Hg.): Megatrend Religion? Neue Religiositäten in Europa, Ostfildern 2002, 28.

Phase der Leistungs- und Genussexzesse, wie sie Erfolgsmenschen am Ende des 20. Jahrhunderts betrieben haben, ab: Obwohl das Kosten-Nutzen-Denken auch die Religion erreicht habe, werde Spiritualität als Kraftquelle wiederentdeckt. Rituale seien wieder gefragt, Bedürfnisse nach Sinnstiftung, Orientierung und religiöser Ekstase würden von zahllosen Lehrern befriedigt. Die Idee eines »spiritual leadership« hielte zusehends im Managementbereich Einzug.[14] Die Ergebnisse belegen auch zahlreiche Publikationen zum Thema: U. a. ist von »Führung durch Intuition« und »Führen mit Liebe« die Rede; »Jesus als Manager« hilft dabei, den persönlichen Führungsstil zu überprüfen.[15]

Einen »Megatrend Religion« hatte der Trendforscher Matthias Horx bereits für die Mitte der Neunzigerjahre ausgemacht: »Die Flut der spirituellen, spiritistischen, abergläubischen, mystisch-ratgeberischen Literatur legt Zeugnis ab von einem bisweilen geradezu fanatischen Glaubensbedürfnis, in dem immer wieder neue Kombinationen möglich sind.«[16] Fragmente alten Glaubens werden »dekonstruiert und individualistisch neu zusammengesetzt«, so Horx. In einer Gesellschaft, die von Individualisierung, Pluralisierung, Mobilität und Flexibilität bestimmt wird, sei dieser »Glaube light« nicht weiter überraschend. »Nicht mehr die ›Verwurzelung‹ in der Kirche, die Weitergabe von Schriften und Ritualen von Generation zu Generation«, sei nun kulturelle Grundlage, »sondern gerade die Möglichkeit des schnellen Wechsels«.[17] Nach Horx sollen gegenwärtig drei Wertefaktoren maßgeblich sein: neben der Individualität auch die Sinnsuche und die Nachfrage nach neuer Lebensqualität. Selbstdarstellung und Genussfähigkeit würden für immer mehr Menschen zum Lebensziel und Lebensinhalt. Horx spricht deshalb auch von der »Sensual Society«, der Sinn- und Sinnlichkeitsgesellschaft.[18] Ganzheitliche Lebenskonzepte werden dem Zukunftsforscher Horst W. Opaschowski zufolge zunehmen.[19] Und für Bereiche wie Beratung, Psychotherapie und Personal- und Managementschulung prognostiziert man noch weiteres Wachstum.[20]

Für die kommenden Jahre (Höhepunkt der Welle um 2010) machten Oona und Matthias Horx bereits einen Trend zur »Mindness« aus: »Suche nach Weltverstehen, Bewusstseinskompetenz und Ganzheitsdenken«[21].

David Bosshart maß zu Ende des letzten Jahrhunderts den Angeboten der New-Age-Fitness eine größere Bedeutung als den jüdisch-christlichen Traditionen zu: Sie seien von ihren Voraussetzungen auf »positiv gepolt«.[22] So steigt auch der Shell-

14 Vgl. Auszüge der Delphi-Studie der Gesellschaft für Innovative Marktforschung in: Barz, Heiner u. a.: Neue Werte – Neue Wünsche, Düsseldorf/Berlin 2001. Außerdem: http://www.g-i-m.com.

15 Nidiyaye, Safi u. a.: Führung durch Intuition. Die entscheidende Wende im Management, Kreuzlingen 1997; Sanford, Kathleen: Führen mit Liebe. Ein neuer Weg zur ganzheitlichen Managementpraxis, Bern 1999; Manz, Charles C.: Jesus als Manager. Neue Dimensionen christlicher Ethik, Bern 1999.

16 Horx, Matthias: Das Comeback der Werte, in: Becker, Ulrich u. a.: TopTrends. Die wichtigsten Trends für die nächsten Jahre, Düsseldorf/München 1995, 54.

17 Horx, Matthias/Trendbüro (Hg.): Trendbuch 2. Megatrends für die späten Neunzigerjahre Jahre, Düsseldorf ^{2}1996, 102.

18 Zit. in: Hepp, Armin Gerhardt: »Sensual Society« – Die Sinn- und Sinnlichkeitsgesellschaft und die Märkte der Zukunft, http://www.nordschwarzwald.ihk24.de.

19 Opaschowski, Horst/Zellmann, Peter: Wohlbefinden als Lebensstil. Institut für Freizeit- und Tourismusforschung, Vortrag im Rahmen einer Pressekonferenz der Claire Fisher Kosmetik am 20. 3. 2002 in Hamburg.

20 So der renommierte Zukunftsforscher Leo N. Nefiodow, in: Utsch, Michael: Ekstase, Erfolg, Erneuerung, Orientierung – vier Versprechen der Psychoszene, in: Hempelmann, Reinhard u. a. (Hg.), Panorama der neuen Religiosität, Gütersloh 2001, 97. Nach Horx liegt der Höhepunkt der Welle um 2005, vgl. Trend-Report 2005, 29.

21 Horx, Matthias/Horx, Oona: Trend-Report 2005, 30/31.

22 Bosshart, David: Die Neuerfindung des Menschen, in: Becker, Ulrich u. a.: TopTrends. Die wichtigsten Trends für die nächsten Jahre, Düsseldorf/München 1995, 159f.

Studie aus dem Jahr 2000 zufolge die Zahl konfessionsloser Jugendlicher stetig an. Demnach haben die christlichen Kirchen auf die Sinnstiftung und Lebensführung Jugendlicher kaum noch Einfluss. Nur noch rund 17 % der Jugendlichen hätten ein christliches Weltbild, so die Ergebnisse des Soziologen Carsten Wippermann. Sie stimmten den Dogmen der christlichen Kirchen weniger zu, beachteten ihre Moralvorschriften weniger, kämen der geforderten rituellen Praxis weniger nach. Doch an ihre Stelle ist keine Alternative getreten.[23]

Das entstandene Vakuum wird von Widersprüchlichkeiten gefüllt, die »gleichzeitig und gegeneinander wirken«: Zeithaber und Zeitnutzer, Identifikation und Projektion, Körperlichkeit und telekommunikative Virtualität, Askese und Hedonismus, Rationalität und Spiritualität.[24] Dementsprechend sieht Horx die Formel »größtmögliche Freiheit bei größtmöglicher Bindung« als »Mandala der modernen Werteentwicklung«[25].

23 Wippermann, Carsten, in: Adler, Katrin: Entzauberung führt zur Erprobung neuer Formen – Jugend und Religiosität, in: Das Parlament, Nr. 19–20, 2000. Vgl. auch Wippermann, Carsten, in: EMNID-Studie 1996.
24 Wersig, Gernot: Informationsgesellschaft und Postmoderne, http://kommwiss.fu-berlin.de/103.html
25 Horx, Matthias (1995), 57.

Terminologische Abgrenzungen

Eine Arbeit zu zeitgenössischer Spiritualität setzt eine klare Einordnung des Begriffes *Spiritualität* voraus, zumal Begriffe wie *geistig, spirituell, esoterisch, mystisch, spiritistisch, religiös* etc. zunehmend inflationär und teilweise auch stellvertretend für einander benutzt werden. Selbst in Fachpublikationen, aber auch in den Printmedien und insbesondere in der Kommunikation im Alltag werden Begriffe - häufig aus Unkenntnis - beliebig und oft auch falsch angewandt. Leicht entstehen Missverständnisse und realitätsferne Klischees.

Etymologie

Die sprachlichen Wurzeln der *Spiritualität* liegen im Lateinischen. *Spirare* bedeutet hauchen, wehen, atmen. Dann aber auch leben und von etwas erfüllt sein. *Spiritus* ist der Lufthauch, Wind, Atem, Leben(-sluft, -shauch). Es meint aber auch Seele, Geist oder Gesinnung.[26] Spiritualität hat also mit Luft/Atem und Geist zu tun. Bereits im Alten Testament wird die Verbindung zwischen Luft, Geist und Menschsein hergestellt: »Da formte Gott, der Herr, den Menschen ... und blies in seine Nase den Lebensatem. So wurde der Mensch zu einem lebendigen Wesen« (Gen 2,7). Der *spiritus* gilt folglich als göttliche Kraft, eine Kraft aus der immateriellen Welt, durch deren Einwirken erst Leben in der materiellen Welt möglich ist. Der Odem bringt das Leben. Er ist der Mittler zwischen den beiden Bereichen Materiewelt und Geistwelt, zwischen Immanenz und Transzendenz. Somit handelt es sich beim *spiritus* um eine Kraft, die vom Anfang her, von Gott, in den Menschen einströmt. Das macht ihn zu etwas Besonderem, vielleicht auch Anbetungswürdigem, zum *spiritus sanctus.* Und in Folge zum christlichen *Heiligen Geist.* Beachtenswert ist auch, dass das westgermanische Wort *Atem* verwandt ist mit dem altindischen Wort *ātmán*, was ähnlich wie *spiritus* soviel wie *Hauch, Seele* meint.[27] Das Substantiv *Spiritualität* war im Lateinischen ursprünglich unbekannt. Erst im Mittelalter bildete sich im Christentum der Neologismus *spiritualitas* aus dem lateinischen *spiritus* und dem lateinischen Verb

26 Langenscheidts Taschenwörterbuch Lateinisch, Berlin/München o. J., 491.
27 Vgl. DUDEN Etymologie. Herkunftswörterbuch der deutschen Sprache, Mannheim 1997, 49.

spirare aus.[28] Stellvertretend für das griechische Wort *pneumatikós* umschließt er »den Reichtum der biblischen Geistlehre«[29].

Traditioneller Wortgebrauch

Spiritualität als deutsches Fremdwort ist relativ jung. Aufschluss über die allmähliche Aneignung des Begriffs im deutschen Sprachgebrauch gibt die Analyse mehrbändiger Enzyklopädien verschiedener Jahrgänge und Auflagen.

Ein fünfzehnbändiges Konversations-Lexikon aus dem Jahr 1847, eine allgemeine deutsche Real-Enzyklopädie, führt den Begriff noch nicht.[30] Ein anderes widmet dem Terminus fünfzig Jahre später zwei sehr knappe Zeilen. Unter *Spiritualität* versteht man im Jahr 1897 »soviel wie Geistigkeit im Gegensatz zur Körperlichkeit (Materialität)«. Unter *spirituell* versteht man »geistig, geistreich, geistlich«[31]. Dem Begriff *Spiritismus* hingegen werden im gleichen Band zweieinhalb Spalten gewidmet und dem *Spiritualismus* eine halbe.

Spiritismus, Spiritualismus und *Spiritualität* – drei Begriffe, die zwar etymologisch auf die gleiche Wurzel verweisen, aber inhaltlich voneinander abzugrenzen sind. *Spiritismus* beruht auf der Grundannahme, dass ein Teil des Menschen nach dem körperlichen Tod bestehen bleibt und über bestimmte Menschen (Medien) oder Techniken mit diesen Verstorbenen Kontakt aufgenommen werden kann. *Spiritismus* bezeichnet die Gesamtheit der Erscheinungen, Lehren und Handlungen, die sich aus dem Verkehr zwischen Lebenden und Toten ergeben und die der Geisterbeschwörung dienen. *Spiritisten* bedienten sich magischer Praktiken wie z. B. Tischrücken. Der *Spiritist* versucht, Geister oder Geistwesen für sich und seine Interessen nutzbar zu machen. Als wichtigste Vorläufer des *Spiritismus* gelten der *Schamanismus* und »phänomenologisch vergleichbare Totenbeschwörungen und -orakel von Naturvölkern und frühen Hochkulturen«[32].

Der Terminus *Spiritualismus* ist im 17. Jahrhundert aufgekommen und steht vor allem im 18. und 19. Jahrhundert zuerst für eine im Gegensatz zum Materialismus und Positivismus stehende philosophische Richtung. Sie vertritt die Auffassung, dass alles Wirkliche Geist und die Materie nur eine Erscheinungsform des Geistes sei.

Während der *Spiritualismus* aus der gegenwärtigen philosophischen Terminologie weitgehend verschwunden ist, wird er im theologischen Kontext weiter verwendet. Er steht seit dem 19. Jahrhundert für jene reformatorischen Bewegungen und Lehren, nach denen die »unmittelbare Ergriffenheit des Einzelnen durch den

28 Gemeint war damit »Geistigkeit, das innere geistige Wesen«. Es zielte ab auf »das christliche Leben im eigentlichen, geistlichen Sinne, das als Leben aus und in dem Geist Gottes verstanden wird.« Aus: Brockhaus. Die Enzyklopädie in vierundzwanzig Bänden, Leipzig und Mannheim [20]1998.

29 Sudbrack, Josef: Spiritualität, in: Dinzelbacher, Peter (Hg.): Wörterbuch der Mystik, Stuttgart 1989, 466.

30 Allgemeine deutsche Real-Enzyklopädie für die gebildeten Stände. Conversations-Lexikon, in fünfzehn Bänden, Leipzig [9]1847.

31 Meyers Konversations-Lexikon. Ein Nachschlagewerk des allgemeinen Wissens, Leipzig und Wien [5]1897.

32 Hoheisel, Karl: Spiritismus, in: Fahlbusch, Erwin u. a. (Hg.): Evangelisches Kirchenlexikon. Internationale theologische Enzyklopädie, Göttingen 1996, 402.

Geist Gottes«[33] die Bedingung für das christliche Leben bildet und der Kirche als Institution mit ihren Sakramenten eine geringere Rolle zuspricht. U.a. zählt die Pfingstbewegung zu den spiritualistischen Frömmigkeitsformen.

Fälschlicherweise werden *Spiritismus* und *Spiritualismus* gerade in Deutschland miteinander verwechselt. Miers zufolge liegt der Grund in einer falschen Übersetzung des englischen Wortes *spiritualism*. Im englischen Sprachgebrauch soll *spiritualism* tatsächlich den Spiritismus bezeichnen.[34]

Der Vergleich verschiedener Ausgaben der mehrbändigen Brockhaus-Lexika zeigt, wie der Terminus nach und nach Einzug in den deutschen Sprachgebrauch hielt. Die fünfzehnte Auflage von »Der Große Brockhaus« aus dem Jahr 1934[35] führt den Begriff noch nicht, genauso wenig die sechzehnte Auflage aus dem Jahr 1957[36]. In der siebzehnten Auflage von 1973[37] taucht der Begriff erstmals auf. Der *Spiritualität* wird das Drittel einer Spalte zugewiesen, während der *Spiritismus* eineindrittel Spalten einnimmt und der *Spiritualismus* etwas mehr als eine halbe. In den Folgejahren wird die Spiritualität weiter mit Inhalten gefüllt. In der zwanzigsten Auflage aus dem Jahr 1998 wächst der ihr zugewiesene Raum auf zwei Drittel der Spalte an, während *Spiritualismus* drei Viertel der Spalte und *Spiritismus* anderthalb Spalten einnehmen.[38] Der Terminus ist Bestandteil des Allgemeinwissens geworden.

Der Vergleich zeigt, dass sich der Begriffsinhalt innerhalb von zwei Jahrzehnten verändert hat. 1973 beschreibt »Der Große Brockhaus« die *Spiritualität* folgendermaßen: »Christliche Frömmigkeit, insofern sie das unter Mitwirkung des Menschen vollzogene Werk des Geistes Gottes ist. Weiterhin ist mit *Spiritualität* die personelle Aneignung der Heilsbotschaft gemeint.« In der Ausgabe des Jahres 1998 dagegen versteht er unter *Spiritualität*: »Eine vom Glauben getragene und grundsätzlich die gesamte menschliche Existenz unter konkreten Lebensbedingungen prägende ›geistige‹ Orientierung und Lebensform.«

Die *Spiritualität* kennt zwei Traditionslinien, die romanische und die angelsächsische. Ab 1870 spricht man im angelsächsischen Raum von *spirituality* als unmittelbarer, persönlicher Erfahrung von Transzendenz. *Spirituality* meint Verinnerlichung von Religion, den religiösen, kulturellen und nationalen Kontext übergreifend.[39] Während in Frankreich nach 1900 *spiritualité* in der katholischen Ordenstheologie zum Begriff für die darin maßgebende Geistigkeit avancierte, gewann das Wort in Deutschland erst in der Zeit um den Zweiten Weltkrieg, eingeführt durch Katholiken, langsam an Boden. Josef Sudbrack zufolge wurde es in evangelischen Kreisen erst spät angenommen, weil man »die Nähe zu ›Spiritualismus‹ (geistig entgegengesetzt dem Materiellen) fürchtete«.[40] Der romanischen Tradition folgend ist mit Spiritualität zunächst »christliches Leben aus dem Geist Gottes« gemeint.[41]

33 Brockhaus. Die Enzyklopädie in vierundzwanzig Bänden, Leipzig und Mannheim, ²⁰1998.
34 Der irrtümliche Sprachgebrauch geht möglicherweise auf die 1871 in Leipzig erschienene deutsche Übersetzung des Buches »Spiritualismus und die Wissenschaft« des Engländers Crookes zurück. Miers, Horst: Lexikon des Geheimwissens, München 1993, 585.
35 Der Große Brockhaus. Handbuch des Wissens in zwanzig Bänden, Leipzig ^{15}1934.
36 Der Große Brockhaus, Wiesbaden ^{16}1957.
37 Brockhaus Enzyklopädie in zwanzig Bänden, Wiesbaden ^{17}1973.
38 Brockhaus. Die Enzyklopädie in vierundzwanzig Bänden, Leipzig u. Mannheim ^{20}1998.
39 Benke, Christoph: Was ist Spiritualität? in: Zulehner, Paul M. (Hg.): Spiritualität – mehr als ein Megatrend, Ostfildern 2004, 29–43.
40 Sudbrack, Josef (1989), 466.
41 Benke, Christoph (2004), 29ff.

Noch bis etwa 1960 wurden vorwiegend Begriffe wie *geistliches Leben, Streben nach Heiligkeit, nach Vollkommenheit, Frömmigkeit und Askese (Mystik)* benutzt.[42] Erst danach wurde dem deutschen Wort Frömmigkeit der Neologismus *Spiritualität* mehr und mehr vorgezogen. Das einst positiv besetzte Wort Frömmigkeit hatte im umgangssprachlichen Kontext (Frömmelei, frömmeln, Frömmler) seine Wertschätzung eingebüßt.

Mittlerweile ist der Terminus *Spiritualität* zwar »ein Begriff«, doch noch immer gibt es Unklarheiten bei einer eindeutigen Definition. Hans Urs von Balthasar bezeichnet Spiritualität auch »als subjektive Seite der Dogmatik«, als »praktische oder existentielle Grundhaltung des Menschen«[43].

Im Christentum versteht sich *Spiritualität* nach Bernhard Fraling als »geistgewirkte Weise ganzheitlicher gläubiger Existenz, in der sich das Leben des Geistes in uns in geschichtlich bedingter Konkretion ausprägt«[44]. *Spiritualität* zielt hiermit auf den ganzen Menschen ab, der sich vertrauensvoll dem Wirken des Geistes überlässt. Alles spirituelle Wachstum ist somit vom Geist be- und durchwirkt.

Umso wichtiger ist deshalb genaues Hinsehen, damit *Spiritualität* nicht einem Beliebigkeitspluralismus zum Opfer fällt. Josef Weismayer stimmt mit Fraling überein, *Spiritualität* auf das »totum« des Menschseins bezogen zu sehen, und will gleichzeitig *Spiritualitäten* unterschieden wissen. *Spiritualität* ist seiner Ansicht nach »dann positiv zu qualifizieren, wenn der Mensch in all seinen Bezügen und Dimensionen intendiert wird.« Ein Wechselspiel zwischen »actio« und »contemplatio«, zwischen menschlichem Handeln und Stille-Übungen.[45] Außerdem könne »mit dem Begriff die Suche nach Sinn und Ziel eines Daseins charakterisiert werden, das sich nicht in somatischen und physischen Abläufen erschöpft«[46], so Weismayer.

In der Wissenschaft hat man sich für die Spezifizierung der *Spiritualität* durch Adjektive entschlossen. Man unterscheidet zwischen europäisch-mediterraner, afrikanischer, lateinamerikanischer und feministischer *Spiritualität*. Näherhin ist von konfessionsspezifischer, ökumenischer, pfingstlerischer, liturgischer und meditativer *Spiritualität* die Rede, wie auch von Formen neuer *Spiritualität*, die Bezug auf fernöstliche Meditationspraktiken nehmen. *Spiritualität* ist zu einem Begriff geworden, der auf Unterstützung angewiesen ist.

Ethnologische Annäherung

Wenn es um spirituelle Erfahrungen des Menschen, seine Weltauffassung und Transzendenz geht, wird in der Ethnologie auf den Begriff der Religion zurückgegriffen. Dass in der *Religionsethnologie* der Begriff *Spiritualität* hingegen erst sehr zögerlich

42 Weismayer, Josef: Spiritualität, in: Gasper, Hans u. a. (1995), 1009.

43 Balthasar, Hans Urs von: Spiritualität, in: ebd., Verbum caro. Skizzen zur Theologie I, Einsiedeln 1960, 226–244.

44 Fraling, Bernhard: Überlegungen zum Begriff der Spiritualität: Arbeitsgemeinschaft Theologie der Spiritualität/AGTS (Hg.), »Lasst euch vom Geist erfüllen!« (Eph 5,18) – Beiträge zur Theologie der Spiritualität (Theologie der Spiritualität – Beiträge 4), Münster 2001, 6–30.

45 Weismayer, Josef: Unterscheidung der Geister – Unterscheidung der Spiritualitäten, in: Zulehner, Paul M. (2004), 189–203.

46 Weismayer, Josef, Spiritualität, in: Gasper, Hans u. a. (1995), 1012.

auftaucht, hat wissenschaftsgeschichtliche Gründe. Zum einen ist Spiritualität ein relativ neues und modernes, ursprünglich aus dem Christentum stammendes Wort, zum anderen hat die Religionsethnologie als die jüngere Disziplin von Religionswissenschaft (Mircea Eliade), Theologie (P. Wilhelm Schmidt) und Soziologie (Émile Durkheim, Max Weber) wichtige Impulse erfahren; somit wirkten deren Begriffe prägend.

Nicht nur die Religionswissenschaft tut sich mit einer allgemeinen Begriffsbestimmung schwer. Die »Undefinierbarkeit ihres Gegenstandes«[47] gilt auch als Hauptproblem der Religionsethnologie. Evans-Pritchard wies bereits darauf hin, dass sich das, was im Bereich des Glaubens liegt, wissenschaftlicher Überprüfbarkeit entzieht.[48] So stellen manche im Gegensatz zur Theologie nicht die Existenz bzw. Nicht-Existenz von *theos*, sondern den *anthropos* und seine Anschauungen und Handlungen in die Mitte ihrer Betrachtungen.[49] Während für P. Wilhelm Schmidt der religiöse Forschungsgegenstand nur »von innen fassbar und erfahrbar« war, setzen viele der zeitgenössischen Kollegen auf größtmögliche Distanz. Der Untersuchungsfokus liegt vor allem auf Mythen, Ritualen und den diversen symbolischen Ausdrucksformen von Religion sowie den Auswirkungen auf das Sozialsystem.[50] Mittlerweile neigt man dazu, die Erfahrungen der Forschenden nicht mehr auszublenden, sondern bewusst zum Teil der Forschung zu machen (Turner 1992). Langsam öffnet die Ethnologie ihr Arbeitsfeld für den Bereich neuer Religionen und neuer Spiritualität.[51] Damit wird sie auch mit modernen Begriffen wie *Spiritualität* konfrontiert. Auffallend ist, dass sich (bisher) weder in englisch- noch in deutschsprachigen Fachlexika ein eigenständiger Passus findet. Stattdessen wird zu Ende des Artikels über Religion auf unterschiedliche Fachtermini querverwiesen: Animismus, Außergewöhnliche Bewusstseinszustände, Glaubenssysteme, Initiationsriten, Magie, Mythen, Schamanismus, Synkretismus, Trance, Ekstase, Hexerei und Zauberei etc.[52]

Dennoch finden sich in jüngeren Büchern und Aufsätzen von Ethnologen Begriffe wie *Spiritualität* und *spirituell*, vornehmlich in englischsprachigen Texten, etwa bei Manfred Kremser.[53] Er wendet die Begriffe Religiosität und Spiritualität auch auf afrikanische Religionen in der Diaspora an. Auf *Afrikas Digitale Diaspora*[54] bezogen spricht er u. a. von »afrikanischer Spiritualität«, »spirituellen Wirklichkeiten«, »spiritueller Technologie«, »spirituellen Führern« oder »spirituellen Webmasters«[55] (siehe auch S. 162, Virtuell unterwegs).

47 Schmidt, Bettina: Religionsethnologie, in: Hirschberg, Walter (1999), 311.
48 Evans-Pritchard, E. E.: Theories of Primitive Religion, Oxford 1965.
49 Encyclopedia of Cultural Anthropology, Vol. 3, New York 1996, 1088f.
50 Stevens, Phillips Jr. (1996), Religion, in: Encyclopedia of Cultural Anthropology, New York 1996, 1091; Bowie, Fiona: The Anthropology of Religion, Oxford 2000.
51 Schmidt, Bettina: Religionsethnologie, in: Hirschberg , Walter (1999), 311.
52 Encyclopedia of Cultural Anthropology, Vol. 3, New York 1996, 1098; Winthrop, Robert H.: Dictionary of concepts in Cultural Anthropology, Westport 1991; Encyclopedia of Social and Cultural Anthropology, London 1996.
53 Kremser, Manfred: Afro-Caribbean Rituals, in: Salamone, Frank A. (Hg.): Encyclopedia of Religious Rites, Rituals and Festivals, New York 2004, 22–26; Kremser, Manfred: Trance-Therapeutic Rituals and the Aesthetics of Healing, in: Fazekas, Tamás/Plass, Christian A. (Hg.): The Need for Psychotherapy, Aachen 2004, 143–164.
54 Der Begriff wurde von Manfred Kremser 1995 entwickelt. Er nimmt auf die »afrikanische Besiedlung des Cyberspace und die damit einhergehenden neuen Kulturentwicklungen« Bezug.
55 Kremser, Manfred: Cyberspace, African and African-Derived religions, in: Glazier, Stephen (Hg.): Encyclopedia of African and African-American Religions, New York 2001, 111–114, 7–8, 149–151; ders.: Afrikas Digitale Diaspora Religionen: Das Ringen um religiöse Kultur und Identität im Cyberspace, in: Zips, Werner (Hg.): Afrikanische Diaspora: Out of Africa – Into New Worlds, 2003, 447–456.

Termini, die thematisch um die Spiritualität angesiedelt sind, werden derzeit eher nachlässig rezipiert. Auch in Fachpublikationen werden Begriffe wie *Spiritualität, Religiosität, Religion, Respiritualisierung* und *Wiederkehr der Religion* mitunter gleichgesetzt. Rudolf Langthaler fragt deshalb skeptisch, ob »dieses begriffliche Oszillieren auch ein Indiz für sachliche Unschärfen in der Diagnose« sei; er fordert eindeutige Begrifflichkeiten.[56]

Nach Erwin Fahlbusch könnte die *Spiritualität* »ein breites Spektrum von Lebensvollzügen und -gestalten abdecken, sich auf das Verhältnis des Menschen zu Gott, Göttern oder einer transzendenten Wirklichkeit in den verschiedenen Religionen beziehen und gelegentlich das Wort *Religiosität* ersetzen«[57]. In der Theologie wird zwischen objektiver und subjektiver Religion unterschieden, wobei erstere das Religionssystem mit seiner Dogmatik meint und die zweite die individuell erfahrene Religion. Viele verbinden mit dem Begriff der Religion jüdisch-christliche Vorstellungen, die Geschichte des westlichen Christentums und kirchliche Rituale. Außerdem hat der Begriff »besondere westliche Konnotationen«[58], die in anderen Weltreligionen nicht vorkommen müssen[59]. Um auch solche Gesellschafts-Phänomene zu fassen, die nicht dem traditionellen christlichen Verständnis von Religion entsprechen, hat Thomas Luckmann den Begriff der »unsichtbaren Religion« geprägt. Luckmann definiert Religion unspezifisch über ihre anthropologische Funktionalität: Religion in seinem Sinne ist, was über die Grenzen unmittelbarer, biologischer Erfahrung hinausgeht. Religion bildet den Kern des Sozialen. Seine Definition ist die weiteste überhaupt.[60]

In der Religionsforschung haben sich die Begriffe *Neue religiöse Bewegungen*[61] und *Neureligionen*[62] durchgesetzt. Die klare Abtrennung des einen vom anderen ist allerdings in der Praxis nicht einfach, die Übergänge sind fließend. Für beide gilt jedoch, dass sie sich in der Regel in »historischer Auseinandersetzung mit den oder einer der ›klassischen‹ Religionen gebildet haben«.[63] Johann Figl bezeichnet jene religiösen Neubildungen als *Neue Religionen*, »die Merkmale einer *selbständigen* Religion aufweisen und sich selbst als solche verstehen; sie sind durch ihre organisatorische Struktur von ihrer Herkunftsreligion als autonome religiöse Gruppen zu unterscheiden«[64]. Reiner Flasche weist auf »umfassende Systeme der Welterklärung und Lebensbewältigung« bei Neureligionen hin, die einen »universalen Anspruch, der über ihr historisches Erscheinungsbild oft weit hinausgeht«, erheben.[65]

56 Langthaler, Rudolf: Vortrag auf dem Symposium »Megatrend Respiritualisierung«, Universität Wien 09/2003.
57 Fahlbusch, Erwin u. a. (Hg.): Evangelisches Kirchenlexikon. Internationale theologische Enzyklopädie, Göttingen 1996, 403.
58 Knoblauch, Hubert: Qualitative Religionsforschung, Paderborn 2003, 45.
59 Haußig, H.-M.: Der Religionsbegriff in den Religionen. Studien zum Selbst- und Religionsverständnis im Hinduismus, Buddhismus, Judentum und Islam, Berlin 1999.
60 Luckmann, Thomas: Die unsichtbare Religion, Frankfurt a. M. 1967.
61 Diese haben sich noch nicht von der Herkunftsreligion gelöst bzw. haben noch keine eigenständige Organisation. In der Forschung wird auch von neureligiösen Bewegungen gesprochen. Vgl. Figl, Johann (Hg.): Handbuch Religionswissenschaft, Innsbruck/Wien/Göttingen 2003, 457, 464f.
62 Religionen, die in den letzten beiden Jahrhunderten weltweit entstanden sind. Ebd., 457.
63 Figl, Johann (2003), 457.
64 Ebd., 458.
65 Flasche, Reiner (1988), 868.

Den Begriff Religion als Synonym für *Spiritualität* einzusetzen, wäre im Rahmen dieser Arbeit dennoch falsch. *Spiritualität* wird heute in einem sehr viel weiteren, Josef Sudbrack zufolge sogar in einem a-religiösen Sinn verwendet. Aus den USA kommt dieser Trend, um zu differenzieren und abzugrenzen von einer Religion, die »zu dogmatisch, zu institutionell, zu kirchlich«[66] ist. Dem Begriff der dogmatischen, traditionellen, institutionalisierten Religion hängt zunehmend das Image der Verstaubtheit und der Fremdheit gegenüber dem tatsächlichen Lebensvollzug moderner Menschen an. Eine religionswissenschaftliche Untersuchung dokumentiert die gegenwärtige Situation: »Von der Religion als Getrenntsein zur Spiritualität als Einbezogensein in einen existenziell bewahrheiteten Sinnkosmos.«[67] Christoph Bochinger spricht in diesem Zusammenhang das Konzept der »religiösen Erfahrung« an, das eng mit der *Spiritualität* verbunden sei. Außerdem werde umgangssprachlich unter *Spiritualität* eine »unverbrauchte, dogmatisch unbelastete Form von Religion«[68] verstanden.

Der Begriff *Spiritualität* wird gerade im Umfeld und in Bezug auf die neue Religiosität undifferenziert benutzt und auf ganz unterschiedliche Strömungen und Angebote angewandt. Zu beobachten ist bei vielen Menschen eine große Unkenntnis in Bezug auf die Inhalte spiritueller und religiöser Termini wie z. B. *Esoterik, Okkultismus* und *New Age, Spiritismus, PSI* und *Magie, Psychogruppen* etc.

Eine prägnante Definition von *Weltanschauung* hat Carsten Wippermann gegeben. Für ihn ist sie die Essenz von Religion: »Nur wenn sich jemand mit seiner Weltanschauung aktiv auseinander setzt, d. h. über seine Weltanschauung nachdenkt, sie zur Quelle seiner Welt- und Selbstdeutung macht, soll er als religiös gelten.«[69] Der Religiöse ist rückgebunden, er lebt in bewusstem Kontakt zu seinem Ursprung, zur Quelle einer höheren Kraft. Doch nach Theo Sundermeier kommt noch ein weiterer Aspekt hinzu, um von *Religion* sprechen zu können: »die gemeinschaftliche Antwort des Menschen auf Transzendenzerfahrung«[70]. Um *Religion* auszuüben braucht es demnach das Miteinander, das gemeinsame Tun, den gemeinschaftlichen Ritus, einen weltanschaulichen Konsens, der nicht nur das ausdrücklich kultische Handeln, sondern das ganze Leben der Religionsgemeinschaft prägt. Diesen Aspekt nimmt Karl Ernst Nipkow zum Anlass für die Eindeutigkeit, mit der er von *Religiosität* bzw. *Religion* spricht, nämlich dann, »wenn eine die Totalität des Lebens umfassende Gesamtdeutung die Mitte bildet und dabei auf eine transzendente Macht über allem Seienden oder Sein verwiesen wird.«[71] Somit ist *Religion* von *Spiritualität* zu trennen: *Spiritualität* kann individuell, verborgen und privat sein, *Religion* nach o. g. Definition nicht.

Von den USA ging eine Bewegung aus, die in den Achtzigerjahren auch Europa erfasst hat: *New Age* (Neues Zeitalter) ist seit dem Auftauchen von Aleister Crowley und der Theosophie von Alice Bailey als »die kosmische Weltenstunde, verursacht durch das Vorrücken des Frühlingspunktes ins Zeichen Wassermann« zu verstehen,

66 Sudbrack, Josef (1989), 466.
67 Süss, Joachim/Pitzer-Reyl, Renate: Religionswechsel, München 1996, 137ff.
68 Bochinger, Christoph: Spiritualisierung oder Respiritualisierung? Deutungsrichtungen der religiösen Gegenwartskultur. Vortrag auf dem Symposium »Megatrend Respiritualisierung«, Universität Wien 09/2003.
69 Wippermann, Carsten: Religion, Identität, Lebensführung, Opladen 1998, 220.
70 Zit. in: Nüchtern, Michael (2001), 25.
71 Nipkow, Karl Ernst: Volkskirche und Neue Religiosität, in: Funkkolleg Religion, Studienbegleitbrief 11, Frankfurt/M. 1984, 11.

das das christliche *Fische-Zeitalter* ablösen soll. Überschneidungen mit anderen Bewegungen wie der Therapie- und Selbsterfahrungs-Szene und neuen Strömungen in den Wissenschaften machten *New Age* zum unscharfen Begriff für eine ebenso »unscharf definierte Bewegung spiritueller Erneuerung«[72]. Unter dem Begriff *New Age* verbreiteten sich Weltbilder, in denen das Kommen eines »neuen Menschen« in einer besseren Zeit, »dem Zeitalter des Wassermanns« verkündet wurde. Begleitende Begriffe waren Aufstieg, Transformation, Bewusstseinserweiterung, Erlangung von kosmischem Bewusstsein, Finden des »Gottes in mir« usw.[73] *New Age* wird in neueren Publikationen, zumindest für die Gegenwart, nicht mehr sehr häufig verwandt.

Das populäre Wort *Esoterik* ist besonders problematisch. Die meisten Menschen bedienen sich eines Wortes, dessen Bedeutung sie nicht kennen. Vielmehr ist seit vielen Jahren zu beobachten, dass es ohne konkreten Inhalt für sämtliche Phänomene außerchristlicher, und bestenfalls außerasiatischer Religiosität und Spiritualität benutzt wird. *Esoterik* ist ein Neologismus des spätgriechischen Adjektivs *esōterikós,* »innerlich«, das sich vom Komparativ *esoteros,* »innerer« des Adverbs *eiso (eso)*, ableitet.[74]

Heutigem Wissensstand zufolge ist das Substantiv zuerst im Französischen (esoterisme), im Werk »Histoire critique du gnosticisme et de son influence« von Jaques Matter, schriftlich niedergelegt worden, das 1828 in Paris erschienen ist.[75] Eliphas Lévi soll den Begriff als erster populär gemacht haben. Ende des 19. Jahrhunderts bezeichnete es das gleiche wie *Okkultismus*, ein Begriff, der auf das Werk »De occulta philosophia«, im Jahr 1510 verfasst von Agrippa von Nettesheim (1486–1535), zurückgehen soll.[76] Es diente als »Sammelbegriff für die verschiedenen überlieferten okkulten und magischen Praktiken«[77].

Hans Gerald Hödl unterscheidet zwischen esoterischen Strömungen und jenem Phänomen moderner »nicht institutionalisierter Religiosität«.[78] Hans-Jürgen Ruppert macht heute sogar drei »gesellschaftliche Erscheinungsformen« aus: *Esoterik* als Trend, als Klientenreligion und esoterische Weltanschauungsgemeinschaften. Er sieht in ihnen den »Versuch der Anpassung der vormodernen Tradition (...) an die ›entzauberte‹ Welt«, in dem das »alte Wissen neu reflektiert« wird.[79] Im populären Wortgebrauch ist *Esoterik* für ihn der »Inbegriff für ›neue Religiosität‹«, »reine Worthülse für den kaum kaschierten religiösen Subjektivismus«.[80] Norbert Copray will in diesem Zusammenhang zwischen »echter« und »esoterisierter« *Spiritualität* unterschieden wissen, die er als »Quasi-Spiritualität im Dienste einer Aufblähung des Narzissmus« bezeichnet. Er plädiert für eine neue Definition von *Spiritualität,* nämlich »Achtsamkeit für die Dimensionen des Lebens«[81]. Das ist wohl der Grund, weshalb Esoterik als Begriff keine Zukunft hat. Zu Gegensätzliches wurde hier zusammengefasst: ganzheitliche Körpertherapien und geistige Heilweisen, unter-

72 Miers, Horst: Lexikon des Geheimwissens, München 1993, 447.
73 Ruppert, Hans-Jürgen (2001), 211.
74 Figl, Johann (2003), 486.
75 Vgl. Laurant (1992), 277; Faivre (1998), 123; Hanegraaff (1998a), 384.
76 Vgl. Figl, Johann (2003), 487.
77 Ruppert, Hans-Jürgen (2001), 210.
78 Hödl, Hans Gerald: Alternative Formen des Religiösen, in: Figl, Johann (2003), 485–524.
79 Ruppert, Hans-Jürgen (2001), 212.
80 Ruppert, Hans-Jürgen (2001), 210.
81 Copray, Nobert: Wenn die Spiritualität heilsam wirkt, in: Weil, Alfred (Hg.): Brücken bauen ins nächste Jahrtausend – Buddhistisch-christlicher Dialog für eine lebenswerte Zukunft, Berlin 1999, 212f.

schiedliche Meditationspraktiken und Mystik, Astrologie, Magie und Mantik, Schamanismus, Paganismus, Spiritismus und Okkultismus. Der Begriff stiftet mehr Verwirrung als Klarheit zu schaffen. *Esoterik* bündelt alles und zugleich nichts. Außerdem wird er zunehmend nicht mehr wertfrei, sondern abwertend, als Schmähwort, benutzt. Aus all diesen Gründen ist er im Zusammenhang mit dieser Studie kein brauchbarer Begriff.

Ebenfalls unbrauchbar ist der Begriff *Sekte* und die verwandten *Jugendreligionen* und *Jugendsekten,* die als Relikte der historischen Verbindung mit dem Staatskirchentum vor allem Ende der Sechziger- und Siebzigerjahre des 20. Jahrhunderts in Europa für *neureligiöse Bewegungen* verwandt wurden. Sie sind deshalb unzutreffend, da es sich dabei weder um Angebote ausschließlich für junge Menschen noch um Sekten, die sich in Form von »Häresien« abspalteten, handelt.[82] Das lateinische Wort *secta* (Schule, Lehre, Partei) betont nach Friederike Valentin die Bedeutung der Lehre bzw. der Führer- oder Gründerpersönlichkeit und ist etymologisch als Substantiv des Verbs *sequi* (nachfolgen) ableitbar. Umgangssprachlich durchgesetzt hat sich aber die etymologisch falsche Ableitung von *secare* (trennen, abschneiden). Demnach bezeichnet secta eine in Lehre und Praxis von der Mehrheit abweichend orientierte Minderheit.[83] Auch die mit dieser Begriffsauslegung zusammenhängende zunehmende Diskriminierung von Gruppen und Bewegungen lässt den Terminus *Sekte* für diese Arbeit unpassend werden. Bemerkenswert in diesem Zusammenhang ist auch, dass das einschlägige Herder-Lexikon mit seiner überarbeiteten Neuauflage auch seinen Titel geändert hat: Aus dem »Lexikon der Sekten, Sondergruppen und Weltanschauungen« (1990) wurde das »Lexikon neureligiöser Gruppen, Szenen und Weltanschauungen« (2005).[84]

Ähnlich verhält es sich mit der Bezeichnung *destruktive Kulte,* die aus dem angloamerikanischen Raum stammt und den mit neuen spirituellen Bewegungen einhergehenden Konflikten mit der Umgebung gerecht werden wollte.

Auch die Psychologie spielt im Bereich gegenwärtiger spiritueller Suche eine bedeutende Rolle. Psychologie und Spiritualität gehen immer wieder neue Verbindungen ein, z. B. »spirituelle Psychotherapie«. In ausgewiesenen spirituellen Angeboten kommen psychologisches Wissen und psychologische Technik zum Tragen. So wird in Deutschland von *Psychoszene, Psychogruppen, Psychokulten* und sogar von *Psycho-Sekten* gesprochen. Auf internationaler Ebene stoßen die »verdeutschten« Begriffsverbindungen *Psychokulte* und *Psycho-Sekten* jedoch weitestgehend auf Unverständnis. Es sei eine »deutsche Eigenart, ›*Sekten und Psychogruppen*‹ in einem Atemzug« zu nennen, sagt Michael Utsch und erklärt dies mit der »ausgeprägten Sensibilität gegenüber psychologistischer Ideologie«[85].

Im Folgenden soll neutral von einem spirituellen Feld, von (neuen) spirituellen Gruppen und Bewegungen und spirituellen Menschen gesprochen werden.

82 Vgl. Figl, Johann (2003), 458.

83 Valentin, Friederike: Sekten, in: Gasper, Hans u. a. (Hg.): Lexikon der Sekten, Sondergruppen und Weltanschauungen, Freiburg ²1995, 973.

84 Baer, Harald u. a. (Hg.): Lexikon neureligiöser Gruppen, Szenen und Weltanschauungen, Freiburg i. Br. 2005.

85 Utsch, Michael: Ekstase, Erfolg, Erneuerung, Orientierung – vier Versprechen der Psychoszene, in: Hempelmann, Reinhard u. a. (Hg.), Panorama der neuen Religiosität, Gütersloh 2001, 102.

Empirische Beobachtung

In den letzten Jahren ist die Rezeption von Begriffen wie *Okkultismus* und *Esoterik* in der medialen Öffentlichkeit zurückgegangen; der terminologische Wandel zeigt sich auch im Kontext von *Religion* und *Religiosität*. Wenn es nicht explizit um abrahamitisch-religiöse, theologische oder kirchliche Inhalte geht, greifen gegenwärtig auch Publizisten immer häufiger zum Begriff der *Spiritualität*, um auf die Geistigkeit des modernen Menschen, seine Beziehungen zur Transzendenz, zu sprechen kommen. Vor allem Populär-Magazine und Trendforschung haben sich für das relativ junge Wort *Spiritualität* entschieden. Aber auch Verlage stimmen sich vermehrt darauf ein. Aus vielen Verlagsprogrammen ist der Begriff der *Esoterik* verschwunden; häufig wurde er durch den der *Spiritualität* ausgetauscht. Dennoch ist man sich mitunter im Verlag selbst uneinig über die Definition des Begriffs und auch darüber, was darunter subsumiert wird. »Weiterhin scheint es so, dass der Begriff für Erfahrungen genutzt wird, die nicht ohne weiteres beschreibbar und für andere nachvollziehbar sind«, erläutert Heike Springmann, Vertriebsleiterin der Verlagsgruppe Dornier den »Modebegriff«, der von »vielen Verlagen und auch von Kunden für viele verschiedene Dinge« benutzt werde.[86] Auch die Verantwortlichen der Frankfurter Buchmesse haben die einschlägigen Verlage seit 2003 dem Sachgebiet »Religion & Spiritualität« zugeordnet.[87]

In den Buchhandlungen selbst sind die entsprechenden Bücher – zumindest in den Jahren 2003 und 2004 – meist noch in einer Abteilung namens Esoterik zu finden. Esoterische Bücher – wie sie dort genannt und zugeordnet sind – nehmen im Verhältnis zu traditioneller religiöser Literatur zunehmend mehr Raum ein. Die Zahl nichtchristlicher spiritueller Bücher übertrifft christliche Publikationen bei weitem. Auch der Buddhismus ist mittlerweile ähnlich stark wie das Christentum vertreten.

Gesprächen und allgemeinen Beobachtungen im spirituellen Feld zufolge wählen die meisten Menschen am liebsten Begriffe wie spirituell, manche sagen auch »geistig orientiert«, wenn sie persönliche Neigungen zum Ausdruck bringen wollen. Vielen sind andere Begriffe wie »esoterisch« oder »okkultistisch«, »religiös« oder »fromm« entweder zu »abgedroschen« und »negativ besetzt« oder »verstaubt«, »spießig« und »altbacken«. »Religiös« wird von vielen sofort mit konfessioneller Bindung, Kirchenmitgliedschaft und traditionellen Institutionen assoziiert.

Der Begriff der *Spiritualität* wird als »neutraler« und »unverbrauchter« angesehen, er sei noch nicht so »besetzt« und »von bestimmten weltanschaulichen Richtungen vereinnahmt«. Das bringt allerdings auch mit sich, dass der Ausdruck »allgemeiner und ziemlich inflationär«[88] verwendet wird. Nach Auffassung Bernhard Groms bezeichnet er »jede Art von aktiver Bewussteinsentwicklung, die über ein mechanistisches Verständnis von Mensch und Kosmos hinausgeht und übermaterielle Werte und Kräfte berücksichtigt«[89].

86 Gespräch Frankfurter Buchmesse 2004.
87 Dazu zählen u. a. Verlage wie Kreuz, Theseus, Lüchow, Urania, Signa, Aquamarin, Kösel, Ariston, Irisiana, Kailash.
88 Grom, Bernhard: Macht der Glaube gesund? Materialdienst der EZW 10/2001. http://www.ekd.de/ezw/6353.html.
89 Ebd.

Eigene Begriffsbestimmung

So wenig wie es unter Wissenschaftlern aus Bereichen wie Theologie, Religionswissenschaft, Soziologie und Ethnologie klare Übereinstimmung über die Definition des Begriffs der Religion gibt, so wenig ist das bei dem Begriff der Spiritualität der Fall. Die Entscheidung für einen substanziellen, funktionalen oder phänomenologischen Ansatz ist abhängig vom jeweiligen Kontext.

Der für diese qualitative Studie gewählte Terminus soll Einblick in subjektive Spiritualität (Selbstverständnisse) gewähren und nachvollziehbar machen.[90] So lassen sich im Untersuchungsbereich Phänomene beobachten, die gerade dadurch zu Spielarten des Spirituellen werden, dass ihre Protagonisten ihr Denken und Handeln als spirituell bezeichnen oder dadurch, dass ihr Denken und Handeln von außenstehenden Beobachtern dem Bereich des Spirituellen mehr oder weniger stark zugeordnet wird. Spirituelle Spielarten werden also von subjektiver Seite neu und damit auch häufig weiter interpretiert. Diese qualitative Studie hat empirisch Vorfindbares im Blick; sie bezieht sich auf das, was im ethnographischen Untersuchungsradius selbst als Spiritualität bezeichnet wird bzw. damit im Zusammenhang steht. In Konsequenz erweist sich ein phänomenologisch verstandener Begriff für diese Studie als der geeignete: Spiritualität meint dann alle Ausdrucksformen und (Lebens-)Einstellungen, die Menschen aus ihrer Beziehung zu einer höheren (geistigen) Macht, einer ursprünglichen Lebensquelle oder einem immateriellen Bereich herleiten und jene Aktivitäten und Sichtweisen, die von ihnen selbst mit Spiritualität in Verbindung gesetzt werden.

Entscheidend sind die Binnenperspektiven der Einzelnen, die ein von Pluralismus geprägtes Panorama eröffnen: *Subjektivitäten formen Spiritualitäten mit.* Darunter gibt es oberflächliche, funktionalistische, zweckorientierte Spiritualitäten, die eher wenig mit dem traditionellen (substanziellen) Verständnis gemeinsam haben, aber auch tiefer gehende, nach Sinn, Erfüllung, innerer Freiheit, Liebe und Selbsthingabe strebende *Spiritualitäten*, die eher mehr mit dem traditionellen Verständnis gemeinsam haben.

Spiritualität kann also pluralistisch verstanden werden, zumal sich schamanische, naturreligiöse oder magische Verständnisse von Spiritualität von jenen östlichen Verständnissen wie Advaita oder Zen offensichtlich unterscheiden. In jedem Fall handelt es sich dabei um die sozialen, erlebnis- und erfahrungsorientierten Seiten der Spiritualität, die phänomenologisch zum Ausdruck kommen.[91]

90 Zu bereits existierenden Begriffskonzeptionen vgl. Friesl, Christian/Polak, Regina: Theoretische Weichenstellungen, in: Polak, Regina (Hg.): Megatrend Religion? Neue Religiositäten in Europa, Ostfildern 2002, 54–72.

91 Vgl. Charles Glocks phänomenologischer Religionsbegriff, der sich in ideologischen, rituellen, intellektuellen, sozialen und Erlebnis- und Erfahrungsdimensionen zeigen kann. Glock, Charles Y.: Über die Dimensionen der Religiosität, in: Matthes, Joachim (Hg.): Einführung in die Religionssoziologie II. Hamburg 1969, 150–168.

Rahmenbedingungen und Methoden

Welches sind die abgrenzbaren Dimensionen zeitgenössischer spiritueller Suche, welche Erwartungen, Motivationen und Sehnsüchte also liegen ihr zugrunde? Wie lassen sich diese Phänomene aus der Sicht von Mensch und Gesellschaft deuten? Das sind die Fragen, denen diese Arbeit nachgehen wird und die sie zu verstehen versucht. (siehe auch S. 219, Verstehen)

Um spirituelle Phänomene zu untersuchen, sind ethnographische Methoden ausgesprochen geeignet. Das haben auch Forschungen bewiesen, die vorrangig in den USA als einer Gesellschaft unterschiedlichster Kulturen entwickelt und etabliert wurden.[92] Deutschland hingegen gilt in der Anwendung der Ethnographie auf die eigene Gesellschaft im Ländervergleich als rückständig. Erst seit den Siebzigerjahren wird eine qualitative ethnographische Sozialforschung auch in Deutschland betrieben, eine Folge der in den Sechzigerjahren einsetzenden Entwicklungen weg von den traditionellen Strukturen und hin zur »Pluralisierung der Lebenswelten«[93]. Das »Charakteristikum der Ethnologie«, die Untersuchung des »Fremden«, so Roland Girtler, kann heute ohne weiteres in der eigenen Gesellschaft stattfinden[94]; Globalisierung und Multikulturalität tragen das Fremde in alle Bereiche des eigenen kulturellen Lebens.

Philipp Mayring sah im zunehmenden Einsatz »qualitativer Sozialforschung« bereits 1989 eine »qualitative Wende«: Sie sei zum »interdisziplinären Bezugspunkt neuer qualitativer Ansätze« geworden.[95] Will man »neu entstehende Wirklichkeiten« wie den Gegenstand dieser Arbeit erfassen, greifen die standardisierten Methoden, vor allem jene der quantitativen Sozialforschung, nur unzureichend. Qualitative Methoden bieten sich schon deshalb für komplexe, lebensweltliche Ausdrucksformen an, weil sie offener und ganzheitlicher sind. Gerade durch ihre freiere Form der Beobachtung ermöglicht die ethnographische Forschung einen Blick in die »subjektive Binnenperspektive«[96], den Blick in das *spirituelle Feld*[97]:

Im Rahmen dieser Arbeit wird darunter jener Raum verstanden, der von spirituell orientierten Menschen mit ihren Motivationen, Bedürfnissen und Sehnsüchten sowie von Anbietern spiritueller Programme gefüllt wird und außerhalb staatlich-rechtlich institutionalisierter, traditioneller Religionen und religiöser Bekenntnisgemeinschaften mit Rechtspersönlichkeit liegt. Ohne ihr eigene Spiritualität abspre-

92 Moffatt, Michael: Ethnographic Writing about the United States. Annual Review of Anthropology, 21, 1992, 205–229.
93 Knoblauch, Hubert (2003), 23.
94 Girtler, Roland (2001), 19.
95 Mayring, Philipp: Einführung in die Qualitative Sozialforschung, Weinheim [5]2002.
96 Knoblauch, Hubert (2003), 51.
97 Der Terminus *religiöses Feld* wurde von Pierre Bourdieu geprägt. Er versteht Gesellschaft als Raum, der aus autonomen Feldern besteht. Dabei sind die Kategorien Spiel und Kampf für ihn entscheidend. In seinen Untersuchungen stehen nicht die Laien und ihre Bedürfnisse, sondern vor allem Priester im Mittelpunkt. Bourdieu, Pierre (1991).

chen zu wollen, folgt daraus, dass die abendländische jüdisch-christliche Tradition mit allen aus ihr hervorgegangenen, auch neueren Bewegungen nur am Rande und der Islam als Religion der Zuwanderung keine Berücksichtigung finden. Das Terrain des spirituellen Feldes ist gegenüber seinem Umfeld nicht klar abgrenzbar; die Übergänge sind vielmehr fließend. Die Inhalte diffundieren mehr oder weniger stark in alle Bereiche gesellschaftlichen Lebens.

Die Erforschung komplexer Phänomene erfordert gleichfalls komplexe Herangehensweisen. Für diese Arbeit wurde eine multimethodische Annäherung an den Forschungsgegenstand gewählt, die »alle denkbaren und ethisch vertretbaren Optionen der Datengewinnung einschließt«[98]. Mit Hilfe der Methoden der Feldforschung konnten verschiedene Datensorten zusammengetragen und anschließend ausgewertet werden.

- Als Primärquellen dienten Teilnehmende Beobachtung[99], Feldnotizen, situative Informantengespräche und offene, themenzentriert-narrative Tiefeninterviews[100], Originaltexte, Selbstdarstellungen im Internet, Bücher, autorisierte Ratgeberliteratur, Broschüren, Plakate, Flyer.
- Als Sekundärquellen wurden weiterführende wissenschaftliche, populärwissenschaftliche und journalistische Texte aus Tageszeitungen, Wochenzeitungen, Zeitschriften, Internetseiten sowie Hörfunk- und Fernsehbeiträge und auch die Studien der Trend- und Zukunftsforschung herangezogen.
- Unter den wissenschaftlichen Arbeiten ist vor allem das Werk »Panorama der neuen Religiosität. Sinnsuche und Heilsversprechen zu Beginn des 21. Jahrhunderts«[101] hervorzuheben. Gestützt auf langjährige Recherchen hat es einen verdichteten Überblick über die Landschaft gegenwärtiger Heils- und Sinnsuche gegeben. Des Weiteren waren sowohl das von Oswald Eggenberger begründete Werk »Kirchen, Sekten, Religionen. Religiöse Gemeinschaften, weltanschauliche Gruppierungen und Psycho-Organisationen im deutschen Sprachraum«[102] sowie das »Handbuch Religiöse Gemeinschaften und Weltanschauungen«[103] und das von Johann Figl herausgegebene »Handbuch Religionswissenschaft«[104] sehr hilfreich. Erwähnt werden soll an dieser Stelle auch der von Regina Polak herausgegebene, zusammengefasste Werkstattbericht des zweijährigen Projektes »Megatrend Religion? Neue Religiositäten in Europa«[105], eine interdisziplinäre Studie der Universität Wien und des Ludwig-Boltzmann-Instituts für Werteforschung in Wien[106] sowie »Children of the new age – a history of spiritual practices« von Steven J. Sutcliffe.[107]

98 Flick, Uwe: Qualitative Forschung. Theorie, Methoden, Anwendung in: Psychologie und Sozialwissenschaften, Reinbek 2000, 314.

99 Hier die Lebenswelt der Beobachteten im spirituellen Feld. Dazu zählten auch Messen, Festivals, Events, Seminare, Workshops, Symposien, Offene Abende. Die Teilnehmende Beobachtung fand in der Regel aktiv, aber nicht immer offen (Outing als Forscherin) statt; einige Male war ich einfach Teilnehmerin wie alle anderen auch, weil mich das Thema interessierte und ich erst später entschied, es in die Forschung einfließen zu lassen.
Dazu auch Malinowski (1979); Girtler (1984); Mayring (2002); Lamnek (2005).

100 Vorgehensweise siehe Anhang.

101 Hempelmann, Reinhard u. a. (Hg.): Panorama der neuen Religiosität, Gütersloh 2001.

102 Schmid, Georg/Schmidt, Georg Otto (Hg.): Kirchen Sekten Religionen, begründet von Oswald Eggenberger, Zürich 2003.

103 Reller, Horst/Krech, Hans/Kleiminger, Matthias (Hg.): Handbuch Religiöse Gemeinschaften und Weltanschauungen. Im Auftrag der Kirchenleitung der velkd, Gütersloh [5]2000.

104 Figl, Johann (Hg.): Handbuch Religionswissenschaft, Innsbruck 2003.

105 Polak, Regina (Hg.): Megatrend Religion? Neue Religiositäten in Europa, Ostfildern 2002.

106 Vgl. http://www.univie.ac.at/pastoraltheologie.

107 Sutcliffe, Steven J.: Children of the new age – a history of spiritual practices, London 2003.

Der Vorteil des Methodenpluralismus liegt in der so genannten *Triangulation.* Sie erlaubt, das untersuchte Phänomen von verschiedenen Seiten zu betrachten und die gewonnenen »Erkenntnisse durch die Gewinnung weiterer Erkenntnisse zu begründen und abzusichern«[108]. Aus den erhobenen Daten ergeben sich nach einer ersten Analyse neue Fragen, fehlende Informationen und neue Themenbereiche werden offenkundig, weitere Daten werden gesammelt, ein erneuter Abgleich erfolgt.

Eine klare Entscheidung entweder für die Methode der Induktion oder für die der Deduktion würde dem Gegenstand dieser Forschung nicht gerecht werden. Vielmehr erfordert er flexiblere Strategien. Aus diesem Grund wurde für diese Arbeit die induktive Methode der Beobachtung empirischer Sachverhalte mit einer impliziten Hypothese-Bildung verbunden.[109]

Rückblickend hat sich gezeigt, dass die multimethodische Annäherung an die Dimensionen gerechtfertigt war.[110] Die Methoden waren für die Erfassung der unterschiedlichen Dimensionen nicht gleichermaßen geeignet. Während Sekundärquellen wie Mediendarstellungen, Trendforschung, populäre Bücher usw. die erste Dimension (*Reise zu sich selbst*) hervorragend unterstützten, kamen bei anderen Dimensionen (*Heilung, Orientierung, Gewissheit, Gemeinschaft, Reise in die Weite/Transzendenz* und *Weltverhältnis*) wesentlich häufiger fast nur Primärquellen zum Einsatz, ein erstes Zeichen dafür, welche Themen medial aufbereitet auch die breite Masse über das spirituelle Feld hinaus erreichen und wie sie gesamtgesellschaftlich eingebunden sind.

So ist als erstes Ergebnis festzuhalten, dass selbst innerhalb der Forschung aus der Polyphonie der Methoden immer wieder einzelne zu Solisten werden, während andere in den Hintergrund treten müssen. Der Ethnograph bedient sich unterschiedlichster Instrumente, gleich einem Künstler, der sich mit verschiedenen Pinseln, Stiften und Farben an einem naturgetreuen Porträt versucht. Selbst wenn ihm mit seinem Bild eine verblüffende Ähnlichkeit mit dem abzubildenden Gegenstand gelungen ist, bleibt die Handschrift als Zeugnis seiner selbst präsent.

Forscherischer Standpunkt

Ethnologen als wissbegierige Forscher neigen dazu, ihre »Der-fremde-Blick-Brille« auch dann aufzusetzen, wenn sie sich in der eigenen Kultur bewegen. Abwechselnd werden *emische* und *etische* Perspektiven gewählt; auf Wahrnehmungen aus der Binnenperspektive folgen Reflexionen und Beobachtungen von außen. Wer über Spiritualität forscht und als *fieldworker* einen ethnologischen Standpunkt einzunehmen versucht, wird nicht nur mit den spirituellen Standpunkten der Erforschten konfrontiert, sondern auch mit dem eigenen. Ein altbekanntes und immer wieder aktuelles Thema der Sozialwissenschaft, insbesondere der Ethnologie: Der Forscher agiert im Feld nicht frei von sich selbst. Daraus erhebt sich eine der meistdiskutier-

108 Knoblauch, Hubert: Qualitative Religionsforschung, Paderborn 2003, 58 .
109 Ebd., 35.
110 Dazu auch Girtler (2001), 31.

ten[111] methodischen Fragen: Wie wertfrei muss und wie wertfrei kann Forschung über Spiritualität überhaupt sein? Und: Was sind dann – wenn es über die ohnehin schon problematische Deskription der Phänomene hinausgeht – die Maßstäbe und Orientierungspunkte, nach denen Phänomene analysiert, eingeordnet und eingeschätzt werden können? Die Ethnologie als Teil der Sozialwissenschaften steht also vor ganz anders gearteten Herausforderungen als die Naturwissenschaften.[112] Die Gegenstände der naturwissenschaftlichen Untersuchung existieren bereits, die der Sozialwissenschaften hingegen nicht, ohne dass sie »von den Betroffenen immer schon selbst gedeutet« sind.[113] Auch deshalb verlangt die Beobachtung und Beschreibung »des Fremden« ein hohes Maß an Selbstreflexivität und Selbstdisziplin, um aus Beschreibung nicht – womöglich verzerrte – Beurteilung werden zu lassen. In den Achtzigerjahren des vergangenen Jahrhunderts thematisierte bereits James Clifford die ethnographischen Praktiken des »Fremdverstehens«. Er beschrieb, wie sehr die Erwartung des Forschers einer Subjekt/Objekt-Übereinstimmung oder die Faszination des Exotischen seine Beobachtungen vereinnahmen können.[114]

Die Bewertung in der wissenschaftlichen Forschung machte bereits Max Weber zu einem Thema, das er mit dem Prinzip der Werturteilsfreiheit beantwortet wissen wollte.[115] Der Wissenschaftler, so postuliert Weber, solle sich des Werturteils gegenüber seinem Forschungsgegenstand enthalten. Eine Forderung, die zu erfüllen gerade die Forscher der Sozialwissenschaften in die Pflicht nimmt, die größtmögliche Annäherung an dieses Ideal zu versuchen. Denn »genau genommen«, so Alfred Schütz, »gibt es nirgendwo so etwas wie reine und einfache Tatsachen. Alle Tatsachen sind schon immer aus einem universellen Zusammenhang durch unsere Bewusstseinsabläufe ausgewählte Tatsachen. Somit sind sie immer schon interpretierte Tatsachen: entweder sind sie in künstlicher Abstraktion aus ihrem Zusammenhang gelöst oder aber sie werden nur in ihrem partikulären Zusammenhang gesehen. Daher tragen in beiden Fällen die Tatsachen ihren interpretativen inneren und äußeren Horizont mit sich.«[116]

Der Ethnopsychoanalytiker George Devereux hat bereits auf mögliche Auswirkungen der persönlichen Befindlichkeit des Forschers, etwa Scheu, Angst und Vorbehalte, auf seine Methodenwahl und auf die Wahrnehmung des Forschungsgegenstandes hingewiesen.[117] Nirgendwo sonst steht der Wissenschaftler so vor den Risiken potentieller Übertragungs- und Gegenübertragungsgefühle wie in den Verhaltenswissenschaften. Unangemessenheit und Verzerrung sind mögliche – wenn auch unbewusste – Reaktionen auf verhaltenswissenschaftliche Erhebungen, deren Ergebnisse sowohl die Weltanschauung als auch das Selbstverständnis des Forschers in Frage stellen könnten. Neben der Beobachtung des Forschungsgegenstandes ist die Beobachtung aller Reaktionen auf die beobachteten Gegenstände für Forscher gerade in den Sozialwissenschaften unabdingbar.

111 Habermas, Jürgen: Erkenntnis und Interesse, Frankfurt 1969.

112 Dazu auch Girtler (2001), 46ff, 50ff.

113 Knoblauch, Hubert (2003), 33.

114 Clifford, James: The Predicament of Culture: Twentieth-Century Ethnography, Literature, and Art (Cambridge, MA 1988).

115 Weber, Max: Die Objektivität sozialwissenschaftlicher und sozialpolitischer Erkenntnis, in: ders.: Gesammelte Aufsätze zur Wissenschaftslehre, Tübingen (1922), 1988, 17–206.

116 Schütz, Alfred: Wissenschaftliche Interpretationen und Alltagsverständnis menschlichen Handelns, in: ders.: Gesammelte Aufsätze. Bd. 1: Das Problem der sozialen Wirklichkeit, Den Haag 1971, 5.

117 Devereux, George: Angst und Methode in den Verhaltenswissenschaften, München ^{3}1967.

In der Ethnohistorie wird heute von einer »reflexiven Ära« gesprochen, die die »enzyklopädische« (Veranda- und Lehnstuhl-Anthropologie) und die »positivistische Ära« abgelöst hat. Ein reflektiertes Positionieren der eigenen Person muss somit gewährleistet sein, wenn man die Subjektivität von Menschen untersuchen will.[118] Wer zur Spiritualität forscht, wird mit vielen (neuen) Welterklärungen, Heilsbotschaften und spirituellen Wegen konfrontiert. Wer eine Phänomenologie der Motive, Sehnsüchte und Bedürfnisse der Menschen, die sich im spirituellen Feld bewegen, schreiben will, muss sich selbst in dieses spirituelle Feld begeben. Er muss bereit sein, selbst in die unterschiedlichen Erfahrungsräume hineinzugehen und eigene spirituelle Praxis und Kompetenz zu erwerben. Nur so wird er nachvollziehen und einordnen können, was Menschen des spirituellen Feldes bewegt. Dennoch kann dies nur eine Annäherung an zutiefst subjektabhängige Vorgänge bleiben.

Diese Arbeit basiert auf *Feld(er)-Forschungen*[119] über einen Zeitraum von zehn Jahren und hat bereits während des Studiums begonnen.[120] Dabei kam ich mit sehr unterschiedlichen spirituellen Richtungen, Lehren und Menschen in Kontakt. Folglich kann ich mich dabei sowohl auf *knowledge* als auch auf ein profundes *knowing* stützen. Dieses ist im Gespräch mit spirituell orientierten Menschen ungemein wichtig: Wer das Vokabular kennt, also fähig ist, die gleiche Sprache zu sprechen, weckt schon dadurch mehr Vertrauen. Wenn Menschen sich auf Tiefeninterviews einlassen und über sehr persönliche Sehnsüchte und Erfahrungen zu sprechen bereit sind, dann gehört dazu sicher das Gefühl, vom Gegenüber verstanden zu werden. Dabei will ich nicht verschweigen, dass ich manches in dem spirituellen Feld vorgefunden habe, mit dem ich nicht einverstanden bin und dem ich persönlich kein Vertrauen entgegenbringen würde. Dennoch ist es mir ein Anliegen, diese Menschen mit ihren Motivationen, Bedürfnissen und Sehnsüchten ernst zu nehmen und in dieser Arbeit ihren Gedanken und Aktivitäten – auch als Ausdruck einer zum Teil noch ungerichteten spirituellen Suche – Wertschätzung entgegenzubringen.

118 Kremser, Manfred (2001), 135–144.

119 Dazu: Kremser, Manfred: Von der Feldforschung zur Felder-Forschung, in: Wernhart, Karl. R./Zips, Werner (Hg.): Ethnohistorie. Rekonstruktion und Kulturkritik. Eine Einführung, Wien ^{2}2001, 135–144.

120 Vgl. Martin, Ariane: Zur Rezeption des indianischen Schamanismus in Deutschland, unveröffentlichte Magisterarbeit, Mainz 1996.

Phänomenologie

Die Frage nach dem eigenen Glauben bringt heute viele in Verlegenheit. Ein Großteil der Menschen empfindet sie als unangenehm, sogar als taktlos. Viele geben lieber und leichter Intimitäten ihres Liebeslebens zum Besten, als sich zu Fragen der persönlichen Weltanschauung zu äußern, vor allem in der Öffentlichkeit: »Da gibt es eine Scheu, fast, als ob das etwas Obszönes sei«, so die ehemalige Gesundheitsministerin Andrea Fischer.[121] Diese Beobachtung hat auch der Journalist Ulrich Schnabel gemacht: »Kommt die Rede auf letzte Überzeugungen, auf jenes schwer Fassbare, das dem Einzelnen ein Ziel und dem Ganzen einen Sinn gibt, verstummt die allgemeine Geschwätzigkeit.« [122]

Unsere Kultur verfügt über keine gemeinsame Glaubensmitte. Die christlichen Weisheits- und Morallehren prägen nicht mehr. Kirchen, die einst für viele Orientierung und Instanz waren, haben an Glaubwürdigkeit eingebüßt.[123] Selbst der ADAC, die Umweltorganisation Greenpeace und die Bundeswehr stehen Umfragen zufolge höher im Kurs.[124]

Religion als Thema ist zwar weltweit auf die politischen, kulturellen und gesellschaftlichen Bühnen zurückgekehrt, aber vor allem in ihren fundamentalistischen Spielarten. Zur Diskussion steht ihre Funktion als »politischer und moralischer Machtfaktor«[125]. In diesem Sinne vollzieht sich auf globaler Ebene eine Entprivatisierung von Religion. Wenn es aber im Kontext eines »religiösen Pluralismus« um Fragen persönlicher Weltanschauung und spiritueller Zugänge geht, herrscht weitgehend Rückhaltung bis hin zur Intimisierung vor.[126] In diesem Sinne gilt die eigene Spiritualität als Privatsache, wenn auch die Zahl derer zunimmt, die ihre spirituelle Befindlichkeit, Sehnsucht und Suche thematisieren.

Dass sich selbst hinter »atheisierenden Fassaden«[127] erstaunlich häufig spirituelle Lebenseinstellungen, Fragen und Gedanken verbergen, bestätigt eine Umfrage, die das Erzbistum Köln im Jahr 2003 durchgeführt hat.[128] In Zeitungsannoncen und auf Postkarten, die in Kneipen ausgelegt wurden, hat es die Menschen aufgefordert, von ihrem »Leben ohne Gott« zu erzählen. Das Ergebnis war auch für Heiner Koch, Seelsorgeamtsleiter und Domkapitular, überwältigend: Die scheinbar Gottlosen seien »zum geringsten Teil Atheisten (...) Ich habe bei ihnen manches Ringen und Suchen und Fragen und Kämpfen erlebt, dass ich sagen würde: Die sind so nahe bei Gott wie wahrscheinlich mancher nicht, der sich als gläubig bezeichnet.«[129]

121 Die Zeit, 22. 12. 2003

122 Schnabel, Ulrich: Wie man in Deutschland glaubt, in: Die Zeit, 22. 12. 2003.

123 Österreich 2004: 92 % wünschen sich eine moralisch starke Kirche (IMAS-Umfrage).

124 Laut »Perspektive Deutschland – 2002«, der weltweit größten Online-Befragung, einer Initiative von der Unternehmensberatungsfirma Mc Kinsey, der Zeitschrift stern, dem ZDF und AOL. Von Oktober bis Dezember 2002 haben über 357.000 Bürger ihre Zufriedenheit mit dem Leben in Deutschland und an ihrem Wohnort bewertet. Die Bürger wurden vor allem zu ihrer Meinung über den Zustand und Reformbedarf von 22 Institutionen befragt. Vgl. http://www.perspektive-deutschland.de.

125 Riesebrodt, Martin: Die Rückkehr der Religionen. Fundamentalismus und der »Kampf der Kulturen«, München ^{2}2001. Dazu auch: Huntington, Samuel P.: Kampf der Kulturen. Die Neugestaltung der Weltpolitik im 21. Jahrhundert, Rheda-Wiedenbrück 1997.

126 Bestätigt wird dies auch durch Volkhard Krech: Individualität/Individualisierung, in: Baer, Harald (2005), 590.

127 Mehr zur Stuktur der Atheismus in Ost(Mittel)Europa: Tomka, Miklós/Zulehner, Paul M.: Religion im soziokulturellen Kontext Ost(Mittel)Europas. »Gott nach dem Kommunismus«, Ostfildern 2000.

128 http://www.ohne-gott.de.

129 Die Zeit, 22. 12. 2003.

Etwa zwei Drittel der Deutschen glaubt dem Data-Concept-Institut zufolge irgendwie an »Gott«. Dabei definieren allerdings nur noch 12 % »Gott« im Sinne des Christentums als personalen, dreieinigen Gott – Vater/Sohn/Heiliger Geist. Gott wird zunehmend ersetzt durch Begriffe wie kosmische Energie, Liebe, Frieden, Quelle, Anfang, Universum, höhere Macht. 80 % dieser Menschen sind davon überzeugt, dass es persönliche Schutzengel gibt.

Immer mehr Menschen verlieren das Interesse daran, lebenslang Dauergast unter einem traditionellen Glaubensdach – wie dem der Großkirchen – zu sein. Sie kündigen ihre »konfessionelle Vollpension«[130]. Ein Vakuum entsteht. Die wachsende Verselbstständigung gegenüber den traditionellen Religionen ist charakteristisch für zeitgenössische Spiritualität. Diffuse Formen von »Sehnsuchtsreligion«[131] bilden sich aus.

Spirituelle Phänomene folgen häufig Gesetzen von Angebot und Nachfrage. Wo Bedürfnisse sind, entsteht ein Markt. So war zum Beispiel auf dem Zeitschriftensektor seit Mitte der Neunzigerjahre ein starker Anstieg spiritueller Fachzeitschriften mit begleitenden Homepages zu verzeichnen.[132] Populärbücher sowohl aus dem Bereich des Christentums von renommierten Autoren wie Anselm Grün, Jörg Zink, Eugen Drewermann, Henri Nouwen und Peter Hahne als auch von Vertretern des Buddhismus wie dem Dalai Lama und Thich Nhat Hanh erreichen hohe Auflagen.

Vertreter der traditionellen Wissenschaften, der Großkirchen, der Medien und der Öffentlichkeit tun sich mitunter schwer, die Phänomene neuer spiritueller Suche sachlich einzuordnen: »Neue Weltanschauungen, neureligiöse Bewegungen und ›politische Religionen‹ erhöhen den Druck auf traditionelle Religionsgemeinschaften, sich in polymorphen religionskulturellen Umwelten zu behaupten.« Friedrich Wilhelm Graf weist neben anderen diesbezüglich auf die Zunahme »juristischer Konflikte im Spannungsfeld von Religionsfreiheit und öffentlicher Ordnung« hin.[133]

130 Klonovsky, Michael/Scherer, Martin: Die Glaubenswelten der Deutschen. Über die Suche nach Sinn und Erfüllung, Focus 16/2004, 129.

131 Widl, Maria: Christentum und Esoterik, Wien 1995, 15.

132 Am Frankfurter Hauptbahnhof werden 22 einschlägige Fachzeitschriften verkauft (Recherchen im Herbst 2003): Wege. Die Zukunft des Lebens. Themen: Bachblüten, Magie in der Schule, Chi-Maschine, http://www.wege.at; Magazin.Bio.Line. Für ein schönes, gesundes und erfolgreiches Leben. Themen: Mehr Power durch Meridian-Techniken, Ich war zu dick – das war gestern, Erfolg beginnt im Kopf. Gründung im Jahr 2000, http://www.bioline-magazin.de; Taijiquan & Qigong Journal. Fachzeitschrift für alle Qigong- und Taijiquan-Praktizierenden, http://www.tqj.de; Advaita Journal. Schriften aus der Nicht-Lehre, Begründer OM C. Parkin, http://www.allionce.de; Lichtfokus. Die Zeitschrift für Lichtarbeiter. Themen: Channeling, Außerirdische, http://www.lichtfokus.de; Connection. Die Zeitschrift fürs Wesentliche, http://www.connection.de; Visionen. Das Magazin für ganzeitliches Leben; Welt der Esoterik. Haus des Erlebnisses. Themen: Gedankenmacht – so ändern Sie Ihr Schicksal, Kornkreise, Phänomen Zeitreisen, Schamanismus, Magie. http://www.bloommedien.de; fengshui journal, http://www.humantouch.de; Tattva viveka. Forum für Wissenschaft, Philosophie und spirituelle Kultur (Sanskrit: Unterscheidung von Wahrheit und Illusion), http://www.tattva-viveka.de; Die neue esotera. Zeitschrift für Gesundheit, Spiritualität und Lebensfreude, Serie: Lust auf Liebe: Tantra. http://www.esotera.at; Geomantie; ambiance; naturel; Prophezeiungen spezial 2000; Reiki Magazin; Zukunftsblick; Astrologie heute; Horoskop; astrologie luna; astrowoche etc.

133 Graf, Friedrich Wilhelm: Die Wiederkehr der Götter. Religion in der modernen Kultur, München 2004, 19, 55.

Spielarten des Spirituellen

Das spirituelle Feld zeigt sich im Vergleich zu den etablierten und institutionalisierten Kirchen und Religionen eher pluralistisch und individualistisch, also ohne verbindende Mitte. Es entwickelt sich »zunehmend ein unverbundenes Nebeneinander unterschiedlicher religiöser Kulturen«[134] und Weltanschauungen.

Manche entscheiden sich für einen bestimmten Weg und verfolgen ihn konsequent, andere können sich nicht entscheiden und suchen mal hier, mal dort. Und wieder andere wollen sich nicht entscheiden, sondern sich im Gegenteil alle Optionen offen halten. Das fällt deshalb nicht besonders auf, weil das Feld einem Jahrmarkt gleich die vielfältigsten Angebote permanent bereit hält und man relativ leicht andernorts Anschluss finden kann.

Traditionelle Weisheiten verschiedener Kulturkreise werden häufig bewusst und absichtlich untereinander gemischt und zusätzlich auch mit Methoden alternativer Heilweisen, der Psychologie und der Bewusstseinsforschung verbunden. Die Kreation neuer und individueller Weltbilder ist keine Seltenheit.

Zwar versuchen einige, sich »auf die eigenen Wurzeln zu besinnen«, die meisten aber suchen sie in fremden Kulturen, die »noch nicht so gebrochen«[135] sind. Nicht gebrochen – damit ist »noch heil, noch ganz, unverdorben, ursprungsnah, natur- und erdverbunden« gemeint. Folglich sind im Bereich neuer spiritueller Suchbewegungen die verschiedensten Erscheinungsformen auszumachen: Archaisch, naturreligiös, heidnisch bzw. neopagan, magisch, okkultistisch, satanistisch, psychologisch, östlich religiös, neuchristlich religiös, mystisch etc.

Alte keltische Vollmondrituale werden wiederentdeckt. Man tanzt im Stil der Indianer zu Ehren der Mutter Erde oder mit den Sufis um die eigene Mitte. Man wandert auf den magischen Spuren der Druiden und leiht sich Heilungsrituale aus dem alten Indien. Man übt in so genannten Sesshins das meditative Sitzen wie es die Zen-Meister aus Japan praktizieren und verbiegt seinen Körper nach den Lehren des indischen Yoga. Auch christliche Mystiker wie Hildegard von Bingen und Meister Eckhart stoßen wieder auf Interesse.

Charakteristisch für das spirituelle Feld sind Tendenzen zum *Synkretismus*[136], sowohl bei Anbietern als auch bei den Klienten: In den Medien ist diesbezüglich häu-

134 Gebhardt, Winfried: Jugendkultur und Religion. Auf dem Weg zur religiösen Selbstermächtigung, EZW-Texte 170/2003, 7–19.

135 Umschreibung eines Informanten.

136 Ursprünglich positiver Begriff aus der griech. Antike (synkretismós): Die Kreter bezeichneten damit den »Zusammenhalt der im Übrigen untereinander zerstrittenen Völker Kretas gegenüber auswärtigen Feinden«. Noch nach der Reformation von Erasmus von Rotterdam benutzt, um einen Ausgleich zwischen unterschiedlichen Positionen zu ermöglichen. Ab dem 17. Jh. wurde S. zunehmend zum Schimpfwort für die »Verfälschung der ›wahren Lehre‹ durch ›Vermischung‹ mit anderen Lehren«. Seit Mitte des 19. Jh. in der Religionswissenschaft ein zunächst wissenschaftlich-analyti-

fig von »Cocktails«, von »Design-Glauben« oder »Designerreligionen«[137] die Rede. Der Soziologe Peter L. Berger spricht von »Patch-Work-Religion«, Paul M. Zulehner von »Religionskomposition«[138]. Christel Gärtner und Klaus Bischoff nennen es »Basteln mit Bruchstücken der Vergangenheit zur Schaffung neuer strukturierter Ganzheiten«[139] und Claude Levi-Strauss hat den Begriff »Bricolage« geprägt, der Ähnliches bei »primitiven Völkern« bezeichnet.[140]

Wo Synkretismus vermutet wird, herrscht für Außenstehende häufig religiöses Chaos, Beliebigkeit und sogar Unlauterkeit. Dabei wird leicht übersehen, dass auch die etablierten Weltreligionen – zumindest so, wie sie heute dastehen – Ergebnis vieler Entlehnungen aus früheren oder benachbarten Religionen sind. Auch die Geschichte des Christentums ist begleitet von synkretistischen Prozessen, wenn etwa »germanische Frühjahrsriten in das christliche Osterfest«[141] integriert werden.[142]

Für die Verschmelzung von keltischem, indianischem und germanischem Gedankengut hat sich Anfang der Achtzigerjahre des 20. Jahrhunderts Berthold Röth, Herausgeber der Zeitschrift Mescalito, eingesetzt. Auf diese Weise ist die Vereinigung »Celtsun-Wicca«[143] aus einer Übereinkunft zwischen Druiden, indianischen Medizinfrauen und Wicca als klassisches Beispiel für Synkretismus entstanden: Sie beinhaltet die »Hochzeit unserer keltischen Kraft des Südens mit der indianischen Sundance-Kraft des Südwestens«.[144]

Hinzu kommt, dass die meisten Therapeuten und spirituellen Lehrer nicht nur eine Linie vertreten, sondern die unterschiedlichsten Angebote gleichzeitig im Programm haben. So hatte eine Informantin, die Heilpraktikerin ist, auf ihrer Visitenkarte auch Begriffe wie Reiki-Meisterin, Astrologie und Schamanismus vermerkt. Das verblüfft umso mehr, da sich die Weltanschauung des Reiki und des Schamanismus ausschließen.

Die Erfahrung subjektiver Vereinbarkeit von für Außenstehende womöglich Gegensätzlichem hat Brita C. Dahlberg vom Seminarveranstalter *Frankfurter Ring e. V.* auch in Bezug auf das spirituelle Feld beobachtet. »Es gibt beides«, so Dahlberg, »es gibt eine Bewegung, die ist die Wellness-Richtung, sag ich jetzt mal, die sucht erstmal die schnelle Erleichterung, Verbesserung. Völlig legitim, ist für mich keine Abwertung. Und das andere ist derjenige, der über das hinaus noch tiefer in diese vielleicht regelmäßige Arbeit mit sich hinein gehen will und das als Weg der Selbsterfahrung dann auch wählt. Heute gibt es nicht mehr so eine Trennung der Szenen. Ich kann ins Fitness-Studio gehen, ich kann zur Kosmetikerin gehen, deswegen bin ich nicht ein unspiritueller Mensch. Ich kann mich für Tiefe interessieren und gleich-

scher Begriff. In Bezug auf neureligiöse Bewegungen gilt S. heute oft gleichbedeutend mit *Eklektizismus*, ein »zur Beliebigkeit neigendes ›Herauspicken‹ einzelner Elemente aus verschiedenen religiösen Traditionen und ihre unkontrollierte Vermischung, die den betroffenen Traditionen nicht gerecht werde, ihr Wesentliches verkenne oder verfälsche«. Bochinger (2005), 1254ff; Figl, Johann (1993), 164.

137 Thimm, Katja: Supermarkt der Religionen, in: Der Spiegel, 25. 12. 2000, 124.

138 Vgl. Zulehner, Paul M. u. a.: Kehrt die Religion wieder? Religion im Leben der Menschen 1970–2000, Ostfildern 2001. 30 % der Befragten waren dem Typus Religionskomponisten zuzuordnen.

139 Gärtner, Christel/Bischoff, Klaus: Es gibt so viele Wege wie Menschen. Individueller Synkretismus, in: Greverus, Ina-Maria/Welz, Gisela (Hg.): Spirituelle Wege und Orte, Frankfurt 1990, 173–200.

140 Levi-Strauss, Claude: Das wilde Denken, Frankfurt a. M. 1997.

141 Bochinger, Christoph (2005), 1258.

142 Dazu auch Hirschberg, Walter (1988); Figl, Johann (1993), 163f; Berner, Ulrich (1982).

143 Celt steht für Keltisch und Sun für den indianischen Sonnentanz.

144 Mescalito Nr. 22 (1992), 6.

zeitig etwas für meinen Körper tun, im Sinne von Fitness-Studio, oder ne Ayurveda-Kur machen.«[145]

Von der Tendenz zum *Synkretismus*, meist auf »Element-Ebene«[146], die sich sowohl bei Anbietern als auch bei Suchenden findet, zu unterscheiden ist die Neigung mancher, nach *Universalismen* in den unterschiedlichen Traditionen zu suchen. Der Unterschied ist augenfällig: Während die ersteren dazu tendieren, nach subjektiven Kriterien ihr eigenes Spiritualitäts-Palais mit Mobiliar und Requisiten verschiedenster Herkunft auszukleiden, schauen sich die zweiten in den Weisheitskathedralen und mystischen Schatztruhen verschiedenster spiritueller Richtungen nach Konstanten um, die in unterschiedlichen Bildern und Sprachen angedeutet sein können. Und selbst hier gilt es zu unterscheiden. Die einen streben die Zusammenführung verschiedenster religiöser Weltanschauungen und ihrer Ausdrucksformen (Gottesvorstellungen, Kosmogonien, letzte Wahrheiten etc.) zu einem großen Ganzen unter pluralistischen Gesichtspunkten an und halten alles für »irgendwie auf seine Art wahr« mit der Folge eines mitunter indifferenten, implizierenden Kaleidoskopierens. Andere differenzieren stärker und wollen – bildhaft ausgedrückt – die in unterschiedlichen Früchten verborgenen Kerne herausschälen, hinter der Verschiedenheit die Einheit aufspüren, das ewig bleibende mystische Geheimnis: »In dieser Erfahrung der Ersten Wirklichkeit treffen sich alle. Denn sie streben alle auf denselben Berg der einen Wirklichkeit. Diese Erfahrung aber transzendiert jede Konfession.«[147] Mischtypen zwischen Universalismus und Synkretismus sind phänomenologisch keine Seltenheit. Des Weiteren tendieren *neureligiöse Bewegungen* dazu, Welterklärungssysteme und Kosmogonien mit einem universalen Anspruch aufzubauen.[148]

145 Dahlberg, Brita C. (Frankfurter Ring e. V.), in: Hessischer Rundfunk, Forum Leib und Seele, 25. 9. 2002.
146 Berner, Ulrich: Untersuchungen zur Verwendung des Synkretismus-Begriffs, Wiesbaden 1982, zit. in: Figl, Johann (1993), 164. Berner unterscheidet zwischen Element- und System-Ebene. Während bei ersterer lediglich einige Elemente aus anderen Systemen in das eigene integriert werden, entsteht auf System-Ebene durch die Verbindung ehemals getrennter Traditionen qualitativ Neues (Bochinger 2005, 1258).
147 Jäger, Willigis (2000), 77.
148 Figl, Johann: Die Mitte der Religionen. Idee und Praxis universalreligiöser Bewegungen, Darmstadt 1993, 2f. – Vgl. dazu auch die Schweizer Studie: Campiche, Roland J. u. a.: Die zwei Gesichter der Religionen. Faszination und Entzauberung, Zürich 2004.

Dimensionen: Formal

Durchgängiges

Im Folgenden wird das spirituelle Feld auf seine Dimensionen hin untersucht. Dimension meint hier weniger konkretes spirituelles Tun, als vielmehr eine (Teil-)Qualität, die Einzelnen oder spirituellen Gruppen, ihrer Geisteshaltung und ihrem Handeln eigen ist, näherhin Erwartungen, Sehnsüchte, Motivationen und Bedürfnisse.

Die Dimensionen werden anhand von ausgewählten Beispielen erarbeitet. Diese Beispiele sollen die Dimensionen exemplarisch illustrieren und sie verdeutlichen. Daraus folgt nicht, eine bestimmte spirituelle Gruppe oder ein bestimmtes Angebot verkörpere diese Dimension. Wenn also bestimmte Aspekte aus einer spirituellen Weltanschauung benutzt werden, um z. B. die Dimension Macht und Kontrolle zu skizzieren, heißt das nicht, dass die erwähnte Weltanschauung oder Bewegung einzig auf Macht fokussiert ist und sämtliche Anhänger machtorientiert sind.

Eine vollständige und detaillierte »Ethnographie« wird nicht angestrebt. Stattdessen sollen die Dimensionen zeitgenössischer Spiritualität holzschnittartig und eher plakativ skizziert werden. Bei der Bestimmung von Dimensionen werden mehrere Ebenen unterschieden: konkrete Merkmale werden zu Subdimensionen gebündelt und dann zu Hauptdimensionen zusammengefasst. Die Dimension wird also vom ganz Konkreten hin auf eine abstraktere Ebene erarbeitet. Das Konkrete hat teil an der Eindeutigkeit der konkreten Geisteshaltung und des konkreten spirituellen Tuns von Einzelnen oder Gruppen. Auf dem Weg zur Hauptdimension spielen forscherische Verdichtung und Interpretation bereits eine Rolle.[149]

Überschneidungen

Es ist nicht immer möglich, diese konkreten Eigenschaften lediglich einer einzigen Dimension zuzuweisen. Vielmehr erweisen sich Überschneidungen bei der Zuordnung als unvermeidbar. Spirituelle Realitäten sind nicht eindimensional, sondern sehr komplex. Die einzelnen Aspekte fließen somit mehr oder weniger stark von einer Dimension in andere über. Alle Dimensionen kreisen um die Spiritualität als

149 Es gibt Haupt- und Subdimensionen. Der Begriff Dimensionen kann aber für jede Ebene verwendet werden.

gemeinsamer Mitte, deren Ausdruck sie sind. Dass die Dimensionen aber hier zunächst trotz ihrer Überschneidungen getrennt voneinander beschrieben werden, geschieht aus didaktischen Gründen zur besseren Anschaulichkeit.

Überblick

Für die Darstellung der Dimensionen wird zunächst ein straffer Überblick über jene Dimensionen gegeben, die durch vielfältige Analysen und Verdichtungsverfahren erarbeitet wurden. Insgesamt sind durch die Bündelung thematisch zusammengehöriger Dimensionen sieben Hauptdimensionen entstanden.

Reise zu sich selbst Im Mittelpunkt der Aufmerksamkeit steht die Person selbst. Der Mensch schaut auf seine eigene Befindlichkeit, auf die körperlichen, seelischen und geistigen Bedürfnisse. »Well being« heißt es hier, die Seele baumeln lassen, bei sich sein. Entscheidend ist auch die individuelle Standortbestimmung, der eigene Status: von der Sehnsucht nach Reichtum oder umgekehrt nach mehr Einfachheit über den Wunsch nach Anerkennung und Erfolg bis hin zum Bedürfnis nach Entfaltung der eigenen Macht. Typisch für spirituell Orientierte ist auch die Frage der eigenen Wertigkeit. Sie wollen sich entfalten und selbst finden.

Verzauberung In dieser Dimension geht es um das Staunen. Sie bündelt Sehnsüchte nach Erlebnis und Abenteuer, nach Übersinnlichem, Geheimnisvollem und Märchenhaftem. Der Mensch will seine Grenzen überschreiten und sucht eine unterhaltsame, spannende, geheimnisvolle oder ästhetisierende Überhöhung eines als banal empfundenen Alltags. Viele begeben sich aus reiner Neugierde auf spirituelle Suche, manche suchen den Nervenkitzel im Bereich des Paranormalen und Magischen. Oder sie sehnen sich nach sinnlich wahrnehmbaren »Zeichen«, nach Wundern, die das göttliche Geheimnis erfahrbar machen sollen.

Heilung Erheblichen Anteil an der Motivation, sich auf spirituelle Suche zu begeben, hat für viele die Hoffnung auf Heilung – von Krankheitssymptomen, geistig-seelischem Leid oder von Ängsten und Schuldgefühlen. Schlagworte sind hier u. a. Liebe, Licht, Geist und Transformation. Im Zentrum steht die Sehnsucht nach Heilung an den Wurzeln, nach geistiger Erneuerung. Der Mensch möchte rundherum heil, schalom sein. Er will Glück, Freiheit, Frieden und Fülle erleben, die Angst vor dem Tod verlieren, unsterblich sein.

Festigkeit Diese Dimension ist geprägt von Bestimmtheit und Klarheit. Der spirituelle Mensch hält Ausschau nach Orientierung, er sucht nach Markierungspunkten, die ihm Hilfestellung in der Lebensführung und in der Strukturierung des Alltags geben. Manche wenden sich Ritualen zu, andere suchen nach Beratung, Coaching oder nach spiritueller Führung durch Lehrer und Meister. Gewissheit schenkt die Erfahrung von Sinn und Verlässlichkeit. Die höchste Gewissheit aber ist an Erkenntnis und Wahrheit geknüpft.

Gemeinschaft Spirituelle suchen nach einem sozialen Bezugssystem, nach der Möglichkeit, sich in allen Bereichen ihres Lebens – spirituell, sozial, kreativ – zu entfalten und auch eigenes Wissen, Erfahrungen und Stärken einzubringen. Sie suchen nach Formen der Zweisamkeit, bilden Szenen, wollen sich vernetzen und Gemeinschaft mit Gleichgesinnten erleben. Sie sehnen sich nach Geborgenheit, nach sozialer und spiritueller Heimat in einer für den Einzelnen immer kälter erscheinenden Gesellschaft, nach einer »Ethik der Liebe«[150].

Reise in die Weite Diese Dimension beinhaltet die Sehnsucht, in etwas Höheres, Weiteres, Übergeordnetes eingebunden zu sein. Manche erfahren dies physisch, etwa durch Pilgern; oder sie fühlen sich in die Kreisläufe der Natur eingebunden. Andere machen sich auf den Weg in die virtuellen Weiten des Cyberkosmos. Die meisten jedoch wollen geistige Welten entdecken, ihr Bewusstsein verändern bzw. erweitern und Transzendenz-Erfahrungen machen. Sie sehnen sich nach Mystik, Erleuchtung und Erwachen.

Weltverhältnis Während die einen der Welt im Modus der Negation begegnen, gegen sie protestieren oder aus ihr zu flüchten versuchen, wenden andere den Blick zurück: in die »gute alte Zeit«, zu früheren Kulturen und ursprünglicheren, naturnahen Lebensweisen. Auch die Wiederentdeckung von Tradition spielt eine Rolle. Andere verhalten sich eher perspektivisch zur Welt. Sie engagieren sich spirituell und zugleich sozial und politisch, sie wollen Verantwortung für ihre Mit- und Umwelt übernehmen. Und sie haben Visionen von einer neuen Menschheit in einer neuen Welt.

150 Zulehner, Paul M.: Megatrend Religion, in: Stimmen der Zeit 221 (2003), 87–96.

Dimensionen: Material

Reise zu sich selbst

Kaum sind wir heimisch einem Lebenskreise
Und traulich eingewohnt, so droht Erschlaffen,
Nur wer bereit zu Aufbruch ist und Reise,
Mag lähmender Gewöhnung sich entraffen.
Hermann Hesse

»Wenn man erwachsen wird, geht man auf diese Reise, wo man versucht herauszufinden, wer man wirklich ist und wo man hingehört. Und wenn man dann älter wird und vorher richtig Dampf abgelassen hat, geht man auf eine persönlichere Suche nach sich selbst, Spiritualität und Sterblichkeit.«[151] Die Äußerung der Popsängerin Sheryl Crow führt direkt auf das semantische Feld der ersten Dimension, der *Reise zu sich selbst.* Diese Suche hat viele Gesichter. Im Folgenden sind sie zusammengefasst zu den drei Subdimensionen *Die eigene Befindlichkeit, Der eigene Status* und *Selbst(er)findung.*

Die eigene Befindlichkeit

»Irgendwie hat es, so wie es war, für mich nicht mehr gestimmt!« So oder so ähnlich fängt sie oft an, die zunächst ungerichtete Suche von Menschen nach Spiritualität. Eine unkonkrete, aber interessierte Offenheit für Blicke und Schritte in eine facettenreiche spirituelle Landschaft. Meist beginnen erste Kontaktaufnahmen zu Anbietern aus dem großen Panorama der neuen Spiritualität über bekannte Menschen aus dem näheren Umkreis. Der Tipp von einer Freundin, von Kollegen, von Verwandten und Bekannten. Oder man reagiert auf einen Medienbericht, eine Annonce, auf einen Werbe-Flyer: »Das könnte auch was für mich sein.« Meist ist es Unzufriedenheit mit sich selbst, mit der eigenen Lebensweise oder mit dem persönlichen Umfeld, die die Sehnsucht nach Veränderung, nach mehr Bewusstheit in der eigenen Lebensgestaltung wachsen lässt und den Anstoß gibt, nach Wegen zu suchen, von denen man sich mehr Wohlbefinden und Harmonie verspricht. Wohlbefinden gilt unter Zukunftsforschern als »Lebenselixier für das 21. Jahrhundert«[152].

151 Aus einem Interview mit der Pop-Sängerin Sheryl Crow in der Leipziger Volkszeitung, 2. 1. 2004.
152 Opaschowski, Horst/Zellmann, Peter: Wohlbefinden als Lebensstil. Institut für Freizeit- und Tourismusforschung, Vortrag im Rahmen einer Pressekonferenz der Claire Fisher Kosmetik am 20. 3. 2002 in Hamburg.

Körpererfahrung

Schlaff oder straff, schwächlich oder kräftig – der eigene Körper ist vielen wieder wichtiger geworden. Viele fühlen sich nicht mehr ganz wohl in ihrer Haut. Sie haben sich vielleicht über einen längeren Zeitraum fast ausschließlich und womöglich auch exzessiv für etwas außerhalb ihrer selbst eingesetzt, für den Beruf, für die Familie, für eine Sache, ein Ideal, während sie sich selbst vernachlässigt haben. Andere fühlen sich zwar nicht unwohl, wollen aber noch mehr für das eigene Wohlbefinden – für die Fitness oder das attraktive Äußere – tun, auch prophylaktisch. Angebote zur Körpererfahrung steigen stetig an. (siehe auch S. 90, Heilswege)

Doch zusätzlich gibt es auch soziale Gründe, die die Arbeit am und mit dem eigenen Körper so beliebt machen. In Zeiten »sozialer Vereinzelung« wächst die Sehnsucht nach Berührung. Außerdem schafft »das Leben in einer technisch-künstlichen Welt (...) ein Bedürfnis nach Authentizität«[153], wie sie von körperlicher Erfahrung erhofft wird. Sanftheit und Innerlichkeit, Genuss und Sinnlichkeit – das ist spirituell orientierten Menschen im neuen Jahrtausend wichtig.

Um den menschlichen Körper kreist einer der richtungsweisenden Trends – »vom Funktionsbody zur Renaissance der Physis«[154]. Bereits Ende des 20. Jahrhunderts hat Matthias Horx eine neue Suche nach »körperlicher Integrität«, Ernährung, Balance und Sinnlichkeit ausgemacht. So steigen auch Publikationen und Umsatzzahlen im Wellness-Bereich stetig.[155] Einer Umfrage der Nürnberger Gesellschaft für Konsumforschung (GfK) zufolge werden mit dem modischen Begriff »Wellness«[156] neben Entspannung, Harmonie und Erholung – einem pfleglichen Umgang mit sich selbst eben – auch geistig-seelische Motive assoziiert: Zufriedenheit und Lebensfreude, Selbstbewusstsein, Sinnfindung und Selbstverwirklichung. Rund 95 % der Befragten verbinden mit Wellness »Verwöhnen« und »Sich-Etwas-Gönnen«.[157]

Die Prognosen decken sich mit dem, was an Bewegungen auf dem Markt von Fitness, Wellness und Körperkultur zu beobachten ist. Unter dem Begriff der Wellness werden im Halbjahresprogramm des Veranstalters *Frankfurter Ring e. V.* etwa zunehmend Kung-Fu in der Tradition buddhistischer Shaolin-Mönche, Astrologie und auch Aura-Seminare angeboten. »Wellness«, so Brita C. Dahlberg, seit mehr als zwanzig Jahren Vorsitzende des Vereins, »ist mehr so der Begriff der Kosmetik und für uns ist es schon mehr der Weg dann, der in die Tiefe geht. Aber ich muss natürlich mit den Begriffen und mit der Sprache arbeiten, die heute gebräuchlich ist.«[158]

Zu den heute verbreiteten »Körperübungen« gehören Yoga, T'ai Chi, Falun Gong, Qi Gong, Feldenkrais und Eutonie. Gemeinsam ist allen ein über den Körperübungen stehendes Weltbild, ein weltanschauliches System. Ursprünglich wurden die Übungen ausschließlich in ihrem geistigen Kontext praktiziert, für Asiaten eine

153 Utsch, Michael (2001), 112.

154 Horx, Matthias: Die acht Sphären der Zukunft, Wien 1999, 108.

155 Vgl. Horx-Strathern, Oona/Horx, Matthias: Was ist Wellness? Anatomie und Zukunft des Wohlfühltrends, Kelkheim 2001. Hertel, Lutz: Der große Wellness-Guide, Werl 2003. http://www.wellnessverband.de.

156 Der Wellness-Begriff ist bereits 1654 in einem englischen Lexikon erwähnt und soll so viel wie »Wohlbefinden« und »gute Gesundheit« bedeuten. Der amerikanische Arzt Halbert L. Dunn machte ihn in den Fünfzigerjahren des 20. Jahrhunderts zum Schlagwort für seine Gesundheitsphilosophie. Vgl. Psychologie heute 08/2003.

157 Die Studie wurde im Auftrag der Zeitschrift Journal für die Frau durchgeführt. Befragt wurden 1060 Frauen. Vgl. Tenzer, Eva, in: Psychologie heute, August 2003.

158 Dahlberg, Brita C., in: Hessischer Rundfunk, Forum Leib und Seele, 25. 9. 2002.

Selbstverständlichkeit. Doch die Übertragung der Lehren auf den Westen brachte Probleme mit sich; westliches Denken unterscheidet sich von östlichem grundlegend. Auch wenn die Bemühungen z. B. von Yoga-Lehrern groß waren, nicht nur Übungen, sondern auch das Yoga-System[159] mit seinem weiterführenden spirituellen Hintergrund zu lehren, fanden sich wenige Schüler, die diesen Yoga-Weg konsequent annehmen und mitgehen wollten.

Yoga wird landläufig vorwiegend mit Körperübungen und Atemtechniken in Verbindung gebracht, die das körperliche Wohlbefinden steigern sollen. Über drei Millionen Yoga-Praktizierende soll es mittlerweile in Deutschland geben, davon ca. 80 % Frauen mit höherer Bildung. Im Jahr 2000 gab es ca. 10.000 Lehrer. So finden sich Yoga-Kurse heute in Fitness-Centern und Volkshochschulen, aber auch in kirchlichen Einrichtungen wie Exerzitien- bzw. Bildungshäusern.

Harald Baer zufolge macht es die hiesige »Betonung des Gesundheits- und Körpertrainings« den Lehrern leichter, Zugang zu Institutionen, die selbst weltanschaulich neutral sind, zu finden.[160] Er erwähnt Studien u. a. von Martina Bley (1997), Marcus Stück (1998) und Franz-Jürgen Schell (1998), die den Nachweis erbrachten, »dass Hatha-Yoga-Programme sehr gut zur Stressbewältigung und Selbstregulation geeignet sind«[161]. Häufig sind die angebotenen Yoga-Kurse tatsächlich auf Körperübungen, Atempraktiken und abschließende Entspannung reduziert, klientenfreundlich, wie mir eine Informantin berichtete: »weil viele Lehrer befürchten, Teilnehmer könnten abspringen, wenn sie den Kurs anspruchsvoller halten«.

Zu beobachten ist hier, dass viele Teilnehmer z. B von Yoga- oder T'ai Chi-Kursen gerade diese »westliche«, vereinfachte Version suchen. Sie haben sich für einen »sanften Körper-Kurs« entschieden und sind in erster Linie auf Entspannung aus. Dennoch kann ein Kurs oder ein Seminar wie z. B. in Yoga, T'ai Chi, Feldenkrais, Eutonie, Biosynthese usw. ein Einstieg sein. In den Menschen ist etwas angestoßen worden, was sie motiviert, sich stärker mit spirituellen Themen zu befassen.

Dazu zählt auch die religiöse Selbsterfahrungsmethode Biodanza (Tanz des Lebens).[162] Zuerst soll die Verbindung zu sich selbst, dann zu den anderen und schließlich zum Universum/Göttlichen hergestellt werden.[163] Biodanza spiegelt insofern exemplarisch den spirituellen Weg wieder: Wenn der Mensch mit sich in Kontakt ist, kann er innerlich auch anderen begegnen und weiter noch – die Einheit mit dem Kosmos erfahren. Das Individuum dehnt die eigenen Grenzen aus, es erweitert sein Bewusstsein vom Ganzen. (siehe auch S. 165, Spirituell unterwegs)

Wahrnehmung und Genussfähigkeit

Sinnenhaftigkeit der Welt und Sinnlichkeit des Menschen ergeben ein Spielfeld unterschiedlichster Wahrnehmungsübungen. In unserer Kultur wurden Körperlich-

159 Klassisch ist der Yoga-Weg kontemplativer Heilsweg und Lebensvollzug. Die etymologische Wurzel ist die Sanskrit-Silbe »Yui«, was »anschirren« (Aspekt der Anstrengung), »verbinden«, »vereinen« (spirituelle Einheit mit dem Kosmos) meint. Baer, Harald (2001), 332.
160 Ebd., 332.
161 Ebd., 338.
162 http://www.biodanza-center.at, vor über 30 Jahren entwickelt von dem Chilenen Rolondo Tor-Araneda. Getanzt wird in Gruppen in zweistündigen Einheiten, die jeweils unter einem bestimmten Motto stehen, z. B. aus den Bereichen Vitalität, Sexualität, Kreativität, Affektivität und Transzendenz.
163 Utsch, Michael (2001), 127.

keit, Wahrnehmung und Sinnlichkeit lange vernachlässigt. Kaum einer schöpft das Potenzial seiner Wahrnehmungsfähigkeit aus, weder beim Sehen, Hören, Riechen, Schmecken, noch beim Fühlen, ganz zu schweigen von der Wahrnehmung innerer Prozesse und außersinnlicher Fähigkeiten. Die Trendforschung prognostiziert aber Bewegungen in diese Richtung.

Workshops und Kurse, die helfen, sinnliche Fähigkeiten zu entwickeln oder wieder zurückzugewinnen, sind Focusing, Alexander-Technik, Aura Soma, Synergetik und diverse meditative Angebote. So gibt es Kurse zur Einführung in die Meditation, die gerade mit der Wahrnehmung des eigenen Körpers beginnen und für mögliche Ursachen seiner Funktionsfähigkeit sensibilisieren wollen, um darauf aufbauend immer tiefer in die Seinsschichten des Menschen zu führen und Stille zu erfahren.[164]

Der Benediktinerpater und Zen-Meister Willigis Jäger und seine Mitarbeiterin Beatrice Grimm leiten ihre Seminarteilnehmer an, »über das Körperempfinden das Dasein überhaupt zu spüren«[165]. Der Inder Bhagwan Shree Raijneesh (Osho) hat Menschen im Westen die Bedeutung des Körpers zu vermitteln versucht. Seine Lehre richtete sich gegen die Leibfeindlichkeit, die die Menschen von sich selbst abschneide, so er selbst, und spirituelle Entwicklung verhindere: »Dein Körper ist deine Basis (…) Jede Erziehung, die dich nicht lehrt, deinen Körper zu lieben, die dich nicht lehrt, wie du in seine Geheimnisse eindringst, wird nicht in der Lage sein, dich zu lehren, wie du in dein eigenes Bewusstsein gelangst.«[166]

Aspekte wie Körpererfahrung, Wahrnehmung und Genussfähigkeit finden sich im so genannten Tantrismus[167]. Osho vermittelte eine Lehre, in der menschliche Sexualität als etwas Natürliches galt, eine Gabe, die entfaltet und gelebt werden will. Der »spirituelle Provokateur« wollte den Menschen eine neue, spirituelle Sicht von Sexualität vermitteln, in der körperliche Begegnung und kosmisches Bewusstsein vereint sind, eine Sexualität, frei von Bedürftigkeit und Triebhaftigkeit und voll von Sensitivität, Hingabe und Einssein: »Lasst das Liebemachen mehr ein Geschehen als ein Machen sein.«[168] Die Sehnsucht der Menschen nach befreiter Sexualität, nach Befreiung aus dem vom Christentum geprägten Scham- und Sündenkatalog, verhilft der indischen Lehre des Tantra seit den Siebziger- und Achtzigerjahren in den USA, aber auch in Europa, zur raschen Verbreitung – und Osho zum Titel eines »Sexgurus« in den Medien.

Unter den Anbietern heutiger Tantra-Workshops sind zahlreiche Osho-Schüler zu finden. Sie wollen Menschen von ihren falschen Sichtweisen, Tabus und Ängsten in Bezug auf Sexualität befreien und ihnen zu einem genussreichen und freien Sexualleben verhelfen. Buchhandlungen ordnen Tantra-Literatur zusammen mit Kamasutra-Büchern bei den Publikationen zur Sexualität ein, in denen es vorzugsweise um die »richtigen« Stellungen und Techniken geht.[169] Sie sollen – »richtig« durchgeführt

164 Wie der Anfängerkurs »Lehre der Meditation«, die auf Hans-Joachim Lenz zurückgeht.

165 esotera 01/01, 67.

166 Bhagwan Shree Raijneesh, in: The Tantra Vision, Vol. 2.

167 »Kern der tantrischen Lehren ist die Ansicht, dass die Wirklichkeit, das heißt alle Erscheinungen der Welt, nicht getrennt voneinander existieren, sondern auf einer höheren Ebene miteinander verwoben sind. Als wichtigstes Symbol dieser Einswerdung gilt die Verbindung der männlichen und weiblichen Energien, die im Tantrismus als kosmische Energien betrachtet werden.« Kurig, D./Tetzlaff, J.: DAO-Sonderheft »Tantra« (1999), 69.

168 Osho: Sieben Himmel, sieben Höllen. Liebe leben im Alltag, Köln 2003, 77.

169 Osho maß sexuellen Positionen hingegen keinerlei Bedeutung zu. Ihm kam es seinen Schriften zufolge auf Entspannung und Hingabe an. Vgl. Osho: Sieben Himmel, Sieben Höllen. Liebe leben im Alltag, Köln 2003, 68–82.

– zum sexuellen Glück führen.[170] Die spirituelle Kraft der altindischen Lehre gerät dabei mehr und mehr aus dem Blick.

Tantra-Workshops gelten bei Außenstehenden mitunter als verrucht, als Freiräume für Libertinage – Klischees, gegen die Lehrer immer wieder anzukämpfen haben. Vielleicht auch, weil selbst von seriösen Anbietern neben ernsthaft spirituell Interessierten auch Neugierige, Voyeure und Exhibitionisten angezogen werden können. Dafür, dass sich eine neue, körperorientierte Form von Tantra ausbreitet, sprechen auch die immer zahlreicher werdenden Anzeigen zu Tantra-Seminaren und -Massagen in Fachzeitschriften. Auf körperliches Wohlbefinden und Sinnlichkeit kommt es dabei an. »Tao-tantrische Ganzkörpermassage« findet man z. B. in Frankfurt am Main, »Aresha – tantrische Massage« im Raum Köln: einen »Kurzurlaub im Reich der Sinne. Zwei Stunden Genuss ohne Reue in wohltuender Atmosphäre«.[171]

Im Internet sind zahlreiche, in der Regel anonyme Kleinanzeigen von Frauen und Männern zu finden, die einen Partner oder eine Partnerin suchen, um sich gegenseitig zu massieren oder Tantra-Erfahrungen zu machen. Unbekannte verabreden sich für intime Körperkontakte, weiteres nicht ausgeschlossen, wie etwa dieser Herr unter der Überschrift »Sinnlichen Zauber erleben«: »Charmante Lady«, spricht er die Unbekannten im WorldWideWeb an, »lassen Sie sich in den Zauber der Sinne entführen, einen Hochglanz der Berührung erleben. Hier geht es um die hohe Kunst der Berührung die uns beide in eine andere Welt entführen lassen. Sie können Vertrauen, denn es schreibt ein Mann mit viel Gefühl und der Sehnsucht die wir beide sicherlich spüren. Damit Sie wissen wer Ihnen schreibt, ein attraktiver Mann der mitten im Leben steht, 171 groß ist und sich mit Meditation und Tantra beschäftigt hat. Wir alle berühren uns viel zu wenig und gerade in der heutigen stressigen Zeit ist es wichtig der Seele Pflegebalsam zu geben. Das Ganze kostet Sie nichts, ausser Mut Vertrauen zu schöpfen und den Mann kennenzulernen, der Ihnen diese Geschenk geben möchte.« Doch dabei bleibt es nicht. Er eröffnet weitere Optionen: »Vielleicht ergibt sich auch mehr daraus, ein Single ist nicht lange alleine. In alles erfüllende Liebe Shiva Shiva.«[172]

Doch diesen Weg von Sexualität und Erotik schlagen – zumindest sichtbar – die wenigsten derer ein, die sich nach mehr körperlichem Wohlbefinden und Genuss sehnen. Ganz allgemein ist das »Sich-verwöhnen-Wollen« im weitesten Sinn einer der von Zukunftsforschern ausgemachten Freizeittrends. Dabei wachsen Körper, Geist und Seele »im Bewusstsein der Menschen zunehmend zusammen«. Nach Opaschowski zielt diese Bewegung auf Lebensqualität insgesamt ab. Der Wellness-Begriff umfasst den ganzen Menschen. Beim »well being« geht es ihm zufolge mehr um »narzisstische Körperlust als um medizinische Maßnahmen, mehr um Kür als um Kur, mehr um Spaß als um Pflicht, mehr um Genussfähigkeit als um Arbeitsfähigkeit«[173], um ein Gefühl von Ferien also, die ganz der eigenen Person gewidmet sind. (siehe auch S. 90, Heilswege)

170 Govinda, Kalashatra: Tantra. Geheimnisse östlicher Liebeskunst, München 2000.
171 http://www.aresha.de.
172 Die Orthografie wurde wortwörtlich übernommen. http://www.spirit-net.de/kleinanzeigen
173 Opaschowski, Horst/Zellmann, Peter: Wohlbefinden als Lebensstil. Institut für Freizeit- und Tourismusforschung, Vortrag im Rahmen einer Pressekonferenz der Claire Fisher Kosmetik am 20. 3. 2002 in Hamburg.

Entspannung und Stille

Das Wehende höre –
die ununterbrochene Nachricht,
die aus der Stille sich bildet.
Rainer Maria Rilke

Unsere Gesellschaft ist von Mobilität und Flexibilität geprägt. Hektik und Stress bestimmen den Alltag vieler. Der Zeitforscher Karlheinz A. Geissler: »In einer Last-Minute-Gesellschaft ähnelt unser Leben immer mehr einem grauen Brei, einer Bewegung ohne Mittelpunkt.«[174] Wo einzelne Handlungen die Grenzen ihrer Beschleunigung erreicht haben, verlegt sich der allzeit bereite, organisierte Mensch auf »Multitasking«, er tut mehrere Dinge gleichzeitig und wird somit zum »Simultant«. Als Folge macht bereits in den USA der Begriff »Hurry Sickness«, Hetzkrankheit, die Runde. Das könnte gerade auch auf jene Manager zutreffen, bei denen David Bosshart von »Ressourcen-Scanning«[175] spricht. Der mobile Manager ist auf Spitzenleistungen programmiert. Er bewegt sich von einer Durchgangsstation zur anderen und kommt nicht mehr zur Ruhe. In Abwandlung des berühmten Satzes von Neil Postman sagt er: »We are mobilizing ourselves to death«.[176]

Nicht nur die Erwachsenenwelt, sondern auch bereits die der Jugendlichen ist von Stress-Empfinden geprägt. Das konnte Willigis Jäger im Gespräch mit Religionslehrern feststellen. Sie berichteten, dass gerade die »Jugend, die so getrieben ist von Hektik und Leistungsdruck, ein Bedürfnis nach Stille« hat.[177] Diese Beobachtung bestätigen die Untersuchungen des Zukunftsforschers Opaschowski. Jugendliche gerieten in eine Art »Streß-Rallye«, wenn sie sich in ihrem Erlebnishunger zu viel vornehmen und dadurch Opfer ihrer eigenen Ansprüche werden. »Der Erlebnisstreß wird explosiv«, sagt er. Jugendliche könnten sich nur befreien, indem sie ihre Aggressionen abreagierten.[178]

Gestresst sein, genervt sein – zum modernen Menschen und seinem schnellen Lebensstil gehört das einfach dazu. Ein gefragter Mensch, einer, der dabei sein will, der mitreden will, der Erfolgsmensch als solcher, leidet – auch nolens volens – unter Stress. Gemeinsam über Stress zu klagen schafft neue Kommunikationsmöglichkeiten, wo es den Beschäftigten an anderweitigem Gesprächsstoff mangelt. Auf Dauer gilt ein hektischer Lebensstil ohne Phasen der Entspannung jedoch nachweislich als besonders krankmachend.[179] Zu viel psychischer Stress kann die Herzkranzgefäße schädigen und einen Herzinfarkt begünstigen. Das geht aus einer Studie an der Charité in Berlin hervor.[180] Auch wenn viele (noch) nicht im klassischen Sinn krank sind, leiden sie unter Verspannung und Ermüdung.

174 Visionen 2/98, 38.
175 Bosshart, David (1995), 139f.
176 Postmann, Neil: Wir amüsieren uns zu Tode.
177 Willigis Jäger, in: esotera 01/01, 68.
178 Opaschowski, Horst W. (1995), 32f.
179 Jon Kabat-Zinn, amerikanischer Verhaltensmediziner, in: Frankfurter Rundschau, 29. 1. 2002.
180 Ab einer bestimmten Stressbelastung steigt demnach die Konzentration von Stoffen im Körper, die eine Verengung der Gefäße bewirken. Untersucht wurden 18 junge Ärzte, die vor Kollegen einen wichtigen, Karriere fördernden Vortrag halten müssen. In: Visionen. Das Magazin für ganzheitliches Leben, 05/2003, 4.

Als Folge steigt Nachfrage an Entspannungsübungen[181] und Meditationskursen, deren Kosten von einigen Krankenkassen mitgetragen werden.[182] Auch Klöster kommen wieder in Mode. Exerzitien, Stille-Kurse für Manager, Schweigewochen und Meditationskurse erleben einen Aufschwung.[183] Verlage haben dazu auf der Buchmesse 2003 mehrere Neuerscheinungen zu Klosterurlauben, »Kloster auf Zeit« etc. präsentiert.[184] Das Magazin der Deutschen Bahn brachte im März 2005 einen Artikel »Relaxen hinter Klostermauern«.[185] Als einmalig im gesamten Bundesgebiet gilt die Symbiose von geistigen und körperlichen Bedürfnissen, von Kontemplation und Wellness im Kloster Arenberg. Im Jahr 2002 wurde das Klosterinnere in eine luxuriöse Wellness-Herberge mit Schwimmbad, Vitalbereich mit Sauna, Wärmekabine, Sprudelbädern und Massageabteilung umgebaut. Unter dem Leitbild »erholen, begegnen, heilen« haben die Dominikanerinnen ihr Programm ganz auf den Menschen im 21. Jahrhundert abgestimmt. »Es geht nicht nur ums gute Schlafen und Essen. Natürlich gehört das zum Wohlbefinden eines Menschen dazu. Aber Leib und Seele bilden eine Einheit. Herz und Geist dürfen nicht vernachlässigt werden«, so Schwester Scholastika, die für die Seelsorge zuständig ist. Auch gibt es hier Meditationskurse für Aufgeschlossene.[186]

Die Ursprünge der Meditation liegen im 3. Jahrtausend v. Chr. in Indien. Im Hinduismus und Buddhismus ist sie noch heute gängige spirituelle Praxis. Dass Meditation nicht nur eine Übung zur Versenkung von Religiösen, sondern eine wirksame Methode zur Entspannung und Reduktion von Stress ist, gilt heute als bewiesen.[187]

In Deutschland zeigt das auch der erste Modellversuch an der Klinik Essen-Mitte. Ein Patient berichtete: »Zunächst hab ich gedacht: Was bringt das, einfach nur stillsitzen? Immer, wenn ich unruhig war, musste ich im Büro aufspringen und jetzt auf einmal still dazusitzen, das ist mir schon schwer gefallen. Doch nach zwei Wochen konnte ich die Stille richtig genießen.«[188]

Während Meditation in deutschen Krankenhäusern noch lange nicht selbstverständlich ist, sollen in den USA bereits 300 Kliniken mit dem Programm der »Mindfulness based Stress Reduction«[189] arbeiten. Die Gesundheitstherapeutin Anna Paul nennt es »den Tiger im Kopf zähmen«, wenn Menschen über Meditationspraktiken ihr Wohlbefinden kontrollieren können: »Viele Menschen haben so etwas wie Sorgensucht, ununterbrochen katastrophisierende Gedanken, was jetzt alles sein könnte. Das gibt dem Körper einen Impuls, sich ständig auf einem hohen Level von Flucht und Kampfreflexen zu bewegen, bis das Immunsystem zusammenbricht.«[190]

Stille wahrzunehmen und sie auszuhalten, ist für viele Menschen eine große Herausforderung. Viele Menschen kennen nur Lärm um sich und auch in sich. Stille erfahren, das geht mitunter einher mit einem Gefühl des Mangels. Ohne die täglichen Ablenkungen auf sich selbst zurückgeworfen sein – für manchen ein höchst unan-

181 Z. B. Autogenes Training, Progressive Muskelentspannung usw.
182 Vgl. http://www.billigekrankenkassen.de/leistungsvergleich/leistungsvergleich.html.
183 http://www.abtei-muensterschwarzach.de; http://www.franziskaner.de/dietfurt.
184 Vgl. Herder-Reihe zum Thema Kloster, Herbstprogramm 2003, z. B. das Buch »Im Zeitmaß der Mönche« etc.
185 Altmann, Petra: Relaxen hinter Klostermauern, in: mobil. Das Magazin der Bahn, März 2005, 16–19.
186 http://www.kloster-arenberg.de.
187 Wie die Studie der Universität Wisconsin in Madison. Die Untersuchung zeigte erstmals, dass Meditation auch einen günstigen Einfluss z. B. auf Gehirnfunktionen und auf das Immunsystem haben kann. Thüringische Landeszeitung, 5. 2. 2003.
188 Reinartz, Burkhard: Heilung durch Stille. Frankfurter Rundschau, 29. 1. 2002.
189 Der Erfinder des Programms ist der Verhaltensmediziner und Meditationslehrer Jon Kabat-Zinn.
190 Zit. in: Reinartz, Burkhard: Heilung durch Stille. Frankfurter Rundschau, 29. 1. 2002.

genehmer Zustand. »Das ist noch gar nicht so lange her, dass ich, wenn ich nach Hause kam, häufig das Radio angedreht habe, den Fernseher angedreht habe, um zu gucken, was ist da so los. Ich hab immer gedacht, na ja, das sind berufliche Interessen, du musst mal gucken, was da im Fernsehen läuft. Es lief auch, wenn meine Frau und ich beim Abendessen saßen, häufig eine schöne Musik.« Spiritualität bewirkt bei vielen eine Veränderung. Geräusche, die zuvor sogar gesucht wurden, gelten nun als störend. »Wir machen vieles heute im Stillen«, fährt der Informant fort, »ich kann auch heute sehr viel besser mit mir allein sein. Auch wenn ich manchmal tagelang alleine bin, das ist für mich dann wie ein meditatives Erleben, ich komm dann auch viel besser zu mir selbst in Kontakt, als wenn ich ständig reden muss, agieren muss, mit anderen Menschen kommunizieren muss. Die Kommunikation mit mir selbst, das ist etwas sehr Wesentliches.«[191]

Der eigene Status

Man bedarf – um in unserem Raum zu bleiben –
eines recht stabilen sozialen Selbstbewusstseins,
um in einer Gesellschaftsschicht,
die Mercedes fährt, VW zu fahren
oder in einer Altersstufe, die Motorrad fährt,
unbekümmert das Fahrrad zu benutzen.
Carl Friedrich von Weizsäcker

Es sind Menschen unter spirituell Suchenden zu finden, die eigentlich gar nichts suchen. Sie laufen mit den anderen und sind einfach dabei, ohne das Geschehen intensiver zu reflektieren und sich selbst ganz darauf einzulassen. Es genügen wenige, oberflächliche Erfahrungen, die den Wunsch mancher bereits zufrieden stellen, bei Stichworten nicken und gegebenenfalls mitfloskeln zu können. Damit ist das Bedürfnis der Teilhabe an einer Form von Spiritualität gestillt, die nur mehr »marktförmiges Lifestyle-Phänomen«[192] ist, gleich einer Modeerscheinung, die man mitgeht, ohne auf die Beschaffenheit des Weges und des Zieles zu achten. Man ist Teil einer Herde, man schwimmt mit in einem Trend, nach dem Motto »Vorne ist da, wo sich keiner auskennt«[193]. Doch neben dem eher konturlosen Bedürfnis, trendy zu sein, gibt es Beweggründe mit schärferer Silhouette. Während die einen mit Hilfe spiritueller Praktiken *reich werden* wollen, möchten andere *einfach leben*. Manchen geht es um *Anerkennung und Erfolg*, andere wiederum streben nach *Macht und Kontrolle*.

Reich werden

Auch wenn die meisten Menschen irdische Wege wie Fleiß, Geschäftssinn, Glücksspiel oder sogar Kriminalität einschlagen, um einen höheren Lebensstandard zu erreichen und ihren gesellschaftlichen Status zu verbessern, ist der Wunsch nach Reichtum im spirituellen Bereich nicht fremd. Manch einer verspricht sich Reichtum

191 Informant 4M47.
192 Langthaler, Rudolf: Skeptische Rückfragen an Megatrend-Diagnosen. Vortrag auf dem Symposium »Megatrend Respiritualisierung«, Universität Wien 09/2003.
193 Aanderuud, Catharina: Vorne ist da, wo sich keiner auskennt, in: Hamburger Abendblatt, 22. 5. 2000.

gerade von der Hinwendung an geistige Wirkmächte oder geistige Prinzipien. Es ist die Spiritualität, die den Geldsegen bringen soll. Spiritualität hat hier keinen Sinn in sich selbst; vielmehr scheint sie dem Einzelnen nur insofern sinnvoll, als sie ihm zum Erreichen ganz profaner Ziele zu verhelfen vermag. Spiritualität soll nützlich sein. Sie muss etwas taugen, zu etwas führen, einen Zweck haben. Nicht die Frage, was man von sich selbst geben kann, sondern die Frage, was Spiritualität dem Menschen geben kann, ist hier Antriebsmotor.

Haben Menschen dieses Bedürfnis, finden sie häufig an Angeboten aus Bereichen wie Positives Denken und diversen Managertrainings Gefallen.[194] Dabei werden Botschaften aus dem ursprünglichen Kontext extrahiert und für diese Zwecke neu formatiert.[195] Auch Mantik, Magisches Denken und der so genannte Aberglaube kommen zum Einsatz. Zu den aus dem eigenen Brauchtum stammenden Glücksbringern wie Schornsteinfegern, Glücksschweinen, nach oben geöffneten Hufeisen, Scherben etc. gesellen sich Glücksbringer, die aus fremden kulturellen und religiösen Kontexten entliehen sind: chinesische Glücksbringer, Buddha-Bändchen etc.

Auch in deutschsprachigen Feng Shui-Büchern und auf Internet-Seiten sind Ratschläge zur Mehrung des persönlichen Reichtums zu finden. Es geht zwar um Wertschöpfung im weitesten Sinne, also auch um Fülle und Glück in geistiger Hinsicht, aber die Aussicht, die eigene Brieftasche zu beleben, spielt eine recht bedeutende Rolle. Fließt das Chi, eine unsichtbare, geistige (Lebens-)Energie, kann es sich auch im Äußeren, z. B. in Form von Geldfluss, manifestieren, heißt es. Populär geworden sind die Vorschläge, im eigenen Heim, in Büros und Geschäftsräumen bestimmte Gegenstände nach festgelegten Kriterien zu positionieren, damit das Chi fließen und materiellen Segen bringen könne. So war auf der Messe »Bauen – Wohnen – Renovieren« im Jahr 2002 in Düsseldorf ein Stand »Feng Shui – Reichtum durch Möbelrücken?« vertreten, auch ein Vortrag zum Thema war angekündigt.[196]

Andere Internetseiten geben sehr viel konkretere Hilfestellungen: Ein Springbrunnen mit fließendem Wasser, aufgestellt im Eingangsbereich, soll Wohlstand und Glück bewirken. Genaue Anweisungen wollen nichts dem Zufall überlassen: So wird Frauen empfohlen, »einen ›Berg‹ (Anhäufung) vergoldeter Steine im Südwesten des Hauses oder Gartens aufzustellen«[197]. Ein kleiner Wasserfall »vor! dem Haus in Richtung auf das Haus« – auch er soll »großen Reichtum« bringen. Zur Geldmehrung werden des Weiteren »neun Goldfische«, »Wohlstandsvasen« usw. empfohlen, Bonsai-Bäume hingegen soll man meiden, da sie – künstlich beschnitten – das natürliche Wachstum behindern. Zu den Ratschlägen, Glocken in den Hauseingang zu hängen oder Spiegel zu installieren, die böse Kräfte abwehren sollen, meint Elizabeth Moran, Autorin des Bestsellers »Idiots Guide to Feng Shui«, es sei »nichts anderes, als einem Schornsteinfeger die Hand zu geben«[198].

Reich machen sollen auch spezifische magische Rituale. Wenn die Lebensumstände und die eigenen Wünsche auseinander klaffen, wenn das »Glück« sich nicht

194 Hill, Napoleon: Denke nach und werde reich. Die 13 Gesetze des Erfolgs, München 2000; Tepperwein, Kurt: Der Weg zum Millionär, München 2000; Wessbecher, Harald: Die Energie des Geldes. Finanzielle Freiheit durch spirituelles Geldbewusstsein; Schäfer, Bodo: Der Weg zu finanzieller Freiheit, Frankfurt/M. 2000; Höller, Jürgen: Alles ist möglich – Strategien zum Erfolg, München 2000; Klein, Stefan: Die Glücksformel, Reinbek 2000.

195 Vgl. Höhn, Hans-Joachim: Zerstreuungen. Religion zwischen Sinnsuche und Erlebnismarkt, Düsseldorf 1998.

196 http://www.feng-shui-company.de/seminararchiv.htm.

197 http://www.fengsh.de/geld.html.

198 Zit. in: Menne, Marion: Reich und schön mit gutem Chi, Süddeutsche Zeitung, 11. 3. 2002.

einstellen will, nimmt mancher das Schicksal selbst in die Hand und benutzt so genannte Hexenrituale.[199] Sie sollen u. a. auch bei ganz konkreten, profanen Wünschen wie nach mehr Geld behilflich sein. Auf einer Voodoo-Seite werden »geheime Hexenrituale« nicht ganz so geheim an die breite Öffentlichkeit weitergegeben. Interessierte erfahren en détail, was sie tun müssen, um ihren Geldbeutel zu füllen.

Eine andere Methode, die zu mehr Geld führen soll, ist das so genannte LOL²A-Prinzip: »LOL²A – die Formel für Reichtum«[200]. Bücher und Seminare sollen die Kunden in die Anwendung des Prinzips einführen. »Probleme mit Reichtum und Geld hat nur, wer gegen fundamentale Gesetzmäßigkeiten verstößt«, so auf der entsprechenden Homepage. Das LOL²A-Prinzip soll nach Dafürhalten seines Begründers René Egli universell einsetzbar sein: im Management, in der Politik, im Sport und im Privatleben – und zwar subito: »Was wir brauchen, ist meiner Meinung nach ein Verhalten, mit dem jedermann sofort seine Probleme lösen und seine Ziele erreichen kann – ohne zuvor jahrelang meditieren zu müssen.«[201] Trainiert wird die Veränderung alter Sichtweisen.

Auch CDs mit Anweisung zum Reichwerden sind im Handel. Als Beispiel seien jene genannt, die »Reichtum und Erfolg mit Feng-Shui-NLP-Hypnose« erreichen wollen. Reichtum hängt von nichts anderem ab, heißt es, als davon, »dass man auf eine ganz bestimmte Art denkt und handelt – ganz gleich, was man tut«. Der Ratschlag: »Aktivieren Sie die grenzenlosen Ressourcen Ihres Geistes!«[202] Der Schlüssel zum Erfolg ist ein »Hypnose Mentaltraining« beim gleichnamigen Institut, das auch Hypnose-CDs zum Reichwerden vertreibt: Die Aussicht, reich zu werden, kostet so 15 Euro.[203]

Des Weiteren werden so genannte Geld-Seminare, z. B. vom »Optimisten Club Nürnberg e. V.«, angeboten. Der »Geldtrainer« wirbt in einem Werbezettel mit den Worten: »Seit ich Geld nicht mehr brauche, um mich gut zu fühlen, strömt es im Überfluss in mein Leben. Meine Arbeit ist, meine innere Kraft ›Liebe‹ und meine äußere Kraft ›Geld‹ in die besten Ideen zu investieren, die ich mir vorstellen kann.«[204] Nach dem Motto »denke dich reich« versucht man die bisherige Denkweise ins grundsätzlich Positive zu verändern, denn – so heißt es auch in o. g. Prospekt – »Geld liebt glückliche Leute«.

Reichtum ist unter spirituell Suchenden ein Thema, wenn auch auf unterschiedliche Weise. Die einen streben die Mehrung irdisch-materiellen Reichtums an, auch unter Zuhilfenahme der Spiritualität. Das Motto des »Homo oeconomicus« scheint auch hier zu gelten: »Ich habe mehr, also bin ich mehr«[205], so Nikolaus Brantschen. Er sieht in dieser »Selbstdefinition über die Kaufkraft« eine große Nähe zur Kopflastigkeit und merkt an, wer sich stattdessen auf eine tiefere Begegnung mit sich selbst einlasse, erfahre, »dass er schon etwas ist, noch bevor er etwas tut oder besitzt«.[206] Beim »Homo oeconomicus« als »Schrumpfgestalt des Menschen« hingegen wuchere die technische, mentale Intelligenz wie ein Parasit auf Kosten der Emotionalität und Spiritualität.

199 Sandra: Geldzauber. Sandras Hexentipps zu finanziellen und beruflichen Problemen, München 2002.
200 Formel: **A**ktion = Reaktion, **L**oslassen, **L**iebe, http://www.lola-prinzip.de/reichtum.html.
201 Egli, René: Das LOL²A-Prinzip – die Formel für Reichtum, Oetwil 2001.
202 http://cgi.ebay.de.
203 Institut für angewandte Hypnose und Mentaltraining.
204 Ruppert, Hans-Jürgen (2001), 223.
205 Brantschen, Niklaus: Die Ohnmacht der Machthaber, in: Der Bund (Management), 30. 9. 2003, 9.
206 Ebd.

Wer sich im spirituellen Feld bewegt, beginnt in der Regel über sein Verhältnis zu materiellen Dingen zu reflektieren. Die meisten Menschen verlieren allmählich ihr Interesse an materiellem Reichtum und gehen mehr und mehr auf Distanz: »Ich weiß heute ganz genau, was mir gemäß ist und was mir nicht gemäß ist«, berichtet ein Informant. »Ich bin heute auch bereit, viele Dinge über Bord zu werfen, hinter mir zu lassen, an denen ich früher hing. Mir werden auch materielle Dinge zunehmend weniger wichtig. Ich sage nicht, dass sie unwichtig werden, aber sie werden weniger wichtig. Es kommt mehr auf die inneren Erlebnisse an. Und ich weiß auch, wenn ich heute beispielsweise ohne eine größere materielle Basis, einfacher leben müsste, wo ich nahe an der Natur bin, nahe an den göttlichen Kräften bin, dass ich das könnte. Ich könnte auf sehr vieles von dem Wohlstand, den wir uns erarbeitet haben in den letzten Jahren, verzichten.«[207]

Viele beginnen sich nach einem Reichtum ganz anderer Art zu sehnen, nach Reichtum in Form geistiger Fülle. Gott, so eine verbreitete Lehre, sei zwar einerseits die grenzenlose Leere, aber gleichzeitig auch grenzenlose Fülle. Und diese geistige Fülle sei jedermann offen. Ob er irdisch arm ist oder reich, spiele keine Rolle. So wird auch das Glücklichsein mit geistigem Reichtum in Verbindung gebracht: »Reich ist, wer viel hat, reicher ist, wer wenig braucht, am reichsten ist, wer viel gibt.«[208]

Einfach leben

Was es alles gibt, das ich nicht brauche.
Aristoteles

Erst waren es wenige, doch dann gewann sie eine breitere Anhängerschaft, die Gegenbewegung zum Immer-Mehr, die Sehnsucht nach Vereinfachung. So traf eine junge deutsche Musik-Gruppe im Jahr 2003 mit ihrem Sommerhit »Guten Tag« aus ihrem Album Reklamation den richtigen Ton. »Ich tausch nicht mehr, ich will mein Leben zurück«, sang Judith Holofernes konsumkritisch lässig mit ihrer Band Wir sind Helden. Wohlbefinden stellt sich bei immer mehr Menschen nicht mehr durch Konsum und dem damit verbundenen Zuwachs an Gütern ein, sondern durch die Befreiung von ihnen.

So wie bei diesem jungen Mann, der nach einer dreimonatigen Reise durch Indien zurück nach Hause kommt und sich erdrückt von seinen eigenen Dingen fühlt: »Ich stand in meinem Büro, schaute mir die vielen Bücher an, die Zeitschriften, lief ins Wohnzimmer, betrachtete meine CD-Sammlung, den Fernseher, den Videorecorder und den ganzen Kleinkram, der im Regal stand, und dachte mir: Macht dich das eigentlich glücklich? Um mir gleich darauf selbst die Antwort zu geben: Nein, tut es nicht.«[209] Eine Informantin ergänzt: »Und wenn ich mich dann dagegen entschieden habe, war ich froh.«[210]

Immer mehr Menschen sind die überbordende Fülle der Konsumwelt leid. »Ich hatte keine Lust mehr, dauernd einzukaufen«, erzählt eine Frau. »Ich dachte irgend-

207 Informant 4M47.
208 http://www.kmuplus.ch/work.html
209 Hussendörfer, Elisabeth: Die Lust am einfachen Leben, in: esotera 03/2001, 66.
210 Informantin 1W25.

wann: was für ein Blödsinn. Ich arbeite und arbeite und gehe ins Geschäft und kaufe und kaufe. Und bleibe dabei immer ein bisschen unzufrieden.«[211]

Von *Lessness, Downshifting, Purismus* und *Reduktionismus* ist die Rede. Verschiedene Termini, die für die gleiche Bewegung stehen: vom Mehr zum Weniger. Der Mensch will sich erholen von den »Exzessen der Eitelkeiten und der Gier«[212]. Er sei übersättigt, muss sich wehren gegen die immer stärkeren Reizüberflutungen durch den Alltag. »Der Hedonismus ist auf seinem Höhepunkt angelangt«, so Horx. Jede weitere »Fun«-Steigerung führe zu Abnutzungserscheinungen.[213] Wie bei Karl Lagerfeld, als ihm die Lust am Luxus verloren gegangen war: »Ich muss mich von all dem Plunder befreien, den ich gesammelt habe.«[214] Einer jungen Frau geht es ähnlich: »Ich habe gemerkt, dass mich dieser ganze Ramsch, was man in den Jahren so angesammelt hat, eher erdrückt als dass er mir Freude macht. Jedes mal wenn ich was weggebe, Kleidung, Bücher, dass ich dann eher wieder aufatmen kann.«[215]

Dass die neue Einfachheit mittlerweile zum Massenphänomen angewachsen ist, zeigt auch der Buchmarkt.[216] Bücher zum Thema sind Bestseller, z. B. »Simplify your Life« von Werner Tiki Küstenmacher mit Lothar Seiwert und »Dem Leben Richtung geben« von Jörg Knoblauch. Auf einem Ankündigungsplakat zum so genannten Trendforum auf der Frankfurter Buchmesse 2003 stand zu lesen, mit dem Erfolg o. g. Bücher habe ein Trend Einzug gehalten, der mit der Vorsilbe »ent« verbunden sei: »Begriffe wie entwirren, entmachten, entspannen, entdramatisieren tragen zur Vereinfachung unseres Lebens bei.« Dabei ist die neue Einfachheit nicht als Konsumverweigerung per se zu verstehen, sondern eher als Versuch zu deuten, »den Genuss am Konsum wieder zu erlangen – durch Verzicht«[217].

Der so genannte »Statushedonismus« (Horx) nimmt Abschied von der Anschaffung prestigeträchtiger Luxusartikel, vom Sammeln und Bewahren schlechthin, das den Menschen viele Dinge besitzen lässt, ohne zu merken, dass die Dinge auch ihn besitzen. Vielmehr geht der Trend hin zum »trans-materiellen Genußethos«[218], einer Askese, die nicht von Kargheit oder Verzicht, sondern von Loslassen und Leichtigkeit geprägt ist. »Es ist erwiesen«, so die Sozialwissenschaftlerin und Buchautorin Herrad Schenk in der ZDF-Sendung *sonntags – TV fürs Leben*, »dass Menschen sich in ihrem Lebensstil nicht nach moralischen Drohungen richten, oder äußerst ungern, wenn sie dazu gezwungen werden. Lockt man sie aber mit Lustgewinn, dann sind sie eher bereit, ihren Lebensstil danach einzurichten.«[219]

Immer mehr Menschen sehen Besitz als Belastung und Hindernis an, weil sie den Menschen festlegen und somit unbeweglich machen. In einer Welt, die die Men-

211 esotera 03/2001, 67.
212 Horx, Matthias (1999), 135.
213 Horx, Matthias (1995), 61.
214 Interview mit Karl Lagerfeld, in: Die Zeit, 23. 2. 1996
215 ZDF-Sendung *sonntags* – TV fürs Leben, 29. 2. 2004.
216 Kronlob, Lars: Die neue Spiritualität. Weg zur Einfachheit, Siegburg 2002; Harnisch, Günter: Das Glück im Sandkorn – ein neues Lebensgefühl entdecken: Wie Sie auf Überflüssiges verzichten und aus kleinen Dingen große Freude gewinnen, Stuttgart 2000; Schneider, Regine: Entdecken, was wirklich zählt – das Konzept der neuen Bescheidenheit, Frankfurt a. M. 1998; Ressel, Hildegard: Was ich wirklich brauche – Inneren und äußeren Ballast abwerfen und wieder unbeschwert leben, Bern 1998; Kingston, Karen: Feng Shui gegen das Gerümpel im Alltag, Reinbek 2000; Schwab, Hans-Rüdiger (Hg.): Einfach leben – Ein Lesebuch, München 1999; Schenk, Herrad (Hg.): Vom einfachen Leben – Glückssuche zwischen Überfluß und Askese, München 1997.
217 Horx, Matthias, in: esotera 03/2001, 67.
218 Horx, Matthias (1999), 130f.
219 Sendung am 29. 2. 2004.

schen mit Reizen und Informationen überflutet, sieht die Chefredakteurin des »GesundheitsBlatts«, Friederun Pleterski, gerade im Einfachen eine »genussvolle Selbstbeschränkung«. Und sie rät dazu, die eigenen »Bedürfnisse auf ein Maximum an Qualität« zu reduzieren.[220] Eine junge Frau bestätigt: »Und wenn, dann Dinge, die gut riechen, die schön aussehen. Also, ich will lieber Qualität im Leben haben als jetzt Quantität. Lieber das besondere Kleine als das Große, das reicht mir.«[221]

Diese Art von Luxus, die Schlichtheit, nimmt sich zurück und wartet darauf, entdeckt zu werden. Sie wird für immer mehr Menschen zu einem »inneren Wert, zu einer Frage der Haltung und des Bewusstseins, der Qualität und der Ethik«[222]. In einer hektischen, Flexibilität und Mobilität fordernden Leistungsgesellschaft sind diese Werte Authentizität und Qualität, Zeit und Ruhe, Frieden, Freiheit, Unabhängigkeit und Geborgenheit. Der Zukunftsforscher Andreas Giger macht hinter dem Trend zur neuen Einfachheit einen grundsätzlichen Wertewandel aus: »Meine Studie zeigt, dass Lebensqualität – und zwar in Eigenverantwortung, also nicht von oben verordnet – heute mindestens bei der Zukunftselite zum dominanten Wert geworden ist.«[223]

Diese neue Einfachheit muss zwar nicht unbedingt etwas mit Spiritualität zu tun haben, aber meistens hat sie das: »Durch diese äußere Einfachheit habe ich einfach mehr Einfachheit im Inneren gewonnen. Das Lebensgefühl ist ein anderes, näher an mir selbst. Das Leben selbst spüren und nicht das, was um einen herum steht.«[224] Eine Aussage, die das Anliegen der spirituellen Traditionen bestätigt. Nach einem Leben in Einfachheit strebten ihre Vertreter zu allen Zeiten, Buddha etwa, Jesus von Nazareth und Franz von Assisi. Auch von Mohammed ist es überliefert, von den iranischen Sufis. »Überall taucht der Gedanke auf, dass ich, indem ich mein Leben vereinfache, mich auf das Wesentliche zubewege, und dass das Wesentliche Gott ist, was immer ich unter Gott verstehe«, so Herrad Schenk. »Das kann was ganz Verschiedenes sein. Dass ich mich dem Kerngedanken, dem Sinngedanken nähere, wenn ich das Zufällige, das Überflüssige beiseite räume.«[225]

Einfaches Leben und Einfachheit im Geist bedingen sich demnach gegenseitig. Als hilfreiche Praktiken kennen die spirituellen Traditionen Wandern, Fasten und Exerzitien, um »leer«, aufnahmebereit zu werden. Klarheit will man dadurch erlangen, hinter die Dinge blicken können. Einfachheit gilt als Weg zu innerer Freiheit. So gilt Bedürfnislosigkeit gerade unter Spirituellen als Weg zur geistigen Befreiung.

Dennoch zeigt sich bereits, dass aus dem anfangs mitunter luxuriös anmutenden Trend zur neuen Einfachheit bald eine alle betreffende und von vielen als bitter empfundene Notwendigkeit werden wird. Wirtschaftliche Krisen und Arbeitslosigkeit bringen eine neue Armut mit sich. Ulrich Beck spricht bereits von der »Gesellschaft des Weniger« und bezeichnet die Frage, wie wir mit weniger auskommen als eine der »Kernfragen künftiger Gesellschaftsdiskurse«.[226]

220 Pleterski, Friederun, in: StadtAnsichten, Oktober 2003, 38f.
221 ZDF-Sendung *sonntags* – TV fürs Leben, 29. 2. 2004.
222 Schneider, Maria/Schumacher, Silke: StadtAnsichten, Oktober 2003.
223 ZDF-Kulturmagazin Aspekte, 8. 8. 2003, http://www.zdf.de.
224 ZDF-Sendung *sonntags* – TV fürs Leben, 29. 2. 2004.
225 ZDF-Sendung *sonntags* – TV fürs Leben, 29. 2. 2004.
226 Beck, Ulrich: Die Gesellschaft des Weniger, in: http://www.zdf.de, 17. 1. 2005.

Autonomie, Anerkennung und Erfolg

»Ich erlebe allzu oft im Beruf, wie schnell sich Sympathie in Antipathie verwandeln kann, wie schnell man auch fallengelassen wird heutzutage, wenn man nicht mehr in das Koordinatensystem oder auf das Schachbrett passt, auf dem man steht, und das ist etwas, was mir früher sehr viel ausgemacht hat.«[227]

Eine gute Figur auf dem gesellschaftlichen Parkett abgeben, zu den Siegern gehören, anerkannt und erfolgreich sein – diesen Wunsch haben viele. Dass sich der Traum vom großen Erfolg sogar ohne langjährige, beruflich qualifizierende Ausbildungen realisieren lässt, spiegeln die Bewegungen der letzten Jahre in der Medienwelt wider. Verona Feldbusch, Nadja Abdel Farrag, Daniel Küblböck u. a. stehen für den schnellen Erfolg von 0 auf 100. Viele, gerade unter den Jungen, suchen ebenfalls nach dieser medialen Präsenz, wollen Moderatorin, Model oder ein Superstar werden. Die Massen stürmen die wenigen Plätze am VIP-Himmel. Von der »Bohlenitis vulgaris« mit ihren materialistischen Werten sind viele infiziert, nicht nur Darsteller im Trash-Fernsehen, sondern mitunter auch die Konsumenten. Sie sind süchtig nach Anerkennung und Erfolg. (siehe auch S. 66, Sich inszenieren)

Darum geht es wahrscheinlich auch jenen, die sich abends in großen Hallen versammel(te)n: Einer[228] steht alleine vorne und spricht zu einem großen Publikum. Ein anderer beobachtet das Geschehen und notiert: »Und dann sagt er ihnen, sie seien in einen Hühnerstall hineingeboren. Zu Hühnern habe man sie erzogen. Und er sagt ihnen, sie seien Adler, und sie schweigen und lauschen. Und der Hühnerstall, das sagt er ihnen nicht, ist die Gesellschaft, und die Hühner sind schwach. Und die allermeisten Menschen seien Hühner, und du, sagt er ihnen, du schaffst alles, wenn du nur willst, DU, sagt er, DU kannst Adler werden! Und 1100 Adler jubeln.«[229]

Mit »Kick offs«, »push ups« und »positive thinking« sollen ermüdete Altmanager und junge Karrieristen aus der Reserve gelockt werden. Die Erfolgstrainer provozieren und motivieren mit Schlachtrufen wie »Tschaka!«, »Du schaffst es!«, »Gib niemals auf!«.

Menschen wollen bestehen. Sie wollen erfolgreich und glücklich sein – am liebsten sofort, dauerhaft. Der Druck in unserer Leistungsgesellschaft ist groß. Der Erfolg bestimmt maßgeblich den eigenen Status. Der Erfolg – durch was und worin auch immer – gibt Menschen das Gefühl, wichtig zu sein. Der Erfolg vermittelt ein Wertgefühl. Für den auf Erfolg konditionierten Menschen soll alles machbar sein. Erfolgs-Autoren und Motivationstrainer wie Bodo Schäfer, Vera F. Birkenbihl, Jürgen Höller und die anderen »Gurus« und »Päpste«, wie sie von manchen Medien in religiöser Konnotation bezeichnet werden[230], wollen die Menschen auf Erfolgskurs bringen. Ihre Lehren – Garant für ein erfülltes Leben. Sie gaben an zu wissen, wo es lang geht, das Leben wurde zur »kontrollierbaren Trainingseinheit«[231]. Später stellte sich heraus, dass auch sie an den Gesetzen der realen Welt scheiterten.[232]

227 Informant 4M47.
228 In diesem Fall ist das der Motivationstrainer Jürgen Höller.
229 Der Motivationstrainer Jürgen Höller auf einem Motivationstag. Schüle, Christian: Die Diktatur der Optimisten«, in: Die Zeit, 13. 6. 2001.
230 Mandino, Og: Das Geheimnis des Erfolgs, Bonn [5]1992; Ebd.: Der beste Verkäufer der Welt, Bonn 1993. Gemeint sind Emile Ratelband, Ulrich Strunz, Jörg Löhr.
231 Mary, Michael: Die Glückslüge, Bergisch-Gladbach 2003.
232 Nachdem Höller als erster Motivationstrainer mit seinem Unternehmen Inline AG im Jahr 2001 an die Börse gegangen war, musste er schon wenige Monate später Insolvenz anmelden. Ende 2001 untersuchte die Polizei wegen Insol-

Entscheidend dafür, ob sich der Einsatz lohnt, ist das Resultat. Herausforderungen bestehen, sich durchsetzen und am Ende Sieger sein. In einer auf Gewinn gepolten Gesellschaft finden Inhalte christlich-jüdischer Traditionen vor allem bei Managern weniger Anklang als vielmehr die im weitesten Sinn als spirituell bezeichneten Fitness-Angebote, die »New-Age-Fitness«[233]. David Bosshart sieht klassische Glückstechniken wie die Liebe auf wenig Resonanz stoßen, nicht »weil die Liebe als Ideal verschwindet, sondern weil es immer schwieriger wird, ihren hohen Anforderungen im Zeitalter der Fitness zu genügen«[234]. Stattdessen finden bei einer Klientel, die vor allem aus dem Bereich Management kommt, Angebote aus dem Bereich Positives Denken, »amerikanischer Traum als Weltanschauung«[235], Anklang. Den Kern bildet die Idee, Gedanken hätten Macht über die Dinge. Und der Mensch könne mit seinen Gedanken das Geschehen um ihn herum sowohl im Positiven als auch im Negativen beeinflussen. Darum strebt das Positive Denken die »positive Ausrichtung von Bewusstseinsinhalten«[236] an. Es geht dabei aber nicht einfach nur um eine optimistische Lebenseinstellung, sondern um einen »kosmischen Mechanismus«[237]. Der Mensch programmiert sich selbst, er bildet seinen eigenen Ausgangs- und Endpunkt. Negative, weil schädigende Glaubenssätze sollen durch positive ersetzt werden und dadurch die »innere Konstruktion des Selbst- und Weltbildes in Richtung besseren Problemlösens, besserer Anpassung und Effizienz«[238] verändern. Autoren wie Enkelmann und Arndt vertreten die These, der Mensch komme mit ungeahnten Fähigkeiten zur Erde, einem ihm innewohnenden Potenzial, von dem 90 % brach lägen. Mit der von den Autoren beschriebenen Methode soll man »alles erreichen (können), was ein Mensch hier auf Erden erreichen kann«[239].

Auch wenn es eine tiefe Sehnsucht des Menschen ist, das, was in ihm steckt, zu entfalten und immerzu über sich selbst hinaus zu wachsen, ist doch kein Hinweis bei diesen Angeboten zu finden, woher dem Menschen diese Kraft und Macht zuwächst. Diese Art von Literatur kommt ohne spirituelle Hintergründe aus. Im beschriebenen Menschenbild hat sich der Mensch losgesagt von jeder Form der Bezogenheit auf einen göttlichen Ursprung, von der Hingabe an eine höhere Macht und von der Hoffnung auf Gnade.

Vor allem Menschen, denen die traditionellen Religionen »zu dogmatisch«, »zu irrational« und »zu eng« sind und die die Freiheit und Autonomie der eigenen Person sehr schätzen, fühlen sich häufig von diesen eher psychologisch als religiös anmutenden Angeboten angesprochen. Hier suchen jene modernen Zeitgenossen, die – obwohl sie es vielleicht möchten – keinen Zugang zu Spiritualität haben. Sie hal-

venzverschleppung sein Haus. Im April 2003 hat das Landgericht Würzburg Höller der Untreue, des vorsätzlichen Bankrotts und der falschen eidesstattlichen Versicherung schuldig gesprochen. Höller verbrachte 18 Monate im Gefängnis. Auch das Unternehmen von Schäfer meldete im Jahr 2002 Konkurs an, ebenso wie die von Birkenbihl ins Leben gerufene Mediengruppe »Add Brain«.

233 Bosshart, David (1995), 159f.

234 Ebd.

235 Utsch, Michael (2001), 142ff.

236 Hemminger, Hansjörg: Durch Lesen zum Erfolg? – Selbsthilfe-Ratgeber unter der Lupe, in: Utsch, Michael (Hg.): Erfolg, Optimismus, Gewinn. Erfolgstrainer, Motivationsgurus und Strukturvertriebe auf dem Prüfstand. EZW-Texte 2002, Nr. 164, 12.

237 Die Wurzeln dieses Glaubensystems liegen nach Hemminger im Idealismus und Okkultismus des 19. Jh.

238 Ebd., wie beim NLP (Neurolinguistisches Programmieren).

239 Enkelmann, Nikolaus B./Arndt, Roland: Der erfolgreiche Weg. Begleitbuch zu Video- und Audiokassetten, Bonn 1996, 42.

ten das Denken für den höchsten Erkenntnisweg des Menschen und ziehen deshalb die kognitive Betrachtung dem spirituellen Erfahren vor. Somit können sie auch nicht mehr an eine höhere Macht glauben. Solche Menschen glauben nach Horx zur Not einfach an sich selbst. Um das Thema »Self Esteem, Selbstbewusstein und wie man es steigern kann« kreisen ihm zufolge heute 30 % der Ratgeberliteratur.[240] Die Euphorie für den vermeintlich schnellen Weg der Selbstwertmehrung lässt aber auch hier die Gefahr des Wirklichkeitsverlustes übersehen, die durch Überschätzung der vorgestellten Methoden entstehen kann. Das Credo der Prototypen des Erfolgs »Du kannst es, wenn du nur willst« kann zu Anstrengung und Anspannung und somit zu Stress führen. Wer sich demnach selbst allzu sehr unter Druck setzt, wird dem Psychotherapeuten Günter Scheich zufolge die Kehrseite der Medaille deutlich zu spüren bekommen: »Negiert man all die negativen Gedanken, die in einem sind, löst das Identifikationskrisen aus, und das Realitätsempfinden geht kaputt. Folge: Die Frustrationsgrenze sinkt, man wird depressiv, weil zwangsläufig nicht alle Erwartungen erfüllt werden können.«[241] Günter Scheich weiß, wovon er redet. Die Zahl der Patienten, die in den vergangenen Jahren zu ihm kamen, weil ihnen das viele positive Denken zugesetzt hatte, war stark angestiegen. Die Menschen fühlten sich unter Druck gesetzt, zu den immer Lächelnden, immer Erfolgreichen gehören zu müssen.

Auch einer der Informanten kennt das Gefühl, von der Anerkennung anderer abhängig zu sein, »möglicherweise weil ich mich häufig auch als Außenseiter und einsam erlebt habe«, wie er vermutet. Doch inzwischen erfährt er dieses »Gefühl der Einsamkeit eher [als] ein Gewinn, ein notwendiges Erlebnis, um zu mir selbst zu kommen, aber auch mit den göttlichen Kräften in dieser Welt und auch jenseits dieser Welt in Kontakt zu kommen.«[242]

Macht und Kontrolle

Harry Potter – die fiktive Figur eines jungen Zauberlehrlings steht für ein außergewöhnliches Phänomen. Denn was die Klassiker deutscher Literatur nicht geschafft haben, gelingt der Autorin Joanne K. Rowling mit Leichtigkeit: kleine und große Büchermuffel zu stundenlangem Lesen zu animieren. Die Neuerscheinung jedes Bandes wurde bisher in der Nacht vor dem ersten Verkaufstag mit großem Spektakel rund um die Buchhandlungen gefeiert, auch in Deutschland.[243] Nur eine kurze Modeerscheinung, eine weltliches Abenteuer? Im Gegenteil. Das Phänomen hat mit den in dieser Arbeit untersuchten Phänomenen einiges gemeinsam. Harry Potter animiert zur Identifikation. Anfangs fühlt er sich minderwertig und klein, wie die meisten Menschen. Dann die Wende: Er ist auserwählt. Er kann zaubern. Er steht im Mittelpunkt. Menschliche Schwächen und zugleich Sehnsüchte werden berührt: Sehnsüchte nach einer – wie auch immer gestalteten – Machbarkeit des Lebens.

Die Hoffnung auf die Machbarkeit aller Wünsche und Hoffnungen, des menschlichen Glücks schlechthin, drückt sich in den Slogans unserer Zeit aus: »Du kannst

240 Horx, Matthias (1995), 55.
241 Wilkens, Karin: Positiv denken macht krank, in: Der Spiegel 30/2002, 78.
242 Informant 4M47.
243 Peitsmeier, Henning/Höfinghoff, Tim: Für Harry Potter arbeiten Buchhändler auch nachts, in: Frankfurter Allgemeine Sonntagszeitung, 9. 11. 2003.

alles erreichen, was du willst« und »You can get it if you really want«. Wer scheitert und seine – vielleicht viel zu hoch gesteckten – Ziele verfehlt, ist folglich selbst schuld. Die Vorstellung von Machbarkeit ist eine Droge des 21. Jahrhunderts. Der Psychologe Michael Mary zählt im Zusammenhang mit Machbarkeit folgende »Glückslügen« auf: Jugend ist machbar, Gesundheit ist herstellbar, Erfolg ist planbar.[244]

Doch die Wirklichkeit vieler sieht anders aus. Ihr Dasein ist von Ohnmachtsgefühlen bestimmt, von sozialer und kultureller Bedeutungslosigkeit und persönlichem Leid.[245] Doch was bleibt, ist die Sehnsucht, sich über die Banalitäten des Alltags erheben zu können, endlich das Sagen zu haben, die Umgebung nach eigenen Wünschen beeinflussen und gestalten zu können. Die Vorstellung, Zugang zu einer paranormalen Machtfülle zu haben, kann nach Ruppert in »unübersichtlichen ›bürgerlichen‹ Kontexten besonders attraktiv werden«.[246]

Machbarkeitsvorstellungen sind auch bei spirituell Orientierten weit verbreitet. Kaum einem ist das bewusst. Viele wollen sich durch spirituelle Aktivität, etwa durch besonders intensives Meditieren und Chanten, besser machen. Sie wollen den eigenen Status quo verbessern, sich zu einem bestimmten Zustand, der in der Ferne liegt, sei es Erleuchtung, Heiligkeit oder Einheit mit Gott, hinarbeiten. Spezielle Techniken sollen dabei helfen. Ein Informant hat mir vorgerechnet, dass er voraussichtlich »in siebzehn Jahren erleuchtet« sein werde, wenn er täglich eine bestimmte Meditationstechnik praktiziere und mit einem speziellen, auf ihn abgestimmten Mantra arbeite.[247]

Auch bei Scientology und bei Avatar® spielt die Vorstellung eine Rolle, der Mensch könne sich durch die Anwendung bestimmter Methoden und Techniken, bestimmter »Werkzeuge«, besser machen (siehe auch S. 67, Sich verwirklichen). Bei Scientology wird der Gedanke »spiritueller Verbesserung« mit Hilfe von »Auditing« explizit ausgesprochen. »Größere geistige Höhen sollen erreicht werden«[248], und zwar mit einer »einzigartigen Technologie für ein höheres Bewusstsein«[249]. Ein Weg der Selbsterlösung mit dem Ziel, selbst »geistige Ursache zu werden«.[250]

Die Vorstellung, der Mensch könne, solle oder müsse einen gewissen Zustand erreichen – sei sie Erleuchtung, Heiligkeit oder sonst wie genannt – ist spiritueller Suche in den meisten Fällen eigen. Der Mensch ist noch nicht, er muss erst werden; er muss sich selbst zu etwas machen. Auf der Grundannahme des Menschen als Mangelwesen bauen viele Therapien und spirituellen Seminare auf. Der unvollkommene Mensch muss Vollkommenheit erst erlangen. Nur wenige Auserwählte erreichen ihr Ziel – und das nur durch viel Mühe und Anstrengung, durch spirituelle Praktiken, so die Vorstellung. Der Mensch bewegt sich im Spannungsfeld zwischen dem anzustrebenden Ideal und dem Gefühl eigener Unzulänglichkeit. Je größer dieses Gefühl ist, desto stärker die Anstrengung, das gesetzte Ziel doch noch zu erreichen. Die

244 Mary, Michael: Die Glückslüge, Bergisch-Gladbach 2003.
245 Vgl. Ruppert, Hans-Jürgen (2001), 280.
246 Ruppert, Hans-Jürgen (2001), 280.
247 Der Informant ist Anhänger der Transzendentalen Meditation des Maharishi Mahesh Yogi.
248 Interview mit einer Frankfurter Scientologin von J. Jäkel und A. Krieger, Universität Mainz, Juni 2004.
249 http://www.scientology-frankfurt.org.
250 Interview mit einer Frankfurter Scientologin von J. Jäkel und A. Krieger, Universität Mainz, Juni 2004.

Möglichkeiten der Selbstüberschätzung, der Frustration, Resignation und Illusion sind in Bezug auf die Machbarkeit sehr groß.

Macht bei Mantik und Magie Das Bedürfnis nach Machbarkeit und Machtentfaltung zeigt sich insbesondere bei Mantik und Magie. Dazu zählen verschiedene Formen der Zauberei[251] und Hexerei, aber auch Okkultismus, Spiritismus, Schamanismus, Satanismus und Exorzismus.

In einschlägigen Zeitschriften und im Internet finden sich zahlreiche Annoncen von Hexen, Magiern, Kartenlegern, Wahrsagern, Astrologen und Hellsehern. Viele haben sich auch zu »Beratungs-Portalen« zusammengeschlossen. Unter 0180er und 0190er-Nummern vermitteln sie Beratende, die (Tarot-)Karten legen, hellsehen, orakeln, Träume deuten und Kaffeesatz lesen. Auch Voodoo- und Partner-Magie sind im Angebot.[252] Die Klientel von Magiern und Mantikern, z. B. Wahrsagern, besteht aus Menschen aller sozialer Schichten und Bildungsgrade. Aus diesen Parametern lassen sich daher keine aussagekräftigen Schlüsse ziehen. Auf jeden Fall ist der Lebensberatungsbedarf insgesamt in den letzten Jahren enorm angestiegen. Berater unterschiedlichster Art übernehmen zunehmend die Rolle von Priestern, Seelsorgern und Beichtvätern: Vom Psycho-Coach über den spirituellen oder medialen Lebensberater, dem Medium, das Nachrichten aus einer anderen Welt channelt, bis hin zu Astrologen, welche Antworten aus Sternenkonstellationen deuten. (siehe auch S. 114, Beraten und gekauft)

Ereignisse und Lebensumstände sollen mit Hilfe von Geisterbefragung, Beschwörungen, magischen Ritualen, aber auch durch Amulette, Räucherwerk und sonstige magischen Gegenstände nach eigenem Willen und Wünschen beeinflusst werden.

Repräsentanten dieser Art von Magie pflegen eine spezielle Imagepflege. Ein Zeitschriftenartikel der »Großmeisterin der Magie, Susanne ›Die Seherin‹« zeigt eine Abbildung, auf der sie sich in einem nur von Kerzenlicht erhellten Raum selbst inszeniert. Sie sitzt in einem schwarzen Kapuzenmantel mit Goldborte, wellendem, blondgefärbtem Haar und stark geschminkt an einem Tisch und blickt den Betrachter durchdringend an. Um sie herum hat sie eine Kerze mit einem Pentagramm, eine Kristallkugel, einen Amethyst, ein magisches Buch und eine Figur der Jungfrau Maria arrangiert.[253]

Magische Praktiken werden von manchen selbst bei den alltäglichsten Dingen angewendet: »Ich praktiziere das einfach, das heißt, wenn ich irgendwo bei Aldi an der Schlange stehe, dann weiß ich, ich muss da nur so'n bisschen warten und dann macht gleich die nächste Kasse auf. Dann sag ich zum Magier, ich will jetzt nicht warten, ist langweilig. Und schon kommt eine Verkäuferin und macht die nächste Kasse auf, und sofort komm ich dann dran.«[254]

Eine Welt, die sich von Technik kontrolliert und vom Verstand durchdacht zeigt, stellt offensichtlich für manche Menschen keine befriedigenden Antworten für ihre

251 Abgesehen von jenen so genannten Zauberkünstlern, die geniale technische Tricks und Raffinessen einsetzen, um beim Publikum den Eindruck magischer Fähigkeiten zu erwecken. Dahinter steckt oft nicht mehr als – wenn auch beachtliches – Handwerk.

252 Z. B. die Zeitschrift wicca special. Esoterik – Gesundheit – Familie. Die Zeitschrift für die Frau.

253 In: Wicca spezial, Ausgabe 02/2004, 27. http://www.die-seherin.de.

254 Jürgen, Sozialarbeiter, in: HR2, 19. 6. 2003.

essenziellen Fragen und auch keine Lösungen für ihre existenziellen Probleme bereit. Vom Kontakt zu einer »anderen, geistigen Wirklichkeit« versprechen sie sich mehr. Hexen, Magier und Schamanen pflegen einen engen Kontakt zu dieser anderen Welt. Sie versuchen die Kräfte, die sie einer Geistwelt zuschreiben, oder geistige Wesenheiten für sich zu gewinnen; sie sollen ihren Interessen, aber auch dem Heil der Menschen in ihrer Umgebung dienen. Dazu gehen sie mitunter in Trance, auf schamanische Reisen und lassen sich auch von diesen Geistern besetzen.

Wer die Dinge nicht gerne aus der Hand gibt, wer lieber lenkt, als lenken zu lassen, wer lieber kontrolliert, als geschehen zu lassen, wird sich tendenziell von Mantik und Magie angezogen fühlen. Alles scheint machbar – möglichst ohne persönliches Risiko. Dem Mächtigen wird nicht befohlen, er befiehlt.

So steigt auch in Europa das Interesse an den magischen Praktiken »exotischer« Spiritualität, u. a. an Voodoo.[255] Im Westen wird Voodoo weniger in Form inkorporierender Geister in Trance ausgeübt, als vielmehr durch die Praxis, schwarzmagische Symbolhandlungen an einer Puppe stellvertretend für einen »unliebsamen« Mitmenschen zu vollziehen, an dem man sich rächen will. Im Internet sind detaillierte Anleitungen zum Bau von Voodoo-Puppen zu finden, z. B. »Voodoo-Puppen – oder wie ich mir Quälgeister vom Leib halte«:

»Jeder kennt bestimmt solche Momente, in denen man sich nichts sehnlicher wünscht als seinem Gegenüber wegen dessen unglaublicher Penetranz und nervtötender Aufdringlichkeit den Gnadenstoß zu geben. (…) Doch da wir uns nun mal nicht mehr im Mittelalter befinden und Tod durch Erstechen leider nicht mehr zu den natürlichen Todesursachen zählt, blieb einem oftmals nur noch die Lösung, in hochspirituelle und extrem exotische Geisterbräuche einzutauchen. Leider sind die meisten ›Opfer‹ jedoch gegen Verwünschungen von irgendwelchen Möchtegernhexen und andere Mittelchen längst immun, so dass sich für all die verkannten Obergurus mit ihren ungesühnten Rachegelüsten der Bau einer Voodoo-Puppe anbietet, mit der man seinen Spieltrieb und seine sadistische Ader befriedigen kann. Nebenbei bekommt man auch noch die Möglichkeit, über Leben und Tod zu entscheiden…« Es folgt eine ironisch anmutende Anleitung zum Bau einer Puppe, die dann mit Nadeln bestochen werden soll.[256]

Auf einer anderen Internetseite erfährt man, welche Puppen für welchen Zweck geeignet sind. Sie unterscheiden sich je nach Verwendung in Farbe, Form und Machart. Schwarze Puppen werden in der Regel zu Schadens- und Beeinflussungszwecken verwendet.[257]

In einer großen Münchner Buchhandlung war »Voodoo für Einsteiger« zu finden, ein Praxispaket mit Handbuch und grüner Stoffpuppe, auf der diverse Voodoopunkte zum Einstechen bereits markiert waren. »Lassen Sie sich nichts gefallen«, so der Begleittext. »Stellen Sie die magischen Kräfte des Voodoo in Ihre Dienste. Der Inhalt dieses Sets reicht für den Einstieg in eine uralte Zauberkunst (…) kreieren Sie

255 Voodoo, Wodu, eigentlich Vodun, aus der Fon-Sprache von Benin abgeleitet (Vodoun, Voudou, Voodoo, Sevi Lwa). Voodoo gilt als einer der bedeutendsten synkretistischen Kulte der afroamerikanischen Bevölkerung und ist gleichzeitig nationale Volksreligion Haitis. Afrikanische Sklaven nahmen ihre Praxisreligion mit in die Karibik und nach Amerika. Dort vermischte sie sich zur Zeit der französischen Kolonialherrschaft vor 1804 mit römisch-katholischen Glaubenselementen. Im Februar 1996 wurde Vodun in Benin als offizielle Religion anerkannt. Heute gibt es weltweit mehr als 60 Millionen Anhänger. Vgl. dazu Kremser, Manfred (1988), Wodu, 525; Baer, Harald (1990), Voodoo, 1119f.
256 http://www.uni-duisburg/SCHULEN/GSK/voodoo.htm.
257 http://www.wakandas.de/puppen.htm.

eigene Zaubersprüche, belohnen Sie die Guten, bestrafen Sie die Bösen. Grenzen werden einzig und allein durch Ihre Phantasie gesteckt. Mit dem Voodoo-Set sind Ihre geheimsten Wünsche nur einen Nadelstich entfernt.« Als Autor wird ein haitianischer Voodoo-Experte genannt. Seine ungewöhnliche Biographie bestätigt, was auch der Stil des Buches verrät: Wie die anderen Anbieter spielt auch er bewusst mit der Ironie und bleibt damit unverbindlich. Ob alles wirklich ernst gemeint ist, lässt er offen.[258]

Solche Literatur wird im Rahmen des derzeitigen Magie-Booms vor allem von Jugendlichen rezipiert. Immer mehr Hexenbücher erscheinen für die »Girlie-Hexe«, wie Matthias Pöhlmann sie nennt. Dort werden »dann auch richtige Rezeptbücher gegeben, angefangen vom Liebeszauber, was man da tun kann, was kann man tun bei Schulproblemen z. B., wie bekommt man den Dreamboy, und diese Bücher erschienen jetzt also auch in bekannten Taschenbuchverlagen, und werden offenbar auch gekauft und gelesen.«[259]

Aspekte der Macht finden sich auch im Schamanismus. In den Neunzigerjahren hat er sich vor allem in Form eines Neo-Schamanismus mit indianischer Färbung auch in Deutschland verbreitet.[260] Ethnologen und Anthropologen wie Christian Rätsch stehen dem Boom skeptisch gegenüber. Was unter Schamanismus laufe, gehe an der Realität des echten Schamanismus vorbei. Die »wirklichen schamanischen Erfahrungen sind extrem, haben oft mit Angst zu tun, wenn es wirklich soweit ist, auf die Reise zu gehen. Wenn man plötzlich wirklich aus seinem Körper herausgerissen wird, dann kann das ein schockierendes Erlebnis sein.«[261] Viele unterschätzen auch die Versuchung und die Gefahr des Wissens- und Machtmissbrauchs. Man könne an einen »Spinner, an den Falschen geraten, der meine, er sei der Größte«, so ein Kenner der Szene. Die Menschen operierten mit Kräften, die sie nicht zu handhaben wissen. Der Umgang mit spirituellen Kräften könne so eher schaden als helfen, berichtete Josephine Fire Eagle Shawl, die Medizinfrau der Lakota Sioux ist. Auch sie warnt vor Machtmissbrauch, vor allem im so genannten Neo-Schamanismus: »They have only begun abusing the knowledge. Then, after this they will begin to abuse the people. They will use their power against people, so they can have things. And that's the dangerous thing. That's where it all begins. This Neo-shamanism I have absolutely no respect for it at all. It doesn't get me too angry, but I really pitty those people, because they are weak. They are really weak. And they think they are strong.«[262] Ein schamanischer Lehrer pflichtet bei: »Dann wird da irgendetwas ausprobiert. Ich bin ein bisschen traurig darüber. Viele Leute suchen bestimmte Leute, die einfach an einem Ego-Trip festhalten, sich reinversetzen und drin stecken bleiben. Das sind die Leute, die die Macht missbrauchen. Die Macht kannst du trotzdem missbrauchen, wenn du unwissend bist, aber dein *spirit* passt auf, wenn du das von Herzen gemeint hast. Der *spirit* ist immer gleich. Es gibt keine schwarze und keine weiße Magie. Es gibt nur Kraft. (…) Wenn du nicht weißt, dass du das nicht bist, dass du nur ein Kanal dafür bist, dann glaubst du, dass du die Kraft bist, Ego. Und dann

258 Lou, Voodoo: Voodoo für Einsteiger, Kiel [5]2003 (1997 in Philadelphia erschienen).

259 Pöhlmann, Matthias, in: HR 2, 19. 6. 2003.

260 Dazu: Mayer, Gerhard: Schamanismus in Deutschland, Würzburg 2003.

261 Rätsch, Christian: Interview in: GEO Magazin Nr. 9/1999.

262 Das Interview mit Josephine Fire Eagle Shawl fand 1995 anlässlich meiner Feldforschung »Zur Rezeption des indianischen Schamanismus in Deutschland« statt.

kommst du in deine Macht, dann kommt der Machtmissbrauch. (...) Wir geben zu viel preis durch Bücher ohne Erfahrungen. Das ist gefährlich. Ich kenne Trancepositionen, die ich niemals den Leuten zeigen werde, aber ich habe sie in Büchern wiedergefunden. Wie kann man denn als Autor oder Autorin über bestimmte Positionen schreiben, die benutzt werden, um andere zu verletzen?«[263]

Macht spielt eine herausragende Rolle bei denjenigen, die sich dem Okkultismus und vor allem dem Satanismus zuwenden. Bis zu 10.000 radikale Anhänger soll es in Deutschland geben. »Tue, was du willst, sei das Gesetz« kann nach Ruppert als Kernaussage des neosatanistischen Glaubens gedeutet werden. Menschen, die sich dieser Form von Spiritualität zuneigen, setzen auf Autonomie, auf Macht und Durchsetzung – hier und jetzt. Das Handeln der fast ausschließlich männlichen Satanismus-Anhänger wird von destruktiven Gedanken und niederen Emotionen wie Hass und Rache bestimmt.

Für den Okkultisten und Magier Crowley galt der Mensch als »Gott dieser Welt«, der nur von einem einzigen Gesetz bestimmt wird: »Es ist kein Gott außer dem Menschen. Der Mensch hat das Recht, nach seinem eigenen Gesetz zu leben (...) Der Mensch hat das Recht, all diejenigen zu töten, die ihm diese Rechte zu nehmen suchen. Die Sklaven sollen dienen. Wir haben nichts gemein mit den Ausgestoßenen und den Unfähigen; laß sie sterben in ihrem Elend. Denn sie fühlen nicht. Mitleid ist das Laster von Königen; tritt nieder die Elenden und die Schwachen. Das ist das Gesetz der Starken: Dies ist unser Gesetz und die Freude der Welt.«[264] Crowley betete nicht die Person des Teufels an, vielmehr symbolisierte er für ihn die Verherrlichung des Menschen selbst, nicht in seiner Liebesfähigkeit oder Friedfertigkeit, sondern in seiner Fähigkeit zur Niederträchtigkeit und zum Egoismus. Durch die Aufwertung der eigenen Person mit all ihren Schwächen und Boshaftigkeiten versucht der Einzelne, Minderwertigkeits- und Ohnmachtsgefühle zu kompensieren. Satanismus kann so als sich selbst aufwertendes »individualanarchistisches Konzept«[265] gedeutet werden.

Macht über sich selbst und Entfaltung des freien Willens, ohne Bezug auf eine übergeordnete Instanz, das gehört zum Selbstverständnis der Thelemisten[266]: »Ich bin allein, da ist kein Gott, wo ich bin.« (Liber Al, II.23) Oder: »Der Mensch ist Schöpfer seiner selbst.« Und auch: »Es gibt keine Wahrheit außer uns, wahr ist, was wir machen.« Thelemisten machen sich psychophysische Fähigkeiten zunutze, die sie selbst als »Magick« bezeichnen. Sie sollen helfen, auf künftige Ereignisse nach eigenem Willen und Wünschen einzuwirken. »Das können persönliche Probleme sein, z. B. Gesundheit, oder auch Probleme, die andere Menschen oder sonstige Verhältnisse betreffen.«[267] Thelemisten haben sich in der so genannten Thelema-Society

263 Martin, Ariane (1996), 137.
264 Zit. in: Ruppert, Hans-Jürgen (2001), 291.
265 Grotepass, Christoph: Spurensuche Glaube, http://www.sekten-info-essen.de.
266 Nach Thelema, griech. Wille. Der Begriff taucht zum ersten Mal in Francois Rabelais' (1494–1553) Romanzyklus »Gargantua und Pantagruel« auf: Gargantua lässt die Abtei Thelema bauen, in der die Menschen in völliger Freiheit, gemäß der einzigen Ordensregel »Tu, was du willst«, leben. Aleister Crowley schuf in einem Landhaus nahe der sizilianischen Stadt Cefalu seine Abtei Thelema, in der er und seine Anhänger gemäß seinem »Gesetz von Thelema« lebten (siehe Thelema). 1923 wurde Crowley aus Italien ausgewiesen, die Abtei bestand noch etwa zwei Jahre ohne ihn weiter. Den heutigen Thelemisten gilt der Begriff als »uraltes und zeitloses Muster des Denkens, Fühlens und Handelns, welches in jedem Äon in einer spezifischen Form und Bezeichnung auftritt«. http://www.thelema-society.de.
267 http://www.thelema-society.de.

zusammengeschlossen.[268] Sie beziehen sich zwar auf Werke Aleister Crowleys, auf das Buch Liber Al vel Legis, sehen sich aber selbst nicht als Crowleyaner.[269]

Satanismus dreht bereits bestehende Werte, vor allem die des Christentums, in ihr Gegenteil: Subversivität, exzessives Genussleben, unmoralisches Verhalten, Ungehorsam und Selbstsüchtigkeit sind erstrebenswerte Ziele. Thomas Novotny bezeichnet ihn deshalb als »parasitäre Spiegelreligion«. Verständlich, dass in Bezug auf die Ereignisse in solchen Zirkeln schnell schreckliche Erzählungen die Runde machen. Keine andere (religiöse) Bewegung, so Novotny, sei von einem solchen Ausmaß an Fabulation, paranoischen Geschichten und Spekulationen umgeben.[270] Dennoch sind bei Satanisten mehrere Gewaltverbrechen verzeichnet worden. Der rituelle Mord der Satanisten Manuela und Daniel Ruda an einem Kollegen im Juli 2001 in Witten zählt zu den spektakulärsten und zugleich bedenklichsten Fällen der deutschen Kriminalgeschichte.[271]

Hans-Jürgen Ruppert sieht in der provokativen Abgrenzung der Satanisten gegenüber ihrer Umwelt eine »Opposition gegen eine auf Leistung und Erfolg ausgerichtete Erwachsenenwelt«.[272] Das Misstrauen gegenüber bestehenden Traditionen und Institutionen ist groß. Der so genannte Jugendsatanismus könnte so eine willkommene Form sein, »gegen das elterliche Wertesystem«[273] zu protestieren. (siehe auch S. 180, Weltprotest)

Macht in Technik und Wissenschaft Die Sehnsucht nach Machtentfaltung und Machbarkeit ist – wenn auch subtil und hintergründig – ein Aspekt, der auch in der Wissenschaft immer wieder auftaucht. In seinem Buch »Eiskalte Träume«[274] verdeutlicht David Noble den pseudoreligiösen Hintergrund der Gentechnologie. Und die Entdecker der DNA, James Watson und Francis Crick, sollen von Unsterblichkeit, die machbar ist, geschwärmt haben. Überhaupt ist bei Gentechnologen eine religiös motivierte Beziehung zu ihrer Arbeit vorhanden. Dabei geht es um den Versuch, die Natur zu beherrschen und die Position Gottes einnehmen zu können.[275]

Gerade durch die Verknüpfung der Wissenschaft, genauer der Gentechnologie, mit einer im weitesten Sinne religiösen Weltanschauung ziehen die Raëlianer[276] die Aufmerksamkeit der Öffentlichkeit auf sich, vor allem durch ihr Klonprojekt »Clonaid«. Im Jahr 2001 trat die scientistisch-atheistisch konnotierte Gruppe, die ihren Namen von ihrem Gründer Raël[277] bezieht, mit spektakulären Berichten über den

268 Sie gehört einem neopaganistischen Dachverband okkultistisch und satanistisch orientierter Gruppen an.
269 Weitere Zitate zum näheren Verständnis: »Du entwickelst deine Seele zu einem tanzenden Stern, für den der Tod nur ein Übergang ist. Wohin? Das hängt davon ab, wie weit du deine Seele entwickelt hast. Du wirst entweder in einem anderen Körper neu geboren oder du erlangst die Unsterblichkeit in einem feinstofflichen Körper.«
»Wir tanzen den Tanz der Schöpfung, wir tanzen uns in eine neue Wirklichkeit. Einige unserer Tanzfiguren sind: Werde unvernünftig, werde elitär, werde fröhlich, werde subversiv, werde amoralisch, werde laut, werde wach, werde ehrlich zu dir selbst, werde ungehorsam, werde flexibel, werde frei, lerne Nein sagen, werde unverschämt …« in: http://www.thelema-society.de
270 Novotny, Thomas: Satanismus als parasitäre Spiegelreligion. http://www.religio.de.
271 Vgl. auch Gewaltverbrechen von Satanisten an dem 20-jährigen Gruftie Kim Becker im April 2002.
272 Ruppert, Hans-Jürgen (2001), 292.
273 Laudeley, Michael, in: Sächsische Zeitung, 24. 2. 2003.
274 Noble, David: Eiskalte Träume. Erlösungsphantasien der Technologen, Freiburg 1998.
275 Nüchtern, Michael (2001), 83.
276 http://www.rael.de und http://www.rael.org.
277 Ehemaliger französischer Sportjournalist und Rennfahrer mit bürgerlichem Namen Claude Vorilhon.

Versuch, ein Baby geklont zu haben, auf. Die Raëlianer spiegeln die gegenwärtigen Machbarkeitsfantasien in Wissenschaft und Technik auf einzigartige Weise wider. Der neue, unsterbliche Mensch sei Ergebnis einer genetischen Auslese. Die Gesellschaft der Zukunft folge dem Modell einer »Geniokratie«[278]. (siehe auch S. 103, Ewige Physis)

In der jüdischen Mystik gibt es die Geschichten vom so genannten Golem. Golems sind künstliche Menschen, die nicht sprechen können. Sie werden aus Lehm gebaut. Die heutigen künstlichen Menschen bauen Wissenschaftler, nicht als Lehmkörper, sondern als humanoide Maschinen. Ein Feature aus dem Bildungsprogramm des Hessischen Rundfunks gab Einblick in neue Möglichkeiten der Macht durch die Cyberanthropology. Der so genannte »COG«, eine humanoide Maschine, wurde jahrelang an der Elite-Universität Massachusetts Institute of Technology in den USA entwickelt. Er ist so »selbstorganisiert«, so Hardy Tasso im Hessischen Rundfunk, »dass bereits jetzt schon teilweise nicht mehr nachvollziehbar ist, was in dem Roboter abläuft«.[279] Auch der Kino-Film »Matrix« entwirft eine Vision, in der die Macht den Maschinen gehört. Doch es gibt Wissenschaftler, die wollen den Maschinen-Menschen das Feld nicht überlassen, der britische Computerwissenschaftler Kevin Warwick zum Beispiel. Er entwickelt »Cyborgs: Mischwesen aus Mensch und Maschine«. Warwick sieht für die Menschheit nur eine Chance, mit den humanoiden Maschinen mitzuhalten: das menschliche Gehirn »upzugraden«. Die Forschung sei in etwa zehn Jahren soweit, Menschen »mit Implantaten ›upgraden‹ zu können«. Auch hier zeigt sich die menschliche Sehnsucht, sich besser zu machen, neueste Technologien zu nutzen, um Bedürfnisse nach Macht und Machbarkeit zu befriedigen. »Klar, gibt es Menschen«, so Warwick im Hessischen Rundfunk, »die sagen: ›Ich bin glücklich, ein Mensch zu sein, ich will keines dieser Implantate.‹ Das ist ihre Entscheidung. Wenn sie in Zukunft Teil einer Sub-Spezies sein wollen, die von Cyborgs beherrscht wird, die ein Upgrade installiert haben, bitte, es ist ihre Entscheidung. *Ich* will ein Cyborg sein!«[280]

Was das Spiel mit der Macht über Leben und Tod in Wissenschaft und Forschung ist, ist das Spiel der Herrschaft über Sein und Nichtsein im Cyberspace.[281] Welten werden aus dem Nichts erschaffen. Radikale Cybernauten sehnen sich nach der Macht, alles kontrollieren und manipulieren zu können. In seinem Buch »Neuromancer« setzt der Sciencefiction-Autor William Gibson den Cyberspace mit Gott gleich; es sei das, was Teilhard de Chardin mit »Noosphäre« beschrieben hat. Die auf Technik gestützte Religiosität findet sich auch in anderen Büchern, z. B. von Howard Rheingold oder Manfred Waffender. (siehe auch S. 162, Virtuell unterwegs)

Technisch-wissenschaftlich geht es auch bei Scientology zu. Der Begründer L. Ron Hubbard verbreitet die Lehre vom Thetan[282]: »Der Thetan muss sich die vergessene Freiheit des Königs, der seine Umgebung willentlich kontrollieren kann, erst wieder neu aneignen.«[283] Gerade bei Scientology zeigt sich ein Menschenbild, bei dem sich der unvollkommene Mensch in einen vollkommenen, neuen Menschen verwandeln

278 Ruppert, Hans-Jürgen (2001), 278.
279 Tasso, Hardy: Cyborgs: Mensch oder Maschine? in: HR2, 11. 10. 2003, 9.30–9.45 Uhr.
280 Ebd.
281 Der Begriff wurde vom Sciencefiction-Autor William Gibson erfunden.
282 Der Thetan stellt die eigentliche Personenmitte dar, den inneren Menschen als geistiges, unsterbliches Wesen.
283 Hubbard, L. Ron: Scientology – Grundlagen des Denkens (1956), Kopenhagen 1992, 97.

kann. Und dies tut er durch die ihm eigenen Kräfte; als Machtinstrument dienen mentale Techniken. (siehe auch S. 96, Sich wandeln; S. 199, Der neue Mensch)

Macht des Seins Macht gehört zum Menschsein. Sie befähigt den Menschen zum Handeln. Dennoch fühlen sich viele insgeheim ohnmächtig. Nach Niklaus Brantschen hat der ohnmächtige Machthaber keine andere Wahl, »als die tausend Spielchen der Machtausübung zu spielen, die unzähligen Masken der Macht zu tragen und sich mit schwachen Personen, mit Jasagern zu umgeben«[284].

Manche suchen nach einer Macht, die der Mensch aus seinem Inneren schöpft und die keiner Mittel außerhalb seiner selbst bedarf, nach einer Macht des Seins. Diese Seinsmacht ist vor allem in der östlichen Philosophie zu finden. Zen-Buddhisten suchen – falls man das überhaupt so nennen darf – das Einssein mit dem Geschehen, in der der Mensch nichts machen – im Sinne von forcieren – will, sondern durch sich geschehen lässt. Es atmet, es führt, es macht, es geschieht – durch Achtsamkeit für den Augenblick und allgegenwärtiges Bewusstsein. Es ist die Macht, die durch Hingabe erwächst.

Selbst(er)findung

Ihr wollt etwas Bestimmtes sein
und sucht nach Eurem Ton
So hört doch einfach in Euch ein
Ihr seid gestimmt ja schon.
Henning Sabo

Selbsterfahrung, Selbstverwirklichung, Selbstfindung – populäre Schlagworte, die die Sehnsucht des Menschen nach Stimmigkeit von Innen- und Außenwelt zum Ausdruck bringen. Diese Sehnsucht beschrieb Frank Sinatra in seinem Welthit *My way*: »For what is a man, what has he got? If not himself, then he has naught. To say the things he truly feels; and not the words of one who kneels. The record shows I took the blows – and did it my way!« Ein alter Mann blickt resümierend auf das Auf und Ab seines Lebens zurück. Und letzten Endes ist er mit allem, auch mit den Fehlschlägen, versöhnt und einverstanden.

Als die Zeit großer politischer Ideologien in den Siebzigerjahren des 20. Jahrhunderts verblasste, weil sie zu keinen nachhaltigen Erfolgen führten, veränderten viele Menschen ihre Marschrichtung und verlegten sie ins Innere. Das individuelle Glück sollte gefunden werden. Die so genannte Selbstsuche wurde zum Massenphänomen, das Interesse an kollektiver Geschichte wich dem Interesse an der eigenen Biografie.[285] Ins Zentrum der Betrachtung rückte vermehrt das eigene Ich. Die Achtziger brachten die Coolness und die Neunziger das Singletum. Selbstverwirklichung der Solisten.

In einer unübersichtlichen, anonymer werdenden Gesellschaft steigt bei immer mehr Menschen das Gefühl, für den Rest der Welt letztendlich nicht zu zählen. Der eigene Auftritt auf der Weltenbühne könne womöglich gar nicht wahrgenommen werden, als sei man selbst ein kleines Licht, das nach kurzem Aufflackern schon

284 Brantschen, Niklaus: Die Ohnmacht der Machthaber, in: Der Bund/Management, 30. 9. 2003, 9.
285 Jaeggi, Eva u. a.: Gibt es auch Wahnsinn, hat es doch Methoden, München 1990, 68ff.

wieder erloschen ist, als habe es nie existiert. Und manch einer fragt sich: »Das soll alles von mir gewesen sein? Macht meinen Wert nicht mehr aus als dieses kurze Flackern?«

Sich inszenieren

»Ich geb 'ne Party für mich selbst. Ich geb 'ne Party mit mir selbst. Wie schön, dass ich gekommen bin«, so der Refrain eines Songs des Berliner Gesangsduos Rosenstolz. Parties mit sich selbst feiern, sich selbst zum Mittelpunkt machen – ein Phänomen, das heute auf viele zutrifft. In der heutigen Gesellschaft geht es zunehmend um »Selbsterlösung und Selbsterregung«, sagt Peter Kemper. »Das Theatralische ist zur Lebensform geworden.«[286] Der moderne Mensch sieht sich nicht länger als Figur in einem fremden Stück, das er zusammen mit anderen auf der Weltbühne spielt; er inszeniert sich selbst. Die Welt fungiert als Kulisse für ein – in der Wunschvorstellung des Einzelnen selbstgeschriebenes – Stück, bei dem man zugleich die Hauptrolle spielen und Regie führen möchte.

»Einlass unter Vorbehalt! Dresscode: Black, Gothic, Fetish« – so das Schild neben dem Eingang des Münchner Clubs »Nerodom«, in dem Gothics, Waves, Gruftis und Dark-Metal-Fans seit April 2003 einen Treffpunkt haben. Nach dem Motto »Carpe noctem« stylen sich junge Menschen als »poetische Todesengel« in Schwarz, um sich gegenüber ihrer Umgebung abzugrenzen. »Gothic zu sein«, so ein Kenner der Szene, »bedeutet für die meisten nicht, ständig unter Depressionen zu leiden, sondern die schwarze Seite des Lebens zuzulassen.«[287] Gothic gilt als eine eher harmlose Modebewegung, die den schwarzen Kleidungsstil der Satanisten nachahmt. Vom schweren Lederlook über aufwendig gearbeitete Rüschenhemden bis zum mittelalterlichen Samtgewand ist bei den nekrophil anmutenden Gestalten alles vertreten. Manche Gothics gehen über die Lust am Verkleiden hinaus und haben ein Faible für frühe Religionen: Druiden, Runenmagie und Hexentum. Gothics finden Gefallen daran, spirituelle Interessen auch äußerlich Aufsehen erregend zu inszenieren.[288]

Auffallen oder sich abgrenzen – das ist auch jenen wichtig, die ihre Körper mit Tätowierungen und Piercings verzieren. Doch die Vereinahmung des ethnischen und religiösen Körperschmucks durch die Mode entmystifizierte Tattoos und Piercings zu unspektakulären Mainstream-Accessoires.

»Video(r) ergo sum« – so war der Vortrag des Psychologen Martin Altmeyer überschrieben, den er auf dem Psychotherapeuten-Treffen 2002 in Lindau hielt: Ich werde gesehen, also bin ich. Zur Selbstbetrachtung benötigt der Mensch in der heutigen Zeit den anderen. »Wir sind auf Resonanzräume angewiesen, wenn wir wissen wollen, wer wir sind«, so Altmeyer. Die Zeit der Selbst-Psychologie der Siebzigerjahre ist für ihn vorbei. »Es gibt ein unersättliches Bedürfnis, gesehen zu werden.«[289] Diese Unersättlichkeit demonstrieren auch die täglichen Talkshows auf den Kanälen des Privatfernsehens, in denen Menschen bereit sind, ihre Privatsphäre, ihre Probleme und Lebensängste mit einem Millionenpublikum zu teilen. Die

286 Kemper, Peter: Nur Kult lässt keinen kalt. Veranstaltungsrituale im Medienzeitalter, in: Ebd. (Hg.): Der Trend zum Event, Frankfurt 2001, 190f.
287 Rüttimann, Vera: Der Tod ist schick, Berliner Zeitung, 2. 6. 2001.
288 So gibt es jährlich ein Wave-Gotik-Treffen in Leipzig. http://www.wave-gotik-treffen.de.
289 Tagesspiegel, 30. 4. 2002.

Psychologie kennt für diesen Typ eine Klassifizierung, den *Histrio*[290]. Peter Winterhoff-Spurk bezeichnet ihn als »neuen Sozialcharakter der globalen Inszenierungsgesellschaft«.[291]

Sich verwirklichen

Bis zum Aufkommen der Psychoanalyse im 19. Jahrhundert standen Spiritualität und Therapie zusammen. Priesterliche Seelsorger kümmerten sich um das Seelenheil der Menschen. Seit Freuds weltlicher Heilslehre wurde die geistig-seelische Therapie mehr und mehr von der Religion abgekoppelt, die religiösen Praktiken als Mittel zur Selbstvergewisserung mehr und mehr durch psychotherapeutische Maßnahmen ersetzt. In einer rationalen, aufgeklärten Welt werden ebensolche Heilswege gesucht. Persönlichkeitsentwicklung, Krisenberatung, Lebenshilfe, Sinngebung, Bewältigung existenzieller Fragen – alles Felder, die Utsch zufolge den so genannten Psycho-Boom kennzeichnen.[292] Unter dem Begriff »Selbstverwirklichung« bilden Therapie und Spiritualität neue Kombinationen.[293]

Auch Partnerschaften haben sich in den vergangenen Jahren grundlegend gewandelt. Nicht mehr die Familienplanung steht bei vielen an erster Stelle, sondern die eigene Selbstverwirklichung.[294] »Ich bin in einem Alter, in dem viele meiner Freunde schon Väter werden«, so Burkhard, ein junger Mann in der Frauenzeitschrift Brigitte. »Und ich habe eine Freundin, die sich nichts sehnlicher wünscht als ein Kind. Und ich? Ich bin noch nicht so weit. Ich habe das Gefühl, ich müsste noch jede Menge erleben: reisen, flirten, frei sein. Ich will mich noch nicht auf ein Leben mit Frau und Kind einlassen.« Jörg pflichtet ihm bei: »Wofür habe ich denn alles gemacht, das Studium, die Ausbildung? Damit ich, sobald ich das erste Geld verdiene, die Verantwortung für Frau und Kind übernehme? Bestimmt nicht.«[295]

So wie die beiden jungen Männer denken viele, auch Frauen. Es gilt, der Fremdbestimmtheit im Arbeitsalltag wenigstens durch Gestaltung der Freizeit zu entrinnen. Doch vielen ist nicht bewusst, wie sehr sie sich auch hier fremdbestimmen lassen, wenn sie »vorgegebene Erlebnisideale«[296] rezipieren. Wo das Ich suchend tastet, lässt es modische Stilfragen oft unbemerkt den Ton angeben. Vor allem in psychologischen Konzepten suchen immer mehr Menschen universelles Glück.

»Wir sind nicht wirklich lebendig; wir sind wie Schatten«, betont der vietnamesische Mönch Thich Nhat Hanh, der in Frankreich eine buddhistische Gemeinschaft, Plum Village, leitet, und sich auch in Deutschland, Österreich und der Schweiz

290 Begriff aus der röm. Antike: männlicher Schauspieler, Tänzer, Musiker. Deutsch: Histrione.
291 Winterhoff-Spurk, Peter: Kalte Herzen. Wie die Medien unseren Charakter formen, Stuttgart 2005. Zit. in: Psychologie heute, März 2005, 32.
292 Vgl. Utsch, Michael (2001), 100.
293 Weis, Hans-Willi: Exodus ins Ego. Therapie und Spiritualität im Selbstverwirklichungsmilieu, Zürich/Düsseldorf 1998. – Vgl. Verlag Junfermann, Gesamtverzeichnis 2003/2004: Bandler, Richard: Unbändige Motivation. In diesem Buch geht es darum, individuelle Kontrolle über den eigenen Zustand und das eigene Bewusstsein zu gewinnen und anderen Menschen die gleiche Art von Kontrolle vermitteln zu können, ²2000; Bachmann, Winfried: NLP – wie geht denn das? bietet eine »neuartige Zugangsweise zum NLP und Selbstmanagement, indem es fragenorientiert konzipiert ist … und dadurch extrem gehirnfreundlich«, ⁴2001; Birkenbihl, Vera F.: Wie man (mehr) Zustimmung erzeugt. »Was Sie vielleicht über gewisse »manipulativ« Methoden wissen möchten«, erläutert V. F. Birkenbihl ein einem Video; James, Tad & Shephard, David: Die Magie gekonnter Präsentation. Wie Sie mit Hilfe von NLP ihr Auftreten optimieren können, 2002.
294 Frankfurter Rundschau, 28. 8. 2002
295 Brigitte, 5. 9.2001
296 Kemper, Peter (2001), 8.

durch Seminare, Vorträge und Bücher einen Namen gemacht hat. »Viele von uns leben zwar, sind aber nicht wirklich lebendig, weil wir das Leben nicht im gegenwärtigen Moment berühren können. Wir gleichen Toten.«[297]

Eine Informantin berichtete, sie habe zwar eine Zeit lang äußerlich ein bewegtes, ein »exzessives Leben« geführt, aber gut ging es ihr damit nicht: »Ich wurde immer unglücklicher, weil ich eigentlich immer etwas vermisste ohne zu wissen, was ich vermisse.«[298] Leben, ohne sich wirklich lebendig zu fühlen, sich stattdessen von einem Termin zum nächsten bewegen, in Gedanken entweder der Vergangenheit nachhängen oder in der Zukunft verweilen – vielen Menschen geht es so, als seien sie verstümmelt, als lebte nur ein Teil von ihnen dieses Leben, als seien sie abgetrennt von ihrem Inneren. »Dadurch, dass ich so nach außen gerichtet war, hatte ich mich selbst ganz verloren. Ich musste mir irgendwann eingestehen, ich kenn mich gar nicht. Ich war irgendein Produkt von Vorstellungen und Bildern, die mir von außen aufdiktiert wurden, wie andere mich gesehen haben. Und ich definierte mich über Wertvorstellungen, die mir die Welt gegeben hat, aber ich wusste gar nicht, wer ich bin.«[299]

Um zu mehr Achtsamkeit im Umgang mit sich selbst zu animieren, plant Thich Nhat Hanh ein »Institut für das Glück eines Menschen« mit einjährigen Kursen: »Ein Jahr lang wird sich jeder Schüler darin üben, tief in sich hineinzuschauen, um all die Blumen und all den Kompost in sich zu entdecken, die nicht nur von ihm stammen, sondern auch von seinen Vorfahren und von der Gesellschaft.« Nach Abschluss will Thich Nhat Hanh jedem ein Diplom aushändigen, das ihn oder sie zur Heirat befähigt. »Ich denke, dass es für alle jungen Paare von Bedeutung ist, eine solche Schulung zu durchlaufen, bevor sie sich auf die Reise des gegenseitigen Entdeckens begeben. (…) Wenn sie sich nicht selbst gut kennen gelernt haben und sich nicht die Zeit zum Auflösen der inneren Knoten nehmen konnten, wird das erste Jahr ihrer Ehe sehr schwierig werden.«[300]

Für Menschen, die an ihrer Persönlichkeit arbeiten wollen, finden sich im spirituellen Feld vielzählige Angebote, etwa aus dem Bereich praktischer Lebenshilfen mit psychologischem Hintergrund wie NLP und Positives Denken oder mit spirituellem Hintergrund wie die Arbeit mit dem Programm »Ein Kurs in Wundern«, Geistige Heilung, Yoga, Zen, Licht- und Energiearbeit, Aura Soma, Astrologie, Tarot, I-Ging, Kabbala, Bewegungstherapien und -meditationen wie Qi Gong, T'ai Chi, Feldenkrais und Alta Major.

In den letzten Jahren macht auch vermehrt ein Kurs-Angebot mit Namen »Avatar®«[301] auf sich aufmerksam. In einschlägigen Fachzeitschriften wird intensiv dafür geworben. Avatar® wurde in den Achtzigerjahren von dem amerikanischen Erziehungspsychologen Harry Palmer entwickelt. Die Übungen und Techniken werden in neuntägigen Kursen vermittelt. Auch wenn Avatar® sich in Selbstdarstellungen

297 Thich, Nhat Hanh: Ein Lotos erblüht im Herzen, München 1995, 8f.
298 Informantin 2W35.
299 Informantin 2W35.
300 Thich, Nhat Hanh: Ein Lotos erblüht im Herzen, München 1995, 61f.
301 Avatar (sanskrit: hindurch gehen): Im Hinduismus eine Gottheit, die freiwillig eine physische Gestalt annimmt, um an der Schöpfung teilzunehmen. Heute wird mit Avatar ein Mensch bezeichnet, »der frei von störenden Gedanken, Meinungen und Urteilen ist und dadurch frei entscheiden kann, wie er die Dinge erleben will«, so in der Selbstdarstellung. Avatar® ist eine Kombination aus einem Erklärungsmodell, wie unser Bewusstsein funktioniert und einer Zusammenstellung von praktischen Übungen und Techniken. Seit 1987 sollen nach Selbstauskunft etwa 100.000 Menschen aus 66 Ländern den Avatar-Kurs abgeschlossen haben. http://www.mein-weg.com/Avatar und http://www.avatar-bewusstsein.de.

definitiv von Religion und metaphysischer Philosophie abgrenzt und keine spirituellen Begriffe verwendet, ist es doch in die Angebote innerhalb des spirituellen Feldes einzuordnen. »Avatar bietet«, lautet es auf einer Homepage, »einen Weg zur persönlichen Weiterentwicklung, Selbstentfaltung, Selbstfindung und freien Lebensgestaltung.« Avatar sei ein vielseitig angelegtes Training, so heißt es weiter, es verbinde Selbsterfahrung, Selbstfindung, Konflikttraining, Mentaltraining, Bewusstseinstraining, Selbstcoaching, Selbsterkenntnis und Wahrnehmungstraining.[302] Die Theorie dieses Kurses wird in der Formel »Überzeugungen schaffen Erfahrungen« zusammengefasst. In den Kursen bekommt der Klient »Werkzeuge« an die Hand, mit deren Hilfe er zum Avatar werden können soll. Was genau hinter dem Begriff der »Werkzeuge« steckt, wird im Vorfeld nicht erklärt.

Was Avatar® für viele so attraktiv macht, ist seine »Dogmenlosigkeit«[303]. Es gibt keine Antworten. Der Avatar kreiert seine Welt selbst. Wer Selbstverantwortung und eigene Wege bevorzugt und dabei Führung, Regeln, Strukturen, aber auch typisch religiöse Attribute wie Hingabe, Anbetung, Demut eher ablehnt, wird sich von Avatar® angezogen fühlen. Denn mit der Beziehung zu einer außerhalb der eigenen Person existierenden Macht, sei sie Gott oder Guru genannt, hat Avatar® nichts zu tun. Seine Welt schafft der Mensch sich demnach selbst: »Als der Verfasser Ihres eigenen Universums sind Sie in der Lage, Glaubenssysteme von einem völlig neuen Standpunkt aus zu erforschen.« Begrenzungen, Schwierigkeiten und Probleme sollen so »mühelos und rasch« beseitigt werden können. Mit Hilfe der Avatar-Werkzeuge soll der Mensch das Leben als sein »eigenes Kunstwerk« erschaffen können. Um Missverständnisse und vielleicht auch spätere Klagen Unzufriedener auszuschließen, machen seine Vertreter deutlich, wen sie zu ihrer Zielgruppe zählen und wen nicht: »Avatar ist nicht geeignet für Menschen, die keine Verantwortung übernehmen wollen. (...) Es bedarf nicht mehr der alten Entschuldigungen, des alten Selbstbetrugs, der alten Scham oder der gewohnten Einbildung. Es dient nicht der Vermeidung von Erfahrungen, sondern im Gegenteil dem bewussten, absichtlichen Gang durch alle angestrebten Aspekte menschlicher Erfahrung.«[304]

Durch die Werkzeuge des Avatar hat der Mensch die Chance, sich selbst groß zu machen. Denn: Alles, was man im Leben erfährt, gilt als Frage eigener Gedanken und Überzeugungen. (siehe auch S. 57, Macht und Kontrolle; S. 96, Sich wandeln)

Sich erforschen

Selbstsucher tauchen wie Abenteurer in die eigenen Gründe hinab. Es gilt, die im Inneren versteckte Seelenlandschaft, die »terra incognita«, das »wahre und innere Afrika« (Jean Paul) zu entdecken.

Über Innenweltreisen in der so genannten Synergetik-Therapie wollen Menschen zu unbekannten Bereichen von sich selbst vorstoßen. Sie begeben sich unter Führung eines Therapeuten in einen veränderten Bewusstseinszustand (Alpha-Zustand). Auf dieser Reise geschehen die unterschiedlichsten Dinge: Alte Traumata

302 http://www.avatar-bewusstsein.de.
303 Die Vorstellung einer Dogmenlosigkeit kann auch zum Dogma werden. Der Begriff Dogma (griechisch: δοκέω) beschreibt das, was jemand für richtig hält.
304 http://www.avatar-bewusstsein.de.

tauchen wieder auf und werden im Innern durchlebt, fremde Welten werden bereist, man spielt wie in einem Film bisher völlig unbekannte Rollen, entdeckt ganz neue Seiten der eigenen Persönlichkeit. Von lustvollen, spannenden Abenteuern bis hin zu lebensbedrohlichen, Furcht erregenden Begebenheiten ist auf diesen Reisen alles zu erleben. Es ist eine fantastische, suprareal anmutende Welt, in der die eigenen Gedanken Ereignisse entstehen lassen und beeinflussen können.[305]

Die Reise zu sich selbst soll für manche möglichst von ekstatischen Gefühlen begleitet werden. Je ekstatischer, desto erlebnisreicher. Je erlebnisreicher, desto intensiver. Je intensiver, desto lebendiger. Je lebendiger, desto wahrhaftiger. Je wahrhaftiger, desto gewisser ist man sich: Ich bin da.

Auch Reinkarnationstherapie und Rebirthing werden von Menschen auf der Suche nach sich selbst in Anspruch genommen. Die Vorstellung von karmischen Belastungen lässt Menschen den Versuch unternehmen, in frühere Leben zurückzukehren, um zu verstehen und Befreiung zu erfahren.

Charakteristisch für Angebote zur Selbsterforschung sind Seminare wie jene, die von international bekannten Referenten wie dem Meditationslehrer, Psychologen und Autor Jack Kornfield und dem Psychiater, Wissenschaftler und Mitbegründer der Transpersonalen Psychologie, Stanislav Grof, angeboten werden: »Insight & Opening« ist ein Programm aus traditionellen spirituellen Praktiken (u. a. buddhistischer »Insight Meditation«, Vipassana), westlicher Psychologie und moderner Bewusstseinsforschung, das Körper, Geist und Seele öffnen und eine »Möglichkeit für intensive Selbsterforschung« bieten soll: »Das vermittelte psychologische Hintergrundwissen, der sichere Rahmen und eine einfühlsame Unterstützung bieten ideale Bedingungen für innere Arbeit, persönliches Wachstum und für die Integration der Erfahrungen in den Alltag oder die eigene therapeutische Arbeit.«[306] Auch Astrologie und die Persönlichkeitslehre des so genannten Enneagramms ist bei spirituell Orientierten ebenso wie z. B. Tanz-, Mal-, Musik- und Klangtherapie beliebt.[307]

Auf dem Weg zu sich selbst suchen viele die Befreiung aus äußeren Zwängen. Das Leben »da draußen« ist vielen zu kalt, eng, seelenlos geworden. Doch kontemplativ geht es auch auf dem Weg der Selbstfindung häufig nicht zu. Die Rastlosigkeit des in der Welt tätigen Menschen spiegelt sich in der Art seiner spirituellen Suche wider. Manche wirken dabei regelrecht getrieben: Selbsterfahrungs-Wochenenden mit Trommeln und Feuerlauf, donnerstags Yoga-Kurs, sich nach ayurvedischen Ernährungsregeln ernähren, schamanische Reisen üben, Mantras malen, chanten, buddhistische Bücher lesen usw. Eine Informantin bestätigt: »Von ägyptischem Tanz zu Qi Gong, T'ai Chi. Ich hab'auch eine Reiki-Ausbildung gemacht, bei Schamanen war ich, bei Homöopathen, bei Kinesiologen. Ich war sogar bei Astrologen und hab mich damit befasst.«[308]

Viele spirituelle Wege schnell hintereinander oder gleichzeitig ausprobieren, alles richtig machen und sich verbessern wollen – trotzdem am Wesentlichen vorbeilaufen und nicht finden, was man sucht, diese Erfahrung teilen viele: »Ich habe gemerkt, dass ich immer weiter gesucht habe und nie zufrieden war.«[309]

305 Dazu auch: http://www.synergetik-therapie.de
306 Werbeflyer des Veranstalters.
307 Rohr, Richard/Ebert, Andreas: Das Enneagramm. Die neun Gesichter der Seele, München 1990.
308 Informantin 1W25.
309 Informantin 1W25.

Bei sich ankommen

Wie kann jemand zu sich selbst finden, ohne sich zu verändern? »Alles Wachsen ist etwas, das geschieht, wenn man aufhört, sich selbst im Wege zu stehen«, sagt Alan Watts.[310] In der Regel geschieht dies in der Stille. »Also eigentlich aus dem tiefsten Abgrund heraus hab ich dann zufällig eine Anzeige gefunden über einen Meditationskurs. (...) Und dann habe ich diesen Kurs gemacht und plötzlich wusste ich, dass es das ist, dass ich so den Sinn irgendwie finden kann.«[311] Sie ließ sich ein auf ein »Rendezvous mit sich selbst«[312].

Dass es also auf der Reise ins Innere etwas zu finden gäbe, was nicht erst verwirklicht werden muss, sondern bereits da ist und nur entdeckt zu werden braucht – darauf wiesen die großen Weisen zu allen Zeiten hin, z. B. Aurelius Augustinus: »Gehe nicht nach außen – kehre in dich selbst ein: Im inneren Menschen wohnt die Wahrheit.« Oder Buddha: »Der Mensch muss nicht in den Himmel schauen, sondern in sich selber.« Und Jesus: »Das Reich Gottes ist inwendig in euch« (Lk 17,21).

Eine Praktizierende blickt zurück: »Seit ich meditiere, habe ich immer mehr zu mir selbst gefunden. Ich weiß immer genauer, wer ich bin, warum ich bin. Ich habe mich selbst kennen gelernt. Und diese Unsicherheit, die man sich selbst gegenüber hat, die man als Siebzehn-, Achtzehnjährige kennt, wer bin ich eigentlich und was soll das alles eigentlich, und ich bin so anders als alle anderen und keiner versteht mich, diese ganzen Dinge haben sich aufgelöst. Die Gewissheit, wird immer größer, wer ich eigentlich bin.«[313]

Dennoch: Die Vorstellung, was man eigentlich ist und was im Innern zu finden sei, macht vielen Schwierigkeiten. »Alles, was ich als Vorstellung von mir selbst herumtrage, ist mein Ego. Ich habe diese Vergangenheit, diese Schule absolviert, diese Partner kennen gelernt (...) Das kann mich eine gute Zeit lang blenden, denn das Ego ist das Selbst, das nur an sich selbst glaubt.«[314] In der spirituellen Literatur tauchen Begriffe wie Ego, Ich und Selbst immer wieder auf. Ego zu haben gilt in der Regel als leidvoll, abtrennend, begrenzend. Ego identifiziert sich mit den vielen menschlichen Eigenschaften und macht sich eigene Vorstellungen von sich und seiner Umwelt. Die Folge ist Unzufriedenheit, weil nicht alle Erwartungen, Bedürfnisse und Wünsche dauerhaft erfüllt werden können.

Von der Selbstfindung erhoffen sich die Menschen Frieden, Gelassenheit, dauerhaftes Glück. Auch das sind Gründe dafür, dass die verschiedenen Richtungen des Buddhismus und des Taoismus im Westen so starken Zulauf haben. Der Religionswissenschaftliche Medien- und Informationsdienst zählt 220.000 eingetragene Buddhisten in Deutschland, etwa 50.000 Buddhisten sollen Deutsche sein, Tendenz steigend.[315] Im Buddha-Haus im Allgäu etwa werden buddhistische Lehren in der Theravada-Tradition vermittelt. Das Angebot der Meditationskurse wird von Menschen verschiedenster konfessioneller Herkunft, Altersstufen und Bildungsschichten

310 Watts, Alan: Gut sein wollen ist nicht gut, in: Visionen 1/2002, 36.
311 Informantin 1W25.
312 Begriff stammt von Hans-Joachim Lenz, Konzeption eines Meditationskurses für Anfänger.
313 Informantin 1W25.
314 Amid Ali Almaas, in: Connection special, Okt.–Nov. 2003, 65f.
315 Dem *Buddhistischen Dachverband Diamantweg e. V.* zufolge gibt es in Deutschland über 100 buddhistische Gruppen. Mehr als 80 Meditations- und Studienzentren sind beim Dachverband registriert. Unterschieden wird nach den verschiedenen buddhistischen Richtungen Mahayana, Vajryjana, Theravada, Diamantweg und Zen. http://www.buddhismus.de/index.htm.

angenommen. Was sie suchen, ist die praktische Erfahrung, die Möglichkeit, die spirituellen Lehren direkt am Alltag zu erproben.[316]

Fernöstliche Spiritualität ist unmittelbar, praxisbezogen, schlicht. Die aus dem Zen-Buddhismus stammende uralte Meditationspraxis wurde in Deutschland vor allem durch den Jesuitenpater und Zen-Meister Hugo Makibi Enomiya-Lassalle (1898–1990) verbreitet.[317] Die Bücher von Eugen Herriegel »Die Kunst des Bogenschießens« und »Der Zen-Weg« machten Lehre und Gedankengut des Zen im Westen zugänglich. Große Bekanntheit hat auch der Benediktiner und Zen-Meister Willigis Jäger erlangt. Er lehrt im Umkreis von Würzburg und ist Autor zahlreicher Bücher zum Thema.[318]

Einer der Informanten praktiziert seit ein paar Jahren Zen. Er besucht regelmäßig so genannte Zen-Sesshins. »Mittlerweile habe ich die Erfahrung gemacht, dass gerade dieses lange Sitzen ein Weg ist, zu mir selbst zu finden, meine eigene Mitte, in meine eigene Tiefe. Dort in dieser Mitte gibt es einen Raum für mich, wo ich in meinem tiefsten Inneren bin.«[319]

In diesen letzten Dingen finden sich viele Übereinstimmungen der Lehren neuer spiritueller Bewegungen mit der mystischen Weisheit auch der abendländischen religiösen Traditionen. So ist es nicht verwunderlich, dass Spirituelle auch Texte christlicher Mystiker wie Meister Eckhart, Teresa von Avila und Hildegard von Bingen rezipieren. Und auch Exerzitienhäuser und christliche Klöster werden zunehmend aufgesucht, selbst von jenen Menschen, die sich nicht explizit zum Christentum bekennen oder Mitglied einer christlichen Kirche sind: z. B. das Benediktinerkloster St. Ottilien[320], das Kloster Andechs mit seinen »Exerzitien für Manager«[321], aber auch Kloster Frauenwörth mit einem umfangreichen Programm zur Lebensorientierung[322]. (siehe auch S. 47, Entspannung und Stille)

Zeitgenössische Spiritualität ist nicht nach außen gerichtet, sondern explizit nach innen. Der Mensch sucht weniger nach dem Wort als vielmehr nach persönlicher Erfahrung. Oder besser: Er sucht nach dem Wort, das in seinem Inneren eine Resonanz hervorruft, das in ihm nachschwingt und dessen Inhalt er in sich selbst fühlen kann. Er sucht nach lebendiger Spiritualität, die er in sich selbst wahrzunehmen vermag. Er will auf die Frage nach dem »Was bin ich« in sich selbst befriedigende Antwort, tiefe Einsicht und tiefes Verstehen finden: »In manchen Momenten hab ich das Gefühl, dass es mich, diese 25 Jahre alte [Frau] eigentlich gar nicht gibt, sondern dass etwas in mir ist, das in allen anderen Menschen auch ist und lebt, was diese ganzen Menschen irgendwie verbindet, weil sie alle von Gott kommen. Und umso mehr habe ich das Gefühl, das ist dieses Sich- Selbst-Erkennen oder -Finden.«[323] Es ist die innere Stille, der dabei eine Schlüsselfunktion zugesprochen wird: »In dieser Stille werde ich dann erfahren, dass ich bereits angekommen bin, dass alle Suche vergebens war, dass ich am Ziel bin.«[324] (siehe auch S. 100, Vollkommenheit)

316 http://www.buddha-haus.de.
317 1968 hielt er die ersten Zen-Kurse, so genannte Sesshins, in Deutschland. Seine Kurse waren bis 1989 immer ausgebucht.
318 Jäger, Willigis: Die Welle ist das Meer. Mystische Spiritualität, Freiburg i. Br. 2000.
319 Informant 4M47.
320 http://www.erzabtei.de/html/tik.php.
321 http://www.andechs.de/veranstaltungen/seminare/Exerzitien.html.
322 http://www.frauenwoerth.de.
323 Informantin 1W25.
324 Lenz, Hans-Joachim: Das WORT GOTTES, 1993.

Bei der Reise zu sich selbst greift die Idee des Symbols Labyrinth: Der Weg nach innen ist zugleich auch der Weg nach außen. »Je weiter man reist, desto mehr kommt man zu sich selbst. Und je mehr man zu sich selbst kommt, desto mehr kommt man auch in die Weite.«[325] (siehe auch S. 159, Reise in die Weite)

Verzauberung

Das Schönste, was wir erleben können, ist das Geheimnisvolle.
Wer es nicht kennt und sich nicht wundert, nicht mehr staunen kann,
der ist sozusagen tot und sein Auge erloschen.
Albert Einstein

Jedes Jahr das gleiche Ereignis, und jedes Jahr soll es schöner und glanzvoller werden als im Jahr davor: das Weihnachtsspektakel auf deutschen Plätzen, in deutschen Einkaufszentren und in deutschen Wohnzimmern. Zwischen Kitsch und Kommerz, Kerzenglanz und Kindheitserinnerung bewegt sich der Durchschnittsdeutsche – mal genervt, mal romantisiert – im Lichtertanz überfüllter Weihnachtsmärkte. Weihnachten gilt als etwas Besonderes; an einem fixen Termin lädt das Leben mit Ritualen und tradierten Bräuchen zum Fest. Auch wenn die religiöse Motivation für viele in den Hintergrund getreten ist, halten sie an der weihnachtlichen Tradition fest. Weihnachten steht für die Sehnsucht nach dem Geheimnisvollen, nach Schönheit, Frieden und dem Wunderbaren, eben nach »mehr als Alltag«.

Das Schale und Graue des Gewöhnlichen sucht der Mensch zu heben, indem er das Leben mit leuchtenden Farben, Phantasie und Esprit schmückt. Feuer, Feiern, Feste – die Sehnsucht des Einzelnen gilt dem ultimativen Kick, der extraordinären Erfahrung und dem »schönen Gefühl«. Es geht um die Faszination des Fremden, die Romantisierung der eigenen Lebenswelt: »Indem ich dem Gemeinen einen hohen Sinn, dem Gewöhnlichen ein geheimnisvolles Ansehen, dem Bekannten die Würde des Unbekannten, dem Endlichen einen unendlichen Schein gebe, so romantisiere ich es.«[326]

Auch wenn Säkularisierung und Technologisierung die Lebenswelt des Einzelnen weitgehend »entzaubert« (Max Weber) haben, ist die Sehnsucht vieler nach einer wie auch immer gearteten Verzauberung ungebrochen. Peter L. Berger spricht sogar von einer »Wiederverzauberung« (1999), Hansjörg Hemminger von einer »Rückkehr der Zauberer« (1987), Christian Friesl und Paul M. Zulehner nennen sie in Anlehnung an Matthias Horx »Respiritualisierung« (1998) und in der Reihe Grenzüberschreitungen gaben Eberhard Bauer und Michael Schetsche im Jahr 2003 eine Studie über »Alltägliche Wunder« heraus.[327]

Es gibt eine Sehnsucht, die sich mit einer funktionalen und sachlichen Weltbetrachtung nicht zufrieden gibt. Nicht in »toter« Materiewelt leben will man, sondern in einer – durchaus auch realen – Welt, die aus geheimnisvoller Poesie geschaffen zu

325 Informantin 7W43.
326 Novalis: Werke, München [3]1997, 384f.
327 Bauer, Eberhard/Schetsche, Michael (Hg.): Alltägliche Wunder. Erfahrungen mit dem Übersinnlichen – Wissenschaftliche Befunde (Grenzüberschreitungen 1), Würzburg 2003.

sein scheint. Nicht die Erscheinungen werden verwandelt, sondern der Blick auf sie: »Die Welt ist schon verzaubert – wirklich, hier, jetzt! Jeder Baum, jeder Stein, jeder Stern, ja der Raum selbst hat Bewusstsein und die Energie des Lebens. Es ist uns gegeben, das zu fühlen. Und es gibt Energiemuster, die deutlich zu fühlen, aber für gewöhnlich nicht zu sehen sind. Nennen Sie sie Götter, Dämonen, Feen, Engel, Dralas, ja sogar bedeutsame Koinzidenzen – nennen Sie sie, wie Sie wollen.«[328]

In der Hauptdimension *Verzauberung* bleiben die inneren Helden und Abenteurer, Hexen und Zauberer, Königinnen und Könige, Prinzessinen und Prinzen keine verkannten Randfiguren, sie wollen auf ihre Kosten kommen und bisher unbekannte, auch übernatürliche Fähigkeiten entdecken. Die Facetten dieser Dimension sind zusammengefasst zu den Subdimensionen *Erlebnis und Abenteuer, Nicht von dieser Welt* (Übersinnlichkeit und Wunder) sowie *Ästhetisierung des Lebens.*

Erlebnis und Abenteuer

Man entdeckt keine neuen Weltteile,
ohne den Mut zu haben,
alle Küsten aus den Augen zu verlieren.
André Gide

»Bei immer mehr Aktivitäten und Entscheidungen ist mir in erster Linie wichtig, dass ich dabei etwas erlebt habe, und es ist unerheblich oder interessiert mich erst an zweiter oder dritter Stelle, was ich verdient habe oder welchen praktischen Nutzen ich daraus gezogen habe.«[329] Die Sehnsucht nach Erlebnissen hat bei vielen Menschen die Positionen materielle Sicherheit, Besitz und gesellschaftliches Prestige in der Werteskala überrundet. Nach ihren Bedürfnissen hat Gerhard Schulze die Gesellschaft der Achtzigerjahre als »Erlebnisgesellschaft« bezeichnet.[330] (siehe auch S. 227, Erlebnisgesellschaft)

Ersthand-Erfahrungen

Viele moderne Menschen wollen heute endlich wieder etwas wirklich selbst erleben, sie wollen keine Secondhand-Religiosität, keine bereits vorgekaute spirituelle Nahrung einer Sonntagmorgenpredigt quasi nur noch verdauen müssen. Sie sehnen sich nach der authentischen Erfahrung von etwas, was sie tief in der Seele zu berühren vermag, nach etwas, das »nicht von dieser Welt« ist, das sie aus den Banalitäten eines gewöhnlichen und langweiligen Alltags herauskatapultiert.

Mitunter halten sich Spirituelle allein deshalb schon für außergewöhnlich, weil sie auf spirituellen Pfaden wandern. Spiritualität kann also erheblich zur Aufwertung der eigenen Person beitragen. Eine Informantin dazu: »Natürlich könnte ich mich als spiritueller Mensch außergewöhnlich fühlen, dass man sagt, alle anderen um mich herum sind eben nicht spirituell entwickelt, ich bin außergewöhnlich, weil ich mich spirituell entwickle. Aber dazu würde ich sagen: Stopp, so nicht.«[331] Eine

328 Hayward, Jeremy W.: Briefe an Vanesse – Über Liebe, Physik und die Verzauberung der Welt, Frankfurt a. M. 1998.
329 Weis, Hans-Willi (1998), 121.
330 Schulze, Gerhard: Die Erlebnisgesellschaft, Frankfurt a. M. 1992.
331 Informantin 7W43.

andere greift den Gedanken ebenfalls auf: Zwar sei ihr Leben schon außergewöhnlich geworden, aber »nicht im Sinne von besser, besser als andere Menschen leben, denn die haben sich eben dafür entschieden. Aber außergewöhnlich, weil ich merke, dass z. B. die winzigsten und kleinsten Erlebnisse am Tag, die den Alltag so erhellen oder schöner machen, dass das was anderes ist als das, was ich vorher so erlebt habe, dieses gewöhnliche Leben, dieser Alltag, ewig im selben Sumpf wühlen, keine Lichtblicke zu haben. Und wenn Lichtblicke, dann haben die nicht lange angedauert. Das waren immer nur so Strohfeuer, etwas, worauf man sich gefreut hat, und dann war es wieder zu Ende.«[332]

Mit solchen Außergewöhnlichkeiten, die im Grunde aus einer neuen Sicht auf den Alltag und erhöhter Aufmerksamkeit herrühren und einen gewissen Zauber ins Leben bringen können, geben sich viele nicht zufrieden. Dem »Horror vulgarium«, seiner Angst vor dem Alltäglichen, versucht mancher entrinnen, indem er ihm faszinierende Erlebnisse entgegensetzt.

Spaß am Leben ist für 95 % der Menschen unter 30 Jahren ein »Lebensziel von besonderer Bedeutung«. Das ergab eine Forsa-Umfrage für die in Hamburg erscheinende Zeitung »Die Woche« im Jahr 2001.[333] Doch über »Stress im Erlebniskonsum« klagen nach Horst W. Opaschowski mehr als zwei Drittel aller Jugendlichen.[334]

Überhaupt zeichnet sich seit den Achtzigerjahren eine Tendenz ab, das Leben als »Erlebnisprojekt« zu betrachten, die Suche gilt dem – wie es der Direktor der Washingtoner Nationalgalerie, Earl A. Powell, ausdrückte – »Einmal-im-Leben-Ereignis«[335]. Peter Kemper zufolge geht der Paradigmenwechsel vom »außenorientierten« hin zum »innenorientierten« Konsum.[336]

Das Gewöhnliche gilt als langweilig, das Außergewöhnliche hingegen als interessant. Der Mensch will zumindest unterhalten werden, am Außergewöhnlichen des anderen teilhaben und ein bisschen Besonderheit konsumieren. Neugierig und staunend nähert man sich dem ganz Anderen, dem – auch kulturell – Fremden.

So gibt es in Deutschland eine beträchtliche Anzahl so genannter »Indianer-Clubs«. Die ersten Clubs entstanden bereits in den Zwanzigerjahren. Dabei geht es weniger um spirituelle Hintergründe, um Weltbild und Religion, als vielmehr um die Imitation einer traditionellen indianischen Lebensweise, vorzugsweise der nordamerikanischen Prärieindianer. Informanten zufolge tauschen die Mitglieder am Wochenende Hemd und Krawatte, Bluse und Rock gegen das selbstgemachte Ledergewand und leben auf einem großen Grundstück »auf indianisch«.[337] Das meiste über indianische Kultur wissen sie aus Büchern, aber sie haben »auch schon mit echten Indianern zusammengearbeitet und deren Rat eingeholt, damit auch die Tradition richtig weitergegeben wird«, so die Informanten. Was die Muster und Symbole, die Gesänge und Tänze eigentlich bedeuten, konnten sie mir nicht erklären. »Von

332 Informantin 1W25.
333 epd, 22. 8. 2001.
334 Kemper, Peter (2001), 195.
335 Vgl. Kemper, Peter (2001), 7.
336 Vgl. Kemper, Peter (2001), 185f.
337 Alle Gerätschaften, die sie zum Wohnen, Schlafen und Kochen brauchen, haben sie selbst hergestellt – streng nach »authentischer Vorlage«, also nach der indianischen Tradition, der sie sich widmen: Sogar Zelte, Stühle und Betten, ganz ohne Hammer und Nagel. Bunt bestickte und handgewebte Decken nach traditionellen Mustern schmücken Heim und Mensch. Sogar Tänze und Gesänge werden eingeübt.

ihrer Religion lassen wir die Finger«, versicherte der Vertreter eines solchen Clubs, »wir begnügen uns damit, nach ihrer Tradition zu leben.«[338]

Doch mit Studium und Imitation fremder Lebensweisen allein geben sich andere nicht zufrieden. Oft interessieren sie sich gar nicht für den Lebensstil der fremden Kultur, sie wollen vielmehr deren »exotische« Weltanschauung ergründen. So bestaunen spirituell interessierte Europäer und Nordamerikaner »ihre Funde und Entdeckungen bei Mythologien und religiösen Bilderwelten exotischer Kulturen und Bekenntnisse.«[339] Exotik ist ein wichtiger Aspekt, wenn Menschen sich im spirituellen Feld bewegen und aus der Vielzahl von Angeboten auswählen. Das Exotische hat als noch leere Projektionsfläche von vorneherein einen Bonus: Kaum einer würde heute mystische Texte des Mittelalters in Latein rezitieren, vedische Formeln hingegen werden mit religiöser Inbrunst und Hingabe wiederholt. Bei Mönchen mit mandelförmigen Augen, die Zen unterrichten, wird stärkere Kompetenz vermutet als bei einem einfachen Jesuiten, der christliche Kontemplation lehrt. Medizinmännern der Lakota Sioux hängt man an den Lippen und stimmt ihnen andächtig zu; würde ein Deutscher den gleichen Inhalt referieren – er fände lange nicht diese Anerkennung. Philippinische oder brasilianische Geistheiler werden eingeflogen, man selbst fliegt nach Hawaii, um das Original-Huna zu studieren.

Im Zauber des Fremden liegen u. a. die Gründe dafür, dass sich beispielsweise die Religionen des Ostens im Westen großer Beliebtheit erfreuen. Buddhismus ist en vogue. »Der Weg zum Glück – Sinn im Leben finden« des Dalai Lama war im Jahr 2002 wochenlang auf der Liste der meistverkauften Bücher. Der Dalai Lama selbst wurde auf dem Ökumenischen Kirchentag 2003 in Berlin von etwa 20.000 Menschen in der Berliner Waldbühne bejubelt. Allein seine Präsenz und wenige pazifistische Worte reichten aus, um dem Rest der großangelegten Veranstaltung die Show zu stehlen. Wer sich zum Beispiel dem Buddhismus als »extravagantem Modetrend« zuwendet, wird allerdings leicht enttäuscht. Diese Menschen »bleiben sowieso nicht lange, wenn sie hören, dass sie täglich meditieren oder auf ihre Gedanken achten sollen. Sobald die bemerken, dass es um Selbsterkenntnis und An-Sich-Arbeiten geht, melden sie sich lieber für einen Tanzkurs an«, weiß die Berliner Buchautorin und Meditationslehrerin Sylvia Wetzel aus Erfahrung.[340] Trotzdem: Noch immer gilt Indien als »Land spiritueller Sehnsüchte«. Auf ihm liegt in westlich-romantischer Verklärung spiritueller Segen. Jährlich brechen tausende Deutsche nach Indien auf, insbesondere zu indischen Ashrams, um das Eigene im Fremden zu finden.

Faszination des Außergewöhnlichen

Die Szene aus der Marlboro-Werbung ist vielen bekannt: Lonesome Cowboy stellt sich der Gefahr, die in der Wildnis lauert. Er galoppiert ihr entgegen mit nichts als einem schwingenden Lasso in der Rechten und seinen Lebenserfahrungen und seinem Selbstvertrauen im Gepäck. Auf die Spiritualität angewandt: Der Archetyp des Helden kreiert im Innern sein eigenes Heldenepos. »Brechen Sie zur Expedition zu Ihrem Selbst auf«, so der Text einer Werbeanzeige in einer spirituellen Fachzeit-

338 Nach einem Gespräch mit einem Mitglied eines Wormser Indianer-Clubs.
339 Weis, Hans-Willi (1998), 124.
340 Zit. in Focus 16/2004, 134.

schrift, »mit Ihnen als Forscher, Ihrem Bewusstsein als Landkarte und den Avatar-Werkzeugen als Ausrüstung.«[341] Das Abenteuerliche übt auf viele Suchende große Anziehung aus. Man sucht auch dort Thrills und Kicks, wo den Weisheitslehrern der Menschheit zufolge eher Frieden und Stille wohnen.

Einer Instant-Mentalität folgend versucht der Einzelne, im Laufe seines Lebens den größtmöglichen Schatz, bestehend aus Erlebnissen und Abenteuern, zu heben. Das Leben gleicht einer Abenteuerreise. Überall am Wegesrand erwarten den Wanderer Ereignisse und Begegnungen, denen eine tiefere Bedeutung beigemessen wird. Mit Begriffen wie Fügung, Schicksal, Führung oder Intuition werden die Erlebnisse und Begegnungen spirituell ausgedeutet. So wird es einem quasi selbst zur Pflicht, auf sie einzugehen.

Zu den optisch und haptisch attraktiven Angeboten gehört der Feuerlauf, das Barfußlaufen über glühende Kohlen. In ihren Werbetexten setzen die Anbieter auf Attribute wie Grenzüberschreitung, Abenteuer, Überwindung von Ängsten und Selbstvertrauen: »Der Feuerlauf bietet Dir die Möglichkeit, Grenzen in Deinem Leben zu überschreiten.«[342] Oder: »Der Feuerlauf ist für mich ein Tor zu einer Entdeckungsreise ins Land der ungenutzten Fähigkeiten, die wir als Menschen haben!«[343] Und: »Wenn wir sogar barfüßig und unversehrt über glühende Kohlen gehen können, was kann dann in unserem Leben noch alles möglich sein?«[344] Auf den betreffenden Homepages werden die Seminare für Privatpersonen und auch für Firmen angeboten. Sie sollen den Teamgeist, die Leistungsfähigkeit und das Betriebsklima fördern.

Der Feuerlauf in seiner modernen, westlichen Form wurde Anfang der Achtzigerjahre in Amerika von Peggy Dylan und Tolly Burkan begründet. Tolly Burkan vertritt ein extremes Konzept von Spiritualität. Er betreibt mit Vorliebe Praktiken, die »sein Bewusstsein erweitern und zu spirituellem Wachstum« verhelfen sollen: »Extreme Praktiken wie der Feuerlauf, lange Nadeln durch Hände stechen, über Glasscherben laufen oder aber seine Feinde lieben lernen machen eines deutlich: das Unmögliche ist möglich! Gilt es dann nicht, auch die eigenen Sichtweisen zu überdenken?«[345] Auf der Frankfurter Buchmesse 2003 hat Burkan sein neues Buch »Spiritualität Extrem«[346] vorgestellt. Während seiner Präsentation stand der Autor barfuß auf Glasscherben.

Es sind gerade die spektakulär anmutenden Formen, die Bedürfnissen nach außergewöhnlichen Erlebnissen entgegenkommen. Neben den sinnlich erfahrbaren in der Außenwelt werden auch Erlebnisse gesucht, die der Einzelne nur in seinem Innern erfahren kann.

So wirken Angebote von Innenweltreisen, Trancereisen oder schamanischen Reisen attraktiv. Gearbeitet wird dabei in der Regel mit mentalen Techniken, mit Trommeln und Rasseln, Gesang[347] oder (Trance-)Tanz; gelegentlich experimentiert man

341 connection special 68, 86; http://www.avatarnet.info.

342 http://www.metamorphosis-deutschland.de/Seminare/Feuerlauf/body_feuerlauf.html.

343 http://www.metamorphosis-deutschland.de/Seminare/Feuerlauf/body_feuerlauf.html.

344 http://www.spiritdance.de.

345 Zit. in: http://www.arun-verlag.de.

346 Burkan, Tolly: Spiritualität Extrem. Das Unmögliche möglich machen, Uhlstädt-Kirchhasel 2003.

347 Archie Fire Lame Deer, Häuptling und Medizinmann der Lakota Sioux, sprach auf einer Veranstaltung im Jahr 1995 über die Bedeutung des Gesangs zum Beispiel beim Sonnentanz, vor allem des Klangs. Lame Deer erklärte dies anhand des *eagle songs*, den er vorsang. »I was the first one that was created. And I fly above all things on earth. I represent the

dabei mit bewusstseinsverändernden Substanzen verschiedener Herkunft.[348] (siehe auch S. 167, Zwischen den Welten)

Als Beweggründe werden von Praktizierenden neben Suche oder Sinnkrise vor allem Neugier, die Faszination des Anderen, des Exotischen genannt. So berichtete ein Informant, studierter Ethnologe und Heilpraktiker, zu seiner Erfahrung eines so genannten Zerstückelungstodes auf seiner schamanischen Reise: »... Man kommt zu seiner ureigenen Essenz, wenn man alles hingibt. Das Fleisch wird gefressen von diesen Geistern. Wenn du das willst, merkst du, dass da ein inneres Wesen in deinen Knochen lebt. Aber das erfährst du eigentlich erst durch so eine Zeremonie. *Ja, aber man kann sich das doch nicht so vorstellen, dass man da nur noch als Knochen liegt und das ganze Fleisch weg ist?* Doch genau so kannst du es dir vorstellen. Da gehörte auch dazu, dass du diesen Geistern erlaubst, dass sie dir in die Augen kriechen und dein Gehirn aussaugen, deine Nasenlöcher und Ohren absäbeln. *Aber das passiert doch nur auf deiner inneren Wahrnehmungsebene, Außenstehende sehen das nicht?!* Nein, sie sehen es nicht. *Du erlebst diese Zerstückelung im Innern?* Ja. Am Anfang hatte ich totale Angst davor. Das läuft auf dem energetischen Körper ab. Dort sitzen ja auch die Verkrampfungen und Verspannungen. Die sind danach total weg. *Wie läuft dieses Ritual konkret ab?* Es gibt unterschiedliche Formen. Die letzte, die ich gemacht habe ... ja, das klingt ziemlich unheimlich, aber das geht so: Du gehst in deiner Vorstellung auf einen Friedhof. *Du bist bereits im schamanischen Bewusstseinszustand?* Ja. Du gehst in die Unterwelt, durch so einen schamanischen Atem gehst du in einen Trancezustand, steigst aus dem Körper aus und gehst zu einem Friedhof. Dort rufst du alle finsteren Wesenheiten wie Hass, Zerstörung, Egoismus, Aggressivität usw. an und bittest sie, sich an dir satt zu essen. Und du gibst ihnen deinen Körper hin. Sie fangen an, in dich reinzubeißen, in Arme und Beine. Sie brechen Teile von deinem Fleisch raus. Das Blut trinken sie wie bei Graf Dracula, nur dass du selbst das Opfer bist. Und dann merkst du gleichzeitig so eine Entspannung dabei. *Hast du dabei körperliche Reaktionen?* Ja, dann fängt mal ein Muskel an zu zucken. Naja, wenn die anfangen, sich an den Genitalien zu ergötzen, kann das schon ziemlich seltsame Empfindungen hervorrufen [*grinst*]. Da kriegt man auch schon mal einen Schweißausbruch. Man muss halt auch immer wieder was loslassen. *Eine Form von Hingabe und Auflösung* ... Ja, genau. Und du wirst dann immer leerer. Du hast zuerst ein paar Löcher im Fleisch, die Säfte werden herausgetrunken, du siehst ein paar Knochen herumliegen. Dann willst du es ziemlich schnell abschließen. Es ist eine ziemlich lange Zeremonie, bestimmt eine halbe Stunde lang. *Nun liegst du da als Skelett. Was geschieht dann?* Wenn alles zu Ende ist, dann spürst du einfach die pure Essenz, die aus deinen Knochen heraus entsteht. Das kannst du erleben, als ob so ein Licht herausstrahlt. Und anhand des Lichtes erfährst du auch etwas über den wahren, inneren Menschen, der du bist, die ideale Gestalt oder so, Licht, Wahrheit, Kraft. Dann entsteht der neue Mensch aus den Knochen heraus. (...) Der neue Mensch geht dann

one you've called God.« Wie diese Worte gesungen werden, ist von großer Wichtigkeit. Die Betonung beim *eagle song* beruht auf der Beobachtung, wie ein Adler fliegt. »Maybe to you an eagle flies like this (*entsprechend taumelnde Handbewegung begleitet von Grinsen*), it falls on the earth. Maybe that's your emphasis.« Lame Deer fährt fort mit dem *buffalo song*. »A buffalo is walking. Maybe you've never seen a buffalo walking. Maybe you think it walks like a pig. They take strides, a buffalo takes a step. And he makes sure that every foot that he takes down is on stabil ground, on hard ground instead of slip or ice.« Martin, Ariane (1996), 28.

348 Als Vorbilder dienen hierbei die Rituale anderer Kulturen, z. B. die des indianischen Schamanismus.

in deinen Körper über. Danach geschehen oft Veränderungen. *Was hat sich dadurch bei dir persönlich verändert?* Die schamanischen Reisen sind klarer geworden. (...) Man ist wesentlich sensibler. Ich konnte mehr sehen in Reisen. (...) Es ist so eine innere Ausleerung, verbunden mit viel Ruhe und Klarheit. Dann siehst du mal wieder, wie schön Bäume sein können.«[349] (siehe auch S. 167, Zwischen den Welten)

Auch satanische Rituale werden zum großen Teil aus Lust am Experimentieren, zum Ausleben sexueller Phantasien und Perversitäten vollzogen. In der Männerdomäne Satanismus nehmen Frauen in der Regel die Rolle der Sexualobjekte ein.[350]

Manchen reicht es nicht, exotische spirituelle Praktiken hier kennen zu lernen und einzuüben. Zur Exotik gehören exotische Orte. Immer wieder bieten spirituelle Lehrer und Therapeuten Reisen an, bei denen an fernen Orten intensiv mit spirituellen Praktiken gearbeitet werden soll. Die begleitenden Schlagworte lauten Selbsterfahrung, Selbstfindung und Transformation. Eine der Reisen sollte z. B. ans rote Meer führen: »Mit diesem Herbsttreffen haben wir die besondere Möglichkeit, die heilende Kraft der Bakweri aus Süd-West-Kamerun im Westen Afrikas kennen zu lernen (...) Spezielle Zeremonien, in denen wir den Tanz des Herzens tanzen und den besonderen Geist der männlichen Kraft der Sinai Berge und unser Leben feiern, werden ein weiterer Höhepunkt unserer gemeinsamen Zeit in Ägypten sein. Die ständige Gegenwart des Roten Meeres nutzen wir, um von der weiblichen Kraft des Meeres zu lernen.«[351]

Es ist selbstverständlich, dass Menschen, die sich im spirituellen Feld bewegen, auch Erfahrungen austauschen: Was hat mir gut getan, was hat geholfen, was hat mich weitergebracht etc. Doch manchmal wird der Anschein erweckt, als ginge es darum, sich gegenseitig mit spirituellen Erlebnissen zu übertrumpfen. Nicht selten beziehen Menschen aus ihrer Spiritualität einen enormen Selbstwert, vor allem wenn sie über Fähigkeiten verfügen, die andere offensichtlich oder nur vermeintlich nicht besitzen oder nicht ausgebildet haben: Weil sie »hörend« (medial begabt sind, channeln), »sehend« (menschliche Aura sehen, geistige Wesenheiten wahrnehmen, Engel sehen) oder »sensitiv« (schwache oder starke Energien, Kraftfelder ertasten) begabt sind, halten sie sich für etwas Außergewöhnliches, etwas Besonderes oder wollen vor anderen als etwas Besonderes gelten. Deshalb neigen manche zu Prahlerei, nicht *weil* sie berichten, sondern *wie* sie berichten. Andere wiederum bewundern jene, die außersinnliche Fähigkeiten oder nichtalltägliche Wirklichkeit erfahren, und fühlen sich ihnen gegenüber minderwertig, wie jene Frau, die Folgendes nach einer Meditation in einer Anfängergruppe berichtete: »In der Meditation haben alle Beteiligten großartige, sensationelle Erfahrungen geschildert; sie haben Bilder gesehen, farbenprächtige Welten haben sich aufgetan, einem ist ein Engel erschienen und hat

349 Neben der rituellen Ekstase und der Verbindung mit der übersinnlichen Welt ist die Initiation und der damit verbundene Initiationstod als Element des Schamanismus zu nennen. Initiationserlebnisse umfassen meist Tod/Wiedergeburt, Krankheiten, Träume und neue Offenbarungen. Auf diese Art soll der Mensch von seiner Berufung zum Sakralen erfahren. Nach dem Schema Leiden, Berufung, Auferstehung erfüllt eine Krankheit genau die Anforderung an eine Initiation. Das Initiationserlebnis beinhaltet nach Eliade das Tod-Wiedergeburt-Thema, u. a. Zerstückelung des Körpers, danach Erneuerung der inneren Organe und der Eingeweide, Auffahrt zum Himmel und Unterredung mit den Göttern oder Geistern, Abstieg in die Unterwelt und Unterhaltungen mit den Geistern und den Seelen der verstorbenen Schamanen. Vgl. Eliade (1975, 44)

350 Vgl. Ruppert, Hans-Jürgen (2001), 292.

351 http://www.mystical-healing.de/seminare/seminar_termine.html.

ihm bedeutende Worte gesagt – nur ich habe gar nichts erlebt. Bei mir war es einfach nur leer und still. Ich kann einfach nichts sehen.«

Manche spirituell Suchende laufen Gefahr, ihre Erlebnisse überzubewerten. Je großartiger das Erlebnis, desto größer seine Bedeutung. Manche sind geradezu fixiert auf spektakuläre Erlebnisse und innere Erfahrungen. Wenn in Meditationen nichts Außergewöhnliches geschieht, folgt Enttäuschung. Frustration stellt sich ein. Dabei gibt es mystische Traditionen, die gerade diese unspektakuläre Leere und Weite anstreben und darin Erfüllung finden. »Erfahrungssucht«, so Paul Mommaers, »ist eine menschliche Krankheit, keine Erfüllung.«[352]

Dennoch erleben manche Menschen paranormale Dinge, die sie überraschen und verblüffen. Eine 62 Jahre alte Frau erinnert sich an einen Wahrtraum im Anschluss an den Tod ihres Vaters: »Wir haben seine Unterlagen durchgesehen, auch seine Brieftasche und alles und es war kein Geld zu finden. Weder im Geheimfach noch sonst was, und nachts hab ich geträumt, dann sagte mein Vater zu mir: ›Da und da in der Brieftasche hab ich noch Geld, das ist ganz allein für dich.‹ (…) Und tatsächlich war da das Geld drin.«[353] Andere berichten von Erfahrungen, die sie für sich selbst als Abenteuer bezeichnen: »Man könnte sagen, dass ich jedes Mal, wenn ich mich morgens hinsetze auf mein Meditationskissen, in mir Abenteuer erlebe«, berichtet eine Informantin. »Dinge, die ich keinem Menschen erzählen kann. Das kann ein Gefühl sein, das kann auch sehr lustig sein, faszinierend. Zum Beispiel, da sagt jemand, schau mal in dein Herz, da steht Gott. Und dann sieht man da Gott stehen. *Und wie sieht Gott aus?* Es ist wahnsinnig hell. Ich hab noch nie da wirklich eine Form gesehen. Es ist wie eine ganz helle Kugel. Und dann sagt man ›Guten Tag‹. Es ist so, ja das ist außergewöhnlich, diese innere Realität anzunehmen und damit in den Tag zu gehen. Was will man mehr? Ich brauch da kein Bungee-Jumping und keine Ekstase. Das ist etwas, was ich bei vollem Bewusstsein erlebe, das ist etwas Handfestes.«[354]

Nicht von dieser Welt

Es gibt kein Wunder für den,
der sich nicht wundern kann.
Marie von Ebner-Eschenbach

Auch wenn die Vorbehalte gegen unerklärliche Phänomene beim aufgeklärten Zeitgenossen tief sitzen und er wesentlich mehr Zweifel und Skepsis in sich trägt als noch der Mensch des Mittelalters, ist die Sehnsucht nach Wundern und Übersinnlichem auch heute noch vorhanden. Eine Welt, in der nur zählt, was auch erklärt werden kann und der Rest tendenziell ignoriert wird, wirkt auf viele auch »blutleer«, kühl und schal. Sie verspricht in scheinbar ausweglosen Situationen keine überraschenden Lösungen, keine Hoffnung auf Rettung und Beistand höherer Mächte. Der in der Renaissance aufgekommene Rationalismus hat die uralte Sehnsucht des

352 Mommaers, Paul: Was ist Mystik? Frankfurt a. M. 1979.
353 Temme, Teresa: »Ich sehe was, was Du nicht siehst …« Wahrträume und ihre subjektive Evidenz, in: Bauer, Eberhard/Schetsche, Michael (Hg.): Alltägliche Wunder, Würzburg 2003, 75.
354 Informantin 1W25.

Menschen nach dem Geheimnisvollen, nach Übersinnlichkeit und Wundern – allem Mangel an Glaubensfähigkeit zum Trotz – nicht auszulöschen vermocht.

Das zeigen auch repräsentative Bevölkerungsumfragen, u. a. der *Psi-Report Deutschland.* Die 1964 veröffentlichte Untersuchung von Hans Bender ergab, dass 53 % der 2.031 Befragten an die »Existenz des ›Zweiten Gesichts‹ glaubten, 19 % hatten selbst Wahrträume oder Visionen erlebt. Vierzig Jahre später wurde die Befragung vom IGPP wiederholt, um herauszufinden, welchen Bezug die Menschen zur Zeit des Millenniums zu außergewöhnlichen Phänomenen haben. Die Studie kommt zu dem Schluss, dass die deutsche Bevölkerung paranormalen Erfahrungen »überaus aufgeschlossen gegenüber« steht. Dass es so etwas wie außersinnliche Wahrnehmung, Telepathie oder Präkognition gibt, können sich zwischen rund 50 % und 70 % der Befragten vorstellen. An die Existenz von UFOs glauben ca. 25 %. Auf eigene Erlebnisse hingegen können deutlich weniger Personen zurückblicken. Insgesamt 73 % der 1.510 Befragten gaben an, schon einmal mindestens eines der im Fragebogen vorgegebenen Phänomene erlebt zu haben. 51 % der Befragten haben mindestens eine der klassisch-paranormalen Erfahrungen wie Wahrtraum, Erscheinung, ASW und Spuk gemacht. Allerdings nimmt mit zunehmendem Alter, so auch ein Ergebnis der Studie, der »Anteil an Personen mit außergewöhnlichen Erfahrungen signifikant ab«.[355]

Wunder erfahren

»Ich weiß, es wird einmal ein Wunder geschehn', und dann werden alle Wünsche wahr« – so sang Zarah Leander in der Krisenzeit des Zweiten Weltkrieges und schenkte den Menschen Hoffnung und Träume. Die Sehnsucht nach Wundern kennt die Menschheit überall auf der Welt. Das Neue Testament etwa liest sich wie ein Lehrstück über Wunder: Brot wird vermehrt, Wasser in Wein verwandelt, Kranke werden geheilt und Tote erweckt.

Insgeheim hoffen viele, dass es so etwas wie Wunder gibt – vor allem dann, wenn es ihnen schlecht geht. »Ein Wunder ist eine mit unserer Logik und unserer Wissenschaft nicht erklärbare Tatsache«, so Fritz Fenzl, Autor mehrerer Bücher über Wunder. »Beweisen können Sie, dass es Wunder gibt, nicht aber, wie sie zustande kommen.«[356] Wunder werden gedeutet als Zeichen göttlicher Macht; auch gerade dadurch, dass das Wunder menschlichem Wissen und Verständnis natürlicher Gesetzmäßigkeiten widerspricht. So werden heute immer wieder Wunder von höheren Mächten erbeten oder sogar eingefordert. Sie sollen Sicherheit und Gewissheit geben, sinnlich wahrnehmbare Bestätigung dafür sein, dass das Geglaubte auch wahr ist. Denn es herrscht die Ansicht, dass Glaube und Wunder sich gegenseitig bedingen, der Glaube das Wunder in vielen Fällen erst ermöglicht.

Als das Besondere an einem Wunder, ob es groß oder klein sein mag, gilt, dass man es nicht selbst macht, sondern dass es einem widerfährt. Der Mensch selbst nimmt dabei in der Regel eine eher hoffend-abwartende Haltung ein. Seine Aktivität

355 Umfangreiches Datenmaterial dazu: Bauer, Eberhard/Schetsche, Michael (Hg.): Alltägliche Wunder. Erfahrungen mit dem Übersinnlichen – wissenschaftliche Befunde, Würzburg 2003.
356 Fenzl, Fritz in der ZDF-Sendung *sonntags – TV fürs Leben*, 30. 6. 2004.
Fenzl, Fritz: Wahre Wunder, München 2002; Ebd.: Schutz-Engel-Wunder, München 2001; Ebd.: Wunder in Bayern, München 2002; Fuld, Werner: Das Lexikon der Wunder. Unerklärliche Phänomene von Auferstehung bis Zwerg, Frankfurt 2001.

beschränkt sich darauf, wenn auch sehr häufig unbewusst, einen Raum aufzutun, in dem sich das Wunder, ein besonderes Erlebnis oder eine außergewöhnliche Wahrnehmung, ereignen kann. Durch innere Offenheit und Bereitschaft, etwa Beten und Hingabe, ermöglicht er Geschehen und gerät darüber mitunter ins Staunen. Es ist die Fähigkeit des Menschen, staunen zu können, die ihn vorwärts treibt und seine Neugierde und Wissbegierde nährt – nicht nur in der Philosophie, sondern im Bereich der Grenzwissenschaften.

Wer mit der Diagnose, unheilbar krank zu sein, konfrontiert wird, gerät in der Regel in große Verzweiflung. »Jetzt hilft nur noch ein Wunder«, heißt es dann häufig, auch von Seiten der Ärzte. Die Geschichten von Krankheitsverläufen gleichen mitunter Wundern, weil sie – zumindest aus Sicht der klassischen Schulmedizin und dem, was der Wissenschaft bekannt ist – unerklärlich sind. Meist wird dann von Spontanheilung gesprochen. So berichtete etwa eine Frau, die Krebs im fortgeschrittenen Stadium hatte, von Spontanheilung, die auch durch Reiki – Handauflegen und Fernübertragung –, begünstigt wurde.[357] Wie es funktioniert, ist wissenschaftlich nicht zu erklären, aber die Auswirkungen sind spürbar. Als die Patientin zur ersten Chemo-Therapie ging, schickte ihr eine Reiki-Lehrerin Reiki, universelle Lebensenergie, ins Krankenhaus. Was die Patientin daraufhin wahrgenommen hat, lässt sie auch noch Jahre später, als sie geheilt ist, staunen: »Nachdem ich da angeschlossen war an diesen Tropf und so, hat mich auf einmal ein totales Gefühl der Dankbarkeit ergriffen. Das ging so richtig durch mich durch, dass ich total glücklich war, dass ich so etwas jetzt bekommen kann. Ich hatte ganz stark das Gefühl, ich werde in gewisser Weise mit Licht angefüllt.« Die Therapeutin kommentierte das Geschehen, die Kraft komme nicht aus ihr selbst, sondern vom Schöpfer.[358] (siehe auch S. 92, Spirituelles Heilen)

Eine andere Frau bezeichnet ihre Erlebnisse, die sie nach einem Mordversuch bei einer Nahtod-Erfahrung »auf der anderen Seite« hatte, als Wunder. Die Begegnungen dort mit Lichtgestalten, Verwandten und Bekannten, die sie als »Energieformen, transparente Lichtwesen« wahrgenommen hatte, das Gefühl, in einen riesigen Klangteppich eingewoben zu sein und mit formlosen Weisen sprechen zu können, waren für sie die »eigentliche Initiation ins Leben«.[359]

Wer allerdings meint, man könne das Eintreten des Wunders mit ausgefeilten Strategien und Techniken manipulieren, erlebt manche Enttäuschung. Die Vermutung liegt nahe, dass der Mensch das als Wunder ansieht, was außerhalb seines Verständnisses von der Wirkung natürlicher Gesetzmäßigkeiten liegt. Sobald nachvollziehbare und vor allem wissenschaftliche Erklärungen der Phänomene vorliegen, verschwindet allmählich das Staunen über das Geheimnisvolle. Doch das Wirken geistiger Kräfte ist ein Feld, das unendlich lange erforscht werden kann, ohne alles und jedes erklären zu können. »Im Grunde beweist jedes Wunder, dass es eine Kraft gibt, die stärker ist als Materie und Naturgesetze, dass der Geist die Materie beherrscht. Der Glaube ist eine geistig-seelische Kraft, die das unmöglich Erscheinende möglich macht, oder, wie Christus sagte, Berge versetzen kann.«[360]

357 Auch wenn die Betroffenen von »Wundern« sprechen, geht es bei Reiki dennoch mehr um Hingabe als um Zauberei oder Wundertätigkeit.
358 ZDF-Sendung *sonntags – TV fürs Leben*, 30. 6. 2004.
359 Jaermann, Claude: Wieder geboren, in: Spuren, Nr. 71, 2004, 28–29.
360 Dahlke, Rüdiger und Margit: Okkultismus, München 1990, 186.

Kraftorte besuchen Die Sehnsucht nach dem Besonderen ist es mitunter auch, die Menschen an außergewöhnliche Orte treibt. In allen Regionen und Kulturen sind Orte bekannt, denen besondere Kräfte zugesprochen werden. Von heiligen Bergen, heiligen Orten, Kraftplätzen oder Kraftorten ist die Rede. Als einer der bekanntesten europäischen Kraftorte gilt die Jahrtausende alte Steinkreisanlage Stonehenge im Mittleren Süden Englands.

Mittlerweile gibt es auch einen innerdeutschen Kraftort-Tourismus. Erleichtert wird er durch spezielle Reiseführer, die den Leser von Kraftort zu Kraftort führen. David Luczyn ist ein Jahr lang durch Deutschland gereist, um die Plätze mit der »speziellen Aura« zu besuchen und auszuwerten. Dabei haben ihm sowohl Radiästheten als auch Mythenforscher geholfen. Entstanden ist das Buch »Magisch Reisen Deutschland – Wo die Seele Kraft tankt«[361]. Im Internet sind zahlreiche Hinweise zu Kraftorten zu finden. Auf manchen Seiten werden Kraftorte und Kultplätze systematisch dokumentiert, z. B. jene in den Alpen. Es folgen Erklärungen, was ein Kraftort ist, woran man ihn erkennen kann und wie man sich dort verhalten soll.[362]

Wanderungen und Seminare zu und um diese Orte mit begleitenden Meditationen werden angeboten, z. B. von Roman Hayn u. a. zur so genannten »Wunderwiese« im Allgäu. »Man kann nach etwa fünf Minuten den Energiefluss durch ein sanftes Kribbeln spüren. Geht man diesem Gefühl nach, kann man die Kraft dieses Ortes auch mental spüren. Dieser Kraftplatz wirkt ganzheitlich und gesundheitsfördernd«, liest man auf der entsprechenden Homepage. Auch über Heilungserfolge wird berichtet: »Im Ort erzählt man sich von der Frau, deren Bein wegen Durchblutungsstörungen kurz vor der Amputation stand. Nach mehrmaligen Besuchen auf der Wiese konnte es gerettet werden.«[363]

Eine Frau aus Berlin beschreibt den Besuch der Externsteine in der Nähe von Horn Bad Meinberg bei Detmold: »Es war schon später am Abend, sodass wenige Menschen dort waren, was ich als sehr angenehm empfand. Schon beim Annähern bemerkte ich, dass etwas anders war als gewöhnlich. Es ging durch einen schönen Wald, aber kurz vor Ende des Waldes kam eine starke Störzone, eine spürbar niedrigere Energie als zuvor, die sich auch am Wuchs der Bäume zeigte: Es gab eine Vielzahl von abgestorbenen, verwrungenen, verdrehten Bäumen, die auch z. T. verkrümmte Blätter aufwiesen. Es sangen dort keine Vögel. Diese Störzone verläuft als ein relativ schmaler, schräger Streifen kurz vor dem Waldrand in Richtung Berghang nach oben bis an die beiden linken Steine hin. Beim Heraustreten aus dem Wald erstreckte sich rechts des Weges eine Wiese und weiter hinten ein recht großer See. Dann fiel mein Blick nach links auf diese gigantischen Felsformationen, die wie steingewordene urgewaltige Riesengeschöpfe mit steingewordener Haut, die an riesige Gürteltiere erinnerte (…) Die Energie war berauschend schön, wunderbar weich und so hoch, wie ich es bis dahin noch nie an einem Ort der Kraft erlebt hatte. Die rechten Steine schienen mir durch die menschlichen Veränderungen (Aushöhlungen, Treppen, Geländer, Gitter, Wappen und kirchliche Reliefs) etwas an Energiestärke eingebüßt zu haben.« Die Steine hätten ihr etwas gesagt, schreibt die Frau weiter. Sie stünden seit undenklichen Zeiten hier und hüteten das Land, so berichtet sie. Sie seien die Vermittler

361 Luczyn, Daniel: Magisch Reisen Deutschland – Wo die Seele Kraft tankt, München 2002.
362 http://www.shivashakti.de; http://www.alpenschamanismus.de; http://www.puramaryam.de.
363 http://www.indianerpfad.de/allgau.html.

zwischen oben und unten und würden die Erde mit Energie versorgen. Sie seien »Antennen, ausgestreckte Finger, steingewordene Weiser«.[364]

Berichte dieser Art sind keine Ausnahme. Im Internet sind etliche solcher Beschreibungen zu finden, auch Erklärungen und Mutmaßungen über die Kraftzentren der Erde, Verbindungen zwischen einzelnen Energiepunkten wie Glastonbury-Berlin. Der Erde werden Chakren zugesprochen, die als Kraftorte für den Menschen wahrnehmbar sein sollen.[365]

Manche Orte sind auch bekannt durch ihre besonderen Quellen. Von Wunderwasser und Wunderquellen wird gesprochen. Dazu zählen u. a. Orte wie Nordenau, diverse Quellen in Bayern und natürlich Lourdes, wohin man auch von Deutschland aus aufbricht: »Das Wunder ist in Lourdes überall. Es ist nicht das der Heilungen, welches am wichtigsten ist. Das aufregendste Wunder ist das, was man nicht sieht. Dies ist das innere Wunder. Dies ist das Wunder des Geistes, der am wenigsten vorbereitet ist. Wenn ein Gottesleugner zu beten anfängt. Wenn ein hoffnungsloses Herz Vertrauen gewinnt. Wenn der Hass auf unerklärliche Weise in Liebe übergeht. Wenn man den Lebenssinn wiederfindet. Wenn der Kranke wieder froh nach Hause zurückkehrt. Alsdann ist es ein Wunder.«[366]

Zaubermittel benutzen Doch nicht jeder macht sich bei seiner Suche nach dem Wunder zu einem bestimmten Ort, einer Kraftstätte, auf. Stattdessen holen manche das Heilige, Kraft Spendende zu sich. Sie bauen sich nicht nur Hausaltäre und Schreine, sondern tragen auch Talismane oder Amulette am Körper. Selbst Menschen, die sich ansonsten eher für rational und aufgeklärt halten und sich für spirituelle Themen wenig interessieren, setzen mitunter auf kleine magische Gegenstände. Der Sozialarbeiter Jürgen z. B. behauptet, seit er eine Kette mit einer kleinen magischen Figur um den Hals trage, fände er immer prompt einen Parkplatz. Warum das so ist, will er gar nicht wissen. Wichtiger ist für ihn, dass es funktioniert: »Ich möchte darüber keine Bücher lesen, weil, wenn ich ein Buch darüber lese, wo das eigentlich erklärt wird, warum das so funktioniert, dann denk ich, dass ich da nicht mehr dran glauben würde. Weil eigentlich glaub' ich, dass man das so rational nicht erklären kann. Es funktioniert einfach. Man muss dran glauben, das ist alles.«[367]

Ein Internetversand mit der Adresse www.talismane.de hat 2200 Produkte im Angebot. Neben »Drachenblut«-Tinte und Räucherstäbchen, die je nach Farbe und Duft Reichtum anziehen oder Unglück abwenden sollen, gibt es auch Tarotkarten. Relativ neu sind sogenannte *Energizer*. Sie sind aus Silber gearbeitet und haben die Form eines Planetensystems. In einem Internet-Forum heißt es: »Ich kann mich dadurch SEHR SCHNELL aufladen und in eine höhere Schwingung bringen.«[368]

Doch auch wenn neben offensichtlichem Unfug manches geschieht, das Menschen in großes Staunen zu versetzen vermag und beim besten Willen nicht erklärt werden kann, mit dem Begriff des Wunders tun sich selbst jene schwer, von denen

364 http://www.puramaryam.de.
365 Vgl. http://www.indianerpfad.de; http://www.puramaryam.de; http://www.alpenschamanismus.de; http://www.externstein.de.
366 Aus einem Touristenführer von Lourdes.
367 HR2, 19. 6. 2003.
368 Späth, Nikos: Schamanismus, Okkultismus, Kohlemachismus, in: Welt am Sonntag, 23. 5. 2004.

andere sagen, sie vollbrächten sie. Auf die Frage, ob Eliphas Lévi Wunder täte oder das Mittel lehre, sie zu vollbringen, soll er geantwortet haben: »Wenn Sie unter Wunder Werke gegen die Natur oder durch ihre Ursachen nicht gerechtfertigte Wirkungen verstehen, nein, weder tue ich, noch lehre ich solche Wunder. Selbst Gott könnte das nicht.«[369]

Übersinnliches bewirken

»›Du bist ein Zauberer, Harry.‹ – ›Was?‹ – ›Ein Zauberer. Und zwar ein verdammt guter, sobald du etwas Übung hast.‹ – ›Nein, bestimmt verwechselst du mich. Ich kann niemals ein Zauberer sein. Ich bin doch nur Harry.‹ – ›Sag mal, nur Harry: Hast du noch nie etwas geschehen lassen, Unerklärliches oder Rätselhaftes, wenn du wütend warst oder Angst hattest?‹«[370]

Nicht nur dem Leser, auch so manchem Cineasten jagt der Gedanke an Hexerei und Zauberei »schöne« Schauer ein. Das Übernatürliche ist vielen unheimlich. Skepsis kommt auf. Gleichzeitig fragen sich manche: Wenn andere Menschen tatsächlich über Fähigkeiten verfügen sollten, die nach moderner wissenschaftlicher Welterklärung absolut unmöglich sein müssten, kann ich das auch? Verbirgt sich hinter meiner unscheinbaren Fassade vielleicht auch so ein genialer Magier? Wer es herausfinden will, beginnt zu experimentieren, spielt mit der Möglichkeit, verborgene Fähigkeiten zutage bringen zu können, außergewöhnliche Dinge bewirken zu können. Nicht hoffend-abwartend oder spontan überrascht, sondern eher forcierend-aktiv ist hier die innere Haltung, die das Geschehen mitunter beeinflussen oder selbst bestimmen will.

»Zaubern ist die Wirklichkeit zu verändern. Wünsche so deutlich werden zu lassen, dass sie wahr werden«, sagt die Wicca-Hexe Silke in einem Feature des Hessischen Rundfunks. »Um etwas wahr werden zu lassen, muss man sich sehr, sehr klar darüber sein, was man will. (…) Es ist egal, welche Technik man dazu benutzt, es gibt viele Techniken. Je stärker man in Trance kommt, umso leichter wird es natürlich, den Zauber zu wirken, die Wirklichkeit zu verändern. Eine innere Wirklichkeit zu verändern, weil dann verändert sich auch die äußere. Das, was sich in einem verändert, verändert sich auch außen. Das ist eigentlich Magie.«[371]

Der Buchmarkt greift Phänomene wie Hexerei, Zauberei und Übersinnlichkeit auf: »Praxis der außerkörperlichen Erfahrung«, »Lexikon der übersinnlichen Phänomene«, »Entdecken Sie Ihre übersinnlichen Fähigkeiten«.[372]

Übersinnliche Fähigkeiten können einen enormen Reiz ausüben: Sie machen neugierig und faszinieren. Manch einer versucht, auf allen möglichen Wegen, sich die Fähigkeiten anzueignen. Vor allem unter Jugendlichen ist die Lust an paranormalen Experimenten verbreitet. »Das Spektrum von Intensität und Bedeutsamkeit mag sich vom spielerischen ›Ausprobieren‹ über das schon etwas systematische ›Erfor-

369 Lévi, Eliphas: Dogma und Ritual der Hohen Magie, Bd. II, München 1927, 336.
370 Rowling, Joanne K.: Harry Potter und der Stein der Weisen, Hamburg 1998.
371 HR2, 19. 6. 2003.
372 Peterson, Robert: Praxis der außerkörperlichen Erfahrung, Düsseldorf 1998; Randi, James: Lexikon der übersinnlichen Phänomene, München 2001; Rýzl, Milan: Das große Handbuch der Parapsychologie, München 2001; Stevens, Petey: Entdecken Sie Ihre übersinnlichen Fähigkeiten, München 1996. – Unter den Oberbegriff der Psi-Phänomene fallen Psi-Kognition oder Außersinnliche Wahrnehmung wie Telepathie, Hellsehen und Präkognition und Psi-Aktion oder Psychokinese.

schen‹, ›ob was dran ist‹, der Suche nach Unterhaltung und dem Reiz der Angstlust bis zum emotional stärker besetzten Versuch, ›Lebensfragen zu beantworten‹, ja bis zur ›Beschwörung‹, die mit der Tiefe und Ernsthaftigkeit eines religiösen Rituals vergleichbar sein könnte, erstrecken«, so Heinz Streib.[373]

Hinter magischen Erwartungen und Experimenten liegt »die Sehnsucht nach einer leicht erklärbaren Weltsicht«, deutet Matthias Pöhlmann, »dass ich etwas tue und damit zeigt sich eine Wirkung (…) Und das ist für viele natürlich ein faszinierender Gedanke. Das Sichtbare allein macht nicht satt, man möchte mehr.«[374]

Pöhlmann hat für das Ende der Neunzigerjahre des letzten Jahrhunderts einen neuen Trend ausgemacht: Das Neue Hexentum, z. B. die Wicca-Bewegung stehe für »Selbstbewusstsein, Macht und Stärke«. Die Repräsentantinnen seien »jung, attraktiv und funky« und vor allem kess und frech. Und gerade in Teenie-Zeitschriften seien »wirkliche« Hexen und »echte« Zauberei gefragt. In einschlägigen Büchern für junge Hexen fände man Formulierungen wie »Von Liebeskummer bis zu Schulproblemen, mit der richtigen Prise Magie kann man sich aus allen Problemen herauszaubern. Man muss nur wissen wie!«[375]

Spinnerei, Scharlatanerie, Betrug? Oder Phänomene, die – zumindest in einigen Fällen – tatsächlich stattfinden, auch wenn sie unerklärlich sind? Jenseitskontakte, Wiedergeburts-Erinnerungen, Channeling, Radiästhesie, Divinations- und Orakelpraktiken wie Tarot und I Ging, Ufologie und Außerirdische, Prä-Astronautik, Atlantis, Kornkreise, Kryptozoologie, Paramedizin und Phänomene der Geistheilung – was die einen fasziniert, wird von anderen mit Skepsis beäugt und kontrovers diskutiert. So befassen sich mehrere Institutionen mit der Untersuchung außergewöhnlicher parapsychologischer Erfahrungen und psychologischen Grenzgebietsfragen, um einen Weg zwischen unkritischer Akzeptanz und vorschneller Ignoranz zu bahnen.[376]

Neben jenen, die das Übernatürliche suchen, gibt es Menschen, die vom Übernatürlichen gesucht zu werden scheinen. Eines Tages fühlen sie sich – auch gegen ihren Willen – mit paranormalen Phänomenen konfrontiert, mit Spuk z. B. Viele behalten das Erlebnis für sich, weil sie vor anderen nicht als »Spinner« dastehen wollen, andere wenden sich an so genannte parapsychologische Beratungsstellen.[377]

Auch im spirituellen Feld ist ein nahezu paradoxes Verhalten zu beobachten. Einerseits hält man die ganze Geisterbeschwörerei für Quatsch, andererseits kokettiert man damit. Mit den Hexenritualen wird ein – aus der Sicht derer, die sich damit bestens auskennen – fahrlässiger Umgang gepflegt, als handele es sich um Kinderspiele. Wenn es funktioniert und das eigene Ziel erreicht wird, glaubt man dran,

373 Streib, Heinz: Jugendokkultismus. Überblick über die Ergebnisse empirischer Forschung, in: Ritter, W. H./Streib, H. (Hg.): Okkulte Faszination, Neukirchen-Vluyn 1997, 19.

374 Pöhlmann, Matthias, in: HR2, 19. 6. 2003.

375 Pöhlmann, Matthias: Kesse Junghexen in magischen Welten, in: EZW-Texte 170/2003, 85. – Weiterführende Adressen: http://www.hexe.org; http://www.hexenkraut-und-zaubertrank.de; http://www.junghexen.de; http://www.teen-witch.de.

376 Das *Institut für Grenzgebiete der Psychologie und Psychohygiene* etwa, die *Wissenschaftliche Gesellschaft zur Förderung der Parapsychologie e. V. (WGFP)* oder das *Deutsche Institut für Parapsychologie* oder *die Gesellschaft für Anomalistik e. V.*

377 Viele tun dies auch dann, wenn sie durch den willentlichen Umgang mit okkulten Praktiken Probleme bekommen haben. Beratungen werden z. B. angeboten von der *Parapsychologischen Beratungsstelle der Wissenschaftlichen Gesellschaft zur Förderung der Parapsychologie e. V.* (WGFP) oder vom *Deutschen Institut für Parapsychologie.* – Vgl. auch Bauer, Eberhard/Schetsche, Michael (Hg.): Alltägliche Wunder. Erfahrungen mit dem Übersinnlichen – Wissenschaftliche Befunde (Grenzüberschreitungen 1), Würzburg 2003.

wenn nicht, tut man so, als sei nichts davon länger existent. Ein Vorgehen, das an Goethes kleinen Zauberlehrling erinnert, der sich während der Abwesenheit seines Meisters dessen Geister gefügig machen wollte. Der Spaß kehrte sich am Ende gegen ihn: »Die Not ist groß. Die ich rief, die Geister, werd'ich nun nicht los!« Leichtfertigkeit im Umgang mit den geistigen Mächten empfinden außenstehende Nichteuropäer auch bei einer modernen Variante des Zauberlehrling-Stoffs. Nach dem Anrollen des ersten Harry Potter-Films in den deutschen Kinos äußerte sich eine Afrikanerin entsetzt über den »unbefangenen westlichen Umgang mit magischen Vorstellungen«: »All die Geister, die dort beschworen wurden, wie wollt ihr die eigentlich wieder loswerden?«[378]

Ästhetisierung des Lebens

Schönheit ist Erlösung.
Alexander von Gleichen-Russwurm

Auf die Frage nach der Qualität eines Erlebnisses ist ein Adjektiv besonders häufig zu hören: etwas war entweder »nicht so schön« oder »sehr schön«. Eine große Anzahl von Menschen, vor allem Frauen, sehnen sich nach – subjektiv so empfundenen – »schönen« Dingen, nach einem »schönen« Ambiente, nach »schönen« Erfahrungen und so auch nach einem »schönen« Leben. Das wahre Geheimnis des Lebens soll in der Poesie und nach Oskar Wilde in der Suche nach Schönheit zu finden sein. Und die Kunst zu leben, das »Savoir vivre«, ist immer auch die Kunst, genussreich und schön, inmitten eines zauberhaften Umfeldes zu leben. Dekoration und Design – für den Ästheten sind sie Lebenselixiere.

Auch Spiritualität soll zur Mehrung von Schönheit beitragen. Die Ästhetik des Geistigen – der Beitrag zur Ästhetisierung des Lebens schlechthin. Immer wieder werden Ästheten mit dem Vorwurf konfrontiert, zu sehr an Oberflächlichem interessiert zu sein: sie verfielen der Freude am schönen Schein auf Kosten von Tiefe und Hintergründigkeit. Auch im spirituellen Feld ist dieser Einwand nicht ganz unbegründet. Manch einer versucht, mit Symbolen und Ritualen seinem Leben eine geistig-ästhetische Note zu verleihen und gibt sich damit zufrieden. Kristalle und Edelsteine werden in schöne Anordnungen gelegt, Räucherstäbchen und Kerzen für ein schönes Ambiente entzündet, Räume mit wohligen Aromen durchströmt, Mantren besonders schön gesungen und Mandalas schön gemalt, T'ai Chi-Übungen schön durchgeführt und beim Meditieren wird schön gesessen. »Der Nordpol, auf den die innere Kompassnadel der typisch postmodernen Mitmenschen geeicht ist«, so Weis, »heißt das schöne Erlebnis.«[379] Die Funktion von Spiritualität hat sich bei vielen folglich vom Trösten und Erlösen zum Überhöhen und Erleben hin verschoben. Das Leben soll im wahrsten Sinn des Wortes erlebt werden, möglichst schön erlebt werden.

So werden im spirituellen Feld auch diejenigen Angebote besonders gerne angenommen, von denen sich die Teilnehmer maximal schöne Erlebnisse unter minimalem Selbsteinsatz versprechen. Erfordert der eingeschlagene spirituelle Weg unerwartet starke Disziplin, große Willenskraft, Selbstlosigkeit und Aufgabe alter

378 HR2, 19. 6. 2003.
379 Weis, Hans-Willi (1998), 122.

Gewohnheiten, springen viele wieder ab. Die Begründungen lauten oft: »Ich habe einfach gemerkt, dass das doch nicht das Richtige für mich war.« Womöglich haben sie damit recht, doch vor allem eines wollen sich die meisten nicht eingestehen: dass sie aufgegeben haben, weil es ihnen an Durchhaltevermögen und an der Fähigkeit, weiterzugehen – auch gegen Widerstand – mangelte. Das fällt aber den Betreffenden selbst gar nicht auf. Es stehen genug andere Wege und Lehrer zur Verfügung. Die spirituelle Suche versandet auf diese Weise im schönen Schein.

In seinem Buch »Die neue Spiritualität« legt Lars Kronlob dar, warum der scheinbare Widerspruch zwischen einem spirituellen Leben und dem »normalen« Leben eigentlich keiner sein muss: »Es gibt nichts Unwichtiges oder Banales, wenn Sie es mit Seele füllen.«[380] Ob es sich um Essen oder Wohnen, Sex oder Arbeit handelt, alles kann von »Seele«, von der Spiritualität des Menschen durchdrungen werden. Diese Erfahrung machen spirituelle Menschen häufig. Eine Informantin berichtete, sie habe gerade durch die Spiritualität die eigene Genussfähigkeit entdeckt, die sie mit großer Lust entfaltet: » Ich mache das mit den einfachsten Dingen, mit meinen ganzen Sinnen. Ich kann das Leben wieder genießen.«[381]

Häufig wird von der Spiritualität erwartet, dass sie in erster Linie das Bedürfnis nach Ästhetik und auch nach Romantik stillt. Spiritualität soll einen Nutzen erfüllen. Andererseits durstet eine Spiritualität, die in erster Linie aus der Sehnsucht nach einer Verbindung mit dem Grund allen Lebens erwächst, förmlich danach, in Schönheit ihren Ausdruck zu finden.[382] Dann ist die Schönheit im Außen Folge einer im Inneren erfahrenen und somit geistigen Schönheit und Harmonie: »Durch diese ganze Entwicklung ist schon Schönheit in mein Leben gekommen, weil ich mich selbst wieder akzeptieren kann. Mein Leben als Geschenk annehmen kann, und zwar nicht als Bürde und Leidensweg, so war das nämlich früher. Es war alles nur Leid und schwer, Strafe und Bürde, dass ich überhaupt hier sein musste, deswegen wollte ich ja auch gehen, aber dadurch, dass ich das Leben als Geschenk empfinde, ist mein Leben schon schön.«[383]

Spirituelle Menschen sind in der Regel Idealisten, die sich dem »Wahren, Schönen und Guten« verschrieben haben, auch wenn es ihnen schwer fällt, das Abstrakte mit konkreten Inhalten zu füllen. Es geht ihnen häufig um Geist und Kultur, um Aufrichtigkeit und Gerechtigkeit und um ein menschheitsumfassendes Ideal, das an Beschreibungen vom Paradies erinnert, selbst wenn es in einer fernen Zukunft liegen mag.[384]

Die Forschung hat gezeigt, dass sich die spirituelle Aktivität bei einem Großteil der Menschen im spirituellen Feld selten um »spirituelle Thrills und Kicks«, um »Übersinnlichkeits-Ralleys« dreht. Die Dimension *Verzauberung* deutet sich vor allem durch leisere, aber langanhaltende Töne an. Viele spirituelle Menschen beobachten, dass sich mit der Zeit ihre Wahrnehmungsfähigkeit verändert hat. Sie sind achtsamer, aufmerksamer geworden, auch für die kleinen Dinge. »Im Großen das Kleine entdecken und im Kleinen das Große«, so ein geflügeltes Wort. Es ist diese Aufmerksamkeit, die das Gewöhnliche zum Außergewöhnlichen macht, bis all-

380 Kronlob, Lars: Die neue Spiritualität. Wege zur Einfachheit, Siegburg 2002.
381 Informantin 1W25.
382 Vgl. O'Donohue, John: Schönheit. Das Buch vom Reichtum des Lebens, München 2004.
383 Informantin 1W25.
384 Vgl. auch Wilber, Ken: Das Wahre, Schöne und Gute. Geist und Kultur im 3. Jahrtausend, Frankfurt a. M. 2002.

mählich die Außergewöhnlichkeit auch gewöhnlich wird, ohne ihren besonderen Reiz zu verlieren: »Wenn man das Alltägliche mit Spiritualität füllt, ist das Alltägliche eigentlich das Außergewöhnliche.«[385] Es scheint, als würde man sein Leben neu entdecken, die Welt mit anderen Augen anschauen und deshalb auch immer wieder aufs Neue ins Staunen geraten, so wie der Enkel Schillers, Alexander von Gleichen-Russwurm, in seiner Schrift zur Ästhetik des praktischen Lebens schrieb: »Der Mensch, der bewundern kann, wird emporgehoben und endet in Frieden. Schönheit ist Erlösung.«[386]

Heilung

Weh uns, wenn wir das Heil von außen suchen!
In unserem eigenen Herzen muss es wohnen.
Ludwig Tieck

Die Sehnsucht nach Heilung im weitesten Sinn steht immer häufiger zu Beginn spiritueller Suche. Viele empfinden ihre Situation zum »Davonlaufen«. Das Leben stimmt nicht mehr, alles scheint aus den Fugen geraten zu sein. »Die Welt bedarf keiner neuen Religionen und auch keiner neuen Philosophie«, so der amerikanische Heiler Joel S. Goldsmith, »was sie braucht, ist Heilung und Erneuerung. Die Welt braucht Menschen, die durch ihre Hingabe an Gott so vom Geiste erfüllt sind, dass sie zu Werkzeugen werden, durch welche Heilungen geschehen können, denn Heilungen sind für jeden Menschen wichtig.«[387] Der Aspekt der Heilung steht bei vielen neuen spirituellen Bewegungen und auch bei spirituell interessierten Einzelnen im Mittelpunkt.

Heilen – so wie es im spirituellen Feld verstanden wird – bedeutet, Körper, Geist und Seele und somit den ganzen Menschen wieder in Ordnung zu bringen. Zahlreiche wissenschaftliche Untersuchungen belegen, dass spirituelle (auch als religiös oder gläubig bezeichnete) Menschen schneller von ihrer Krankheit genesen als andere und auch weniger häufig krank werden.[388] »Wenn Spiritualität ein Medikament wäre, wäre es längst zugelassen, denn sie wirkt«, ist sich Ellis Huber, Vorstand der Krankenkasse Securvita, sicher.[389]

Die unterschiedlichen Facetten der *Heilung* werden zu den beiden Subdimensionen *Heilswege* und *Heilsbilder* gebündelt. *Heilswege* widmet sich der Suche nach Lösungen, den Prozessen der Gesundung und Heilung, während *Heilsbilder* ersehnte Zustände des Heils, des Schaloms, beschreiben. Erstere Subdimension skizziert Bewegungen, letztere Sein.

385 Informantin 7W43.
386 Gleichen-Russwurm, Alexander von: Sieg der Freude. Eine Ästhetik des praktischen Lebens, Stuttgart 1913, 386.
387 Goldsmith, Joel S.: Die Kunst der geistigen Heilung, Argenbühl-Eglofstal 1962, 7.
388 Vgl. dazu Psychologie heute, März 2005, 21–25.
389 Psychologie heute, März 2005, 22.

Nur das Leben
Fügt dir Wunden
Nur zu leben
Macht dich heil
Henning Sabo

Obwohl die medizinischen und hygienischen Standards nie so hoch entwickelt waren wie heute, haben sie Krankheit, Leid und Schmerz nicht zu beenden vermocht. Die alten Krankheiten werden von neuen abgelöst. Psychosomatische Beschwerden, Allergien und geistig-seelische Erkrankungen gehören zu den Leiden unserer Zeit. Auch weil schulmedizinische Behandlungen bei chronischen Krankheiten nicht mehr weiterhelfen, suchen die Menschen nach neuen Wegen. Dem Mediziner Rüdiger Dahlke zufolge werden »Symptome vielfach von Organ zu Organ, die Patienten von Spezialist zu Spezialist verschoben.« Und er selbst nimmt wahr, dass immer mehr Patienten diesen »unbefriedigenden Kreisprozess« durchschauen und Alternativen wählen.[390]

»Wer heilt, hat recht« – auf diesen Satz bezieht man sich häufig, wenn Methoden oder Mittel von Außenstehenden in Frage gestellt werden. Komplementäre oder alternative Heilweisen, wie sie im gerade im spirituellen Feld anzutreffen sind, stehen nicht beziehungslos im leeren Raum; oft liegen ihnen ideologische oder spirituelle Weltanschauungen zugrunde. Im Rahmen zunehmender Globalisierung und Pluralisierung haben Medizinsysteme, Gesundheitslehren und Heilsprogramme auch aus anderen Kulturen Einzug in das westliche Heilwesen gehalten. Die (alternativ-)medizinische Landschaft gestaltet sich zunehmend multikulturell. So sind bei der Heilung auch synkretistische Tendenzen auszumachen: Heilmethoden unterschiedlicher Herkünfte werden miteinander kombiniert und ergeben eigenständige neue. Utsch hat eine Unterscheidung nach funktionalen, ideologischen und spirituellen Verfahren versucht. Funktionale Verfahren[391] wollen lediglich der Physis auf die Beine helfen, ideologische[392] sind solche, deren Wirksamkeit mit der Annahme einer Weltanschauung einhergeht, und spirituelle Verfahren[393] haben eine religiöse Zielsetzung. Die Vorstellung »einer feinstofflichen Körperenergie, die gleichzeitig auch den Kosmos erfüllt«[394], spielt eine zentrale Rolle, vor allem bei den aus Asien stammenden Richtungen. Traditionelle Chinesische Medizin, Ayurveda, Yoga, Falun Gong, T'ai Chi, Qi Gong, Biodanza, Biosynthese etc. wären ohne ihren im weitesten Sinne weltanschaulichen Hintergrund – auch wenn er als nicht religiös gebunden gilt – nicht denkbar.[395]

»Sanft«, »alternativ«, »natürlich«, »ganzheitlich« – so etikettiert durchziehen Heilswege das spirituelle Feld. Man versucht, den Körper gesunden zu lassen, ohne ihn mit starken chemischen Medikamenten zu belasten. Hier finden naturheilkundli-

390 Dahlke, Rüdiger und Margit: Okkultismus, München 1990, 55.
391 Z. B. Heilfasten, Eutonie, Feldenkrais, medizinische Massagen.
392 Z. B. Aura Soma, Synergetik, Veganismus, Craniosakrale Therapie, Alta Major, Orgontherapie, Shiatsu, Rebalancing, Fußreflexzonentherapie, Rolfing, Rebirthing, Bioenergetik, Core-Energetik.
393 Z. B. Reiki, Yoga, T'ai Chi, Qi Gong, Aikido, Biodanza, Tantra, Holotropes Atmen, Biosynthese.
394 Utsch, Michael (2001), 111.
395 Ebd., 113.

che und alternative Verfahren auch aus westlicher Tradition vermehrt Beachtung.[396] Heilpraktiker und Therapeuten arbeiten häufig mit Verfahren unterschiedlicher Herkunft; häufig therapieren sie den gleichen Patienten mit unterschiedlichsten Methoden.[397]

Heilsuchende nehmen Beratungen in Anspruch oder besuchen Seminare, Kurse, Workshops, offene (Heil-)Abende und Vorträge oder sie lesen Bücher über Heilung. »Heilwerden bezieht sich auf alle Aspekte des Lebens«, bestätigt eine Informantin, »man möchte ja gern alles in Ordnung bringen, man möchte alles heil haben in seinem Leben.«[398]

Bei vielen Heilsuchenden stiften die Begriffe Krankheit und Heilung Verwirrung: »Ich kenne *eine* Gesundheit«, gibt ein Informant, praktizierender Allgemeinmediziner, zu bedenken, »Gesundheit ist absolut *ein* Zustand, da gibt es gar nichts zu differenzieren. Aber ich kenne hunderttausend Krankheiten, obwohl es das nicht geben kann. Wenn es *eine* Gesundheit gibt, dann gibt es auch nur *eine* Krankheit. Krank heißt schwach und gesund heißt stark.« Der Begriff der Krankheit werde von vielen mit Diagnosen verwechselt, so der Arzt weiter. Diagnosen aber seien nicht mehr als Beschreibungen. Wenn man davon ausgehe, dass es Krankheiten gebe, dann bewege man sich im »Bereich des Irdischen, im Bereich von Anziehung und Abstoßung«. Und da gebe es »unendlich viele Variationen, wie das geschehen kann«. Das, was landläufig mit Krankheit bezeichnet wird, nennt er lieber »Unausgewogenheit«, Gesundheit hingegen sei die »Ausgewogenheit der Kräfte«.[399]

Gesund sein

Während viele aus der Generation der Urgroßeltern ihre Heilserwartungen auf die Zeit nach dem Tod ausrichteten, hat sich bei einem Großteil der Jüngeren die Heilserwartung mehr auf das Leben hier und heute verlagert. Die Hoffnung auf das Seelenheil im Jenseits ist mehr und mehr der Idee eines gesunden und perfekten Körpers im Diesseits und dem vermeintlichen Anspruch darauf gewichen: Jugendlich schön bis ins hohe Alter, unversehrt und vital soll der Körper sein. Gesundheit, Fitness, Wellness – der so genannte »Kult« um den Körper ist ein Zeichen unserer Zeit: »Die Menschen glauben nicht mehr an Gott, sondern an die Gesundheit als höchstes Gut.«[400] (siehe auch S. 229, Gesundheits- und Wellnessgesellschaft)

Erfüllung und Glücksvorstellungen reduzieren sich für immer mehr Menschen auf eine neue Körperverehrung und Gesundheitseuphorie. Einfach beschwerdefrei sein – häufig ist das nicht mehr genug. Man will nicht einfach nur gesund, sondern *sehr* gesund sein, als könne man mit gesteigerter Gesundheit eine Mauer gegen potenzielle Krankheiten hochziehen.

Ein immer größer werdender Teil der Deutschen, vor allem Frauen, nimmt die Angebote der Alternativmedizin in Anspruch, entweder nur als Ergänzung oder

396 Schröpfen, Blutegeltherapie, Homöopathie, Kräuterheilkunde, Bachblüten etc.
397 Rolfing, Balancing, Rebirthing, Alta Major, Shiatsu, Yoga, Aura Soma, Tantra, Orgontherapie, Reiki, Bioenergetik, NLP, Holotropes Atmen, Primärtherapie, Initiatische Leibarbeit, Eutonie, Encounter, Psychodrama, Reinkarnationstherapie, Psychosynthese, Synergetik, Fußreflexzonenmassage etc.
398 Informantin 2W35.
399 Informant 9M58. Vgl. dazu heilkundliche Ideen z. B. der Antike.
400 Lütz, Manfred, in: Diätholle und Wellnesshimmel, Dokumentation der HR-Sendereihe Horizonte, 6. 9. 2003.

anstelle der Schulmedizin.[401] Diese Angebote sind nicht immer, aber häufig dem spirituellen Feld zuzuordnen.

Das Interesse an westlicher Klostermedizin stieg gerade um das Jahr 1998, dem Jubiläumsjahr der mittelalterlichen Äbtissin Hildegard von Bingen (1098–1179), besonders an. Natur- und heilkundliche Werke, die ihr zugeschrieben werden[402], aber auch Sekundärliteratur über die so genannte Hildegard-Medizin werden vermehrt gelesen. Die meisten interessieren sich dabei für die Kräuterheilkunde und für Ernährungsfragen. Die alte Getreidesorte Dinkel erlebt eine Renaissance. Auf Hildegard von Bingen beziehen sich auch viele, die sich für Heilung mit Hilfe von (Halb-)Edelsteinen interessieren. In der Lithotherapie werden den verschiedenen Steinen besondere Heilkräfte zugesprochen.

Zur Gesundung oder Gesunderhaltung finden sich neben Heilsteinen, Quarzen und Kristallen weitere – wenn auch nicht unumstrittene – Hilfsmittel: Z. B. Pyramiden, Himalaya-Salze, Räucherwerk, Heilkräuter usw. Heilmittel aus anderen Kulturen werden nach und nach entdeckt und vermarktet. Ohrkerzen etwa, die von den Pueblo-Indianern kommen sollen oder Extrakte exotischer Wurzeln, die als Allheilmittel eingesetzt werden. Auch der so genannte Noni-Saft von den Polynesischen Inseln wird angepriesen, zum Teil sogar als »Wundersaft« gegen Krebserkrankungen. (siehe auch S. 188, Wert der Wurzeln)

Des Weiteren finden sich diverse Therapien, die nicht mit konkreten Substanzen arbeiten, sondern am Körper direkt ansetzen. Bewegungstherapien wie Eutonie und Feldenkrais und Atemtherapien oder Orgontherapie, Rebalancing, Rolfing, Fußreflexzonentherapie und Shiatsu. Hinzu kommen Klangmassagen[403] und Musiktherapien sowie Verfahren aus den (fern-)östlichen Traditionen, z. B. Ayurveda oder die Traditionelle Chinesische Medizin mit ihrer Akupunktur, die auf der Vorstellung so genannter Meridiane, Energiebahnen, die den Körper des Menschen durchziehen, basiert.

Eine große Rolle spielt auch Meditation. Forscher haben festgestellt, dass ihre Heilwirkung vor allem dann groß ist, wenn sie nicht zielgerichtet, sondern eher absichtslos eingesetzt wird, wie z. B. die Zen-Meditation. Der US-Verhaltensmediziner Jon Kabat-Zinn hat sich mit dem Thema jahrelang beschäftigt: »Wir meditieren nicht, um Schmerzen, Krankheit oder Probleme zu beseitigen. Der beste Weg, in der Meditation Ziele zu erreichen, ist, diese loszulassen. Es geht nicht darum, irgendetwas zu erreichen. Die Entspannung entsteht als Nebenprodukt regelmäßiger Übung, sie ist nicht das Ziel.«[404]

Spirituelles Heilen Charakteristisch für das spirituelle Feld sind in erster Linie Heilweisen, die unter Sammelbegriffen wie *Spirituelles Heilen, Geistig-energetisches Heilen* oder *Geistiges Heilen* zusammengefasst sind.[405] Vielen dieser Heilweisen liegt

401 Hentschel, C. u. a.: Entscheidung zur Komplementärmedizin, sachorientiert oder irrational? Dtsch. Med. Wschr. 121 (1996), 1553–1560.

402 Hildegard von Bingen: Heilkraft der Natur – »Physica«. Rezepte und Ratschläge für ein gesundes Leben, Freiburg/Basel/Wien ³1997; Ebd.: Heilkunde. Das Buch von dem Grund und Wesen und der Heilung der Krankheiten, Salzburg ⁶1992.

403 Dazu finden auch Kongresse statt, etwa das Massage- und Geistheilungsfestival in Kissleg/Allgäu im September 2004.

404 Zit. in: Psychologie heute, März 2005, 22.

405 Kurzdefinition von Daniel Benoar: »Die beabsichtigte Beeinflussung eines lebenden Systems durch eine oder mehrere Personen ohne bekannte physische Einwirkungsmittel.« (Bösch, Jakob [2002], 130.) Hier wird unterschieden zwischen Kontaktheilen und Fernheilen. Zu den spirituellen Heilweisen zählen Methoden des Handauflegens, Reiki, Energieheilung, Therapeutic Touch, Pranic Healing, Magnetisieren, Gesundbeten, Gebetsheilung, diverse Formen schamanischen Heilens, Geistchirurgie usw.

vereinfacht die Sichtweise zugrunde, dass den Menschen viel mehr ausmacht als seine materielle Erscheinung. Der Mensch gilt in erster Linie als geistiges Wesen, das einen physischen Körper hat und in größere kosmische Zusammenhänge eingebunden ist. Mensch und Kosmos durchdringen sich gegenseitig, Aufbau von Mensch und Kosmos entsprechen einander. Der Mensch wird versorgt von Energie, die aus der geistigen Welt, aus dem transzendenten Bereich kommt. In den meisten Fällen wird eine geistige Quelle, ein Urgrund, ein Anfang der Schöpfung, eine höhere Macht, Gott – personal oder auch unpersonal gedacht – ins Heilgeschehen einbezogen. Im Gegensatz zur klassischen Medizin werden beim spirituellen Heilen, z. B. durch Handauflegen, in der Regel keine »Feldzüge gegen Krankheiten geführt«, vielmehr behandeln die Heiler Menschen, die ihr eigenes Heilsein verlassen haben.

Vertreter aus dem spirituellen Feld unterscheiden zwischen Heilung an der Oberfläche und Heilung in der Tiefe: Nicht einfach die Symptome von Krankheiten sollen – so zumindest der Ansatz der meisten dieser Heilweisen – bekämpft werden. Man will vielmehr jene Ursachen aufdecken, die die Symptome ausgelöst haben und sie auf unterschiedlichsten Wegen aufzulösen versuchen. Eine verbreitete Vorstellung lautet, körperliche Leiden seien Ausdruck von Disharmonien geistig-seelischer Art. Bei Heilung in der Tiefe geht es um Heilung an der Wurzel; um dauerhafte Befreiung von Leid, Angst und Schuldgefühlen, von Blockaden und Engegefühlen, destruktiven Lebenseinstellungen, Sichtweisen, Gewohnheiten und inneren Haltungen zu sich selbst, zur Welt und zum Leben schlechthin: um Heilung von Bedürftigkeiten und Anhaftungen aller Art.

Spirituelle Heilweisen gleichen einem Prozess, der Offenheit und Hingabe von Heiler und Patienten gleichermaßen für sich beansprucht. Der Psychiater Hans Nägeli spricht von »Einwirkung auf die Materie des Körpers über eine gemeinsame numinose Energetik«[406]. Die Annahme dieser »gemeinsamen numinosen Energetik« wird hier vorausgesetzt, wenn sie auch verschieden benannt wird. Häufig sprechen Heiler von »universeller Lebensenergie«, einem »Liebesstrom, der aus dem Ursprung kommt« oder auch von Gott. Der Mensch – das gilt sowohl für Heiler als auch Patienten – wird dann als göttliches, von Gott kommendes Wesen gesehen, das untrennbar mit Gott als dem Anfang allen Lebens verbunden ist.

Geistige Heilung wird von Laien gerne mit »Geistern« und »Heiligkeit« in Verbindung gebracht. Manche vermuten auch magische, spiritistische Handlungen oder Wundertätigkeit. Aus Sicht derjenigen, die Geistige Heilung betreiben, handelt es sich aber um »eine Tätigkeit des Heilens mit den Händen durch die Fähigkeit, das ›Qi‹, die universelle Lebens- oder Bioenergie, zu aktivieren, zu lenken und den jeweiligen Erfordernissen entsprechend anzuwenden, um Ausgewogenheit der körperlichen Energien wieder herzustellen und Heilung im ganzheitlichen Sinne zu fördern«.[407]

Die Heiler geben in den meisten Fällen an, nicht aus sich selbst, mit Eigenenergien, sondern mit Hilfe der Heilkraft der Quelle zu heilen; sie selbst bleiben Mittler,

Im Folgenden beziehe ich mich in erster Linie auf Heilweisen wie Handauflegen und Reiki. Diese sind in ihrem Konzept zu unterscheiden von anderen spirituellen Heilweisen wie schamanistisches Heilen und Geistchirurgie.

406 http://www.dgh-ev.de/themen/heilen.html.

407 Ausführliche und aufschlussreiche Erläuterungen zu »Geistiges Heilen« siehe weiter unter http://www.dgh-ev.de/themen/gheilen/html.

»Kanal«. In diesem Zusammenhang ist häufig von Licht und Liebe als Heilenergie oder Energiestrom die Rede. Die Geistige Heilung geht davon aus, dass die Aussicht auf Heilung umso größer ist, je mehr sich sowohl Heiler als auch Patient dieser Heilenergie überlassen: Nur so könne sie uneingeschränkt fließen und Disharmonien im menschlichen Geist auflösen.

Aus ihren Heilerfähigkeiten beziehen Heilende mitunter einen enormen Selbstwert. Selbst Menschen, die eine Ausbildung in Geistiger Heilung absolviert haben, in der einer der wichtigsten Grundsätze »Nicht *ich* heile. Ich bin nur ein Kanal für die Kraft, die Gott durch mich wirken lassen will« lautet, geben schon kurze Zeit danach mit großer Euphorie ihre vermeintlichen Heilerfolge zum Besten: »*Ich* habe einen Ausschlag geheilt« heißt es dann. Oder salopper: »Ich habe da jemanden mit Krebs. Ob *ich* es schaffe, den Krebs zu wegzukriegen?« Im spirituellen Feld spricht man dann von »Heiler-Ego« und Mangel an Demut, weil das Prinzip dieser Form Geistigen Heilens nicht auf »Machbarkeit«, sondern auf »Geschehen lassen« basiert. »Wenn jemand glaubt, er könnte jemanden heilen, dann ist das unter diesem Gesichtspunkt einfach falsch«, korrigiert ein Informant. »Ich kann niemanden heilen. Jede Heilung ist eine Selbstheilung, d. h. derjenige muss seine eigene Betrachtungsweise zugrunde legen und sehen, was er an Veränderungen vorzunehmen hat. Es kann nicht von außen geschehen, es kann nur von innen geschehen.«[408]

Dass spirituelle Heilmethoden in Deutschland im Vergleich etwa zu Großbritannien und den USA so schwer um Anerkennung zu kämpfen haben, führt der Mediziner Ulrich Klettner u. a. auf das Auftreten von manchen Geistheilern in Deutschland selbst zurück, »die sich oft mit einer unverständlichen Aura des Spiritistischen umgeben, Guru-Rollen übernehmen und ihre Patienten und Bewunderer in psychische Abhängigkeiten bringen, – anstatt sie auf Eigenverantwortung, Eigeninitiative und eigene Stärken hinzuweisen«[409].

Eigenverantwortung und Aktivierung von Selbstheilungskräften sind wichtige Schlagworte der neuen, spirituellen und energetischen Sichtweisen von Heilung. Bücher zum Thema waren bereits seit Anfang der Neunzigerjahre des 20. Jahrhunderts in den Buchhandlungen zu finden. In den letzten Jahren sind immer wieder spektakuläre Fälle von Spontanremissionen unheilbar krank geltender (Krebs-)Patienten auch von schulmedizinischer Seite bestätigt worden, die nach heutigem schulmedizinischem Wissensstand (noch) nicht zu erklären sind. Heilung durch den Geist wird mehr und mehr zu einem auch von Seiten der traditionellen Wissenschaften ernst genommenen Forschungsbereich.[410]

Gerade die überraschend schnellen Heilerfolge sind es bei vielen, die ihnen Gewissheit geben, auf einem – vielleicht gerade erst zögerlich – angefangenen Weg fortzuschreiten: »Ich hatte ganz zu Anfang, da hatte ich meine Ausbildung noch nicht als Geistige Heilerin, einen sehr starken Ausschlag, eine Allergie gegen Waschmittel, die wirklich so schlimm war, dass der ganze Körper mit Ekzemen übersät war. Es ging schon in die Schleimhäute, Nasenschleimhäute, es griff schon die Lunge an, es war wirklich sehr schlimm. Ich versuchte, das über den Arzt zu regeln mit Corti-

408 Informant 9M58.
409 Klettner, Ulrich: Geistiges Heilen, in: http://www.dgh-ev.de.
410 Vgl. dazu das Sonderheft esotera essenz: Der Geist heilt. Dem Wunder auf der Spur, Freiburg 1998. Mit Berichten von Heilungserfolgen bei so scheinbar unheilbar Kranken.

son und scheiterte. Im Gegenteil, es wurde sogar noch schlimmer. Daraufhin konsultierte ich eine Freundin, die Geistige Heilung zu dem Zeitpunkt schon ausübte. Und sie sagte: ›Bitte doch mal [Gott] darum, dass es dir genommen wird.‹ Das habe ich dann auch getan. Ich kann berichten, dass über Nacht alle Ekzeme zurückgegangen sind und ich von diesem körperlichen Leiden befreit war. Dieser Heilungsprozess ging einher mit einer Wahrnehmung von einer riesigen Energie, die mich umhüllt hat. Ich würde es sogar als Licht bezeichnen, als Wärme, die mich nachts eingehüllt hat, sodass ich am Morgen wirklich bis auf ein paar Stellen noch geheilt war und aufstehen konnte, und das ohne Medikamente, ohne Arzt.«[411]

Der Harvard-Mediziner Herbert Benson gilt seit über 35 Jahren als Pionier bei der Erforschung des Zusammenspiels von Körper und Geist. Ihm zufolge reduzieren Meditation und bestimmte Gebetsformen Stress und tragen zur Gesundung bei. Nach Erfahrungen der amerikanischen Zellbiologin Joan Borysenko verläuft der Weg zur Heilung über den inneren Frieden, »im Augenblick präsent zu sein, statt den Intellekt irgendwo in die Vergangenheit oder Zukunft hineingaloppieren zu lassen. (...) Wenn man in diesem Zustand ist, den Benson den ›Relaxation Response State‹ nennt, gehen Herzschlagfrequenz und Blutdruck herunter, und bestimmte Anzeichen dafür, dass die Abwehrkräfte funktionieren, gehen herauf. Das ist ein heilender Seinszustand«[412]. (siehe auch S. 47, Entspannung und Stille)

Das Konzept der Geist- oder Glaubensheilung findet sich bei unterschiedlichen Gruppen und Bewegungen im spirituellen Feld. Bei *Universelles Leben* gilt Krankheit als Folge falschen Denkens und Verhaltens. Die *Christliche Wissenschaft* kennt die Heilung durch Gottes Geist. Gott gilt hier als zentrales Prinzip: »Alles Unvollkommene und Böse, einschließlich der Materie, gehört nicht zur Wirklichkeit Gottes. Legt der Mensch den verhängnisvollen Irrtum von der Wirklichkeit des Bösen und der Materie ab, macht er sich frei von dem Wahn, die Materie sei etwas ›Tatsächliches‹. Dann tritt er in Harmonie mit Gott, und es zeigt sich, dass alle Übel, Krankheit und Leid, nichts sind.«[413] Schamanische Konzepte gehen davon aus, dass viele Symptome durch kleinere oder größere Schockerlebnisse zustande kommen, bei denen der Mensch einen Teil seiner Seele verliert. Auf ihren schamanischen Reisen in die geistige Welt versuchen die Schamanen, das verlorene Stück Seele für die Patienten wieder zurückzuholen.[414] (siehe auch S. 167, Zwischen den Welten)

Dass spirituelles Heilen bei vielen zunehmend in den Blick rückt, zeigt auch das wachsende Interesse an den seit 1983 stattfindenden *Basler Psi-Tagen,* dem Publikumskongress für Grenzgebiete der Wissenschaft und den damit verbundenen *Weltkongressen für geistiges Heilen*. Die sechste Veranstaltung dieser Art im November 2003 endete mit einer Rekordbesucherzahl von 7000 Menschen. Bei der viertägigen Großveranstaltung waren zweihundert Heiler, Ärzte und Wissenschaftler aus 18 verschiedenen Ländern aufgetreten. Besucher konnten sich in über 100 Vorträgen, Seminaren, Workshops und Demonstrationen ein eigenes Bild über die unterschiedlichen Behandlungsformen, Vorgehensweisen und Ausbildungsangebote machen.

411 Informantin 2W35.
412 esotera essenz, 58.
413 Finke, Andreas (2001), 538. Vgl. Baker Eddy, Mary: Wissenschaft und Gesundheit, 113ff, Boston 1998.
414 Vgl. Martin, Ariane (1996), 42f. – Vgl. auch Forschungsbeiträge aus Österreich: Moos, Ute: Spirituelles Heilen. Der schamanische Weg zur Gesundheit, München 2001; Obrecht, Andreas J.: Die Welt der Geistheiler. Die Renaissance magischer Weltbilder, Wien/Köln/Weimar 1999; Obrecht, Andreas J. (Hg.): Die Klienten der Geistheiler. Vom anderen Umgang mit Krankheit, Krise, Schmerz und Tod, Wien/Köln/Weimar 2000.

Der 1995 gegründete *Dachverband Geistiges Heilen e. V.* ist ein Zusammenschluss von Heilern, Heilpraktikern, Heilerverbänden, Ärzten und Patienten. Er hat sich zum Ziel gesetzt, »Geistiges Heilen in das Gesundheitswesen zu integrieren, wie es in anderen europäischen Ländern bereits üblich ist«. Ihre Arbeit sehen sie »nicht als Konkurrenz zu anderen Behandlungsmethoden, sondern als zusätzliches Angebot zum Besten des Patienten«. Der Verband setzt sich deshalb u. a. für einen Verhaltenskodex für Heiler, eine bessere Rechtslage, wissenschaftliche Dokumentation und Forschung, Ausbildung und Prüfung von Heilern ein.[415] Seit Ende 1999 bietet der DGH zusätzlich eine Prüfung zum »Anerkannten Heiler des DGH« an. Der Heiler darf den Titel zur Unterstützung seiner Seriosität hinter seinem Namen führen. Als weiteren Erfolg wertet der DGH die Entscheidung des Bundesverfassungsgerichtes vom 2. März 2004, aus dem Heilpraktikergesetz kein Tätigkeitsverbot für Geistheiler abzuleiten. »Dies verletze deren Grundrecht auf freie Berufsausübung nach Artikel 12 Absatz 1 des GG.«[416] Wer also die Selbstheilungskräfte des Patienten durch Handauflegen aktiviert und dabei keine Diagnosen stellt, benötigt folglich keine Heilpraktikererlaubnis.[417]

Die Leistungen solcher Heiler werden dennoch von Außenstehenden mit Skepsis verfolgt; manch einer hält ihnen Betrug vor. Vorsätzlich betrügen nach eigenen Beobachtungen und auch Mediziner Rüdiger Dahlke zufolge die wenigsten: »Sie leiden im Allgemeinen an derselben Kritikunfähigkeit wie ihre Kunden und halten sich selbst für hochbegabt, die anderen aber für Scharlatane.«[418] Der Gegenwind ist dennoch stark: Geistige Heilung sei ein »Ärgernis für unsere heutige Verstandeskultur«, meint Jakob Bösch. Der Chefarzt der Externen Psychiatrischen Dienste Baselland muss es wissen. Seit 1997 arbeitet er mit einer spirituellen Heilerin in seiner Klinik zusammen und ist einer der engagiertesten Forscher auf diesem Gebiet. Er verfolgt die Vision von der »Gesundung der Medizin« und will seinen Beitrag zur Überwindung ihrer Krise leisten, indem er aufzeigt, dass der spirituelle Aspekt in die Medizin reintegriert werden muss, um zukunftsfähig zu sein.[419]

Sich wandeln

Erneuerung, Verwandlung, Heiligung –
und die Seele stürzte herüber –, ich weiß.
Aber wer macht sich neu und zerschlüge sich nicht vorher.
Rainer Maria Rilke

Obwohl viele Menschen auf der körperlichen Ebene (wieder) gesund sind, empfinden sie sich nicht als ganz. Sie haben vielmehr das Gefühl, als seien ihnen wichtige Aspekte ihrer selbst abhanden gekommen, als hätten sie etwas von sich selbst verloren. Die Erfahrung eines »vom Rest der Welt getrennten Ichs« nennt Weis eine »erste, elementare menschliche Unheilserfahrung«[420]. Der verstrickte Mensch sei

415 http://www.dgh-ev.de.
416 Welt am Sonntag, 23. 5. 2004.
417 Auflagen nach dem Lebensbewältigungsgesetz: Der Heiler muss seine Patienten schriftlich darauf hinweisen, dass seine Tätigkeit die Tätigkeit des Arztes nicht ersetzt. Dieser Hinweis sollte dem Patienten entweder als Merkblatt vor (!) Behandlungsbeginn übergeben werden oder auf einem gut sichtbaren Aushang im Behandlungszimmer stehen.
418 Dahlke, Rüdiger und Margit: Okkultismus, München 1990, 191.
419 Vgl. Bösch, Jakob: Spirituelles Heilen und Schulmedizin, Bern 2002. – Als Bösch sich 1995 entschloss, offen zu seiner wissenschaftlichen und weltanschaulichen Position, das geistige Heilen zu erforschen und in die Schulmedizin zu integrieren, zu stehen, wurde er »aus verschiedenen Kreisen angefeindet« und musste auf seine Titularprofessur verzichten.
420 Weis, Hans-Willi (1998), 22f.

gelähmt, gefangen in seiner eigenen Ängstlichkeit vor der möglichen Veränderung, auch wenn sie Erlösung heißt.

Ein Heilpraktiker findet bei seinen Patienten die verbreitete Auffassung vor, wenn sie erst einmal heil oder gesund seien, seien sie auch glücklich. Er selbst hat da seine Bedenken: »Ich halte es für einen großen Irrtum der Menschen, dass sie nach Gesundheit streben und alles Mögliche machen, um gesund zu werden. Sie werden niemals gesund werden und glücklich werden sie schon mal gar nicht, sondern eher umgekehrt. Ich kenne genug Menschen, die sind gesund, fast heil, sind aber unglücklich. Ich kenne es von mir selbst, dass ich so meine Beschwerden habe, aber trotzdem glücklich bin. Und ich kenn den umgekehrten Zustand. Deswegen strebe ich persönlich Gesundheit nicht an. Ich strebe Erfüllung an.«[421]

Kaum jemand erfährt diese Erfüllung in Form eines tiefen inneren Friedens dauerhaft. Die meisten können sich gar nicht vorstellen, wie es sich anfühlt, erfüllt und frei zu leben. »Wir sind automatisiert«, sagt Paul Lowe, »vollkommen unfrei, belastet mit moralischen Konditionierungen, diesen aufgepfropften Programmen des Das-darfst-du, Jenes-darfst-du-nicht.«[422] Die Sichtweise des international bekannten spirituellen Lehrers teilen viele. Die meisten Menschen sind durch ihre vielfältigen Verstrickungen und Verstellungen, durch ihre Masken und Macken geradezu blockiert. Gift für Wandlung und Neuanfang, für das authentische und erfüllte Menschsein, nach dem sich viele sehnen.

Sich aus dem, was Lowe mit »Unbewusstheit« bezeichnet, zu befreien, regt spirituell Orientierte dazu an, sich mit spirituellen Heilslehren zu beschäftigen. Sie sehnen sich nach allumfassender Wandlung und Erneuerung, nach Transformation. Das erfordert die Bereitschaft, sich überhaupt verändern zu wollen und Verantwortung dafür nicht an andere abzugeben, sondern selbst zu übernehmen.

Sich wie ein »neuer Mensch« fühlen, »ein neuer Mensch« werden, das ist das Ziel der Erlösungs- und Wandlungsrouten. Darüber, was diesen Menschen ausmache und in welcher Relation er zum jetzigen Menschen – spirituell, biologisch, sozial – stehe, gehen die Einschätzungen auseinander. Sie bewegen sich zwischen »Ihr werdet sein wie Gott« (also seid ihr jetzt keinesfalls so) und »Ihr seid schon göttlich« (vertreten durch die beiden Positionen »Also ist auch das Dunkle im Menschen göttlich, folglich kann man sich eigentlich gehen lassen« und »Entfaltet diese Göttlichkeit immer mehr und verhaltet euch dementsprechend«).[423]

Der Satanist Crowley erwartete einen Menschen, der sich mit Hilfe magischer Praktiken aller Beschränkungen entledigen können würde. Dabei ging es ihm um die »Umwertung aller bisher bestehenden Werte« bis hin zur »totalen Autonomie«.[424] Mitglieder der Scientology Church streben einen Seinszustand als »Operating Thetan« an. Eine Anhängerin schildert: »Uns geht es darum, unseren Mitgliedern einen geistigen Lösungsweg zur Verfügung zu stellen, sie auf dem geistigen Lösungsweg geistig zu befreien, um sie Gott, dem höchsten Wesen und sich selber als geistiges Wesen näher zu bringen.«[425] (siehe auch S. 199, Der neue Mensch)

421 Informant 6M33.
422 Lowe, Paul, in: Die Zeit, 24. 6. 2004.
423 Die Bezeichnung »neuer Mensch« kann sich auf den Einzelnen beziehen, der sich im Rahmen seiner Möglichkeiten gewandelt und befreit hat, so dass sein eigentliches Wesen zum Vorschein kommt, in Sinne von »so sein, wie er schon immer gedacht war«. Sie kann sich auch auf eine Form von evolutionär-fortschreitender Wandlung beziehen, die die ganze Menschheit durchlaufen soll.
424 Ruppert, Hans-Jürgen (2001), 291.
425 Interview mit einer Frankfurter Scientologin, durchgeführt von J. Jäckel und A. Krieger, Universität Mainz, Juni 2004.

Nicht immer führen die großen Routen auch zu tief greifender Wandlung. Manchmal kann diese schlicht und dennoch folgenreich daherkommen, einfach durch Hinwendung an den eigenen göttlichen Ursprung. Eine Informantin erfuhr dies durch Stilleübungen in einem Meditationskurs nach einer von starken Emotionen begleiteten, tiefen Lebenskrise, die ihrer Schilderung nach durch eine Psychotherapie noch begünstigt wurden: »Ich war am Boden zerstört und wusste aber irgendwann, es kann nicht sein, dass ich mich ständig in meiner Wut und meiner Aggression, in meiner Trauer suhlen und dadurch gesund werden soll. Irgendetwas hat sich so gewehrt dagegen.« Geholfen hat ihr der Weg der Meditation. »Da konnte ich dann einfach komplett umdrehen und nicht immer auf dieser Wut, Kummer und Aggressionen rumreiten, wie es in der Psychotherapie gelehrt und gemacht wird. Ich konnte das einfach alles so wie Müll nach unten abgeben, loswerden. Das war so eine Erleichterung. Und ich war auf einen Schlag plötzlich wie umgedreht, wie 180 Grad. Dass ich wieder eine Perspektive gesehen habe, Leben, Zuversicht. Ich habe vorher gezweifelt, ob es Gott überhaupt gibt. Und da habe ich gesehen, dass ich ganz nahe mit Gott verbunden bin, weil ich ihn im Herzen spüren kann. Und von dem Augenblick an war ich geheilt.« Folge dieser inneren Heilung war bei der Informantin auch Heilung auf der körperlichen Ebene: »Ich hatte [vorher] furchtbar zugenommen, ich hatte Hautprobleme, es war einfach alles kaputt. Und dadurch, dass ich diese Gewissheit hatte, hat sich mein Körper einfach wieder erholt. Ich habe wieder abgenommen, die Haut wurde besser. Es kam eigentlich von innen, aus diesem geistigen Bereich. Ich bin zu keinem Arzt mehr gegangen, zu keiner Psychotherapie. Das war alles, was ich tun musste. Ich musste mich einfach nur dafür entscheiden.«[426]

Hinweise dafür, dass Hingabe an das Göttliche Heilung in hohem Maße beeinflussen kann, finden sich in allen spirituellen Traditionen. Es wird von Erlösung durch Gnade, durch Überlassen, von Freiheit durch Geschehen-Lassen gesprochen. Es geht um Freiheit durch Überwindung von »allem, was mich hält und bindet«[427], d. h. von allen Formen des Haben- und Verweilenwollens, von Emotionen wie Gier, Neid, Angst, Sorgen und Schuldgefühl, von Selbstsucht; davon, dass man sich selbst für den bedeutendsten Menschen im Zentrum einer kleinen, selbst erschaffenen Welt hält, um dessen Bedürfnisse alles Handeln und Streben kreist und nach dessen Wohlergehen alles Geschehen im Außen beurteilt wird. Eine Buddhistin wies darauf hin, wie wichtig die Unterscheidung zwischen Überwindung im Sinne von Integration und Unterdrückung im Sinne von Abspaltung ist. Es gehe darum »fertig zu sein mit den Dingen, aufgrund der Erkenntnis, dass die Dinge nicht erfüllend sind, darüber wegzugehen. Deshalb ist Loslassen eher so ein Integrationsprozess. Wenn es integriert ist, ist es nicht mehr wichtig. (…) Wir können uns rauskatapultieren aus diesen Abhängigkeiten. Das, was unheilsam ist, wird überwunden, und das, was wirklich heilsam, förderlich, weise, ist, was Kraft hat, das wird geprägt und etabliert. Man sagt, der Geist wird entfaltet.«[428]

Anfang der Neunzigerjahre des letzten Jahrhunderts erregte *Ein Kurs in Wundern* (entstanden zwischen 1965 und 1972 in den USA, erstmals veröffentlicht 1976) als eines der grundlegenden spirituellen Lehrwerke der Gegenwart auch in Deutschland Aufsehen.[429] Die Botschaft ist im Grunde einfach: Jeder Mensch trägt die Fähigkeit

426 Informantin 1W25.
427 Informantin 3W42.
428 Informantin 3W42.
429 Ein Kurs in Wundern, Gutach i. Breisgau 1994.

zum Glücklichsein in sich, denn hinter seinen Ängsten und Schuldgefühlen schlummert die Erinnerung an Gott, die durch Vergebung in das Bewusstsein zurückkehren kann. Es geht darum zu erkennen, dass der Mensch in jedem Moment selbst die Entscheidung zwischen »Frieden und Konflikt«, »Wahrheit und Illusion«, zwischen Liebe und Angst trifft. Es geht um eine Umschulung des Geistes von einem Denksystem, das durch Erlebnisse der Vergangenheit sowie von Projektionen in die Zukunft und somit durch ständige Beurteilung und Wertung der Gegenwart bestimmt wird, hin zu einer korrigierten Sichtweise des Lebens hier und jetzt, in der die Beziehung zu Welt und Mitmenschen durch Liebe bestimmt wird. In der Fähigkeit des Menschen, zu lieben statt zu beschuldigen, vorurteilsfrei wahrzunehmen statt zu bewerten, liegt demnach der Schlüssel, der zu einer umfassenden persönlichen Veränderung und tiefem geistigen Frieden führen kann.[430]

Wandlung und Erneuerung meint also nicht, etwas hinzu zu bekommen, was vorher nicht da war, sondern sich von etwas zu befreien, was zu viel oder was aus spiritueller Sicht falsch ist und mögliche Wandlung hemmt. »Und da beginnt für mich der spirituelle Pfad«, erklärt eine Informantin, »wo es darum geht, Ich-Strukturen aufzulösen. Also alles, was mich manifestiert, was identifiziert. Die Befreiung ist dann die vollständige Heilung.«[431]

Der Wille scheint Wachstum und Blockade zugleich verursachen zu können. Nicht im »Prozess des Wachsens, nur in diesem Wollen liegt der Krampf«[432]. Erneuerung in spirituellem Sinne setzt jedoch radikales Überlassen, Selbsthingabe, voraus. Wandlungen können langsam geschehen, wenn »die Zeit reif ist«, aber auch plötzlich durch intensive Erlebnisse. Eine Informantin hat spirituelle Wandlung als umfassende Zerstörung ihrer Person erlebt, durch die alles, was sie ausmachte, »in nichts zerfiel«. Dennoch empfand sie nach anfänglichen Ängsten keine Wehmut oder Trauer, sondern »Gefühle der Erlösung, Befreiung, Erleichterung. Ein unbekannter Gleichmut stellt sich ein. Nichts, was vermisst wird. Nichts, wonach sich gesehnt wird. Nichts, was fehlt. Das Nichts als Qualität, die nichts will und doch Fülle ist. Keine Bewegung, keine Regung, nur Ausdehnung, die nicht (gemacht) werden muss, sondern einfach ist. Ich fühle mich nicht weniger. Ich beobachte. Ich bin still. Kein Empfinden von Besonderheit, eines außergewöhnlichen Zustandes. Nur Selbstverständlichkeit und Leere. ›Ich bin durchlässiger Raum‹, denkt es. Mehr nicht. Weniger nicht. Und selbst anderes daneben nicht.«[433]

Es sind auch solche Erschütterungen, regelrechte Weltuntergänge, die Menschen aus den Verhaftungen und Vorstellungen eines vom Rest der Welt getrennten Daseins reißen lassen. »Der einzige Weg zur Erlösung ist, sich in einen bodenlosen Abgrund zu stürzen. Und das ist gewiss keine leichte Aufgabe«, so der Zen-Meister Daisetz T. Suzuki.[434] Denn wenn jemand zu viel auf sich selbst, auf die »eigenen Macken«, auf die Unzulänglichkeiten, die eigene Existenz starrt, so eine Einschätzung im spirituellen Feld, wird das Leid gemehrt, es entsteht Abgrenzung und Abtrennung. »Und jede Abtrennung schafft neues Leid. Unser Getrenntsein und unser Glaube an unsere Begrenztheit, das ist das, was wir mit Leid bezeichnen. Und in

430 Weiterführende Literatur: Jampolsky, Gerald G.: Lieben heißt die Angst verlieren, München 1996; Williamson, Marianne: Rückkehr zur Liebe. Harmonie, Lebenssinn und Glück durch »Ein Kurs in Wundern«, München 1993.
431 Informantin 3W42.
432 Rottenfußer, Roland, in: connection special Okt.–Nov. 2003, 68f.
433 Informantin (W35) aus dem spirituellen Feld.
434 Suzuki, Daisetz T.: Die große Befreiung. Einführung in den Zen-Buddhismus, München/Wien [17]1997, 74.

meiner rastlosen Suche nach Erlösung vom Leid und nach Vollkommenheit bestätige ich mein Getrenntsein und schaffe immer neues Leid.«[435]

Dem zufolge hieße heil sein, frei von Trennung und Anhaftung zu sein. Satsang-Lehrerin Pyar Troll weist auf Missverständnisse hin, die ihrer Ansicht nach in diesem Zusammenhang immer wieder auftauchen: »Frei von Leid und Trennung zu sein, bedeutet nicht, keine Krankheiten des Körpers, keine Schmerzen oder Traurigkeit mehr zu erfahren. Mein Erfahren ist vielmehr, dass Schmerz, auch seelischer Schmerz, stärker empfunden wird, aber es gibt keinen Widerstand dagegen, keinen Kampf, keinen Zorn, und zu gleicher Zeit sind Frieden, Stille, Raumhaftigkeit – sogar eine feine, köstliche Freude – vollkommen unverändert stets vorhanden.«[436] (siehe auch S. 175, Erleuchtet und erwacht)

Heilsbilder

Neben den unterschiedlichen Wegen, die Heilung ermöglichen sollen, findet sich im spirituellen Feld auch die Vorstellung von einem Heilsein, das im Menschen bereits vorhanden ist.

Während die Dimension *Heilswege* Bewegungen aufgezeigt hat, die zum Ganzwerden führen sollen, widmet sich die Dimension *Heilsbilder* nun jenen Sichtweisen, die Heilsein implizieren. Diese sind zusammengefasst als *Vollkommenheit* und *Unsterblichkeit*.

Vollkommenheit

> Unsere größte Angst ist nicht,
> unzulänglich zu sein.
> Unsere größte Angst ist, grenzenlos mächtig zu sein.
> Unser Licht, nicht unsere Dunkelheit,
> ängstigt uns am meisten.
> Nelson Mandela

Im spirituellen Feld sind zwei verschiedene Vorstellungen von Vollkommenheit anzutreffen. Zum einen findet sich das Bild der Vollkommenheit im Streben nach Perfektion, in der Freiheit von Mängeln, Fehlern und Sünden. Diesem Streben liegt eine Sicht zugrunde, in der der Mensch sündhaft, schlecht und mit Fehlern behaftet ist: Er ist noch unvollkommen, er muss erst heil werden. Um die angestrebte Vollkommenheit zu erreichen, werden verschiedene Wege eingeschlagen: Fasten, Beichten, Askese, Exerzitien und weitere spirituelle Praktiken unterschiedlichster Art.

So ist das letztliche Ziel u. a. der Scientology Church »wahrhaftige spirituelle Vervollkommnung und Freiheit für den Einzelnen«. Der Mensch, der diese Vervollkommnung, die bei Scientology nicht als gegebene Vollkommenheit dargestellt wird, sondern als Prozess, erreicht hat, ist geistig frei, um seine »unbegrenzten Fähigkeiten« zu entwickeln.[437]

435 Lenz, Hans-Joachim, Das WORT GOTTES (1993).
436 Troll, Pyar: Buddha, Heilung und Spiritualität, in: Connection, Febr./März 2004.
437 http://www.scientology-frankfurt.org

Rundum schalom Die andere Vorstellung von Vollkommenheit – und um die geht es in erster Linie in diesem Kapitel – setzt gerade umgekehrt an einem ursprünglich heilen Seinszustand an. Vollkommenheit als Anfangs- und allumfassender Endzustand, dem es an nichts mangelt, da er alles hat; Vollkommenheit im Sinne von Fülle, der nichts mehr hinzufügen ist, weil bereits alles – wenn auch zu großen Teilen unentfaltet – vorhanden ist.

Der Vollkommenheit als Bild eines ursprünglichen Heilzustandes gilt die menschliche (Heils-)Sehnsucht schlechthin: *Tat tvam asi*, das bist du, so bist du gedacht. Der heile Mensch gilt als ausgeglichen, glücklich, authentisch, unversehrt, frei und unbeschwert, liebend, voller Frieden, in Harmonie mit sich und der Welt, ewig seiend, unsterblich. Für spirituelle Menschen oft zusätzlich auch schöpferisch, kreativ, weise, erleuchtet. Er lebt in Einheit mit dem göttlichen Ursprung als göttliches Wesen auf Erden.

Bei einigen Informanten spielt die Vision vom idealen Menschen gerade in Bezug auf Heilung eine bedeutende Rolle: »Für mich ist Heilsein in Verbundenheit leben mit Gott, mit meinem Ursprung. Das ist für mich der erste Aspekt des Heilseins. Wenn ich weiß, wo ich herkomme, wenn ich meinen Ursprung kenne. Ich bin da verwurzelt, auch wenn ich jetzt hier auf der Erde lebe. Allein dieses Wissen darum ist für mich schon Heilsein. Und ich weiß, dass ich ein geistiges Wesen bin, das alles in sich trägt, die Vollkommenheit in sich trägt.«[438] Daran knüpft sich ein konkretes Bild vom Menschsein an: »Ich stelle mir dieses Bild vom Menschen als Vision vor mich. Ich versuche, durch praktische Übungen in meinem Alltag diesem Bild Ausdruck zu verleihen. Ich versuche, mutiger zu sein, stark zu sein, sinnenfreudig zu sein, würdevoll zu sein oder Schönheit in die Welt zu bringen. Ich kann es nicht herbeizaubern, ich kann es nicht machen, aber ich kann mich darin üben, dieses Bild, das in mir verborgen ist, zu entdecken und nach außen zu bringen.«[439]

Ein anderer Informant, der eine Jahrzehnte lange Erfahrung als praktizierender Arzt hinter sich hat, ergänzt: »Wenn du jetzt erkennst, dass du Leben bist, und zwar Leben in vollkommener und harmonischer Weise, dann weißt du auch, dass dein Hersteller eigentlich dich nicht schikanieren wollte und dir irgendwelche Probleme einbauen, damit du damit Schwierigkeiten bekommst, sondern dein Konzept ist absolute Heilung. Von der Sicht des Lebens aus bist du vollkommen. Was dir fehlt, ist einfach diese Perspektive. Und wenn du erkennst, dass das eine etwas Gewöhnliches ist, und damit hast du alle Probleme dieser Welt, und das andere ist gleichzeitig in dir enthalten, dann kannst du erkennen, wenn du deine Sichtweise änderst, wenn du versuchst, dein Bewusstsein zu kultivieren, dann ist Vertrauen die Grundlage und das Heilsein kann dann ohne Probleme einsetzen. Denn vorher hast du das ja mit deinen Gedanken, mit deinen Gefühlen und Ängsten blockiert.«[440]

Sein, was man vom Ursprung her ist Heilsein gilt als Zustand der Fülle und des Friedens, als Zustand, in dem man einfach nur da ist, im Augenblick, der nichts mehr will und alles hat. Dieses Heilsbild konsequent zu Ende gedacht, führen dorthin weder Techniken noch Therapien, die von Mangel ausgehen und Fülle erreichen wollen. »Allein die Bewusstheit des bereits Angekommen-Seins segnet und heilt mich

438 Informantin 2W35.
439 Informantin 2W35.
440 Informant 9M58.

jederzeit. (…) Nur das unbeirrbare Festhalten an der Wirklichkeit Gottes, die bedingungslose Hingabe an die göttliche Vollkommenheit in mir erlösen mich aus den leidvollen Erfahrungen des Lebens.«[441] Dies bedeutet folglich, nicht mehr heil werden zu wollen als vielmehr sich seines uranfänglich heilen Seinszustandes bewusst zu sein. »Ich versuche, in diesen heilen Zustand zu gehen«, erklärt ein Informant, »aber ich versuche nicht, heil zu werden, indem ich danach trachte, was muss ich jetzt machen, damit ich jetzt keine Rückenschmerzen mehr habe, damit ich meine Beschwerden wegbekomme. Heilung ist immer die Folge von etwas, nicht die Ursache.«[442]

Viele spirituelle Menschen machen sich auf den Weg und suchen und suchen – nach sich selbst, nach dem göttlichen Geheimnis. Sie suchen nach dem, was sie zu entbehren glauben. Und je mehr sie suchen, desto stärker wird das Gefühl, dass ihnen etwas fehlt, dass das, was sie suchen, in unendlicher Ferne liegen muss, gerade weil sie es nicht erreichen. »Wohin gehst Du? Wonach suchst Du? Nach wem suchst Du? Es verlässt niemals diesen Platz, (…) es ist immer Hier und Jetzt. … Sitz einfach still da, und sei, und wisse. Sei still und wisse. (…) Gott ist nicht irgendwo anders, Gott befindet sich im tiefsten Kern deines Wesens.«[443]

Der heile Mensch gilt als einer, der nicht (mehr) suchen muss, weil er keinen Mangel (mehr) empfindet. Als einer, der in Freiheit lebt, in einem Zustand der Begierdelosigkeit, in der Wollen und Sollen eins ist: Tun, was man will und wollen, was man tut. Der heile Mensch will Freiheit nicht *haben*, heißt es, er weiß vielmehr: Frei kann man nur *sein*: Der heile Mensch wird wahrgenommen als einer, der in Verbindung mit der geistigen Welt steht und über ein weit über die Grenzen seines eigenen Körpers reichendes Bewusstsein verfügt. (siehe auch S. 199, Der neue Mensch)

Unsterblichkeit

> Es wäre so einfach und würde
> die schrecklichen Dinge im Leben so gut erklären,
> die uns jetzt so verblüffen und verletzen,
> wenn das Leben noch eine andere Hemisphäre hätte,
> freilich eine unsichtbare,
> auf der man landet, wenn man stirbt.
> Vincent van Gogh

Die Gesetze der Endlichkeit zu überschreiten, ewig zu sein – diese Sehnsucht findet auf vielerlei Art ihren Ausdruck. Genährt wird sie durch unterschiedlichste Perspektiven, sei es durch die Hoffnung, auch nach dem Tod in einer anderen Welt weiterzuleben, sei es durch die Vorstellung, im physischen Körper auf der Erde zu leben oder in den Gedanken jener, die sich an den Verstorbenen und seine Taten und Werke erinnern. Es lässt sich zwischen Vorstellungen physischer und geistiger Unsterblichkeit unterscheiden.

Nicht nur beim Künstler, sondern auch beim Intellektuellen, Wissenschaftler, Sportler oder Staatsmann findet sich die »Hoffnung auf Unsterblichkeit durch Ruhm«, so Liessmann, als »eine wesentliche Triebfeder seines Handelns«.[444] Die Verbindung von Ruhm mit Unsterblichkeit zieht sich durch die Kulturgeschichte. Die

441 Lenz, Hans-Joachim: Das WORT GOTTES, 1993.
442 Informant 6M33.
443 Osho: The Sun Rises in the Evening, zit. in: http://www.leben-sterben.de.
444 Liessmann, Konrad Paul u. a.: Ruhm, Tod und Unsterblichkeit. Nachdenken über die Endlichkeit, Wien 2004.

antiken Griechen sahen im Ruhm, vor allem durch körperliche Tapferkeit, eine Möglichkeit, ihre Sterblichkeit zu überwinden. Die Römer strebten nach Ruhm durch geistige Höchstleistungen oder militärische Erfolge. Christen konnte stattdessen ein lauteres, demütiges und heiliges Leben hoffen lassen. »Denn unser Ruhm ist dieser«, so Paulus, »das Zeugnis unseres Gewissens, dass wir in Einfältigkeit und göttlicher Lauterkeit, nicht in fleischlicher Weisheit, sondern in der Gnade Gottes auf der Erde gewandelt sind« (2 Kor 1,12).

In der Gegenwart gilt Vergöttlichung wenig, Vergötterung hingegen umso mehr: Verehrt werden Filmgöttinen, Fußballhelden und Superstars. Die so genannte »Hall of Fame« soll den Ruhm erfolgreicher Menschen bewahren, sie über ihren Tod hinaus gegenwärtig halten und auf diese Art unsterblich machen. Es sind viele, die heute berühmt sein wollen, wenn auch nur für wenige Minuten; durch einen Auftritt bei TV-Sendungen wie »Deutschland sucht den Superstar« oder durch ein kaum noch Aufsehen erregendes Coming-Out in einer Talkshow. Gesetzt wird auf weltliche Größe, verliehen durch andere Menschen. Gleichzeitig nährt sich bei vielen die Ansicht, dass ihnen ohne Bezug auf die höheren Mächte auch die Aussicht auf die von ihnen geschenkte Unsterblichkeit verloren geht.

Ewige Physis Memoria-Unsterblichkeit reicht vielen nicht aus. Sie suchen nachhaltigere Wege, ihr physisches Leben ins Endlose zu verlängern. Technischer und medizinischer Fortschritt tragen das Ihre dazu bei, angefangen von Anti-Aging-Rezepten in der Cytologie[445] über Konzepte der Kryonik[446] und des Transhumanismus[447] bis hin zur Genetik mit ihren Visionen vom geklonten Menschen und zur Vorstellung, man könne wenigstens sein Bewusstsein auf einem Computerchip bewahren. So fördert der Verein FALK e. V. die Alternsforschung, Lebensverlängerung und Kryonik auf wissenschaftlicher Grundlage.

Unsterblichkeitssehnsüchte sind auch in der Computertechnologie verbreitet. Was für die einen Alptraum wäre, ist für manche ihrer Vertreter Wunschtraum: den Menschen zum Roboter umformen und das Gehirn bzw. seine Inhalte auf Datenträger kopieren zu können. Für Hans Moravec, Direktor des Mobile Laboratory der Carnegie Mellon University (USA), bedeutet Unsterblichkeit, den menschlichen Geist aus seinem Körper zu befreien und als Datei in einen Roboter zu übertragen. Den chirurgischen Eingriff für die Geisttransplantation beschreibt er folgendermaßen: »Man hat Sie gerade in den Operationssaal geschoben. Ein Roboter in der Funktion des Gehirnchirurgen wartet auf Sie. Neben Ihnen steht ein Computer bereit, ein

445 Vgl. Bahnsen, Ulrich: Das Projekt Unsterblichkeit. Der Tod ist unvermeidlich, doch das Leben kann im Labor verlängert werden, in: Die Zeit, 23. 1. 2003.

446 Kryonik: Aufbewahrung eines Leichnams in flüssigem Stickstoff bei minus 196 Grad Celsius mit der Absicht, die Verwesung des Leichnams zu verhindern. Bei dieser tiefen Temperatur hören jegliche biologischen Prozesse auf. Der »Tote« kann so unbeschränkt über Jahrhunderte gelagert werden zum Ziel, den toten Körper zu späterer Zeit wieder zum Leben zu erwecken. Im Tierreich ist der Vorgang des Einfrierens in den Wintermonaten und des Wiederauftauens im Frühjahr z. B. bei Fröschen bekannt. Dem Menschen fehlen allerdings diese zellulären »Gefrierschutzmittel«. Diese Methoden werden hauptsächlich in den USA forciert, doch auch in Europa ist ein Kryonik-Projekt zur »Lebensverlängerung« in Planung. So hat ein deutsches Kältetechnik-Unternehmen ein System vorgestellt, »mit dem sich die Gefrierschäden bei der Tiefkühlung von Körpergewebe minimieren und die kryonischen ›Patienten‹ kostengünstiger aufbewahren lassen«. Dazu auch http://www.kryonik.de.

447 Transhumanismus (Abkürzung von engl. »transitional human«) basiert auf der Annahme, dass die menschliche Spezies nicht das Ende unserer Evolution darstellt, sondern vielmehr ihren Anfang. T. will grundlegende menschliche Grenzen mittels Wissenschaft, Technik, Kreativität u. a. überwinden und auch Technologien einsetzen, die den natürlichen Alterungsprozess aufhalten und die intellektuellen, physischen und psychischen Kapazitäten des Menschen erweitern sollen. Weiteres unter http://www.transhumanismus.de.

menschliches Äquivalent zu werden, wozu ihm nur ein geeignetes Programm fehlt. Ihr Schädel, aber nicht Ihr Gehirn, wird betäubt. Sie sind bei vollem Bewusstsein. Der Roboterchirurg öffnet Ihre Schädeldecke und legt die Hand auf die Oberfläche des Gehirns. (…) Die Hand des Roboterchirurgen senkt sich um den Bruchteil eines Millimeters tiefer in Ihr Gehirn. (…) Schicht um Schicht wird das Gehirn zunächst simuliert und dann abgetragen. Schließlich ist Ihr Schädel leer, und die Hand des Chirurgen befindet sich tief in Ihrem Hirnstamm. Dennoch haben Sie weder das Bewusstsein noch den Faden Ihrer Gedanken verloren. Ihr Geist ist einfach aus dem Gehirn in eine Maschine übertragen worden. In einem letzten unheimlich anmutenden Schritt nimmt der Chirurg seine Hand aus Ihrem Schädel. Ihr plötzlich sich selbst überlassener Körper verfällt in Krämpfe und stirbt. (…) Ihr Geist ist jetzt an den glänzenden neuen Körper angeschlossen, dessen Form, Farbe und Material Sie sich selbst ausgesucht haben.«[448]

Die Raëlianer wollen Unsterblichkeit durch Menschenklonen erreichen: »Schließlich waren die Menschen auch nur gentechnische Produkte der Himmlischen und Jesus der erste Klon.« Begründer Raël zufolge haben Außerirdische die menschliche DNA entwickelt. Das Klonen könne den Menschen jetzt auf der Erde zur Unsterblichkeit verhelfen.[449]

Im spirituellen Feld verbreitet die Australierin Ellen Greve, bekannter als Jasmuheen, die Lehre, man könne, wenn man sich nur noch von Licht, der »kosmischen Lebensenergie Prana«, ernähre, also auf materielle Nahrung verzichte, auf die nächste Bewusstseinsebene aufsteigen und »spirituelle Meisterschaft« verbunden mit »physischer Unsterblichkeit« erlangen. Dazu empfiehlt sie einen 21 Tage dauernden Umstellungsprozess, nach dem der Körper ohne physische Nahrung auskommen können soll. Jasmuheen selbst behauptet, seit 1994 nichts mehr zu essen und ausschließlich von »Licht« zu leben.[450] In Folge begannen auch andere, die Lehre von der Lichtnahrung zu verbreiten, die Zahl der Internetseiten ist in der Zwischenzeit enorm angewachsen. Ein wichtiges Motiv für die Anhänger ist die Vorstellung, Macht über die Prozesse des eigenen Körpers und seine Sterblichkeit zu erlangen.[451]

Übergang zu neuem Leben Themen wie Altern und Tod sind in der abendländischen Kultur häufig negativ und eher angstbesetzt. Viele weichen einer Auseinandersetzung aus – und werden früher oder später doch damit konfrontiert. Selbst Seelsorgern und Therapeuten bereitet der Umgang mit Sterbenden mitunter Schwierigkeiten. Das Wissen über das, was beim Sterben geschieht, ist gering und die Furcht davor umso größer, obwohl viele ihren Körper nicht wirklich schätzen: Wenn es allerdings an der Zeit ist, »ihn ›abzulegen‹, dann wird er uns plötzlich so unerhört wichtig wie unser größter Schatz«[452]. Die renommierte Heilerin Rosina Sonnenschmidt weiß, wovon sie spricht. Sie hat sich über viele Jahre mit »Sterbe-Energetik« beschäftigt und Menschen beim Sterben begleitet. Wenn man ihre Texte liest, spürt

448 Moravec, Hans: Mind Children. Der Wettlauf zwischen menschlicher und künstlicher Intelligenz, (Harvard 1988), Hamburg 1990, 152–154.
449 http://www.rael.org.
450 Jasmuheen: Lichtnahrung. Die Nahrungsquelle für das kommende Jahrtausend, Brugrain 1997.
451 http://www.sabon.org/prana/licht.html; http://www.glueckleben.de/lichtnahrung.html; http://www.s-line.de/homepages/keppler/lichtnahrung.htm; http://www.pranalight.de/fragelis.htm.

man sofort: Mit Tod verbindet sie bei aller Empathie für die Sterbenden nicht Angst und Leid, sondern die Möglichkeit zur Befreiung. Im Sterben sieht sie die »größte Wandlung des Bewusstseins und die endgültige Form der Heilung«[453], aber nicht physisch, sondern eher im geistigen Sinn. »Allein schon, wenn ein Therapeut das Sterben genau wie das Leben in seinem Bewusstsein verankert hat, wenn man das Heilende in der Exkarnation genau so wie in der Inkarnation erkennt«, so Rosina Sonnenschmidt weiter, »finden Heilungen statt, die der Ratio widersprechen.«[454] Geprägt wurde ihre Sichtweise vor allem durch die Lehren des Bardo Thödol, des »Tibetischen Buchs der Toten«.[455] Hier fanden viele Menschen des spirituellen Feldes Anregungen und Antworten auf Fragen nicht nur des Sterbens, sondern auch des Lebens.

Zu einer anderen Sichtweise des Sterbens haben vor allem Elisabeth Kübler-Ross, Raymond A. Moody und Bernard Jacoby beigetragen.[456]

In den grundlegenden Schriften der unterschiedlichen Religionen ist das Leben nach dem Tod erwähnt. Die Vorstellung von der Unsterblichkeit des Geistes macht eine wesentliche Grundlage der Spiritualität aus. Im spirituellen Feld herrscht fast ausnahmslos die Sichtweise vom Leben nach dem Tod vor. »Für mich gibt es Leben nach dem Tod auf jeden Fall«, erklärt eine Informantin. »Den Aufenthalt hier auf der Erde sehe ich als Zwischenstation, als einen Besuch, könnte man sagen. Und von daher ist das Thema Tod nicht mehr mit Angst behaftet, wie es vielleicht früher war, als ich noch dachte, der Tod ist das Ende. Wenn man anerkennt, dass man etwas ist, das auch in einer anderen Dimension lebt, das erscheinen kann und auch wieder gehen, ohne dass man stirbt, dann hat der Tod eigentlich keine Bedeutung mehr. Es ist das Bewusstsein, das bleibt, und auch eine Gestalt, die bleibt. Die Gestalt ist nicht mehr sichtbar, sie ist feinstofflich. Es ist ein ganz tiefes inneres Wissen, was ich in mir trage. Ich finde es eher abstrus, wenn Menschen die Vorstellung haben, das Leben sei beendet, wenn du stirbst.«[457] Eine andere stimmt ihr zu: »Ich stelle mir vor, dass ich dann einfach in dieser geistigen Welt oder in dieser nicht-materiellen Welt existiere, nur halt ohne diesen festen Körper. Das ist wie so eine Art Kleid oder Wohnung für mich jetzt hier, damit ich auf dieser Erde sein kann und danach bin ich auch, aber in einer anderen Form. Und dann bin ich da auch für eine Zeit und dann komme ich vielleicht wieder auf die Erde.«[458]

In der Sterbe-Energetik nach dem Tibetischen Totenbuch spielen auch Licherlebnisse eine wichtige Rolle. Noch einmal Rosina Sonnenschmidt: »Der Sterbende betritt eine neue Welt und lässt den ›alten Wintermantel‹ zurück. Für eine kleine Weile ahnen wir als Begleiter, dass Sterben der größte Wandel ist, den wir erleben

452 Sonnenschmidt, Rosina: Die sechs Wandlungs-Phasen des Sterbeprozesses, in: raum & zeit 114/2001, 14.
453 Ebd., 5.
454 Ebd., 9.
455 Im Wesentlichen geht es um praktische Anweisungen zur Sterbebegleitung: Übertragung von Atemenergie, mentale Kommunikation mit Sterbenden usw. Erkennen der Zeichen, die den Übergang von der physischen in die körperlose Existenz andeuten. Es werden sechs Wandlungsphasen im Sterben und sechs Bewusstseinszustände beschrieben. Vgl. Sonnenschmidt (2001), 10. Dazu: Dargyay, Eva K./Gargyay Lobsang, Gesche (Hg.): Das Tibetische Buch der Toten, Frankfurt 1977; Rinpoche, Sogyal: Das Tibetische Buch vom Leben und vom Sterben, Frankfurt 2004.
456 Kübler-Ross, Elisabeth: Interviews mit Sterbenden, Stuttgart/Berlin 1969; Moody, Raymond A.: Leben nach dem Tod, Reinbek 1977; Moody, Raymond A.: Leben vor dem Leben, Reinbek 1990.
457 Informantin 2W35.
458 Informantin 1W25.

können und dass seine Erhabenheit größer ist als aller Schmerz, einen lieben Menschen zu verlieren.«[459]

Neben bzw. mit der Vorstellung vom Tod als Übergang zu neuem, heilen Leben ist auch der Reinkarnationsgedanke in weiten Teilen des spirituellen Feldes verbreitet. Im Gegensatz zur hinduistischen Idee, möglichst aus dem Kreislauf der Wiedergeburt auszusteigen und ins Nirvana zu gelangen, dominiert hier die Hoffnung auf viele Inkarnationen: Was man in dem einen Leben nicht gelebt hat, lebt man in dem nächsten. Spirituelles Wachstum findet nur während der Inkarnation auf der Erde statt, so eine Vorstellung. Hier kann man sein geistiges Potenzial zur Entfaltung bringen.

Im Taoismus gilt es, eins zu werden mit dem Urgrund, dem TAO, die Illusionen (irdische/materielle Erscheinungen) aufzuheben und hinter dem Schein zum wahren Sein durchzudringen: Im Taoismus sind Vollkommenheit und Unsterblichkeit als Heilsbilder nicht voneinander getrennt. Sie ergeben vielmehr ein Ganzes: Das Bild vom Menschen, der heil ist, so wie er am Anfang war und immer sein wird. Der Mensch gilt als ewig Seiender. So ist es manchen ein Bedürfnis, das in sich zu finden, was unsterblich ist, »zu dem Punkt zu kommen, der immer ist, der den Wandlungen des Lebens nicht unterworfen ist. (…) Da muss es eine Ebene geben, einen Zustand, der unabhängig ist davon, ob ich gerade auf der Erde lebe. Der ist immer da, das ist der Zustand, der eigentlich ist, der wahrhaft Dauer hat.«[460]

Auf Vorstellungen von Unsterblichkeit angesprochen, nannte eine buddhistische Nonne den Begriff der Ewigkeit; es ginge dabei nicht darum, ewig in einer sterblichen Hülle zu leben, sondern darum »im Moment zu sein, das ist Ewigkeit. Keine Vergangenheit, keine Zukunft. Da ist kein Ringen um Zukunft, kein Hängen an Vergangenheit, sondern Jetzt und Jetzt und Jetzt. Dieses reine Gewahrsein, wo nichts dazwischen steht, das ist Ewigkeit.« In dieser Form von Ewigkeitsempfindung ist der Mensch unsterblich, todlos. Denn »ich werde nicht mehr geboren, dann gibt es keinen Tod. Kein Geborensein mehr, kein Kreislauf.«[461]

Häufig werden auch Begriffe und Theorien aus der modernen Physik hinzugezogen, von »Quantensuppe« wird gesprochen oder von David Bohms Vorstellung einer »impliziten Ordnung«: »Das ist wie ein Feld, ein Vakuum, ein Informationsfeld. Aus diesem Feld steigen diese Blasen immer hervor. Die eingefaltete Ordnung geht in die aufgefaltete Ordnung, und es erscheint etwas, eine Blase. Und die geht auch wieder zurück. Und diese Erscheinungen kommen und gehen. Aber sie sind immer Teil des Ganzen. Sie sind auch immer das Ganze, so wie jede Welle immer auch das ganze Meer ist.«[462]

Solche Unsterblichkeits- und Ewigkeitsvorstellungen vereinen sich mit Erfahrungen der Mystik, einer Weite des Bewusstseins: »Wir sind ewig. Wir sterben nicht und werden nicht geboren. Es geht darum, ganz klar zu werden.«[463]

459 Beschreibung aus der vierten von sechs Wandlungsphasen im Sterbeprozess nach dem Tibetischen Buch der Toten, in: Sonnenschmidt (2001), 21.
460 Informant 6M33.
461 Informantin 3W42.
462 Informant 6M33.
463 Lowe, Paul, zit. in: Schüle, Christian: Schrei nach Stille, in: Die Zeit, 24. 6. 2004

Festigkeit

Im Strom des Lebens
Bin ich Strom
Im Fels der Wahrheit
Bin ich Fels
Im Licht der Liebe
Bin ich Licht.
Henning Sabo

Wenn ein Mensch nicht mehr bei sich zu Hause ist, keinen sicheren Hafen mehr kennt, in dem er ankern kann, irrt er orientierungslos durch die Fremde. Zu beobachten ist ein Bedürfnis nach mehr Festigkeit, die sich zugleich mit Freiheit verbinden will. Diese Hauptdimension handelt von Strenge und Struktur, Bestimmtheit und Klarheit, von der Sehnsucht des Menschen nach Verortung schlechthin. Ihre Facetten bündeln sich zu den beiden Subdimensionen *Orientierung* und *Gewissheit*.

Orientierung

No hay caminos,
hay que caminar.
Antonio Machado

Noch nie hat dem Menschen durchschnittlich so viel Lebenszeit zur Verfügung gestanden wie heute. Und noch nie hat er in diesem Ausmaß frei über sie verfügen können, wie es heute der Fall ist. Zusätzlich steht es den Menschen frei, selbstbestimmter auszuwählen, welche Richtung sie ihrem Leben geben und wie sie es gestalten wollen. Doch das ist für die meisten gar nicht so einfach: »Was wir wollen – außer dem, was wir nicht wollen, was wir sollen –, liegt aber für uns selbst keineswegs auf der Hand«, so der Soziologe Ronald Hitzler.[464]

Dass die meisten von dieser Freiheit – neben »allen finanziellen, zeitlichen, alters- und geschlechtsspezifischen Beschränkungen von Teilhabe- und Verfügungschancen«[465] –, nur tun zu sollen, was dem eigenen Wollen entspricht, und der damit einhergehenden Selbstverantwortung überfordert sind, dass sie ihnen häufig eher Last als Lust ist, lässt sich auch am wachsenden Bedarf von Dienstleistung, Service und Beratung im weitesten Sinn ablesen. Die Welt ist unübersichtlich und kompliziert geworden, das von Eltern und Großeltern tradierte Wissen zählt im Zeitalter der Turbotechnik nicht mehr viel, ihre Art von Frömmigkeit lehnen viele Jüngere ab. Gleichzeitig sehnen sie sich nach Menschen, an denen sie sich orientieren können, nach etwas, das auch ihren Alltag strukturiert und in Sinninhalte einteilt. Sie suchen geistige Führung und Vorbilder. Im Folgenden werden die Subdimensionen *Rituale* sowie *Beratung, Coaching, Lebenshilfe* und *Spirituelle Führung* näher beleuchtet.

464 Hitzler, Ronald, in: Psychologie heute, 12/2003, 22.
465 Hitzler, Ronald, in: Psychologie heute 12/2003, 23.
466 Roetz, Heiner: Konfuzius, München ²1998, 47.
467 Martin, Ariane (1996), 155.

Same procedure as last year, Madam? –
Same procedure as every year, James.
Dinner for one

Neun rote Fahrradleuchten blinken in Form eines taoistischen I-Ging-Zeichens vor Schwarzweiß-Fotos der chinesischen Yellow Mountains. *Landscape No 1–3 (2002)* heißt die Installation von Yuan Shun, die im Jahr 2003 neben vielen anderen in der Ausstellung *Rituale in der zeitgenössischen Kunst* der Berliner Akademie der Künste zu sehen war. Das Thema der Ausstellung – ein Spiegel des wiederkehrenden Interesses an Ritualen in vielen Bereichen gesellschaftlichen Lebens.

Die Geschichte aller Religionen zeigt, welch wichtige Rolle Rituale für das Leben der Menschen spielen. Man kennt Initiationsriten und Bestattungsriten, Heilrituale, Festriten und Alltagsrituale. Aus der Sicht der konfuzianischen Lehre beispielsweise ist eine festigende Struktur, bestehend aus Regeln und festgeschriebenen Verhaltensweisen, für die Orientierung des Menschen lebensnotwendig. Als kulturelles Vermächtnis wird sie von Generation zu Generation weitergegeben. Rituale gleichen Konfuzius zufolge »Halteseilen« und bereits »gebahnten Wegen«, die den Menschen helfen, gut durchs Leben zu kommen.[466]

In der westlichen Kultur haben Aufklärung und Säkularisierung die Rituale für viele Menschen überflüssig erscheinen lassen, doch manch einer beklagt das nach längerer Abstinenz entstandene Vakuum, das rituelle Defizit. Die gegenwärtige Orientierungslosigkeit wird auch mit dem Verlust an Ritualen in Verbindung gebracht. »Wir sind ein Opfer der Aufklärung«, beklagt sich ein Informant. »Man hat uns die Rituale genommen, weil man sagte, sie seien wissenschaftlich nicht vertretbar, sie seien albern.«[467] »Es ist ein sehr großes Problem unserer Zeit, dass die Rituale abgeschafft sind«, pflichtet eine Informantin bei, »dass die Menschen auch dort wieder Angst haben, sie werden gegängelt, obwohl darin eine große innere Kraft ist.«[468]

Nach und nach haben die Naturwissenschaften den »Glauben an religiöse Instanzen abgelöst«[469]. Der damit verbundene Säkularisierungsprozess hat aber nicht nur die Kirchen, sondern die Autoritätsstrukturen insgesamt erfasst, mit weit reichenden Folgen. »In dem Maße, wie die Religion ins Private abgedrängt wurde«, so Mario Erdheim, »zerbröckelten aber auch die Rituale.«[470] Und mit Sigmund Freud weist er auf die Gefahr hin, die die Privatisierung von Ritualen mit sich bringt: Sie könnten zu Zwangshandlungen werden. Dass heute allen Einwänden zum Trotz dennoch am Begriff des Rituals festgehalten wird, deutet Bliersbach als »Einspruch gegen die Säkularisierung unserer Gegenwart«. Und gerade in diesem Veto sieht er Gründe dafür, dass das Ritual gegenwärtig wieder eine wichtigere Rolle spielt.[471]

Auch wenn Rituale in verschiedenster Gestalt – als Machtmittel, Symbolträger, Vermittlung von Transzendenz – vorkommen, ist doch ihr Sinn in der Ritualtheorie umstritten. Frits Staat positionierte sich 1979 mit »The Meaninglessness of Ritual"

468 Informantin 7W43.
469 Bliersbach, Gerhard: Rituale – Was das Leben zusammenhält, in: http://www.merian.fr.bw.schule.de/unterricht/FOFWahlpflicht/Rituale.doc.
470 Erdheim, Mario: Wieviel Rituale braucht der Mensch? in: unimagazin. Zeitschrift der Universität Zürich, 1/1998.
471 Bliersbach, Gerhard: Rituale – Was das Leben zusammenhält, in: http://www.merian.fr.bw.schule.de/unterricht/FOFWahlpflicht/Rituale.doc.

und sprach Ritualen eine tiefere Bedeutung ab.[472] Die Sozialwissenschaftler Caroline Humphrey und James Laidlaw pflichteten seiner These 1994 bei.[473] Michaels hingegen behauptet, fast mit einem Augenzwinkern, es gebe keine Rituale ohne Bedeutung: »Nach meinem Verständnis haben Rituale die Bedeutung, bedeutungslos zu sein, weil so die Zeitlosigkeit, Unveränderlichkeit, Unsterblichkeit – eben ›Religio‹ – für den sterblichen Menschen in Szene gesetzt werden kann. Also doch: Le rituel pour le rituel? Ja, diese Aussage stimmt, aber sie ist nicht ohne Bedeutung.«[474]

Entgegen der ethnologischen Definition des Rituals als »Gesamtheit von nichtalltäglichen Handlungen, die mit traditionell festgelegtem Ablauf zu bestimmtem Anlass vollzogen werden«[475], wird jetzt immer häufiger von Ritualen gerade im Zusammenhang mit Alltäglichem gesprochen, sogar von einer »neuen Ritualisierung des Alltags«[476]. Der moderne Mensch verzichtet zwar weitgehend auf traditionelle Rituale, doch oft hat er sie – wenn auch unbewusst – durch andere ersetzt. Rituale spielen noch und zugleich wieder eine Rolle: »Das gegenwärtige Interesse richtet sich (...) auch auf religiöse Rituale, die ›wiederentdeckt‹ oder weiterentwickelt werden oder auf die Neukonstruktion von Ritualen als Ersatz für religiöse Rituale.«[477]

Die Ethnologie hegt von Haus aus ein besonderes Interesse an Ritualen. Doch ein Konsens darüber, was unter Ritualen zu verstehen sei, existiert unter den Forschern nicht. Zu beobachten ist jedoch, dass die Betonung der »intellektualistischen Behandlung im 19. Jahrhundert der »Frage nach der sozialen Funktion« gewichen ist. Émile Durkheims These vom »gruppenbindenden und gruppenbestärkenden Charakter« wird in der Forschung weitgehend unterstützt.[478] Während britische Vertreter wie Bronislaw Malinowski eher den sozialen Aspekt der Rituale untersuchten, wendeten sich amerikanische Kollegen wie Franz Boas stärker dem der Weltanschauung zu. Der Indonesienforscher Clifford Geertz wiederum verwies auf die Beziehung zwischen Ritual und Macht: »Mass ritual was not a device to shore up the state, but rather the state (...) was a device for the enactment of mass ritual.«[479] Auch der Psychoanalytiker Mario Erdheim betont die Funktion der Rituale als Herrschaftsinstrument: Rituale seien Handlungsanweisungen, die »quasi automatisch durchgeführt werden sollen«[480] .

David Gellner unterscheidet heilsorientierte und sozial orientierte Ritualformen.[481] Gerade diese heilsorientierten Ritualformen sind für diese Arbeit von Interesse. Spirituelle Rituale sind, um mit Weis zu sprechen, sogar ein »Labsal für das Seelenbedürfnis nach Sinn«: Sie entlasten »von der Anstrengung des Denkens und

472 Staat, Frits: The Meaninglessness of Ritual. Numen 26, 1979, 222.

473 Humphrey, Caroline/Laidlaw, James: The Archetypal Actions of Ritual. A theory of ritual illustrated by the Jain rite of worship, Oxford 1994.

474 Die Ritualtheorie unterscheidet drei verschiedene Modelle. *Funktionalistisch:* Psychologie: Rituale sind Krisenintervention (B. Malinowski und S. Freud). Soziologie: Rituale sind Bündnisse (E. Durkheim und A. R. Radcliffe-Brown). *Formalistisch*: Betonung der Technik der Rituale, Untersuchung ihrer Sprache (Staal oder Stanley Jeyaraja Tambiah; Symbole (Leo Frobenius oder Jürgen Jensen), Kommunikation (Douglas oder Edmund Leach) und Performance oder Dramatisierung (Victor Turner: Rituale sind reine Aktivität). *Bekennend*: Rituale transzendieren, mythisieren, überhöhen. Rituale sind Hierophanie (Rudolf Otto oder Mircea Eliade). Weitere Forschungen: Gebauer, Gunter/Wulf, Christoph: Spiel – Ritual – Geste. Mimetisches Handeln in der sozialen Welt, Reinbek 1998.

475 Koepping, Klaus Peter: Ritual, in: Hirschberg, Walter (1988), 406f.

476 Neuhold, Hans: Die Lebenswelt(en) der Kinder und ihrer Eltern, in: Was uns bewegt – Erstkommunion heute, 7–24.

477 Dusse, Debora: Rituale als Thema der Gegenwartskunst, Materialdienst 9/03 der EKD.

478 Vgl. Koepping, Klaus (1988), 407. Zur Weiterführung siehe auch: Belliger, Andrea/Krieger, David J. (Hg.): Ritualtheorien. Ein einführendes Handbuch, Opladen 2003.

479 Zit. in: Gellner, David N.: Religion, Ritual und Politik, in: unimagazin. Die Zeitschrift der Universität Zürich, 1/1998.

480 Erdheim, Mario: Wieviel Rituale braucht der Mensch, in: unimagazin. Die Zeitschrift der Universität Zürich, 1/1998.

481 Gellner, David N. (1998).

Nachdenkens, sie entheben uns dem Zwang, immer wieder neu entscheiden zu müssen«[482].

Dass viele Menschen sich heute wieder mit Ritualen beschäftigen und sie bewusst in ihren Alltag einbauen wollen, zeigt auch der Buchmarkt: In jüngster Zeit sind mehrere Publikationen zum Thema erschienen. Vom Zauber und von der Kraft der Rituale wird da gesprochen, von Ritualen als wichtiges Tonikum für die Ausgeglichenheit der Seele.[483]

Rituale, so wie sie im spirituellen Feld praktiziert werden, dienen der Selbstvergewisserung, Selbstentfaltung und Selbsterweiterung. Sie bieten einen Rahmen für symbolische Handlungen und unterstützen beim Umgang mit schwierigen Situationen. Rituale verbinden Menschen miteinander, bauen Brücken zwischen dem weltlichen und dem geistigen oder göttlichem Bereich, sie ordnen und strukturieren Zeit.

Auch bei Menschen, die sich innerlich von den traditionellen Religionsgemeinschaften wie der katholischen oder protestantischen Kirche weitgehend distanziert haben oder nie einen Bezug zu ihnen hatten, ist die Sehnsucht nach Gestaltung ihres Lebens oder bestimmter Lebenssituationen durch Rituale vorhanden. Dies betrifft vor allem Hochzeitsfeiern und Bestattungen.

Ritualdesigner Den Bedürfnissen vieler Menschen, bedeutende Ereignisse im Leben zwar kirchenfern, aber dennoch ritualisiert zu gestalten, versuchen Vertreter eines neuen Berufszweiges gerecht zu werden. Ritualdesigner nennen sie sich selbst oder einfach Ritualberater. Sie bieten individuell zugeschnittene Angebote für ihre »Kunden« an. »Meine Kundschaft hat sehr viel Tiefgang, ist sehr spirituell, sehr religiös und hat meistens lange über das Leben reflektiert«, erklärt Ritualberaterin Brigit König über ihre Klientel. Und: »Den allermeisten ist der Rahmen kirchlicher Rituale einfach zu eng.«[484]

Ihre Angebote wollen die Ritualberater als weltanschaulich neutral verstanden wissen. Sie sehen sich selbst als Begleiter von Menschen auf ihrer Suche nach dem »richtigen Umgang mit einer konkreten Situation«[485]. Unterschieden wird dabei zwischen Alltagsritualen wie Ritualen zur Begrüßung, beim gemeinsamen Essen und am Arbeitsplatz einerseits und Ritualen bei Lebensübergängen andererseits. Jeder Mensch stoße im Laufe seines Lebens auf einschneidende Ereignisse. Sie leiten neue Phasen des Lebens ein, z. B. Geburtstage, Zusammenleben, Umzug, Trennung oder Scheidung, Arbeitsplatzverlust, Pensionierung, Sterben, Bestattung. »Rituale sind Brücken von einem Lebensabschnitt zu einem nächsten«, sagt Ritualberaterin Brigit König. »Sie sind immer individuell auf die Beteiligten abgestimmt und darum in jedem Fall wieder anders. Die persönlich abgestimmten Rituale beziehen alle Sinne mit ein, ebenso die Erlebnisse und Erfahrungen der Beteiligten.« Und ergänzend fügt sie hinzu: »Rituale sind Brücken zwischen unserem inneren und äußeren Leben.«[486]

482 Weis, Hans-Willi (1998), 116.
483 Vgl. Zirfas, Jörg: Vom Zauber der Rituale, Leipzig 2004; Fischedick, Heribert: Die Kraft der Rituale. Lebensübergänge bewusst erleben und gestalten, Stuttgart 2004; Grün, Anselm: Rituale im Alltag, Münsterschwarzach 2003; Stutz, Pierre: 50 Rituale für die Seele, Freiburg 2003.
484 http://www.ritualnetz.ch/medien/pressespiegel/ausserhalbderkirche.html.
485 Meier, Susanna: Rituale – Flügel oder Fesseln? in: *Schritte ins Offene*, 1/2002.
486 NOVA 11/97, http://www.ritualnetz.ch.

Eine »Fachschule für Rituale« bietet eine dreijährige berufsbegleitende Ausbildung in Ritualgestaltung und Ritualleitung an. »Rituale beseelen – der Ritualbegleiter hört zu«, heißt es auf der Homepage, »Rituale fördern – die Ritualberaterin beleuchtet, Rituale stärken – der Ritualleiter übernimmt, Rituale unterstützen – die Ritualgestalterin klärt, Rituale vermitteln – der Ritualdesigner komponiert und Rituale schaffen – die Ritualmoderatorin vereinbart.«[487] Viele Ritualberater haben sich im »Netzwerk Rituale« organisiert.[488]

»Es gibt bekanntlich verschiedene Wirklichkeiten, die alle gleichzeitig bestehen«, erklärt Ritualleiterin und Ausbilderin Marianne Schneider, eine Psychologin, die seit über 20 Jahren Rituale erforscht. »Wenn ich Rituale leite, muss ich selber erfahren (haben), dass es diese Kräfte gibt. Rituale unterstützen unsere lebensfordernden Energien und Aktivitäten.« Sie erläutert ihre Sichtweise durch ein Beispiel für das »Eingebettetsein in die Welt und ihre Vergänglichkeit«: »Vor einiger Zeit hat mir eine amerikanische Schamanin gesagt, jedes Mal, wenn sie ein Ritual feiere, denke sie an die sieben Generationen, die vor ihr waren, und an die sieben Generationen, die nach ihr kommen.«[489]

Ritualwelten Andere bevorzugen schlichtere, aber deswegen nicht weniger stark empfundene Rituale. »Ein Ritual ist für mich«, so eine Informantin, »meine tägliche Meditation, die ich morgens, bevor ich zur Arbeit gehe, durchführe, immer am selben Ort. Und die ist soweit wichtig, dass es mir Sicherheit gibt. Rituale geben Sicherheit. Ich kann feststellen, dass es mich festigt. Und dass ich gestärkt in den Tag gehen kann.«[490] Eine andere Informantin resümiert nach einem Wochenkurs Zen-Sesshin für sie persönlich bedeutende Erlebnisse. Dort war »jede Bewegung und jede Stunde und alles total festgelegt: Wann man sich hinstellt, wann man sich verneigt. Und schon am zweiten Tag schloss ich mich diesem Ritual an, und habe gemerkt, wie wichtig es ist, wenn es festgelegte Dinge gibt, über die ich nicht mehr nachdenken muss, und durch die ich mich dem Eigentlichen zuwenden kann.«[491]

Im spirituellen Feld bewegen sich neben Menschen, die klassische Meditation oder Yoga praktizieren, auch solche, die sich an den alten Ritualen anderer Traditionen, z. B. des indianischen Schamanismus, orientieren. Manche kreieren eigene, ganz persönliche Rituale, die Verbindung zu sich selbst, zur geistigen Welt, zu Gott schaffen sollen.

Verbreitet sind insbesondere Rituale, die indianischen Kulturen entlehnt sind. Unter der Internetadresse www.santis.biz finden sich diverse Angebote für schamanistische Praktiken und Heilrituale, aber auch Vorträge, Seminare und Ausbildungen. Außerdem werden Räucherrituale, rituelle Reinigung von Räumen, rituelle Bündniserklärung zwischen zwei Menschen und Trennungsrituale bei einem Beziehungsende von Einzelnen angeboten, z. B. von einer so genannten »schamanischen und geomantischen Praxis«.[492]

487 http://www.schule-fuer-rituale.ch.
488 http://www.ritualnetz.ch.
489 Guyer, Lydia: Rückkehr zu vergessenen Kräften, in der Zeitschrift *frau und familie*, 4/1998. http://www.ritualnetz.ch.
490 Informantin 2W35.
491 Informantin 7W43.
492 http://www.indianerpfad.de/einzel.html.

Auch dieses indianische Ritual wird in Deutschland verschiedenenorts vollzogen: »Es ist dunkel in der Schwitzhütte. Warm und geborgen fühlst du dich, liebevoll unterstützt von den Menschen an deiner Seite. Salbeiduft und auf den Steinen zischelndes Wasser verbreiten sich. Gesänge setzen ein und steigern sich zu ekstatischen Schreien. Zwischendurch geht die Tür auf, und kühle, erfrischende Nachtluft kommt herein. Dann – intensives Wünschen, Bitten und Beten der Schwitzenden berühren dich. Eine Nachbarin oder ein Nachbar hält deine Hand, falls du zwischendurch besondere Unterstützung brauchst und die Hitze für einen Moment unerträglich scheint (…) Tiefer gleitest du in andere Bewusstseinsbereiche, wenn du bereit bist, dich einzulassen.«[493]

In Deutschland finden oft Schwitzhütten in Verbindung mit schamanischen Seminaren und Workshops statt.[494] Nach eigenen Recherchen werden im nord- und mitteldeutschen Raum mehr Seminare dieser Art angeboten als in Süddeutschland.[495] Im Rahmen der Forschung ergab sich zweimal die Gelegenheit, an Schwitzhüttenritualen teilzunehmen. Das eine Mal handelte es sich um eine Veranstaltung eines schamanischen Freundeskreises, bei der gemeinsam eine Schwitzhütte gebaut und anschließend das Ritual zelebriert wurde, im zweiten Fall wurde die Schwitzhütte von dem Lakota Sioux Archie Fire Lame Deer und seiner Tochter, der Medizinfrau Josephine Eagle Shawl, geleitet. Der Vater leitete die Schwitzhütte für die Männer, Josephine die für die Frauen. Das Ritual wurde nach Lakota-Tradition ausgerichtet. Die Schwitzhütte steht symbolisch für die Rückkehr in den Mutterleib. Sie dient der Reinigung, Verbindung, Stärkung und Heilung. Die Lakota gehen nicht nur für ihre eigene Heilung in die Schwitzhütte. »Für alle meine Verwandten!« rufen sie, wenn sie die Schwitzhütte betreten, und meinen damit nicht nur ihre Familie, sondern auch die Pflanzen und Tiere. In der Schwitzhütte gilt es zu »sterben«, d. h. Altes loszulassen und sich hinzugeben, um aus ihrem Bauch heraus neugeboren zu werden. »Stirb und werde!« als Prozess einer spirituellen Transformation.[496]

Auch der Feuerlauf ist im Westen zu einem beliebten Ritual geworden. »Oft weiß man nicht mehr, wie es weitergehen soll. Man steckt auf dem Lebensweg fest, wie ein Auto im Schlamm«, berichtet Dirk Schröder, Feuerlauftrainer nach Sundoor, »da sind größere Anstrengungen erforderlich, um wieder hinaus zu kommen und meist schafft man es nicht aus eigenem Antrieb (…) Der Feuerlauf gehört für mich zu den kraftvollsten und effektivsten Ritualen, die ich kennen gelernt habe.«[497] (siehe auch S. 76, Faszination des Außergewöhnlichen)

Selbst bei den Zusammenkünften von Neugermanen und so genannter Neuer Hexen spielen magische Übungen und Rituale eine Rolle. Nach Ruppert sollen die kultischen Aktivitäten von Neugermanen vor allem auf die Natur ausgerichtet sein und sich auf »›germanische Familientreffen‹, Vollversammlungen, sogenannte

493 Martin, Ariane (1996), 128.

494 Die Schwitzhütte ist seit vielen 100 Jahren in unterschiedlichen Ausprägungen bei nordamerikanischen Indianern bekannt. Generell hat die traditionelle Schwitzhütte dort nicht diese Bedeutung gehabt, die ihr durch ihre Popularität in der westlichen Welt vor allem im Zusammenhang mit schamanischen Workshops zugesprochen wird.

495 Schwitzhütten-Netzwerk: http://www.gaia-net.de.

496 Hultkrantz bezeichnet die Schwitzhüttenbewegung in den USA als die »jüngste panindianische Strömung«. Wie der Peyotekult hat sich diese Bewegung über größere Teile der Vereinigten Staaten ausgebreitet. Zwischen 1970 und 1980 muss die Bewegung ihren Anfang genommen und dann einen großen Teil des Westens beeinflusst haben. Hultkrantz (1994), 277.

497 Schröder, Dirk, http://www.der-spirituelle-weg.de.

Things und Amtshandlungen, Sippenfeste im Zusammenhang mit Geburts-, Jugend- und Ehefeiern beziehen. Hinzu kommen zahlreiche Naturfeste im Jahreslauf: Opferfeste, Ernte- und Sonnwendfeiern, Frühjahrs- und Herbstfeste.«[498]

Aus dem Bereich der östlichen Weisheit hat der Dalai Lama bereits in den Achtzigerjahren des 20. Jahrhunderts mit dem *Kalachakra-Ritual (Sanskrit: Rad der Zeit)* im Westen Aufsehen erregt. Tausende von Menschen sind bereit, eine Woche mit täglichen, langen und auch anstrengenden Übungen zu verbringen und dafür Geld zu bezahlen. Beigetragen hat dazu sicherlich der Dokumentarfilm »Rad der Zeit« von Werner Herzog, in dem er das Ritual an verschiedenen Orten wie in Bodh Gaya (Indien) und Graz (Österreich) filmisch begleitete. Im Jahr 2002 sollen zu dem zwölftägigen *Kalachakra*-Ritual 10.000 Menschen aus siebzig Ländern angereist sein. Rituelle Großveranstaltungen wie diese sind aber im spirituellen Feld die Ausnahme.[499]

Den Verzicht auf Rituale zugunsten persönlicher Freiheit deutet eine Informantin als »falsch verstandene Freiheit. Sie schafft Orientierungslosigkeit und ich verlier mich selbst«. Sie selbst bevorzugt es, »eine klare Struktur zu haben, wo ich auch weiß, es sind Räume da, Räume, in denen ich meine Spiritualität auch immer wieder erneuern kann«. Dennoch soll diese Struktur befreien und nicht einengen und dadurch zu Erstarrung führen, man muss »dann eben die Balance (…) finden zwischen dieser freien Lebensgestaltung und spirituellen Formen als Ritual. Das ist sicher eine Balance, die schwer zu finden ist.«[500] Die Bedenken, die sie anspricht, haben ihre Berechtigung. Ein anderer Informant hat damit seine Erfahrungen gemacht: »Wenn Rituale verinnerlicht werden, können sie helfen, wenn man sich davon abhängig macht, erreichen sie das Gegenteil. Wenn ein Ritual zur Hülse wird, ist es nicht nur einfach leer, sondern es wird gefährlich, weil es die eigene Entwicklungsmöglichkeit behindert.«[501]

Ohne Bewusstheit wird ein Ritual zur (lästigen) Gewohnheit oder gar zum neurotischen Zwang. Manche wählen Ersatzrituale, sie rauchen, sie trinken, sie werden spielsüchtig. Oder sie suchen nach Alternativen. Insgesamt können Rituale im neuen spirituellen Feld als Orientierungs- und Strukturierungshilfen bei der Lebensgestaltung von Einzelnen und Gruppen gesehen werden. Dabei ist zu beobachten, dass das Ritual als ordnendes Prinzip vor allem bei der Heils- und Beziehungsgestaltung eine Rolle spielt.

Und doch findet sich – wenn auch selten – eine weitere Form im Umgang mit Ritualen, die nicht als Ablehnung, sondern als Überwindung bezeichnet werden kann. Wenn Menschen in ihrer Spiritualität sehr gefestigt sind, wenn sie das verkörpern, was allgegenwärtiges Bewusstsein ist, dienen Rituale nicht mehr der eigenen spirituellen Verfestigung und Weiterentwicklung, sondern allein der Verehrung des Höchsten oder der Stärkung von spiritueller Gemeinschaft mit anderen. Rituale werden dann zum Ausdruck der Einheit mit dem Höchsten für andere.

498 Ruppert, Hans-Jürgen (2001), 286.
499 Dalai Lama: Kalachakra-Tantra, Berlin 2002.
500 Informantin 7W43.
501 Martin, Ariane (1996), 155.

Beratung, Coaching, Lebenshilfe

Es ist besser, das Schwimmen zu lehren,
als Rettungsringe zu verteilen.
Notker Klann/Heike Saßmann

Günstig telefonieren mit privaten Telefonanbietern? Die Steuererklärung selbst in die Hand nehmen und dabei alle Steuervorteile kennen? Eine für die persönlichen Umstände passende Versicherung abschließen oder gar finanzielle Rückstellungen für die Altersvorsorge bilden? Das sind Aufgaben, die kaum jemand ohne professionelle Beratung oder programmierte Preisvergleichssysteme zu lösen vermag oder gewillt ist. In Zeiten extremer Unübersichtlichkeit, ständiger Veränderung und damit verbundener Orientierungslosigkeit ist es offensichtlich: Beratung boomt.

Ein unendlicher Beratungsbedarf besteht auf allen Ebenen menschlichen Lebens. »Längst bieten Berater ihre Dienste für Bereiche an, die Menschen bis vor kurzem noch allein bewältigten oder allein bewältigen mussten«, resümiert Eva Tenzer in der Fachzeitschrift *Psychologie heute*.[502] Schätzungen der *International Coach Federation* zufolge gibt es weltweit bereits 16.000 Coaches, Zuwachs ist zu erwarten.[503]

Beraten und gekauft Es gibt Gesundheits-, Ernährungs- und ganzheitliche Farbberater, Feng Shui- und Fitnessberater, Ritual- und natürlich Lebensberater. Die Lebensberatung dominiert das spirituelle Feld. In den vergangenen Jahren hat sich die Nachfrage – vielleicht auch bedingt durch die Endzeit-Stimmung des Millenniums, die zunehmende Arbeitslosigkeit und die Angst vor Terror – noch mehr verstärkt. Der Begriff geht häufig einher mit Attributen wie esoterisch, spirituell oder medial. Dabei werden Methoden wie Astrologie, Kartenlegen, Pendeln, Visualisierungen und Channeling angewandt.

Meistens erfolgt sie im direkten, persönlichen Kontakt, aber auch telefonisch und immer häufiger sogar per E-Mail oder per Live-Chat. Im Internet bieten viele ihre Dienste an, z. B. unter der Adresse *www.viversum.de*. Die Aufmachung gleicht jener sexueller Dienstleister mit Fotos von attraktiven Frauen, die für Beratungen unterschiedlicher Art zur Verfügung stehen: Kartenlegen und Tarot, Hellsehen und Wahrsagen, Liebe und Partnerschaft, Astrologie und Horoskope, Lebenshilfe im Alltag, Engel und Channeling, Magie, Schamanismus, alternative Heilmethoden. Hintergrundinformationen über die Berater sind zumindest im Vorfeld nicht in Erfahrung zu bringen. Für 99 Cent pro Minute werden Live-Chats angeboten, eine telefonische Beratung kostet 1,86 Euro pro Minute. Das Medium »Neele« etwa offeriert über eine 0190er-Nummer »Fernreiki-Übertragung« und »schamanische Hilfe«. Sie besitze »hellfühlende und hellsichtige Fähigkeiten« seit ihrer Kindheit, so die Auskunft über ihre Qualifikation. »Dadurch bin ich in der Lage«, erklärt sie, »Gegebenheiten und Gefühle bei Personen abzufragen. Meine Karten helfen mir dabei, Vergangenheit, Gegenwart und Zukunft zu erkennen.«[504]

502 Tenzer, Eva: Gut beraten? in: Psychologie heute, Ausgabe 12/2003, 20.
503 www.coachfederation.de.
504 Welt am Sonntag, 23. 5. 2004, 30.

Während die einen die Anonymität hinter Internet und Telefonnummern suchen, bevorzugen andere die Öffentlichkeit. Hildegard Matheika etwa. Die »Expertin für mediale Beratungen, Lebensberatung und Jenseitskontakte« liest aus Händen und Karten und nimmt Kontakt zu Verstorbenen auf. Regelmäßig ist sie mit einem Stand auf Esoterik-Messen vertreten und füllt die Räume mit ihren von Experimenten begleiteten Vorträgen.[505] Auf größtmögliches Publikum aus ist der Spartensender *Astro TV*, der seit Juni 2004 bundesweit über Satellit (ASTRA) und zum Teil auch über Kabel zu empfangen ist. Insgesamt sechs Sendeformate laufen rund um die Uhr. Die Inhalte werden u. a. von dem bekannten Astrologen Winfried Noé gestaltet, der den Anrufern mit Tipps zu »Liebe, Partnersuche, Job und Zukunft« zur Seite stehen will.[506] Es gehe ihm darum, »durch Astrologie den Menschen ihr Lebensthema bewusst zu machen, um sie vom Zwang eines festgelegten Schicksalsplans zu befreien«, so Noé selbst.[507]

Doch offensichtlich geht es Betreiber Questico AG um Kommerzielles, nicht nur bei Astro TV. Wer sich zum Wahrsager oder Kartenleger berufen fühlt, kann sich für die Aufnahme als Experte für Telefonberatungen sowie für den Expertenchat bewerben. Nach »einer kurzen Prüfung durch Questico (1–2 Tage)« sollen die Bewerber zur Beratung freigeschaltet werden.[508] Die meisten »Kunden« wollen rasche, einfache und oft auch bequeme Antworten auf eher weltliche Fragen der persönlichen Lebensführung wie Partnerschaft und Berufsleben. Die Lösung soll – völlig ohne eigenes Risiko – von außen kommen. Liebesleben und Reichtum soll quasi »vom Himmel fallen«, ohne dass man sich selbst verändern oder eine womöglich schmerzvolle Wandlung vollziehen müsste. Der Blick in die Zukunft soll die Ängste der Gegenwart nehmen und mehr noch: Er soll mangelndes Vertrauen in die Zukunft durch Orakelbefragungen ausgleichen. Dass dabei auch versucht wird, mit Hilfe magischer Methoden Vorteile für sich herauszuschlagen und dem »Diesseits den eigenen Willen aufzuzwingen«[509], ist nicht zu übersehen.

Andere suchen Rat in erster Linie hinsichtlich ihres spirituellen Wachstums. Sie fühlen sich darin behindert durch Belastungen unterschiedlichster Art: durch Ängste und Anhaftungen, Blockaden und Besetzungen. Es gilt, diese Belastungen zu erkennen und sie im zweiten Schritt loszulassen; im spirituellen Feld wird auch von den drei Phasen »Gott bitten, die Belastungen zu nehmen, die Belastun-gen Gott übergeben und als letztes Befreiung der Belastungen durch Gott« gesprochen.

Manche Berater lassen sich dabei durch die »Stimme Gottes« führen. Ihrer Betrachtung zufolge beraten dann nicht sie als Menschen, sondern eine Höhere Macht, als deren Sprachrohr sie sich sehen. Wer sie aufsucht, möchte mehr über die göttliche Vorsehung für den eigenen Lebensweg erfahren. Es geht darum, sich in einen größeren Plan, in die göttliche Ordnung oder den göttlichen Willen einzufügen.

Das gecoachte Ich Immer häufiger wird auch im spirituellen Feld – vermutlich in Anlehnung an die Psychologie und Managementtrainings – vom Coaching gesprochen. »Coaching setzt das Potenzial eines Menschen frei, seine eigene Leistung zu

505 http://www.Matheika.de.
506 Betreiber ist die im Jahr 2000 in Berlin gegründete Questico AG.
507 http://www.noeastro.de.
508 http://www.questico.de.
509 Dahlke, Rüdiger und Margit (1990), 91.

optimieren. Es hilft ihm eher zu lernen, als dass es ihn etwas lehrt!«, so der international renommierte Coaching-Experte John Withmore.[510] Beim Coaching wird zwischen beruflichem oder Business Coaching und persönlichem oder Life Coaching unterschieden. Häufig ist vom »spirituellem Coaching« die Rede. In den USA ist Coaching als Form persönlicher Beratung weit verbreitet, in Deutschland hingegen kommt sie verhältnismäßig zögerlich in Gang.

Die Definiton des »Spirituellen Coachings« weist je nach Anbieter leichte Unterschiede auf. Es sind Hinweise sowohl auf Einzelanbieter als auch auf Anbieterteams zu finden. Eine Anbieterin hat diesen Begriff einfach deshalb gewählt, weil »›esoterische Beratung‹ (wie ich meine Arbeit bisher genannt habe) bei vielen Menschen auf Vorurteile stößt. Wie alles, was mit Esoterik zu tun hat, häufig pauschal abgelehnt wird, weil sich zu dem vielen Licht natürlich auch Schatten gesellt hat.« Für sie bedeutet Coaching »durch aktives Zuhören, Reflektieren, gezielte Fragen und geeignete Techniken dem anderen dabei zu helfen, in Kontakt zu seinem inneren Wesen zu gelangen«. Sie setzt dabei Methoden wie geführte Meditation, Reiki, Aura Soma, Radionik, Astrologie und divinatorische Techniken (Tarot, Pendel, I Ging) ein. »Fallweise arbeitet die geistige Ebene direkt mit und ich diene als Vermittlerin zwischen dir und deinen geistigen Führern.«[511] Ein anderer nennt »Spirituelles Coaching« ein »Angebot für Menschen, die Klärung und Klarheit ihrer Lebenssituation in beruflichen oder persönlichen Krisen und Übergängen suchen«. Er will Menschen dabei mit »meditativen Formen« unterstützen, durch »Anleitungen zur inneren Wahrnehmung, Anleitung von meditativen Übungen und Anleitung von Arbeit mit inneren Energien« soll der Mensch in die Tiefen der eigenen Persönlichkeit vordringen und die eigenen Selbstheilungskräfte stimulieren.[512] Andere ziehen zum »Spirituellen Coaching« Elemente wie Autogenes Training, Visualisierung, Katathymes Bilderleben, Positives Denken, Atemtechniken, Meditation und Taoistische Elemente hinzu. Dazu werden auch Aufenthalte und Schulungen in verschiedenen Ashrams in Indien, Nepal, Ägypten oder der Türkei angeboten.[513]

Das Leben meistern Eine andere Form der Lebenshilfe, die Orientierung bieten soll, ist die Familienaufstellung von Bert Hellinger, eine Therapieform, die auch deshalb für viele attraktiv ist, weil sie in kurzer Zeit und ohne große Umschweife zur Lösung des Problems vordringen will.[514] Es gibt klare Handlungsanweisungen mit spürbaren Ergebnissen. Aus Erfahrungen mit der synergetischen Therapiearbeit haben manche die Familienaufstellungen nach Hellinger weiterentwickelt zu »Synergetischen Familien- und Strukturaufstellungen«. In Flyern finden sich solche Angebote, die »tiefere Einblicke in Lebenssysteme und Bindungen« geben möchten. »Negative Verstrickungen in Familiensystemen verhindern oft unbewusst den Lebensfluss, diese werden in Aufstellungen sichtbar gemacht und mit Hilfe der Gruppenenergie (dem wissenden Feld) Anstöße für eine heilende Ordnung und mögliche Veränderung eingeleitet.«[515]

510 http://www.coachfederation.de.
511 Niemann-Stefan, Ulrike, in: http://mitglied.lycos.de/Steinheilkreis.
512 Schmidt, Volker, in: http://spiritu.de/body_coaching.html.
513 http://www.skirde-projektmanagement.gmxhome.de.
514 Hellinger, Bert: Ordnungen der Liebe, Heidelberg 2001.
515 Flyer des Synergetik Zentrums für Selbstheilung und Profiling, http://www.synergetik-zentrum-mainz.de.

Auch Scientology sieht für sich eine Aufgabe in der Unterstützung von Menschen bei ihrer Lebensbewältigung. Denn Scientology, so eine Vertreterin, »hat mit allen großen Religionen den Traum vom Frieden auf Erden und der Erlösung des Menschen gemeinsam«. Das, was Scientology aber von allen anderen unterscheidet ist, dass sie eine »exakte Route zur Verfügung stellt, um mit absoluter Sicherheit spirituelle Verbesserung im Hier und Jetzt zu erreichen.«[516] Wer unsicher und ratlos ist und das dringende Bedürfnis nach Orientierung hat, wird solche Worte leichter aufnehmen als andere und sich von den Angeboten angezogen fühlen. Und auch der Grundgedanke von Avatar®, »dass unsere eigenen, oft unbewussten Überzeugungen und Glaubenssätze unser Leben beeinflussen und sogar maßgeblich bestimmen«[517], gibt Verzweifelten neue Hoffnung, nicht länger Opfer äußerer Umstände sein zu müssen, sondern das Leben nach eigenen Maßstäben gestalten zu können.

Leiter von spirituellen Seminaren haben in den letzten Jahren einen Trend zu mehr Einzelbetreuung ausgemacht. »Wir legen Wert auf persönliche und individuelle Betreuung durch Wachstumsphasen und Veränderungsprozesse hindurch«, erklärt Viola Ashi Schmidt, Lehrerin in Energiearbeit nach dem Konzept des *One Light Healing Touch*. »Dies wird stärker geschätzt als früher, da viel mehr Menschen die schmerzlichen Erfahrungen des ›hinterher allein gelassen Werdens‹ und des ›Untergehens in großen Gruppen‹ gemacht haben.«[518]

Spirituelle Führung

Gib dich der verborgnen Hand,
Die dich angerührt.
Hebe dich vom Grabenrand.
Geh, du bist geführt.
Werner Bergengruen

»Fitness-Guru«, »Jazz-Papst« oder »Medien-Mogul« – Titel spiritueller Würdenträger, mit denen Menschen für ihre weltlichen Verdienste geschmückt werden, vor allem in den Medien. Man will damit die – mitunter auch zweifelhafte – Wertschätzung einer als einzigartig empfundenen Kompetenz zum Ausdruck bringen und wählt einen spirituellen Begriff für die Umschreibung weltlicher Größe. Wird jemand umgekehrt im spirituellen Feld – zumindest in Medien und Öffentlichkeit – als »Guru« bezeichnet, impliziert das häufig einen gewissen Spott, wenn nicht sogar Geringschätzung. Gurus, Lehrer und Meister[519] werden von den einen ignoriert bis verachtet und von den anderen gefeiert bis vergöttert.

Ein »Guru«, »Lama« oder »Roshi« ist ursprünglich nichts anderes als ein spiritueller Meister, einer, der den Weg kennt und somit in der Lage ist, andere durch seine gute spirituelle Ortskenntnis, sein Wissen und seine Erfahrung, auf ihrem

516 http://www.scientology-frankfurt.org.
517 http://www.mein-weg.com/Avatar.
518 Rottenfußer, Roland/Dickmann, Dorothee: Der Markt ist wie eine Zicke. Seminarleiter-Schicksale in Zeiten des wirtschaftlichen Umbruchs, in: Connection, 5/2004, 38.
519 Bisweilen werden im spirituellen Feld die Termini Meister und Lehrer synonym verwendet; in anderen Fällen wird hingegen differenziert. Meister ist dann derjenige, der auch Lehrer als Schüler hat. Diese Schüler können als Lehrer für andere Schüler fungieren. Ein Lehrer kann somit wiederum einen Meister haben; ein Meister hat das in der Regel nicht. Weil die Meister Interesse daran haben, dass ihre Lehre weitergegeben wird, machen sie ihre Schüler zu Lehrern. Diese tragen dann die Lehre, die sie vom Meister angenommen haben, weiter. Häufig lehren sie an anderen, weiter voneinander entfernten Orten.

spirituellen Weg zu führen. In den hierarchisch und autoritär geprägten hinduistischen Kulturen genießen Gurus einen ausgesprochen hohen Status, und teilweise sind sie noch heute religiöse Familienlehrer der Hindus.[520] Der hinduistische Bhakti-Weg, der Weg der Hingabe, soll dem Schüler helfen, sich von der »Illusion des getrennten Ichs« zu befreien. Der Schüler wendet sich auf seinem Weg zur Erlösung einem Guru zu. In der Regel verbringen sie einige Jahre gemeinsam in einem Ashram.

Doch die Anwendung des hinduistischen Gurusystems auf den Westen führt mitunter zu Schwierigkeiten. »Wenn Ost und West aufeinanderprallen, wenn beispielsweise deutsche Meister deutsche Schüler in einer indischen Lehre und mit einem indischen Autoritätsanspruch unterweisen, kommt es in der Regel zu Vermischungen, Spannungen, Missverständnissen und Reibungen.«[521] Was im Westen auf den Widerstand vieler stößt, ist in asiatischen Ländern nahezu selbstverständlich. In der Nähe der japanischen Stadt Nagoya bei der Halbinsel des Die-Shima-Parks etwa: Hier stehen ein hoher, dicker Felsen und ein kleinerer, schlanker Stein nahe beisammen im Meereswasser. Die Menschen haben die beiden durch ein Seil verbunden, an Festtagen schmücken sie es zusätzlich. Das Tau symbolisiert dem Asienreisenden Joachim-Ernst Behrendt zufolge »Giri«, die Verbundenheit zwischen Meister und Schüler: »Was du siehst ist: Im Sturm, im Toben des Meeres kannst du nicht unterscheiden zwischen den beiden. Sie sind wie eins. Die Menschen – auch Mönche aus den nahen Kodaijingu- und Toyoukedai-jingu-Schreinen, die wegen ihrer Schönheit und ihrer religiösen Bedeutung in ganz Japan berühmt sind – sitzen lange vor Felsen und Tau und meditieren über Giri. (...) [Sie] kommen ein oder zwei Jahre später wieder, sitzen von neuem vor dem Tau und den Felsen und wissen und spüren: Giri hat sich bewährt. Die Mehrheit westlicher Menschen meint: Giri bewährt sich nicht.«[522]

Umgang mit Autorität Das Thema Autorität weckt bei den meisten westlichen Menschen ambivalente Gefühle. *Meister* ist ein Begriff, der vor allem der Handwerkszunft oder Künstlern zugeordnet wird; der Meister weiß und kann bereits, während der Schüler noch lernen und wissen will. Ein Informant ist der Überzeugung, man könne etwas, was einen gewissen Umfang hat, nicht mehr aus Büchern, sondern eigentlich nur unter einem Lehrer lernen, »er sagt ja letztendlich auch nur Worte, und die Worte können ja auch im Buch stehen. Aber trotzdem kommt noch eine Qualität dazu.«[523] Geht es um spirituelle Kompetenzen, tun sich viele schon schwerer. Selbst Schullehrer haben ihren Status als Respektspersonen, denen Schüler mit Höflichkeit und Achtung begegnen, weitgehend eingebüßt. Autorität wird häufig zuerst assoziiert mit Machtausübung, Tyrannei und Kontrolle, Unterdrückung und Unfreiheit für die Untergebenen. Wenn sich Autorität auf spirituelle Führung bezieht, werden bei vielen noch mehr mulmige Gefühle geweckt. Neil Douglas-Klotz begründet das u. a. damit, dass »viele Menschen unangenehme Erfahrungen mit Autoritäten religiöser Institutionen« gemacht haben. Vor allem junge Menschen neigten dazu, »alles abzulehnen, was mit Spiritualität, Heiligkeit oder

520 Hummel, Reinhard: Guruismus, in: Gasper/Müller/Valentin (1995), 416.
521 Schneider, Wolf (2003), 37.
522 Behrendt, Joachim-Ernst: Was ist ein Meister? in: esotera 2/2000, 40.
523 Informant 6M33.

Verehrung zu tun hat«. Ermutigt würden sie dazu noch zusätzlich durch die materialistische Kultur.[524]

Ein weiterer Grund für den kritischen Umgang mit Autorität ist in der Aufklärung des 18. Jahrhunderts zu suchen. Vor allem westliche Menschen tragen ihre ausgeprägte Fähigkeit zu Logik und Kritik mit einem gewissen Stolz. Der kritikbegabte Verstand will alles prüfen, verstehen, einordnen. »Der Hintergrund des kritischen Bewusstseins ist: Kontrolle. Wenn ich mich nicht drum kümmere, geht alles schief! Wer alles kontrollieren will, hat – letztlich – Angst: ›Ich muss aufpassen. Sonst passiert hier was Schlimmes.‹ Angst führt zu Aggressivität. Der Angreifer ist im Vorteil: ›Besser ich greife an, als dass mir etwas geschieht.‹«[525] Sich überlassen, vertrauen und sich hingeben, das fällt den meisten schwer. Und doch ahnt der Spirituelle, dass ihm durch Abwehr und Kontrolle etwas vorenthalten wird, während sich ihm über Hingabe und Vertrauen eine neue Qualität des Lebens eröffnen könnte.

Meister sein Es ist diese neue Qualität des Lebens, Stärkung und Beständigkeit inmitten eines unbeständigen Umfeldes, die sich viele von der spirituellen Führung erhoffen. Und es ist die Sehnsucht nach Stärke, Gleichmut, Festigkeit und innerem Frieden; nach einem Weg in einen Zustand, der mehr vom Sein als vom Haben wollen bestimmt ist; nach einem erfüllenden Leben.

Doch »wie lassen sich die Exzesse eines ausbeuterischen falschen ›Meisters‹ vom oft unkonventionellen Verhalten des echten Meisters unterscheiden, der das gewöhnliche Bewusstsein transzendiert hat und Dinge sieht und weiß, die andere nicht sehen«, fragen Wissenschaftler zu Recht, die zu spiritueller Autorität geforscht haben.[526] An einen Menschen, der andere im geistig-seelischen Bereich führt, stellt diese Aufgabe hohe Anforderungen: sowohl an seine Persönlichkeit als auch an seine Lehrkompetenz. Die Vorstellungen der Menschen von einem idealen Meister sind dementsprechend hoch. Er muss »selbst ein Niemand geworden sein und alle Masken abgelegt haben. Er ist Sein, nicht Schein.«[527]

Eine Informantin weist auf die Vorbildfunktion des Meisters hin, er zeichne sich dadurch aus, »dass er selbst sein Leben ganz eigenverantwortlich und nicht in irgendwelchen Abhängigkeiten lebt. Er ist frei von Bedürftigkeiten dieser Welt. Er hat Kontakt mit einer geistigen Wirklichkeit. Er ist gebildet und er stellt an sich selbst die höchsten Ansprüche, auch im Umgang mit anderen Menschen, egal, was es ist.«[528] Wolf Schneider nennt noch zwei weitere Aspekte, die ihm wichtig erscheinen: »Eine gute Integration dieser Art von Erfahrung in den Alltag und ein Händchen für die Arbeit mit Menschen, die durch dieses schwierige Terrain geführt – oder zumindest darin begleitet werden wollen, und zwar von einem, der in ein paar typische Fallen auf diesem Gelände schon selbst hineingetappt ist und wieder herausgefunden hat.«[529]

Auch auf die spirituelle Reife und Integrität wird hingewiesen: »[Hugo Enomiya Lassalle, Wilhelm Klein, Bede Griffith] waren alles ausgesprochen bescheidene

524 Douglas-Klotz, Neil: Himmel und Erde wieder zusammenbringen, in: Visionen 04/2004, 33.
525 Behrendt, Joachim-Ernst: Was ist ein Meister? in: esotera 2/2000, 40.
526 Wilber, Ken/Ecker, Bruce/Anthony, Dick: Gurus, Meister, Menschenfänger, Frankfurt 1995.
527 Pyar: Meister-Schüler-Beziehung und die Gefahr des Missbrauchs, in: Wegweiser 03/2003; http://www.pyar.de/Textseiten/Meister_Schüler.htm.
528 Informantin 2W35.
529 Schneider, Wolf (2003), 53.

Menschen, die sehr einfach gelebt haben, die im Umgang mit anderen etwas völlig Unpathetisches haben, etwas sehr Nüchternes. Es waren alles Leute, die eine gewisse heitere Gelassenheit hatten. Die waren auch witzig und hatten überhaupt nichts pathetisch Aufgeblasenes. Wohltuende Zeitgenossen, wenn man sich mit denen unterhalten hat, hat man sich einfach durch die Begegnung erleichtert oder angeregt gefühlt.«[530]

Doch leicht machen soll der Meister es seinen Schülern nicht. Ein Aspekt, der bei der Suche nach dem »Richtigen« als entscheidend erachtet wird. »Ein falscher Meister ist ein Trost. Er gibt dir Frieden, so wie du bist, er macht sich keine Mühe, dich zu verändern – er ist ein Beruhigungsmittel«, provoziert Osho seine Schüler in einer Rede. »Wenn du zu einem wahren Meister kommst, ist dies das Kriterium: Sogar das bisschen Frieden, das du schon haben magst, wird zerstört, jegliches Wohlbefinden geht vor die Hunde. Er wird noch mehr Aufruhr, noch mehr Konflikt schaffen. Er wird dich nicht trösten – weil er nicht dein Feind ist. Alle Tröstungen sind Gift. Er wird dir helfen zu wachsen. Wachstum ist schwierig, du wirst viele Schwierigkeiten bewältigen müssen. Oft wirst du vor diesem Mann davonlaufen wollen, aber du kannst es nicht, weil er dich bis in den Schlaf verfolgen wird. Trost ist nicht das Ziel. Er kann dir keinen falschen Frieden geben. Er wird dir Wachstum geben, und aus diesem Wachstum heraus wirst du eines Tages aufblühen. Und diese Blüte wird der wahre Frieden sein, die wahre Stille.«[531]

Einen spirituellen Lehrer zu erkennen, scheint dennoch für die meisten nicht einfach zu sein. Arjuna Ardagh, der jahrelang als erleuchteter spiritueller Lehrer galt, vermutet, es gebe eine gewisse Vereinbarung, welche die einen Menschen in die Lehrerrolle und die anderen in die Schülerrolle bringe: »Wenn jemand meint, er sei ein spiritueller Lehrer, und andere Menschen sind bereit zu dieser Vereinbarung, dann hast du einen spirituellen Lehrer. Aber wenn die Leute damit nicht übereinstimmen, dann hast du eben keinen spirituellen Lehrer. Manche haben sich einen Rahmen geschaffen, wo sie einen besonderen Stuhl haben und einen Haufen Jünger, und es gibt da eine Abmachung untereinander, dass diese eine Person etwas Besonderes ist und so weiter – nun, wenn sie alle glücklich sind mit dieser Vereinbarung, dann hast du da einen spirituellen Lehrer.«[532]

Neben dieser Form findet sich aber auch jene: Menschen gehen auf einen anderen zu, um ihm spirituelle Fragen zu stellen oder ihn zu bitten, sie zu lehren. Ist der Gefragte bereit, dann ergibt sich das Rollenspiel von Schülern und Lehrern von selbst. »Wenn der Lehrer bereit ist, erscheinen die Schüler«, so ein in der Szene bekanntes Wort von Serge Kahili King. Es heißt auch, der wahre Lehrer würde nicht versuchen, Schüler zu aktivieren; sie würden ihm vielmehr von der geistigen Welt zugeführt, wenn er die spirituelle Reife hat und sich bereit erklärt hat, andere zu lehren. Doch zu beobachten ist, dass Lehrer häufig selbst die Entscheidung treffen, Lehrer zu werden und dann mehr oder weniger intensiv nach Schülern suchen. Es gibt im spirituellen Feld erstaunlich viele, die spirituelle Lehrer sein wollen, sobald sie zu den ersten spirituellen Erfahrungen und Erkenntnissen gelangt sind. Sie legen

530 Ludwig Frambach, Leiter des Projekts Spiritualität, Eckstein-Haus der ev.-luth. Kirche in Nürnberg, http://www.bewusst-gemacht.de/spiritus.htm.
531 Osho: Die verbotene Wahrheit. Vorträge zum Thomasevangelium, Köln 2003.
532 Zit. in: Schneider, Wolf (2003), 49.

dabei mitunter auch eine gewisse Emsigkeit, einen Übereifer, der den geistigen Inhalten ihrer Lehren eher unangemessen erscheint, an den Tag.

Hinzu kommt die unterschiedliche Bewertung von Lehrer- und Schülerrolle. Die Rolle des Lehrers wird im Vergleich zu der des Schülers sehr hoch bewertet: Der Lehrer ist bereits, der Schüler muss erst werden. Lehrer zu sein verschafft damit leicht einen hohen Selbstwert, die Schülerrolle vermittelt hingegen einen Minderwert. Dass dadurch auch Menschen, die die Lehrerrolle noch nicht auszufüllen vermögen, eine Lehrerrolle übernehmen wollen, liegt nahe.

Dennoch entsteht ein Lehrer-Schüler-Verhältnis nicht aus irgendwelchen beliebigen Launen. Der Lehrer hat für die Schüler das gewisse Etwas, das sie anzieht. Er lehrt nicht »wie die Schriftgelehrten, sondern mit Vollmacht« (Mk 1,22); er wird von den Schülern wahrgenommen als einer, der weiß; als einer, der vom Geist inspiriert ist und ein weites Bewusstsein hat. Und er hat das, was auch mit Charisma bezeichnet wird. »Die gleichen Worte, durch die ein Meister einen tiefen Prozess auslöst, können aus dem Munde eines Nichtmeisters wirkungslos verhallen, allenfalls zustimmend benickt werden: ›Ach wie klug!‹«, sagt Behrendt. »Die einzige Aufgabe, die ein Meister hat, ist es, dir die einzige Begegnung zu ermöglichen, die zählt: die mit dem SELBST, mit dem SEIN: Nicht viel zu reden oder zu tun, sondern dich in dein SELBST zu führen. Dir zur Begegnung mit dem SELBST zu verhelfen.«[533]

In der Literatur werden ganz unterschiedliche Menschen unter die spirituellen Lehrmeister der Vergangenheit und Gegenwart eingereiht. Zu den bekanntesten spirituellen Lehrmeistern der Gegenwart zählen – ganz unabhängig von ihren Qualitäten – u. a. Sri Sathya Sai Baba, Maharishi Mahesh Yogi, Mata Amritanandamayi (genannt Amma), Nirvala Salve, Thich Nhat Than sowie der Dalai Lama, und speziell in Deutschland Mutter Meera und Willigis Jäger sowie die Lehrer aus der Satsang-Szene. (siehe auch S. 127, Satsang-Lehrer)

Es gehört zum Wesen eines großen Meisters, auch nach seinem Tod – meist durch die hinterlassenen Schriften und durch sein Lebenswerk – auf die Nachwelt zu wirken. Gerhard Wehr nennt in seinem Buch »Spirituelle Meister des Westens« u. a. Helena Petrovna Blavatsky (Theosophische Bewegung), Rudolf Steiner (Anthroposophie), Krishnamurti (Ideologiefreie Spiritualität), Alice Ann Bailey (Inspiration des Tibeters), G. I. Gurdjieff (die Faszination eines Magiers), C. G. Jung (Tiefenpsychologie) und Karlfried Graf Dürckheim (Initiatische Therapie).[534] Hinzuzufügen wären sicherlich Namen wie Joel S. Goldsmith, Shunryu Suzuki, Taisen Deshimaru-Roshi, Paramahansa Yogananda, Shri Ramana Maharishi, Ramakrishna, Osho, Ayya Khema, Hugo Makibi Enomiya Lassalle und Bede Griffith. Wenn auch nicht jeder von ihnen persönlich in Deutschland gewirkt hat, so werden doch Schriften von und über sie auch in Deutschland rezipiert und fließen mehr oder weniger stark in die spirituellen Lehren und Seminarinhalte von deutschen Lehrern ein oder dienen einzelnen als geistige Lektüre.[535]

Schüler sein Eine Informantin empfand die Tatsache, dass sie auf ihrem spirituellen Weg ihren Meister, Hans-Joachim Lenz, gefunden hat, als »das größte Glück, was man haben kann. Weil der Meister das Vorbild ist schlechthin. Ein Meister gibt

533 Behrendt, Joachim-Ernst: Was ist ein Meister? in: esotera 2/2000, 40.

534 Wehr, Gerhard: Spirituelle Meister des Westens, München 1995.

535 Ihre Schriften wurden von einem Teil der Informanten rezipiert; ihre Lehren als wichtige Inspirationsquellen genannt.

einem die Orientierung, die Lebenshilfe, die man braucht, aber nicht, weil er etwas aufdrückt, eine Meinung aufdrückt oder sagt, wie man es tun muss, sondern er gibt einem die Stärke, die man braucht, um das Leben selbst in die Hand zu nehmen.«[536] »Ohne meine Lehrer wäre ich gar nichts«, fügt eine andere hinzu. Westlichen Menschen fiele es in der Regel schwer, jemanden als Lehrer zu akzeptieren; so etwas würde als Schwäche oder Abhängigkeit ausgelegt, doch es gäbe auch das andere Extrem, »dass die Menschen nach dem großen Guru suchen, der einen an der Hand nimmt und der das Ganze für sie erledigt. Ich denke, in der Mitte ist die Wahrheit. Buddha z. B. sagt, nenn' deine Lehrer edle Freunde.«[537]

Diese Form der Freundschaft spielt auf jenes tiefe Lehrer-Schüler-Verhältnis an, das unter »süd- und ostasiatischen Mentalitätsbedingungen leichter zu akzeptieren ist als unter westlichen«[538]. In den religiösen Traditionen des Ostens werden jene Menschen hoch geschätzt, die auf dem spirituellen Weg weit fortgeschritten sind und anderen ein spiritueller Lehrer, ein Guru, sein können. Einen Guru, einen spirituellen Lehrer, gefunden zu haben und von ihm als Schüler angenommen worden zu sein, ist nach Dafürhalten der Anhänger östlicher Religionen von großer Bedeutung. »Darum suche einen Lehrmeister, der ein vollkommenes Vorbild ist«, soll schon Laotse empfohlen haben, »wie ein Leuchtturm, der sein Licht und seine Kraft in die Welt sendet, ob dies geschätzt wird oder nicht. Forme dich nach ihm, bade in seinem nährenden Glanz und gib seine Strahlen weiter in die Welt. So wirst du eine ewige Wahrheit verstehen lernen: Es gibt immer ein friedliches Zuhause für einen tugendhaften Menschen.«[539]

In den meisten Fällen folgen die Schüler lebenden Meistern. Sie verbringen eine unterschiedlich lange Zeit mit ihnen. Manche Begegnungen sind relativ kurz und dennoch empfindet der Schüler sie als entscheidende Prägung für seinen weiteren spirituellen Weg. Andere leben viele Jahre mit ihrem Meister zusammen oder besuchen über Jahre hinweg seine Vorträge, Seminare oder Kurse oder wenden sich mit ihren spirituellen Fragen regelmäßig im persönlichen Gespräch an ihn. Häufig dauert die Beziehung zwischen Meister und Schüler vom ersten Kennenlernen bis zum Tod des Meisters, und auch darüber hinaus an.

Wolf Schneider, heute Herausgeber der Zeitschrift *connection spirit*, war für viele Jahre ein Schüler Oshos, von 1977 bis zu Oshos Tod 1990. »Das Wichtigste an meiner Lehrzeit mit ihm«, erinnert er sich viele Jahre später, »war für mich die Inspiration, die von ihm ausging – von seinem Reden, aber auch von der tiefen Stille um ihn –, und dass ich mit seinen Schülern, den Sannyasins, in einer subkulturellen Umgebung leben konnte, die mich in vieler Hinsicht reifen ließ, vor allem auf Gebieten, die meine westliche Sozialisation vernachlässigt hatte: dem emotionalen und dem spirituellen Bereich. Die Freiheit, die religiöse Gruppe der Sannyasins zu verlassen, hatte ich jederzeit; es gab auch keinen Gruppendruck, dabei zu bleiben in der ›Gruppe der Auserwählten‹.«[540]

Wenn Schüler Lehrer werden, hört ihr Schülersein nicht einfach auf. Ihren eigenen Lehrern gegenüber bleiben sie Schüler, auch wenn diese Beziehung sich durch

536 Informantin 2W35.
537 Informantin 3W42.
538 Dehn, Ulrich (2001), 319.
539 Walker, Brian: Dies sagte Laotse. Die unbekannten Lehren des Hua-hu ching. Braunschweig 1995, 113.
540 Schneider, Wolf (2003), 40.

die Lehrerschaft des Schülers verändert hat. Eine Informantin berichtet, warum sie, die selbst seit vielen Jahren Schüler im Theravada-Buddhismus nach der Tradition von Ayya Khema unterrichtet, auf ihre eigene Lehrerin[541] nicht verzichten will: »Wenn man selber Leute begleitet, braucht man selbst Begleitung. Das ist immer wieder Spiegelfläche. Ich arbeite auch mit Leuten, und es kommen sehr viele Menschen zu mir. Ich kann sie so weit begleiten, wie ich gegangen bin. Es gibt auch da Projektionen, es gibt auch da Schwierigkeiten. Es ist wichtig, da auch wieder selbst eine Bewertung zu haben, dass man die eigene Praxis wieder in Ordnung hält, spirituelle Hygiene.«[542]

Bande ohne Grenzen Doch nicht nur lebende Meister, sondern auch bereits verstorbene bezeichnen viele als ihre Meister. Abgesehen von Jesus und Buddha werden häufig Menschen genannt, die noch im 20. Jahrhundert gewirkt haben. Schüler fühlen sich noch immer mit diesen Meistern verbunden, die sie zu Lebzeiten gekannt haben; hinzukommen aber auch andere, die erst nach seinem Tod auf seine Lehre oder auf seine Schüler, gestoßen sind. Bis heute wirken zum Beispiel Meister wie der geistige Heiler Joel S. Goldsmith, die buddhistische Nonne Ayya Khema, Osho, Hugo Makibi Enomiya-Lassalle, Hazrat Inayat Khan, Ramakrishna oder Shri Ramana Maharshi fort. Eine Informantin hat »das Gefühl, dass es eine Kommunikation gibt, die über Grenzen von Leben und Tod hinaus funktioniert«[543].

Zu den Verstorbenen gesellen sich noch viele weitere unsichtbare Lehrer und Meister. Manch einer ist auf seinem spirituellen Weg keinem lebenden Meister begegnet; manch einer hat ihn zwar gesucht, aber nie gefunden. Andere hatten nie das Bedürfnis danach. Verbreitet sind auch Kontakte mit geistigen Wesen, die manche fühlen, sehen oder hören können und mit denen eine mehr oder weniger starke Kommunikation gepflegt wird.

Doch der Mensch trägt, so die Vorstellung, auch den ›inneren Guru‹ in seinem Herzen: »Der äußere Guru«, so Reinhard Hummel, »hat dann vor allem darin seine Bedeutung, dass er Gott für den Jünger repräsentiert und den inneren Guru in ihm zum Erwachen bringt.«[544]

So sprechen manche auch von einer inneren Stimme, durch die sie sich geführt fühlen und die sie mitunter auch als Gott bezeichnen. »Die innere Stimme gibt mir Festigkeit, weil ich weiß, ich kann immer fragen. Und meistens kommen Antworten. Weil ich weiß, dass es Gott gibt. Das weiß ich zu hundert Prozent und daran werde ich auch nicht zweifeln. Darauf kann ich immer zurückgreifen, mich erinnern, auch in schwierigen Situationen, auch wenn man einmal in die Knie geht, dass man trotzdem wieder aufsteht und nicht ganz verfällt.«[545]

Nicht zuletzt erfahren Menschen das Leben selbst als ihren spirituellen Lehrmeister: »Seit 1990, seit Oshos Tod, habe ich keinen Meister mehr, sondern betrachte die Situationen, die mir das Leben bietet, als die mir gestellten Lernaufgaben.«[546]

541 Diese ist auch Schülerin von Ayya Khema gewesen.
542 Informantin 3W42.
543 Informantin 7W43.
544 Hummel, Reinhard: Guruismus, in: Gasper/Müller/Valentin (1995), 418.
545 Informantin 1W25.
546 Schneider, Wolf (2003), 40.

Pathogene Strukturen »Falschmünzen existieren, weil es echtes Gold gibt«, soll ein berühmter Ausspruch von Rumi sein, mit anderen Worten: ein Schüler-Lehrer-Verhältnis birgt auch Gefahren, vor allem wenn es innerhalb einer spirituellen Gruppe stattfindet. John Welwood, klinischer Psychologe in den USA, nennt Merkmale, die zwar nicht unbedingt zu destruktiven Entwicklungen führen müssen, aber durchaus können: Wenn der Leiter über die »›totale Macht‹ [verfügt], das Selbstwertgefühl seiner Anhänger zu bestärken oder es zu vernichten, und er bedient sich dieser Macht ausgiebig«.[547] Statt einer Beziehung zwischen Erwachsenen ähnelt die Beziehung der zwischen Vater/Mutter und ihren Kindern. Des Weiteren wenn der Leiter seine Anhänger »auf Kurs« zu halten versucht, indem er »Gefühle der Hoffnung und der Angst manipuliert« und Erlösung oder einen hervorgehobenen Status in Aussicht stellt, vorausgesetzt alle bleiben »der ›gemeinsamen Sache‹ treu«. Wer den gemeinsamen Weg verlassen sollte, muss mit Vernichtung oder Verdammnis rechnen. Und: Wenn die Leiter sich selbst zu Meistern und Propheten ernannt haben, ohne eine längere spirituelle Schulung durchlaufen zu haben.[548]

Pathologische Entwicklungen, vor allem die der Manipulation und des Machtmissbrauches, entstehen häufig aus mangelnder persönlicher Reife und Erfahrung der Lehrer. Wilber, Dick und Eckers unterscheiden vier Typen spiritueller Autorität: Da ist zuerst der »falsche Meister oder spirituelle Lehrer«, der über ein gewöhnliches Bewusstsein verfügt und vorgibt, es sei transzendental und er stehe in Kontakt mit den göttlichen Mächten. Der zweite Typ hat zwar bereits bestimmte transzendentale Ebenen erreicht, aber er ist dennoch nicht frei von persönlichen Verhaftungen, was ihn anfällig für Selbsttäuschungen macht. Der dritte ist ein »wahrhaft fortgeschrittener spiritueller Meister oder Lehrer«, der das »Verfolgen eigennütziger Interessen« bereits überwunden hat, aber seine »Einheit mit dem unendlichen Sein noch nicht völlig realisiert« hat. Den vierten und letzten Typ bezeichnen sie als »vollständig verwirklichten oder vollkommen erleuchteten Meister«.[549]

Bedauerlicherweise lassen die Forscher wichtige pädagogische Kompetenzen wie Rhetorik, Einfühlungsvermögen in den jeweiligen Schüler, Anschaulichkeit der Lehre und Klarheit der Vermittlung bei ihrer Einordnung außer acht. Denn es kann schwierig werden, wenn Menschen als Lehrer auftreten, die zwar einerseits über eine spirituelle Kompetenz, etwa in Form von Erleuchtung, Gottesbewusstsein und tiefen mystischen Erfahrungen, verfügen, aber andererseits pädagogisch und rhetorisch ungeübt sind oder denen es an Führungsqualitäten, menschlicher Reife und charakterlicher Festigkeit mangelt.

Wie anspruchsvoll die Rolle ist, zeigt die Tatsache, dass selbst reflektierte und erfahrene Lehrer nicht davor gefeit sind, auf die Tücken, die diese Rolle mit sich bringt, hereinzufallen und der stets geforderten Selbstbeobachtung und Kurskorrektur nicht gewachsen sind. Die Religionsgeschichte kennt viele Beispiele, die deutlich machen, dass nur ein geringer Teil von ihnen wirklich in der Lage ist, »angemessen mit den extremen Idealisierungen, sehnsüchtigen Wünschen und riesenhaften

547 Dazu der Psychiater Eric Hoffer: »Was zählt, ist die arrogante Attitüde, die völlige Missachtung der Meinung anderer, die Haltung desjenigen, der allein auf sich gestellt der Welt zu trotzen wagt.« Hoffer, Eric: The True Believer, New York 1951.
548 Welwood, John: Über echte und falsche spirituelle Autorität, in: Wilber, Ken/Ecker, Bruce/Anthony, Dick: Gurus, Meister, Menschenfänger, Frankfurt 1995, 39–62.
549 Wilber, Ken u. a. (1995), 11f.

Projektionen ihrer Schüler umzugehen«[550]. Etwa, wenn Schüler ihren Lehrer als »unfehlbaren Übermenschen« verehren; wenn die Schüler-Lehrer-Nähe bei unterschiedlichen Geschlechtern nicht klar von der spezifischen Mann-Frau-Nähe oder homoerotischen Neigungen unterschieden wird oder wenn sie – auch unbewusst – in die Lehrer-Schüler-Beziehungen hineinspielen; wenn die Rollen von Lehrer und Schüler als nicht gleichwertig wahrgenommen werden und Lehrer sich über ihre Schüler erheben oder Schülern eine gewisse Minderwertigkeit vermitteln.

»Natürlich hängt es davon ab, wie versteht ein Lehrer oder eine Lehrerin diese eigene Rolle«, berichtet eine Informantin aus ihrer Praxis. »Welche Ethik ist da mit drin, welcher Ego-Anteil ist da, wie viel Präsenz ist da, sich das anzugucken. Und da gibt es eben einen Haufen Unterschiede. Es gibt alles, von Missbrauch bis ich binde mich bis zur Identifikation. Ich bin Lehrer, Lehrerin, und dann brauch ich natürlich Schüler, da muss ich oft Schüler Schüler sein lassen. Darf ich da erwachsen werden neben einem Lehrer [also in die eigene Lehrerrolle wachsen] oder muss ich immer Schülerin bleiben, damit die ihre Identifikation aufrecht erhält? All diese Sachen spielen mit rein. Und als Schülerin ist es genauso, diese Projektionen.«[551]

Dennoch gibt es Kriterien dafür, ob ein Lehrer die Lehrerrolle tatsächlich ausfüllt. Im Allgemeinen wird darauf verwiesen, »dass der Guru sich einstellt, wenn der Jünger dazu reif ist, (...) der Guru in einer Gurutradition stehen muss, (...) dass sie sich nicht mit Geld abgeben dürfen, (...) nicht selbst missionierend Anhänger suchen dürfen: Der Durstige kommt zum Brunnen, nicht umgekehrt.«[552]

Mit Aspekten wie Macht und Abhängigkeit im Lehrer-Schüler-Verhältnis haben sich einige meiner Informanten intensiv auseinander gesetzt: »Ich brauche keinen Meister, mit dem ich ein Abhängigkeitsverhältnis habe. Ich denke, da muss man selbst eine gewisse Stärke haben, um das zu erkennen. Es gibt ja nun diese falschen Meister, die eigentlich nur Macht auf Menschen ausüben und sie in eine Richtung drücken. Aber das ist für mich kein Meister. Ein Meister führt seine Schüler, aber er bemächtigt sie nicht.«[553] Eine andere geht auf die Bindungsproblematik ein. Ihre Lehrerin sei nie auf sie zugegangen, habe sie geholt, im Gegenteil: »Du musst wieder hingehen und fragen. Das da keine Bindung passiert. Sie ist da. Sie ist einfach da für dich. Aber du musst den ersten Schritt machen als Schülerin.«[554]

Wer starke Schüler haben will, muss sie darin unterstützen, sich von allen Abhängigkeiten frei zu machen, auch von der des Lehrers selbst. »Das Ziel aller spiritueller Arbeit kann nur in dem Bestreben liegen, eine mündige, völlig selbstständige Persönlichkeit oder Gruppe zu schaffen, die aus dem eigenen Innern deutlich erfährt, was der persönlichen und gesellschaftlichen Weiterentwicklung förderlich ist.«[555]

Dass nur wenige die Anforderungen an einen Menschen, der andere geistig führt, erfüllen können, ist eine Tatsache, die in der Religionsgeschichte auch schon vor Jahrtausenden bekannt war. Über die Bedrohung der Führerschaft heißt es in einem Brief an einen Älteren aus der Chan-Gemeinschaft: »Gutes Land ernährt die Wesen gut, ein gütiger Herrscher ernährt die Menschen gut. Viele von denen, die

550 Utsch, Michael (2001), 191.
551 Informantin 3W42.
552 Hummel, Reinhard u. a. (2001), 419.
553 Informantin 2W35.
554 Informantin 3W42.
555 Goetz, Rolf: Spirituelle Gemeinschaften, Katzenelnbogen 1985, 18. Dazu auch: Jäger (2000), 68f.

sich heutzutage Führer nennen, nehmen sich die Menschen nicht zu Herzen, sondern räumen ihren eigenen Wünschen Vorrang ein. Sie hören nicht gern gute Worte, und sie bemänteln gern ihre Fehler, um sich ungehörigem Tun hingeben zu können und für eine Weile in eitler Selbstzufriedenheit zu leben. Wenn kleine Leute sich die Vorlieben und Abneigungen der Führer zu eigen machen, ist der Weg der Führerschaft dann nicht bedroht?«[556]

Auch durch eigene Erwartungen und Bedürfnisse können sich Menschen von einer Meister- oder Lehrerfigur abhängig machen. Aus den Erfahrungen seiner langjährigen Beobachtungen heraus trifft einer der Informanten große Vorsichtsmaßnahmen, »dass ich nicht zu einem Guru werde. Denn in dem Moment, in dem Menschen von mir abhängig sind, bin ich von ihnen abhängig. Ich kenne die ganze Sekten- und Guru-Szene ausgezeichnet. Ich habe sehr viele Erfahrungen, in der Schule war ich Religionslehrer. Ich kenne Sektenangehörige und Sektenführer persönlich. Ich habe die ganze Literatur gelesen und beschäftige mich immer noch mit dem Thema. (…) Ich weiß, dass es da ein Muster gibt. Irgendwann sagen die Leute, sie halten dich für einen Messias, und fünf Jahre später bist du überzeugt, dass du einer bist. Und das möchte ich nicht. Deswegen sage ich: ›Leute, es gibt drei Wochenendseminare und kein weiteres. Dann steht ihr auf eigenen Beinen. Ich bin weder der Guru noch eine Autorität. Dann könnt ihr alleine weiterüben.‹«[557]

Entwicklungschancen Auch im Hinblick auf Verantwortung, Selbstständigkeit und Freiheit liegt in der Schüler-Meister-Beziehung ganz unbestritten ein großes Potenzial spirituellen Wachstums. Wer in erster Linie auf einen bequemen Weg mit einem Meister als angenehmem Reisebegleiter aus ist, wird über die vielen Facetten der Selbsttäuschung nicht hinaus kommen. Die Entwicklung stagniert. Eine Informantin, die seit über neun Jahren bei ihrer Lehrerin ist, hat alle möglichen Höhen und Tiefen dieser besonderen Beziehung kennen gelernt: »Von sie auf den Sockel stellen, erkennen, dass sie nur ein Mensch ist und wieder runterholen, bockig sein bis da geh' ich gar nicht mehr hin und: die kümmert sich nicht genug um mich. Alles.«[558]

In der Meister-Schüler-Beziehung vermuten viele eine besondere Kraft. Eine Kraft, die Wachstum vorbereitet und auf besondere Weise ermöglicht, ohne konkretes Handeln des Meisters, sondern einfach durch seine Präsenz und sein Bewusstsein. »Es geschieht etwas auf einer Ebene ober- oder unterhalb von Worten. Es schwingt etwas mit durch die Worte, aber es sind nicht die reinen Worte an sich oder die Belehrungen.«[559] »Vielleicht ist der Meister auch so etwas wie ein Urbild, das ein Vermittler ist zwischen mir und dem Göttlichen, das mich auf diesem Weg begleitet.«[560] Somit wäre derjenige, der zwischen Schüler und göttlicher Wirklichkeit steht, in der Beziehung zu dieser göttlichen Wirklichkeit ebenfalls Schüler. Spirituelle Meister wären Schüler Gottes bzw. des Göttlichen.

In der westlichen Kultur wird Hingabe oftmals als Selbstaufgabe interpretiert: Wer sich hingibt, ergibt sich zugleich. Etwa in der Art von »Ich gebe mich meinem Guru hin, weil er so groß und stark ist und ich so klein.« Unterwerfung erfolgt aus

556 Cleary, Thomas (Hg.): Zen in der Kunst der Menschenführung, Bern/München/Wien 1990.
557 Martin, Ariane (1996), 140f.
558 Informantin 3W42.
559 Informantin 3W42.
560 Informant 6M33.

Schwäche, vielleicht auch aus Flucht vor der Alternative, selbst Verantwortung zu übernehmen. Hingabe hingegen erfolgt im Idealfall aus Stärke. Hingabe an einen authentischen spirituellen Meister heißt, sich »auf eine völlig ehrliche, nackte Weise« zu geben, »alle Verstellungen fallen zu lassen, das wahre Gesicht zu zeigen und einfach so zu sein, wie man tatsächlich ist«.[561] Es ist eine Hingabe um der Hingabe willen, die dem Schüler zur Befreiung verhelfen können soll: »Zu keinem Zeitpunkt geht es wirklich um Hingabe an den Meister, sondern es geht nur um Hingabe an das Göttliche selbst.«[562] Es geht also folglich nicht darum, eine Person zu bewundern, anzubeten oder gar zu vergöttern, sondern das zu verehren, was in ihr aufscheint, unabhängig von ihrem persönlichen Verhalten.

Ein weiterer Aspekt liegt in der Problematik der Selbsttäuschung. Es ist sehr schwer, eine Distanz zu seinem eigenen Denken, Fühlen und Erleben herzustellen, sich selbst ganz und gar zu durchschauen und objektiv zu betrachten, ist fast unmöglich. »Ich brauche die Resonanz von einem Außenstehenden. Und das ist die Bedeutung von einem Meister, dass er mir sagt, wenn ich vom Weg abgekommen bin, dass er mich führt, dass er mir Ratschläge gibt, Impulse gibt.«[563] Somit empfindet eine Informantin ihrer Lehrerin gegenüber tiefe Dankbarkeit, auch wenn sie in der Beziehung zu ihr viele Höhen und Tiefen erlebt hat. »Ich hatte die Berührung mit dem Dhamma durch sie gehabt. Und je weiter ich gehe, bei jedem Retreat, ist sie in meinem Herzen.«[564]

Meister-Schüler-Beziehungen bergen Gefahren und Chancen gleichermaßen und verdienen mehr als jede andere besondere Aufmerksamkeit und Wachheit. Der Meister weist zwar den Weg, der Schüler aber müsse ihn selbst gehen, gibt Gerhard Wehr zu Bedenken. »Von den Erkenntnissen dieses Meisters überzeugt sein darf nicht die Illusion wecken, man sei selbst dieser Erkenntnis in wesenhafter Weise teilhaft geworden.«[565]

Satsang-Lehrer Seit einigen Jahren hat in Deutschland eine besondere Art der Lehrer-Schüler-Beziehung zugenommen, die sich – zumindest in westlichen Großstädten – als völlig unverbindliche, ja mitunter auch anonyme Form gestaltet: *Satsang*. So genannte Erwachte geben per Veranstaltungskalender, häufig mittels Veranstaltungsagenten, Orte und Zeiten bekannt, zu denen sie sich für Fragen spirituell interessierter Menschen zur Verfügung stellen. Hinter dem aus dem Hinduismus kommenden Begriff *Satsang* verbirgt sich nichts anderes als dass sich Menschen um einen Erleuchteten zu einer Frage-Antwort-Session zusammenfinden, »mit der Wahrheit zusammen sind«.[566] Neu dabei ist, dass die Protagonisten immer häufiger Europäer und Amerikaner sind, quasi als nächste und übernächste Generation von Satsang-Lehrern, die vor allem aus Indien stammen. Es fällt auch auf, dass sie, im Vergleich zu Motivationstrainern etwa, sehr wenig Wirbel um ihre Person machen, auf sensationelle Ankündigungen verzichten und dennoch auf Resonanz stoßen, mittlerweile

561 Welwood, John: Über echte und falsche spirituelle Autorität, in: Wilber, Ken/Ecker, Bruce/Anthony, Dick: Gurus, Meister, Menschenfänger, Frankfurt 1995, 39–62.
562 http://www.pyar.de/Textseiten/Meister_Schüler.htm.
563 Informant 6M33.
564 Informantin 3W42.
565 Wehr, Gerhard (1995), 13.
566 Satsang (sanskrit): Zusammensein mit einem Erleuchteten in Wahrheit. Die am häufigsten praktizierte Form der neuen Volksbewegung des Erwachens.

sogar größere Säle füllen. Die »Erwachten« gehen auf Satsang-Tourneen, die noch »Unerwachten« folgen ihnen. Satsang-Tourismus führt durch Provinz- und Großstädte.

Satsang-Lehrer lehren Stille. Der gebürtige Dortmunder Eckart Tolle zum Beispiel.[567] Oder Paul Lowe, der 15 Jahre lang an der Seite Oshos im indischen Poona gelebt und gewirkt hat und heute ein international anerkannter spiritueller Lehrer ist.[568] Auch der Amerikaner Samarpan zählt dazu. Er geht ebenfalls aus dem Schülerkreis Oshos hervor und hält seit 1996 in ganz Europa Satsangs und Retreats, mehrtätige Kurse, ab.[569] Erwähnt werden sollen aber auch die Ärztin Pyar Troll aus München[570], Cederik Parkin aus Hamburg und der in Stuttgart geborene Madhukar.

Satsang-Lehrer verhalten sich in einer für Menschen mit Guru-Vorurteilen überraschend anderen Weise: Sie suchen keine Anhänger, sondern bleiben unverbindlich. Sie interessieren sich wenig für die Probleme der Einzelnen, sondern verkünden Sätze, die als allgemeingültige Wahrheiten gelten. (siehe auch S. 171, Im Fluss ohne Ufer)

Gewissheit

Wenn man einen falschen Weg einschlägt,
verirrt man sich umso mehr,
je schneller man geht.
Denis Diderot

»Dein Glaube wird dich erlösen«, heißt es oft in der christlichen Tradition: Wer »fest im Glauben steht, der findet Gewissheit«. Viele Menschen im spirituellen Feld teilen diese Sehnsucht nach Gewissheit. Doch von Glauben ist selten die Rede. Stattdessen spielen Begriffe wie Erfahrung und Wissen eine Rolle. Die Menschen wollen meist nicht mehr nur glauben (im Sinne von für wahr halten), was ihnen durch andere vermittelt wird, um dadurch in ihrer Spiritualität gefestigt zu werden. Auch wenn spirituelle Lehrer und Meister eine wichtige, für manche sogar wesentliche Rolle spielen – was gelehrt wird, soll auch subjektiv nachempfunden und im Leben praktizierbar sein. Gesucht wird nach Erfahrung. Gesucht wird nach Erkenntnis. Gesucht wird nach Wahrheit, die im eigenen Inneren resoniert. »Hauptsächlich sind es eigene Erfahrungen, auf die ich meine Festigkeit baue. Dieses Selbst-erfahren-Haben, das gibt mir Gewissheit.«[571] Gewissheit stellt sich immer häufiger ein durch das, was Buddha mit den Worten »Komm und sieh selbst« beschrieben hat.

567 Geboren 1948 in Dortmund. Zog im Alter von 13 Jahren zum Vater nach Spanien, machte später in England Abitur und studierte Romanistik. Mit 29 Jahren hatte er nach eigener Aussage seine »Erleuchtungs«-Erfahrung, ohne je einen spirituellen Lehrer gehabt zu haben. 1993 zog er nach Kalifornien, später nach Kanada. Sein Buch *Jetzt. Die Kraft der Gegenwart* (1998) wurde bisher in 32 Sprachen übersetzt. Im Jahr 2002 stand es wochenlang auf Platz 1 der New York Times-Bestsellerliste. http://www.eckarttolle.com

568 http://www.paullowe.org.

569 http://www.samarpan.de.

570 Ihre Suche führt sie zu Osho, Dheeraj und Samarpan, »in dessen Satsang sie vor einigen Jahren ›die letztendlichen Zweifel, DAS zu sein‹ hinter sich lässt.« http://www.pyar.de.
Aus der Schulung bei Osho/Bhagwan/Rajneesh gingen mehrere international bekannte Seminarleiter hervor. Neben den oben erwähnten gehören dazu u. a. Michael Barnett (er gründete 1982 die »Wild Goose Company«, nach Schweiz und Frankreich heute in Freiburg), Alan Lowen (gründete eigene Tantra-Schule, http://www.theartofbeing.com), Michael Crawford (Satsang-Lehrer, http://www.mikaire.com), Margot Anand Naslednikow (Mutter des modernen, westlichen Neo-Tantrismus, Tantra-Institute in der ganzen Welt, http://www.SkyDancingTantra.de).

571 Informantin 2W35.

Dadurch erwachsen beim Einzelnen Gefühle von Sicherheit und Verlässlichkeit, von spiritueller Heimat und Verwurzelung. Die Dimension *Gewissheit* unterteilt sich wiederum in die Subdimensionen *Sinn, Ordnung und Verlässlichkeit* und *Erkenntnis und Wahrheit.*

Sinn

Wer ein Warum zu leben hat,
erträgt fast jedes Wie.
Friedrich Nietzsche

»Zwei Männer kamen während einer Bahnfahrt ins Gespräch, ein junger Student und ein Professor. Dieser fragte interessiert sein Gegenüber: ›Haben Sie schon sinnvolle Pläne gemacht für Ihr Leben?‹ ›Ja, sicher‹, meinte der Student, ›nach dem Studium werde ich zur Weiterbildung ins Ausland gehen, dann in die Firma meines Vaters eintreten; dann heiraten, eine Familie gründen und Karriere machen.‹ ›Interessant‹, meinte der Professor, ›und dann?‹ ›Na ja, dann genieße ich mein Leben.‹ ›Und dann?‹ Pause –, zögernd: ›Irgendwann werde ich wohl sterben.‹ ›Ja, dann, was dann?‹ Betroffenes Schweigen.«[572]

Es gibt Fragen, die tauchen früher oder später in ähnlichen Varianten im Leben eines jeden auf: Woher komme ich, wohin gehe ich? Wer bin ich und welchen Sinn hat meine Existenz? Welchen Sinn hat das, was ich tue, und das, was mir widerfährt? Gerade in der Lebensmitte stellen viele Menschen plötzlich frühere Entscheidungen infrage, »sie erinnern sich an Fähigkeiten und Talente, die sie nicht genutzt haben, oder zweifeln, ob das eigene Tun überhaupt einen Sinn hat«[573].

»Man kann den Sinn nicht ›wissen‹ als etwas Unumstößliches«, hat die Schriftstellerin Luise Rinser den Brief einer jugendlichen Sinnsucherin im Jahr 1962 beantwortet, »man kann ihn aber ›erfahren‹ (man fühlt ihn, indem man sich ›in Ordnung‹, in eine Ordnung eingebettet erlebt).«[574]

Nach C. G. Jung ist Sinn in der ersten Lebenshälfte »Naturzweck«, Beruf und Familiengründung stehen im Vordergrund, in der zweiten Lebenshälfte hingegen dominiert mehr der »Kulturzweck«: Der Mensch wendet sich nun vermehrt von der Außenwelt ab, um sich der eigenen Innenwelt zuzuneigen.[575] Auch die Generativität scheint mit zunehmendem Alter wichtiger für die Erfahrung von Sinn zu werden: »Je generativer sich Menschen im mittleren Alter verhalten, desto zufriedener sind sie, desto größer ist ihr Selbstbewusstsein, desto gesünder fühlen sie sich und desto weniger werden sie von depressiven Verstimmungen gequält.«[576]

Die Sinnthematik kommt in Phasen von Saturiertheit und Zufriedenheit meistens nicht vor. Doch heute, in einer Zeit von Rezession und Arbeitslosigkeit, Terrorangst und sozialer Ungerechtigkeit verblasst bei vielen das Gefühl subjektiven Lebenssinns. Ohne Hoffnung auf eine sichere und friedliche Zukunft, in der persönliche Lebenspläne zur Entfaltung kommen können, ohne die Gewissheit, dass eigenes Denken und Tun von Relevanz sind, verlieren viele das Gefühl subjektiv empfundenen

572 http://www.hopenet.ch.
573 Nuber, Ursula: Soll das alles gewesen sein? in: Psychologie heute compact. Was gibt dem Leben Sinn? o. D., 14.
574 Rinser, Luise: Liebes Fräulein Siegel …, in: Hat das Leben einen Sinn?, in: Die Zeit, 7. 4. 2004.
575 Jung, Carl Gustav: Grundwerk, Bd. 2 und Bd. 9, Solothurn/Düsseldorf 1995, zit. in: Nuber, Ursula, o. D., 15.
576 McAdams, Dan P./St. Aubin, Ed de (Ed.): Generativity and Adult Development. American Psychogical Association. Washington 1998, zit. in: Nuber, Ursula, o. D., 16f.

Sinns. Erst wenn der Sinn verloren scheint, beginnt man ihn zu vermissen. In Zeiten der Ungewissheit erwacht die Sehnsucht nach Orientierung, nach Harmonie und nach Sinn.

Der Wiener Psychiater und Psychotherapeut Victor E. Frankl (1905–1997) hat die »Existenzanalyse« als dritte Richtung in den »Wiener Schulen« nach Sigmund Freud (Psychoanalyse) und Alfred Adler (Individualpsychologie) begründet. In Frankls so genannter Logotherapie steht die individuelle Sinnfindung im Mittelpunkt.[577]

Doch paradoxerweise stellt gerade das den modernen Individualisten vor enorme Schwierigkeiten: Er darf nicht nur, er muss sich sogar – im Gegensatz zu früheren Generationen – zwischen mehreren Möglichkeiten entscheiden. Er hat nicht nur das Recht, sondern auch die Pflicht, und mit der Wahl mitunter auch die Qual: Welche Option ist die bessere? Kann und will ich die daraus resultierenden Konsequenzen tragen? Und etwas später: Habe ich wirklich die richtige Entscheidung getroffen? Oder ist es letztlich egal, wie ich mich entscheide?

Die gewonnene Freiheit – für viele, wenn auch oft unbewusst, eine Bedrohung für die Gewissheit von Sinn? Gerade die Sinnleere führt häufig zu Neurosen und Todessehnsucht. Es ist nicht überraschend, dass Frankl den Weg aus dem »existenziellen Vakuum« dem praktischen Sinnerleben zuspricht: Aufgaben übernehmen, Ziele setzen, ein Werk schaffen, die Welt wahrnehmen.

Was im Leben trägt Sinnfragen – im spirituellen Feld werden sie häufig gestellt. Die Informanten versuchen persönliche Antworten: »Allein dass wir hier sind, dass es diese Welt gibt, das wir hier von Natur umgeben sind, dass wir gehalten und getragen werden, das gibt schon Sinn. Ich muss mir diesen Sinn nicht extra noch suchen, sondern unsere Existenz, die Existenz dieser Welt hat durch Gott einen Sinn. Allerdings sind wir als Menschen auch aufgerufen, diesen Sinn zu erkennen und uns zu diesem Sinn zu bekennen. (…) Ich möchte etwas von dem Wirken Gottes in dieser Welt erfahren, auch an mir selbst spüren, das ist Sinn.«[578] »Für mich besteht der Sinn darin«, erklärt eine andere, »dass ich entdeckt habe für mich, dass der Mensch ein Wesen ist, das hier auf die Erde kommt, um zu wachsen, um sich zu entwickeln, um Dinge zu erfahren. Er hat hier die Möglichkeit, immer zu lernen. Diese Entfaltung von dem, was ich in mir habe, sich selbst kennen lernen, das gibt mir Sinn, und das ist für mich der Sinn des Lebens.«[579] Und: »Der Sinn des Lebens ist für mich auch, dass ich zu mir selbst finde, dass ich der Mensch werde, das Individuum werde, das in mir angelegt ist. Das ist eine sehr schwierige Entwicklung mit vielen Rückschlägen.«[580]

Beim Sinn geht es um den Einsatz des ganzen Menschen, für andere, für ein Ideal, zumindest für etwas außerhalb seiner selbst, seiner vordergründigen Interessen: »Der Mensch will nicht nur, dass es ihm gut geht, er will auch noch, das sein Leben was bedeutet. Er will auch noch, dass das Leben ihn was angeht«, erklärt Philosoph Gerd Achenbach. »Die Menschen suchen etwas, für das sie sich aufopfern können, für das sie ihr Leben in die Waagschale werfen können.«[581]

577 Frankl, Victor E.: … trotzdem ja zum Leben sagen. Ein Psychologe erlebt das Konzentrationslager, München [23]2003; ebd., Der Mensch vor der Frage nach Sinn. Eine Auswahl aus dem Gesamtwerk, München [9]1997; ebd., Der Wille zum Sinn, Bern [5]2005.
578 Informant 4M47.
579 Informantin 2W35.
580 Informant 4M47.
581 Achenbach, Gerd B., in: Helga Bohnet: Zeitgeist und Spiritualität – Analysen und Themen. http://www.kath.de/kfa/zeitgeist/zgei03.htm.

Es scheint, dass mehr oder weniger festgelegte Handlungsabläufe im Alltag zum Sinnempfinden beitragen. »Ora et labora« – bete und arbeite, so das Motto des Ordensgründers Benedikt von Nursia. Ein Wechselspiel zwischen geistiger und körperlicher Tätigkeit, Theorie und Praxis. Auch Dorothee Sölle hat den Gedanken aufgegriffen: In ihrem Buch *Lieben und Arbeiten* spricht sie den Menschen als »Gottes Mit-Schöpfer« an: »Als Mit-Schöpfer arbeiten wir an einer gerechteren Welt, und in diesem Sinn ist alle menschliche Arbeit auf das Reich Gottes bezogen. (…) So kommt auch der geschaffene Mensch in seiner mitschöpferischen Verantwortung erst durch Arbeit und Ruhe zur Erfüllung.«[582]

Für Frankl hat Sinn transzendenten Charakter. Gerade die Bezogenheit auf eine höhere Macht ist es, die für ihn auch tiefstes Leid erträglich macht. Vergebung, Liebe und Hingabe an das, was gerade ist, scheinen maßgeblich zur Erfahrung von Sinn beizutragen. Und je mehr Eigennützigkeit, Selbstsucht und Vorteilssuche in den Hintergrund treten, desto mehr Sinn kann der Einzelne für sein Handeln empfinden. Dann wird als Sinn des Lebens das Leben selbst empfunden, so wie es Sinn der Liebe ist zu lieben.

Auch die abstrakte Vorstellung eines Sinn-Baldachins, eines theoretischen Überbaus, Weltensystems oder Götterhimmels scheint für den Einzelnen eine wichtige Rolle bei der Erfahrung von Sinn zu spielen. Sinn hat mit Ordnung zu tun und Ordnung wiederum gibt Orientierung. Wer Orientierung hat, folgt einer vorgegebenen Richtung und vertraut darauf, dass sie gut und richtig für ihn ist.

»Von daher bekommt alles einen Sinn«, beendete Luise Rinser vor mehr als 40 Jahren ihre tiefgründige Schrift an die junge Frau. »Welchen? Eben den, dass alles, aber auch alles, angeordnet ist in eine ganz große Ordnung. Es ist letztlich eine Liebesordnung. Sie stehen darin, wir alle tun es. Sie können diese Ordnung in Unordnung bringen durch böse, lieblose Taten und Gedanken. Sie können die Ordnung festigen durch Gutes. Der Sinn Ihres Lebens ist: die Ordnung der Liebe festigen, weil dies im Sinne Gottes ist, der Sie liebt.«[583]

Ordnung und Verlässlichkeit

Serva ordinem
et ordo servabit te.

»Ordo«, das meint im Lateinischen ursprünglich »Fadenreihe eines Gewebes«. Alles steht in Reih und Glied, hat seinen festen Ort, ist harmonisch eingefügt in ein größeres Ganzes. Ein Weber, der ein wertvolles Tuch herstellen will, fängt nicht einfach an zu weben, vielmehr schafft er zuerst eine Struktur, eine Ordnung, in die sich die verschiedenfarbigen Fäden einfügen sollen, um das gewünschte Textil zu bilden. Auch Pflanzen wachsen in vorgegebene, unsichtbare Ordnungsstrukturen hinein; sie entfalten sich in der Kraft der Grenzen. Das Wissen um ein übergeordnetes Ganzes scheint es auch dem Menschen zu erleichtern, sich zurecht zu finden und Sicherheit zu erfahren.

Noch vor wenigen Jahrhunderten haben es die christlichen Kirchen im Abendland übernommen, den Menschen ein alle verbindendes weltanschauliches Geflecht, ein

582 Sölle, Dorothee: Lieben und Arbeiten, Hamburg 1999, 108.
583 Rinser, Luise: Liebes Fräulein Siegel …, in: Hat das Leben einen Sinn, Die Zeit, 7. 4. 2004.

geistiges Dach über dem Kopf zu bieten. Moderne Menschen hingegen verfügen nach Ziebertz »über keinen einheitlichen weltanschaulichen Baldachin mehr, der das Leben ordnet. Sie müssen Sinn selber herstellen. Es gibt offenbar den Bedarf, sich an etwas zurückzubinden, Verlässlichkeit zu haben und sich nicht nur als Zufallsprodukt der Evolution zu verstehen.«[584] In einer Gesellschaft des Religions- und Meinungspluralismus sucht manch einer vergeblich nach Verlässlichkeit. In einer Welt, in der Terror- und Katastrophenmeldungen die Nachrichten bestimmen, wird die Illusion von Sicherheit ganz offensichtlich: Soviel sich der Mensch auch versichern mag, wie viel Vorsorge er auch treffen mag, er wird sich gegen die Risiken des Lebens nie vollständig absichern können. Die Folgen sind bei vielen Menschen Angst, Unsicherheit, Misstrauen. Das Gefühl, einer potenziell feindlichen Welt ausgeliefert zu sein, die es nicht gut mit einem meint.

Spirituelle versuchen häufig, das Bedürfnis nach Sicherheit durch das Vertrauen auf die göttliche Führung zu ersetzen. Die Versorgung, so heißt es, kommt, wenn man es konsequent zu Ende denkt, nicht durch ein funktionierendes politisches System, den Arbeitgeber oder den Bäcker, sondern aus Gott als Quelle allen Lebens. Demnach ist nicht der Arbeitgeber der Versorger, sondern der Schöpfer, dessen Versorgung sich im Verdienst ausdrücken kann. In der Spiritualität sehen viele eine Möglichkeit, sich innerlich auf eine höhere Ordnung auszurichten.

Stabile Dynamik »Durch die Meditation richte ich mich jeden Tag neu innerlich aus, bekomme Kraft aus einer Quelle, die jenseits meiner eigenen Anstrengung liegt. Ich könnte mein Leben nicht so gut bewältigen, wenn ich nicht regelmäßig meditieren würde.«[585] Eine andere ergänzt: »Seit ich auf dem spirituellen Weg bin, d. h. mich mit Geistiger Heilung beschäftige, überhaupt mit spiritueller Lektüre, merke ich, dass ich meine Mitte gefunden habe, dass ich mich jetzt eher einzuordnen weiß im ganzen Weltgefüge, und das gibt mir Sicherheit. Ich kann mich viel freier bewegen jetzt in meinem Leben, weil ich weiß, wo mein Platz ist, wo mein Ort ist, ich kann mich selbst einordnen.«[586]

»Om mani padme hum«[587] – singen und beten tibetische Mönche als Zeichen ihrer Bereitschaft, sich mit ihrem ganzen Menschsein harmonisch in die Schöpfung einzufügen. Eine Weisheit, die ähnlich auch in den Schriften von Laotse zu finden ist: »Zu seinem Ursprung zurückkehren heißt, zur Ruhe kommen. Zur Ruhe kommen heißt, seine Bestimmung erfüllt haben. Seine Bestimmung erfüllt haben heißt, der ewigen Ordnung entsprechen; der ewigen Ordnung zu entsprechen wissen, heißt erleuchtet sein.«[588]

Von ihrer Spiritualität versprechen sich die Menschen ein Leben, das frei von Angst und Zweifeln ist. Es geht darum, gefestigt zu sein, innerlich standfest zu bleiben: »Nicht mehr dieses Zerstreutsein in alle Windrichtungen, sondern wie ein Baum sein, der ganz tiefe Wurzeln in einen Boden geschlagen hat. Und da steht er ganz fest. Kein Wind kann ihn umwerfen. Und so fühl ich mich auf diesem Weg. Kein Mensch wird mich mehr davon abbringen können. Diese Festigkeit spiegelt

584 Ziebertz, Hans-Georg, Interview in: Focus 16/2004, 138.
585 Angela Fischer begleitet Menschen beim Meditieren, in: Freie Presse, 13. 2. 2004.
586 Informantin 2W35.
587 Übers.: *Lasst uns Edelsteine in der Lotosblüte sein.* Der Edelstein symbolisiert hier den Menschen, die Lotosblüte die Schöpfung.
588 Laotse, o. Quellenangabe.

sich immer öfter auch im alltäglichen Leben wider. Gefestigt sein, wenn eine Situation auftritt, dass es einen nicht aus der Bahn wirft.«[589]

Die Ordnung gilt dabei nicht als starres, festes Gefüge, sondern als Bewegung: Alles ist im Fluss, in ständiger Wandlung. Nicht gegen die Welt, sondern mit ihr wachsen, sich öffnen und hingeben, mitschwimmen im Strom des Lebens. Es herrscht die Vorstellung, gerade dadurch in der Position größtmöglicher Versorgung zu sein, sei es in Form von Kraft oder Energie, die sich auf das Leben auswirkt. Die Folge ist ein Gefühl von Verlässlichkeit der Prinzipien des Lebens, die auch im Inneren des Menschen zu finden sind: »Wenn ich zu mir selbst komme, da finde ich Verlässlichkeit. Wenn ich in die Weite komme, zum Anfang, woraus sich alles entfaltet, und von dem ich weiß, dass auch ich jetzt mit meinem Leben Teil eines großen Ganzen bin. Ich bin Teil der Totalität, die abläuft, ohne dass ich etwas machen muss. Und je harmonischer ich mich da einfüge, ohne Widerstände, ohne selbst etwas machen zu wollen, desto harmonischer gestaltet sich auch mein Leben. Und ich weiß, dass es so, wie es sich entfaltet, gut ist, dass es in Ordnung ist. (…) Die Ruhe findet man in der Bewegung, in der Bewegung, die voranschreitet. Der Weg hat einen Sinn, die Wandlungen und Veränderungen, die diesen Weg beschreiben, geschehen nach Gesetzen. Wenn ich mich diesen überlasse, finde ich dort meinen Frieden.«[590]

Erkenntnis und Wahrheit

Ich bin geboren aus der Flamme
und will von Anfang an zur Wahrheit,
weil ich ihr entstamme.
Elfriede Guggenberger

Von der Kenntnis der Wahrheit versprechen sich Menschen ganz unterschiedliche Dinge. Für die einen bedeutet sie, Macht zu haben. Andere verbinden mit ihr eher Freiheit und zugleich Verlässlichkeit. Die Definitionen von Wahrheit divergieren. Der Fokus kann sich entweder auf objektive, faktische, philosophische oder spirituelle, auf logische oder intuitive Wahrheit richten. Im Hebräischen leitet sich der Begriff der Wahrheit, »emeth«, von »Feststehen, Beständigsein« ab. Wahrheit vermittelt somit Festigkeit, und zwar unmittelbar durch das Bündnis mit Gott. Der hellenistische Wahrheitsbegriff hingegen verlagert sich auf die eigene Erkenntnisfähigkeit des Menschen, die ihm als Folge auch Festigkeit vermitteln soll. Es gibt den Wahrheitsweg des Glaubens und der Hingabe und den der Gnosis, des Erkennens. An dieser Stelle sollen aber keine theologischen und philosophischen Wahrheitsdefinitionen, etwa von Platon, Schopenhauer, Nietzsche etc. diskutiert und gegenübergestellt werden; es geht vielmehr um die Untersuchung jener »Wahrheit«, wie sie Menschen, die sich im spirituellen Feld bewegen, verstehen.

Die »Renaissance des Geistigen«[591] findet auch hier ihren Niederschlag. Spirituelle interessieren sich durchaus für philosophische Fragen. Sie beschäftigen sich mit Meisterdenkern und bis in die Antike zurückgehenden philosophischen Diskursen. Auch das populär geschriebene Buch von Jostein Gaarder »Sofies Welt« ist sehr beliebt.

589 Informantin 1W25.
590 Informant 6M33.
591 Horx, Matthias (2004), 24/25.

Hinzu kommen zahlreiche Neuerscheinungen über Hirnforschung und Neurobiologie. Deutsche Hirnforscher etwa haben ein »Manifest des Geistigen« herausgegeben.[592]

Die Vorstellungen der Wahrheitssucher lassen sich grob in zwei Kategorien aufteilen: In der eher konstruktivistischen Vorstellung ist Wahrheit in erster Linie eine persönliche Angelegenheit. Sie ist abhängig von subjektiven Parametern und erlaubt jedem Menschen, in einer von ihm selbst für wahr gehaltenen Welt und eigenen Wertvorstellungen zu leben, die sich von der anderer völlig unterscheiden kann. Auf einer Website von Avatar® ist zu lesen: »Einer weiß die Antwort. SIE!« und weiter: »Avatar® – sind Werkzeuge, die Ihnen dabei helfen, Ihre existentiellen Lebensfragen zu erforschen. Sie erfahren Antworten aus erster Hand. Durch Sie selbst. (...) Im Avatar-Kurs wird Ihnen niemand die Lösung zeigen, niemand wird Ihnen Antworten geben, niemand wird Ihre Probleme lösen, niemand Ihnen irgendetwas versprechen. Aber Sie lernen alles, um genau das selbst tun zu können.«[593] Im Teil II des Kurses sollen die Teilnehmenden lernen, Fähigkeiten zu entwickeln, um »absichtlich Realitäten zu erschaffen, die Sie bevorzugen«[594]. Absichtlich erschaffene Realitäten – dem Einzelnen verhelfen sie zu individuellen Welterklärungen und persönlichen Lebensdeutungen. Auch Scientologen haben Interesse an der Wahrheit. Es gibt einen Aufsatz von Ron L. Hubbard, in dem er selbst sagen soll: »Es ist nur das für einen wahr, was man selber als wahr beurteilt.«[595] Somit ist Wahrheitsfindung abhängig von subjektiven Größen. Dennoch: Auch Scientology als Lehre vom Wissen geht von drei grundlegenden Wahrheiten aus: »Der Mensch ist ein unsterbliches Wesen. Seine Erfahrung geht weit über ein einziges Leben hinaus. Seine Fähigkeiten sind unbegrenzt, auch wenn er sie gegenwärtig nicht verwirklicht.«[596]

Bei der zweiten Kategorie gilt es, die eine, allgemeingültige, allem zugrunde liegende Wahrheit zu erfahren, die sich nicht nach subjektiven Wünschen gestalten lässt. Und auch hier lässt sich unterscheiden: Während die einen meinen, es könne nur eine einzige Wahrheit geben, deren einmal festgelegte Worte ewig Bestand hätten, sind andere der Ansicht, Schöpfung sei kein starrer, einmaliger Wurf, sondern vielmehr ständig in Bewegung. Somit würde auch Wahrheit immer wieder neu gesprochen. Sie gehen zwar von konstanten Wahrheitsprinzipien aus, aber nicht im Sinne von »so *bleibt* es«, sondern von »so *ist* es«. Das bedeutet, dass das ewige Wort immer wieder neu gesprochen wird. Informanten wiesen darauf hin, dass von der Wahrheit häufig entweder »zu eng und zu klein« gedacht wird oder dass sie als »beliebig interpretierbar« gewünscht werde, »wie es einem gerade passt«. Das Wahre der Wahrheit – für viele spirituelle Menschen ein wichtiges und sensibles Thema.

Spirituelle Wahrheit sucht Antworten auf die essenziellen menschlichen Fragen: Wer bin ich? Woher komme ich? Wo gehe ich hin? Es geht ihr um direkte, authentische Erfahrung innerer Wahrheit und Weisheit des Herzens, die Gewissheit gibt und nicht in die Abhängigkeit von »Wahrheitshütern« führt, sondern in die eigene Freiheit. Immer mehr Menschen wollen nicht mehr von einem »Verwalter der Wahrheit« über die Wahrheit belehrt werden, sie wollen selbst mit der Wahrheit in Kontakt treten. Es geht ihnen nicht darum, als wahr servierte oder für wahr gehaltene Worte nur

592 http://www.gehirn-und-geist.de/manifest.
593 http://www.avatar-bewusstsein.de.
594 http://www.avatar-bewusstsein.de.
595 Interview mit einer Frankfurter Scientologin, durchgeführt von J. Jäckel und A. Krieger, Universität Mainz, Juni 2004.
596 http://www.scientology-frankfurt.org.

noch abzunicken, sie wollen die Resonanz wahrer Worte zumindest im eigenen Inneren spüren und mehr noch, sich selbst von der Wahrheit durchdringen lassen, auf dass sie sie so festige, dass sie ihnen auf ihrem Lebensweg zur Nahrung werde. »Plötzlich spüre ich in mir, irgendwo im Herzen, eine Gewissheit: Ja genau, das ist es. Und da brauch ich auch keine Bestätigung von außen, ich weiß das einfach, das ist eine innere Gewissheit. So das Pendant zu dem, was ich innen erlebe, kann ich dann im Außen lesen oder hören und es entspricht sich.«[597]

Was die spirituelle Wahrheit mitunter problematisch und sogar zwielichtig erscheinen lässt, ist, dass sie mit rationalen und empirischen Methoden fast nicht zu greifen ist. Mit den »Mitteln dieser Welt« ist sie nicht zu beweisen, und mehr noch, sie widerspricht ihnen sogar mitunter, was ihren Verkündern den Vorwurf des Irrtums, der Beliebigkeit, des Missbrauchs, der Scharlatanerie einbringt. Wer die heiligen Schriften der spirituellen Traditionen studiert und sie Wort für Wort auslegt, stößt überall auf Textstellen, die innerhalb der Tradition als wahr gelten, aber denen andere Traditionen ganz offensichtlich widersprechen. Was aber ist dann wahr?

»Die Wahrheit fängt für mich da an, wo ich in der für mich wichtigsten Lebensfrage eine befriedigende Antwort, emotional und rational befriedigende Antwort, finden kann. Ich glaube, dass solche Menschen, die nie Fragen stellen, auch nie Antworten kriegen werden.«[598] Letzten Endes »findest Du spirituelle Wahrheit durch Deine eigene, höhere Natur. Deine höhere Natur ist ein Tropfen im göttlichen Ozean – und hat Zugang zu diesem Ozean. (…) Sei still und wisse.«[599] »Letztlich gibt es nur eine Wahrheit, die von verschiedenen Blickwinkeln aus angeguckt werden kann, wenn man genauer hinguckt, stellt man fest, sie meinen eigentlich dasselbe.«[600] Diese eine, verbindend-verbindliche Wahrheit wird dann auch von der Informantin auf den Punkt gebracht: »Es gibt eine schöpferische Kraft, die *ist*, und alles, was erscheint, auch ich, ist aus dieser schöpferischen Kraft entstanden. Das ist die einzige Wahrheit für mich.«[601]

Auch im Vedanta wird immer wieder auf die universale Wahrheit hingewiesen, die »nicht auf ein Land oder eine Rasse oder ein Individuum begrenzt werden [kann]. Alle Religionen drücken dieselbe Wahrheit in verschiedenen Sprachen und auf verschiedene Weise aus.« Als wichtigste Grundlagen des Vedanta werden genannt: Brahman ist die letzte Wirklichkeit, das Eine ohne ein Zweites. Das Universum ist eine Erscheinung. Es existiert nur in unserem Denken. Menschen sind göttlich. Ihr wirkliches Wesen ist Atman, der unendlich, ewig, rein, leuchtend, ewig frei, selig und identisch mit Brahman ist. Menschen sind keine Sünder. Sie machen Fehler und leiden durch Nichterkenntnis.[602]

Prophetie und Offenbarung Das Phänomen, dass Menschen »das Wort Gottes« hörten und an andere weitergaben, war bereits vor Jahrtausenden bekannt. Das Alte Testament etwa liest sich wie eine Sammlung prophetischer Texte. Gerade im 19. und 20. Jahrhundert hat die Zahl derer wieder auffallend zugenommen, die Nach-

597 Informantin 1W25.
598 Informantin 7W43.
599 home.t-online.de/home/Guenter.Stock/faq_01.htm.
600 Informantin 2W35.
601 Informantin 2W35.
602 http://www.swamiji.ch/vedanta.html.

richten aus der geistigen Welt verkünden. Die Grundüberzeugung lautet: Gott oder andere Wesen(-heiten) sprechen über bestimmte Menschen als Mittlerpersonen und lassen der Menschheit von heute wieder Botschaften, Prophezeiungen, Wissen und Lehren zuteil werden, die ihnen zu Orientierung, Gewissheit, Erkenntnis und Wachstum verhelfen sollen. Diese Menschen werden häufig als Auserwählte wahrgenommen oder wollen selbst als solche gesehen werden. Manche fühlen sich als besonders Privilegierte und dadurch auch Höherwertige, sie treten sehr selbstsicher und selbstbewusst auf und neigen manchmal dazu, ihre Auftritte schrill oder glamourös zu inszenieren, andere wieder geben sich zurückhaltend und eher bescheiden, leben ein einfaches Leben und empfinden ihre Begabung als einen Akt der Gnade, der nach göttlichem Willen an ihnen geschehen ist.

Wenn es um so genannte »Neuoffenbarer« geht, werden häufig zuerst der »Schreibknecht Gottes«, Jakob Lorber (1800–1864, »Neuoffenbarung«), und der Schwede Emanuel Swedenborg (1688–1772, »Die Himmlischen Geheimnisse«) genannt. Aber auch Findhorn-Mitbegründerin Dorothy Maclean muss dazu gezählt werden, die Demokratin unter den »Hörenden«, weil sie andere stets zur Nachahmung aufforderte und keinen Sonderstatus für sich selbst beanspruchen wollte. Genannt werden müssen in diesem Zusammenhang auch die Theosophin Helena P. Blavatsky (1831–1877; »Die entschleierte Isis«) und der Anthroposophie-Begründer Rudolf Steiner (1861–1925), der neben seinen »Inspirationen« und »Intuitionen« auch die »Akasha-Chronik«, eine Art kosmische Datenbank, gelesen haben soll, um zu seinen Erkenntnissen zu gelangen.[603]

Nach Matthias Pöhlmann umfasst das Spektrum der Propheten, Seher, Visionäre, Channeler, Gotthörer, Medien etc.: »Einzelgänger, Leserkreise ohne bzw. mit lockerer Organisationsstruktur sowie feste Gemeinschaften mit kultischen Ausformungen.«[604] Viele lehnen sich an christliches Gedankengut an, sehen ihre Aufgabe in der Fortführung der vor bald 2000 Jahren entstandenen Offenbarungen und Evangelien bzw. in deren Korrekturen, Kommentaren oder ihrer Weiterführung. Als Quelle werden häufig Jesus Christus und Gott genannt, die sich meist in Ich-Form an ihre »Werkzeuge«, »Kanäle« oder »Channel« wenden. Auf diese Weise sind unzählige und umfangreiche Textsammlungen entstanden.

Es liegt dieser phänomenologisch-deskriptiv ausgerichteten Arbeit fern, die spirituellen Durchsagen einer inhaltlichen Wertung zu unterziehen. Es gibt keine wissenschaftlichen Methoden, das eine als wahr, das andere als teilweise wahr oder unwahr einzustufen. Es ist jedoch zu beobachten, dass vor allem Außenstehende Schwierigkeiten haben, eine von Sachlichkeit geprägte Auseinandersetzung zu führen. Vielmehr entsteht der Eindruck, es gehe um die Verteidigung der Rechte und Ansprüche an der Wahrheit, und damit um Macht, um die vermeintlich gefährdete eigene Sicherheit, um Missgunst und vor allem um tiefliegende Ängste, z. B. davor, dass die Wahrheit der anderen »wahrer« sein könnte als die für sich selbst in Anspruch genommene, dass Gott auch oder vielleicht nur zu anderen spricht.

Neben den Leserkreisen um Bertha Dudde, Anita Wolf und der Lorber-Bewegung gibt es auch festere Gemeinschaften, z. B. den *Lichtkreis Christi* sowie die bekannte-

603 Bernhard Grom unterscheidet drei Arten von Offenbarungserlebnissen: die automatisch, mediale Handlung, Eingebungen ohne Hör- und Seherlebnis und Visionen und Auditionen. Vgl. dazu EZW-Texte 169, 2003, 5–19.
604 Pöhlmann, Matthias (Hg.): »Ich habe euch noch viel zu sagen ...«, EZW-Texte Nr. 169, 2003, 3.

ren Gemeinschaften *Universelles Leben* und *Fiat Lux*, deren Gründerinnen Gabriele Wittek (geb. 1933) bzw. Erika Bertschinger (alias Uriella, geb. 1929) sind, und einen jüngeren, seit Anfang der Neunzigerjahre des 20. Jahrhunderts bestehenden Kreis um Hans-Joachim Lenz (geb. 1926).[605]

Zu den Offenbarungstexten aus der jüngsten Zeit zählen u. a. auch die von *Kryon* (empfangen von Lee Carroll) oder *Seth* (Gespräche mit Seth, empfangen von Jane Roberts (1929–1984) stammenden Texte sowie das umfangreiche Werk *Ein Kurs in Wundern*, durch Helen Cohn Schucman (1909–1981) von einer Wesenheit empfangen, die sich ihr als Jesus offenbart hat. Inhaltlich geht es bei o. g. Texten in den meisten Fällen um spirituelle Lehren und Prophezeiungen sowie um Prognosen zur Zukunft der Menschheit.[606] (siehe auch S. 203, Die neue Welt)

Gemeinschaft

Gesellschaft ist gewöhnlich billig zu haben.
Wir treffen uns nach zu kurzen Zwischenräumen,
als dass wir Zeit genug gehabt hätten,
neuen Wert für einander zu erlangen.
Wir kommen dreimal täglich bei den Mahlzeiten zusammen
und lassen den andern immer wieder
von dem gleichen schimmligen alten Käse kosten, der wir sind.
Henri David Thoreau

Während Henri David Thoreau bekanntlich als Vertreter der Gesellschaftsmuffel galt, sehnen sich heute immer mehr Menschen – allen Schwierigkeiten zum Trotz – nach sozialen Kontakten und über das Gesellige hinaus nach einem Leben in Gemeinschaft.[607]

»Gesellschaftliche Strukturen sind aufgeweicht«, so Hans Georg Zapotoczky, »der Mensch kann sich nirgends mehr festhalten, die Schnelllebigkeit lässt kaum mehr Zeit, stabile Beziehungen aufzubauen.«[608] Ob stabil oder instabil – Menschsein drückt sich auch in Beziehungen zu anderen aus.

Es sind die unterschiedlichen Formen, in denen Menschen ihre Beziehung zueinander gestalten, die in diesem Kapitel in den Subdimensionen *Allein in der Fremde*, *Verbunden und vernetzt* sowie *Verwoben und vereint* thematisiert werden.

605 U. a.: Lenz, Hans-Joachim: Die Offenbarung, Mainz 2001.
606 Vgl. dazu auch folgende Homepages: http://www.neuoffenbarung.de; http://www.emanuelswedenborg.de; http://www.gnadenquelle.de; http://www.jakob-lorber.de; http://www.bertha-dudde.info; http://www.anita-wolf.de; http://www.lichtkreis.de; http://www.das-friedensreich.de; http://www.das-wort.com; http://www.universelles-leben.org; http://www.elija.de.
607 Den Begriff der Gemeinschaft als soziologischen Terminus hat Ferdinand Tönnies (1855–1936) bereits 1887 geprägt. Goetz, Rolf: Spirituelle Gemeinschaften, Katzenelnbogen 1985; Naess, Arne: Ecology, Community and Lifestyle. Outline of an Ecosophy, Cambridge/New York/Sydney 1989; Meyer, Karl-Heinz: Zukunftswerkstatt Gemeinschaftsprojekte, Steyerberg 1988; Vester, Frederic: Unsere Welt – ein vernetztes System, München 1991; Etzioni, Amitai: Die Verantwortungsgesellschaft. Individualismus und Moral in der heutigen Demokratie, Stuttgart 1995.
608 Zapotoczky, Hans Georg, in: Richter, Claudia: Depression wird zur führenden Krankheit. Beziehungslosigkeit als Gesundheitsrisiko, Die Presse, 6. 2. 2004.

»Über weite Strecken meines Lebens habe ich mich sehr einsam gefühlt«, berichtet ein Informant. »Früher hatte ich oft das Gefühl, ich bin unbehaust, bin in einer feindlichen Umgebung, in einem feindlichen Leben, die anderen meinen es alle nicht gut mit mir.«[609]

Zwischenmenschliche Beziehungen sind mit unterschiedlichsten Attributen besetzt. Zwischen Angst und Aggression einerseits und Liebe und Interesse am Miteinander andererseits bewegt sich der moderne Mensch durch den Alltag vor allem deutscher Großstädte. »Es gibt Städte, in denen man toll leben kann, in denen aber eine absolute Beziehungslosigkeit innerhalb der Gesellschaft gegeben ist, und das breitet sich aus«[610], berichtet der Marketing-Fachmann und Medienberater Horst Glass. »Hier bei uns in München kann man das sehr deutlich beobachten, dass viele Leute in solchen psychologisch-soziologischen Angeboten einen Ausweg aus ihrer Isolation suchen, wo sie überhaupt einmal legitim mit anderen persönlich ins Gespräch kommen können.«[611]

Flexibilität und Mobilität, ständige Leistungsbereitschaft und zunehmende Oberflächlichkeit in den Beziehungen – alles Folgen des modernen, kapitalistischen Arbeitslebens. War es noch zu Zeiten der Achtundsechziger ein Anliegen, den Menschen vor repressiven Institutionen zu schützen, so gilt heute, ihn vor den Schattenseiten der starken Individualisierung, vor depressiver Vereinsamung zu bewahren.[612] Auch wenn es für moderne Zeitgenossen wichtig ist, selbstbestimmt nach eigenen Interessen und Neigungen zu leben, so suchen sie dennoch nach Verbindung mit anderen. Hans-Joachim Höhn spricht hier von einer »neuen Bereitschaft zur Interaktion«. Der Mensch bewege sich in einem Spannungsfeld, einerseits, seine Individualität immer wieder aufs Neue bestätigt wissen zu wollen und andererseits, sie in der Gemeinschaft mit anderen transzendieren zu können. Als Beispiele nennt Höhn Erlebnisse, die ein »unbestimmtes Besonderes« zum Thema haben, wie die Love Parade in Berlin oder die jährlichen Aktivitäten zu Halloween.[613]

Die These, dass sich in einer anonymen Gesellschaft der Einzelne entweder lediglich um die Befriedigung eigener Bedürfnisse bemühe oder sich karitativ aufopfere, gilt in der Sozialforschung mittlerweile als überholt.[614] Das Selbstverständnis des Engagements hat sich verändert: Nicht mehr so sehr für andere, als vielmehr zusammen mit anderen möchte man sich engagieren. Die Form des selbstlosen Helfers ist dem Wunsch gewichen, miteinander gemeinsame Sache zu machen und dabei auch für sich selbst etwas zu tun. Im Zuge neuer sozialer Werte »zeichnet sich ein Subjekt ab, das sein Leben in die eigene Regie nehmen will, das sich gegenüber Autoritäten skeptisch erweist und das sich immer mehr von institutionellen Mustern herkömmlicher Integrationsmächte wie Politik, Gewerkschaften oder Kirchen löst«, so Heiner Keupp.[615] Als neue Tugenden gelten Verlässlich-

609 Informant 4M47.
610 http://www.kath.de/kfa/zeitgeist/zgei03.htm.
611 http://www.kath.de/kfa/zeitgeist/zgei03.htm.
612 Zulehner, Paul M.: Megatrend Religion, in: Stimmen der Zeit 221 (2003) 87–96.
613 Höhn, Hans-Joachim: Auf dem Weg in eine »postsäkulare« Kultur? in: Zulehner, Paul M. (Hg.) (2004), 15–28.
614 Gießen-Studie (1999) von Elmar Brähler, H.-E. Richter u. a., zit. in: Fiebig (2001), 12, 91, 121f.
615 Keupp, Heiner, in: Fiebig, Johannes (Hg.): Abschied vom Ego-Kult. Die neue soziale Offenheit, Krummwisch bei Kiel 2001, 82.

keit und Loyalität. Aber auch persönliche Nähe, Liebe und Verantwortung sind wieder wichtiger geworden.[616]

In einer sozial abgekühlten Gesellschaft fühlen sich Menschen aufgefordert, selbst aktiv zu werden, »woanders nach Bindung und Tiefe«[617] zu suchen. Viele, die sich »woanders«, konkret im spirituellen Feld, zu bewegen beginnen, bemerken zunächst, dass ihr Gefühl der Einsamkeit noch zunimmt. Sie fangen damit an, mehr über essenzielle Fragen nachzudenken und über sich selbst sowie das bisher bekannte Umfeld zu reflektieren. Dabei stellt sich möglicherweise auch ein Gefühl von zunehmender innerer Distanz zu bisherigen Bekannten und Freunden ein. Auch Unsicherheiten treten auf: Kann ich mich in meinem Sehnen und Suchen offenbaren? Werden die anderen mit Verständnis reagieren oder werden sie mich auslachen, meine Interessen für »irrationalen Blödsinn« und »Eso-Kram« abtun? Wer sich auf einen spirituellen Weg macht, verliert auch zunehmend Interesse an größeren gesellschaftlichen Aktivitäten. Viele meiden laute Parties und ziehen sich zunächst etwas zurück. »Es bleibt für mich auch in Beziehungen zu anderen Menschen immer ein Gefühl der Einsamkeit. Das war für mich früher eher bedrückend, es hat mich auch traurig gemacht«, erinnert sich ein Informant, »heute sehe ich das auch als eine Chance an, nämlich als die Möglichkeit, bei mir selbst zu bleiben, auch in der Beziehung zu anderen Menschen. (…) Das kann ich nur, wenn ich immer wieder einen Schritt zurücktrete. Also Nähe und Distanz, in dieser Ambivalenz liegt ja die Beziehung.«[618]

Jetzt geben viele der Beschäftigung mit spirituellen Themen mehr Raum. »Auf dem spirituellen Weg wird man immer einsamer«, so ein in der Szene bekanntes Sprichwort. Den Forschungen dieser Arbeit zufolge hängt das weniger mit einem grundsätzlich zunehmenden Desinteresse an Kommunikation und Austausch mit anderen zusammen als vielmehr mit gesteigerten Anforderungen an die Qualität der Beziehung zu anderen. Viele werden sensibler für den Umgang mit Menschen. Sie wählen bewusster aus, mit welchen Menschen sie Zeit verbringen wollen und mit welchen nicht: »Auf diesem Weg sind schon manche Bekanntschaften oder Freundschaften auf der Strecke geblieben. Anfangs hat mir das Kummer gemacht. (…) Heute weiß ich, das ist eben so, das ist der Weg, das ist die Entwicklung. Das ist jetzt nichts Schlechtes. So wie sich andere Menschen verändern, verändere ich mich eben auch. Und in jeder Phase des Lebens werden andere Freundschaften wichtig.«[619]

Leiden unter der Oberflächlichkeit und Lieblosigkeit, die die Beziehung vieler Menschen untereinander bestimmen, ist eine Erfahrung, die vielen spirituell Orientierten bekannt ist. »Ich hab immer Menschen gesucht, die ich von Herzen gern haben kann. Diese Intrigen, Cliquenwirtschaft, sich gegenseitig ausbooten. Ich habe mich immer gefragt, ob es da nicht noch etwas anderes gibt.«[620]

In einer »Kultur der Hinrichtung«[621] mit ihrem feindlichen und herabwürdigenden Umgangston und – versteckter, aber nicht weniger verletzend – mit zunehmender Ignoranz entsteht bei vielen der Wunsch nach einer neuen Ethik. In einer lieblosen

616 Fiebig, Johannes (Hg.): Abschied vom Ego-Kult. Die neue soziale Offenheit, Krummwisch bei Kiel 2001, 12f.
617 Sennett, Richard: Der flexible Mensch, Berlin 1998, zit. in: Keupp, Heiner: Eigensinn und Selbstsorge: Subjektsein in der Zivilgesellschaft, in: Fiebig, Johannes (Hg.): Abschied vom Ego-Kult. Die neue soziale Offenheit, Krummwisch bei Kiel 2001, 189.
618 Informant 4M47.
619 Informant 4M47.
620 Informantin 1W25.
621 Zulehner, Paul M. (2003), 87–96.

Welt schreit manch einer innerlich nach liebevollen Beziehungen. Die Sehnsucht nach Liebe, nach einer »gewaltfreien Kommunikation«[622], die geprägt ist von Höflichkeit, Respekt und Achtsamkeit, ist immens.

Die steigenden Anforderungen an die Kommunikationsfähigkeit sind vielen auch deshalb wichtig, weil sie sich mit anderen über ihr inneres Erleben, über Mystik und Transzendenz, austauschen wollen. Sie dringen in für sie bisher unbekannte Bereiche vor, womöglich in Bereiche, die jenseits der mit unseren physischen Sinnen fassbaren Welt liegen, in eine Welt jenseits von Worten und Gedanken. Sie haben Erlebnisse, die sie tief bewegen und vielleicht auch verändern. In der Kommunikation fällt es dem Sender schwer, dies in Worte zu fassen, und es wird auch Empfängern, die an diesem inneren Erleben keinen Anteil hatten, schwer fallen, den Berichten zu folgen und sie zu verstehen. Der neue »spirituelle Analphabetismus« irritiert, blockiert und lässt viele zunächst verstummen. »Das Schlimmste war früher, anderen zu erklären versuchen, was das ist, dieses Herzensgefühl, eine gewisse Verbundenheit. Das waren die schrecklichsten Augenblicke, wenn ich versucht habe, das jemandem zu erklären, weil mich keiner verstanden hat und alle mich nur mit großen Augen angeguckt haben, mich als verrückt oder als etwas ungewöhnlich hingestellt haben. So war ich seit Jahren so ein bisschen Außenseiter, ein bisschen ungewöhnlich.«[623]

Solisten

Der Rückzug von einer institutionalisierten Religionsform oder die Entwicklung einer neuen Form von Spiritualität mündet dennoch nicht immer in eine Gemeinschaft mit anderen. Es gibt im spirituellen Feld eine enorme Zahl von Menschen, die deshalb von der Öffentlichkeit nicht als Spirituelle wahrgenommen werden, weil sie ihre spirituellen Interessen privat und zurückgezogen gestalten, sei es durch das Lesen von spirituellen Büchern, Gebete, Nachdenken über die Geheimnisse des Lebens oder durch Gespräche im engsten Familien- und Freundeskreis.

Ausgesprochene Einzelgänger sind im spirituellen Feld noch am ehesten unter Hexen und Satanisten zu finden. Doch auch unter ihnen bewegen sich die meisten vorzugsweise in Insider-Zirkeln unter Gleichgesinnten. Auch wegen ihres negativen Images suchen sie in der Regel nicht explizit die Öffentlichkeit. Kontaktaufnahmen erfolgen zunehmend über das Internet. Ruppert zufolge suchen mehr Menschen Kontakt zur Hexenszene als erwartet, die meisten hätten allerdings »Furcht, dies zuzugeben oder sich gar öffentlich dazu zu bekennen«[624].

Verbunden und vernetzt

> Der Mensch kann mit dem Menschen
> nur durch das gleiche Ideal Verbindung halten.
> Antoine de Saint-Exupéry

Sich austauschen, Erlebnisse und Erkenntnisse mitteilen und sich geborgen und zuhause fühlen – diese Wünsche kennen viele spirituell Orientierte. Die meisten wol-

622 Rosenberg, Marshall: Gewaltfreie Kommunikation, Paderborn 2001.
623 Informantin 1W25.
624 Ruppert, Hans-Jürgen (2001), 286.

len dennoch nicht in festgefügten (Lebens-)Gemeinschaften wie den traditionellen Glaubensgemeinden und Orden leben. Vielen reichen freiwillige und spontan verabredete Zusammentreffen völlig aus, um sich selbst auch hinsichtlich ihrer Spiritualität als soziale und dennoch autonome Wesen zu erfahren. Andere wiederum schätzen auf ihrem spirituellen Weg die Geselligkeit von Weggefährten.[625]

Gerade im spirituellen Feld – und in Erweiterung dazu auch im ökologischen und sozialen Feld – finden sich Menschen, die sich nach Austausch unter Gleichgesinnten sehnen, nach Verständnis und Akzeptanz im Zusammensein mit anderen, nach Wärme und Geborgenheit. »Nachdem die Familie zerfallen ist und die Nation nichtssagend geworden ist, ist der Einzelne auf sich selbst zurückgeworfen, und diese große Faszination des personalen Zeitalters, wo die Person der Inbegriff von Geist und Kraft und Unabhängigkeit ist, (…) suchen die Menschen wieder nach Gruppen, in denen sie es warm haben, wo man miteinander überlegt, was richtig und gut ist.«[626]

Wer heute in Zeiten der Wahlfreiheit in Beziehung mit anderen tritt, hat oft auch höhere Ansprüche. In die neuen sozialen Gemeinschaften wird man nicht mehr geboren, man muss nicht mehr mit denen auskommen, die die Umstände des Lebens zusammengebracht haben, vielmehr kann man – zumindest im Bereich des Privaten – stärker als zuvor nach Kriterien persönlicher Wertvorstellungen und Interessen auswählen, mit wem man wie in Beziehung treten möchte.

Charakteristischerweise zeichnen sich die Freundeskreise von spirituellen Menschen eher weniger durch gemeinsame Lebensgeschichten, Hobbies, Freizeitaktivitäten oder sonstige Interessen aus als vielmehr durch innere Verbundenheitsgefühle und eine mehr oder weniger übereinstimmende Weltanschauung.

»Der Austausch war auch sehr wichtig«, erinnert sich ein Informant, »dass ich wirklich Leute traf, die mir aufgrund des Vertrauens und der Offenheit berichtet haben, welche Schwierigkeiten sie haben, dass man einfach sieht, ich bin gar nicht der, dem es hier am schlechtesten geht, da gibt es ja noch ganz andere Geschichten, die ich mir nie hätte träumen lassen. Wo meine Probleme dagegen auf einmal winzig erscheinen. Was mach ich hier eigentlich für einen Aufriss?«[627] Durch den Erfahrungsaustausch mit anderen verändern sich nicht nur eigene Sichtweisen, viele lernen als bereichernder empfundene Arten von Beziehungen kennen. »Ich bevorzuge mittlerweile den intensiveren Kontakt mit Menschen, mit denen ich tatsächlich eine tiefe, untergründige Verbindung spüre. Es haben sich aus verschiedenen Kontakten über Yoga-Kurse, Meditationskurse usw. schon sehr wertvolle Freundschaften ergeben, die mir sehr viel bedeuten. Das ist eine sehr beglückende Erfahrung. Aber diese Freundschaften sind immer die Ausnahme.«[628] Eine andere Informantin: »Es ist auch sehr wichtig, Menschen zu haben, die einen wieder bestätigen, andere Menschen zu treffen, die das [spirituell, aus dem Herzen leben] auch kennen. Es ist ein Verstehen ohne Worte. Das ist dann die Freundschaft, die ich immer gesucht habe.«[629]

Die Sehnsucht nach unterstützenden Formen des Miteinanders muss dennoch differenziert betrachtet werden. Paul Köppler, Chefredakteur des spirituellen

625 Weis, Hans-Willi (1998), 119.
626 Giesen, Traugott, in: http://www.kath.de/kfa/zeitgeist/zgei03.htm.
627 Informant 5M27.
628 Informant 4M47.
629 Informantin 1W25.

Magazins *Siddharta*, fragt zu Recht: »Ist dieser Wunsch die natürliche Folge der spirituellen Arbeit – oder ist er vielleicht nur der hilflose Versuch, die Illusion von Glück und Harmonie unter den Menschen aufrecht zu erhalten?«[630] In der Tat erhoffen sich viele, dass ihr Leben im Zusammensein mit anderen angenehmer wird, vor allem wenn sie Schwierigkeiten mit dem Alleinsein haben. Häufig spielen zumindest anfangs Motive wie Anlehnungsbedürftigkeit und innere Mangelgefühle eine dominierende Rolle: »Ich hab dann auch die Geborgenheit bei Menschen gesucht, die es gut mit mir meinen, bin gelegentlich dann enttäuscht worden, was mich dazu gebracht hat zu sagen, Geborgenheit finde ich zuallererst bei mir selbst. Auch das ist leichter gesagt, als in der Wirklichkeit so erfahren, das ist eine Entwicklung, eine Übung, die man sich immer wieder auferlegen muss.«[631]

Im Zweitakt

Die Sehnsucht nach Zweisamkeit, nach Freundschaften und Partnerschaften, findet sich auch im spirituellen Feld. In der Regel spielt die spezifische Interessenlage eine ausschlaggebende Rolle. Doch an die Gestaltung der Zweisamkeit werden unterschiedliche Wünsche, Bedürfnisse und Ansprüche herangetragen.

Gerade das Studium der Kleinanzeigen in einschlägigen spirituellen oder esoterischen Fachzeitschriften, aber auch in jenen, die sich an ein biologisch/ökologisch interessiertes Publikum wenden, sowie Anzeigen auf Internetseiten spirituell ausgerichteter Anbieter zeigt, wo die Bedürfnisse der Menschen in den letzten Jahren hingehen. Eine große Zahl von Kleinanzeigen auf diesen Internetseiten bezieht sich auf punktuelle körperliche Begegnungen mit spirituellem Hintergrund ohne langfristige Bindungsabsicht. Gesucht werden vor allem Partner zum Austausch tantrischer Erfahrungen, so genannte »tantrische Übungspartner«. Man möchte körperliche, sinnliche und sexuelle Bedürfnisse stillen, sich gegenseitig verwöhnen und eine gemeinsam abgesteckte Zeit verbringen, ohne sich darüber hinaus zu verpflichten. Man will sich – so zumindest eine Vorstellung – seelisch tief begegnen und gleichzeitig doch unverbindlich bleiben.[632]

Andere wiederum suchen langfristige geistig-spirituelle Freundschaften, den geistig-kulturellen Austausch. Den größten Teil aber machen Anzeigen von Menschen mit konkreten Partnerwünschen aus. In ihren Einzelanzeigen weisen Frauen, aber auch Männer, die nach einem Partner suchen, ganz konkret auf spirituelle Interessen hin: »Warmes Frauenherz wird von einem Spirituellen gewünscht! Jahrgang 52, Vegetarier, drogenfrei, Bildchen angenehm? Chiffre ...« oder auch »Mann zum Liebhaben gesucht: unabhängige, warmherzige Zwillingsfrau (61 J., schlank, 166) humorvoll, offen, naturverbunden, mit wachem Geist, belesen, mit Spaß an Musik, Malerei, langen Spaziergängen, aufgeschlossen für Spiritualität und inneres Wachstum, sehnt sich nach ihrem Seelenpartner für eine zärtliche, achtsame Beziehung. – Raum Rhein-Neckar. Chiffre...«[633]

Der Partnersuche unter Spirituellen helfen manche auch professionell nach. Ein »Esoterischer Freundeskreis« in Düsseldorf vermittelt »Freunde, Partner mit Inter-

630 Klöppler, Paul: Gemeinschaft oder Individualismus, in: Siddharta. Spirituelles Magazin, Nr. 1/04, 2.
631 Informant 4M47.
632 http://esoterik.shakti.de/anzeigen.
633 Schrot und Korn, März 2004.

esse an Gesundheit und Esoterik, überall«. Andere machen aus der Sehnsucht nach Beziehung eine Marke: »Den richtigen Partner finden®. Die neue Dimension der Partnersuche: Das Erlebnis- und Begegnungs-Wochenende in der Gruppe mit Anspruch, Spaß und Tiefgang. Die ersten Single-Seminare Deutschlands in Köln, Hamburg, Berlin, München, Stuttgart. YADU®«[634] Eine andere Agentur geht noch mehr in die Offensive: »ICH – DU – WIR: Attraktive feminine Frauen und offene interessante Männer mit SPIRITUELLEN LEBENSBEZÜGEN – naturnah/fernöstlich/christlich/anthroposophisch – finden sich über IDW, Agentur für Partnerfindung.« Und für alle, die ganz auf Nummer sicher gehen wollen, hat die Partnervermittlung *Spirit* ihre ganz eigene Lösung parat: Sie will durch »Schwingungsmessung mittels RADIONIK« helfen, den »seelenverwandten Partner« zu finden.[635]

Mitunter gehen bereits seit langem bestehende Partnerschaften auseinander, wenn der eine seine spirituellen Neigungen zu leben beginnt, sich auf die Reise zu sich selbst begibt. Ein innerer Reifungsprozess kommt in Gang. Einer der Partner, meist sind es die Männer, ignoriert dieses Wachstum des anderen oder kämpft dagegen an. Die Folge davon ist, dass solche Partnerschaften häufig zerbrechen.

Es gibt aber auch Partnerschaften, in denen beide vom gemeinsam eingeschlagenen spirituellen Weg gleichermaßen profitieren. Die Liebe wird tiefer und stärker, die Beziehung gefestigter: »Wir sind jetzt seit über 20 Jahren zusammen. Es gab in dieser doch recht langen Zeit viele Momente, wo wir fast auseinander gegangen wären, wo wir das Gefühl hatten, da geht es nicht weiter. (…) Wir sind zusammen geblieben, ohne dass wir uns das näher erklären konnten, was die tiefere Basis ist. Da gibt es eben ein ganz tiefes Einverständnis auf der spirituellen Ebene, nicht, dass wir alles zusammen oder gemeinsam machen, sondern wir haben eine tiefe Gemeinsamkeit, die sich immer wieder herstellt und die wir auch häufig ganz bewusst herstellen.«[636]

Szenen und Events

Spirituell Interessierte kommen informell auf »Events« und in »Szenen« zusammen. *Events* werden als »einzigartige Erlebnisse geplant und so – jedenfalls in der Regel – auch erlebt«. Ihr meist monothematischer Fokus unterstützt die Entstehung eines »Wir-Gefühls« unter den Teilnehmenden. Soziologen sprechen heute von einer »akzelerierenden Verszenung und Eventisierung« nicht nur des spirituellen Feldes, sondern auch der ganzen Gesellschaft.[637]

Die Kontaktaufnahme erfolgt in der Regel durch Flyer, Anzeigen oder Bekanntmachungen in einschlägigen Fachzeitschriften, in den letzten Jahren auch vermehrt über das WorldWideWeb mit seinen Guest-Books, Chat-Rooms und Foren oder ganz einfach über Mund-zu-Mund-Propaganda.

Zu den Events im spirituellen Feld zählen die *Esoterik-Messen*[638], die regelmäßig in deutschen Städten wie Berlin, München, Köln, Stuttgart oder Hannover stattfinden,

634 http://www.yadu.de.
635 A. Urbaneck Institut »Pyramide«, http://www.pv-amor.com.
636 Informant 4M47.
637 Gebhardt, Winfried/Hitzler, Ronald/Pfadenhauer, Michaela (Hg.): Events. Soziologie des Außergewöhnlichen, Opladen 2000, 19; Gebhardt, Winfried: Die Verszenung der Gesellschaft und die Eventisierung der Kultur. Kulturanalyse jenseits traditioneller Kulturwissenschaften und Cultural Studies, in: Göttlich, Udo et al. (Hg.): Populäre Kultur als repräsentative Kultur. Die Herausforderung der Cultural Studies, Köln 2002, 287–305.
638 Vgl. http://esoterikmesse.de/seiten/index_xl.shtml; http://www.esodaix.de.

und Gesundheitsmessen wie die *Paracelsus-Messe*[639] in Freiburg und Wiesbaden. Auch ein Teilbereich der *Frankfurter Buchmesse* mit Ausstellern, die sich auf spirituelle Publikationen spezialisiert haben, kann dazu gerechnet werden. Des Weiteren gehören Mittelaltermärkte, mittelalterliche Spektakel und Burgfestspiele vor allem für Neopaganisten zu den maßgeblichen Events.[640]

Für punktuelle, wiederkehrende Zusammenkünfte sei exemplarisch das »Internationale Rainbow Spirit Festival – lebendige Spiritualität ohne Begrenzung«[641] in Baden-Baden genannt. Es gilt als größtes europäisches Festival dieser Art mit insgesamt 150 Vorträgen, Videovorführungen, großer Informationsausstellung zu Themen wie Ayurveda, Feng Shui, Reiki und Zen. Außerdem bietet das Festival Konzerte, Meditation, Satsang, Tanz und Feier sowie Diskussionen und Workshops. Als Schwerpunkte werden von den Veranstaltern »Liebe und Verantwortung für unsere Umwelt, Visionäre Kunst, Musik und Feiern, Gesundheit und Lebensfreude, Jenseits aller Konzepte« genannt: »Es ist eine Gelegenheit, das Leben und den Moment gemeinsam zu feiern. Hier bringen wir unsere Energien bewusst zusammen, um uns zu spüren und ineinander zu erkennen. Hier teilen wir unsere Erkenntnis, unsere Liebe und unsere Stille.«[642] Auch die international ausgerichteten *Basler Psi-Tage* zählen dazu. Sie gelten als weltweit bedeutendster Publikumskongress für Grenzgebiete der Wissenschaft. Zu den *21. Basler Psi-Tagen*, gleichzeitig auch sechster »Weltkongress für Geistiges Heilen«, sollen im Jahr 2003 über 7000 Besucher gekommen sein.[643]

Die Sozialform *Szene* ist durch Partikularität, Freiwilligkeit, zeitliche Begrenzung, offene Zugehörigkeitsbedingungen und beschränkte Wahrheitsansprüche gekennzeichnet. Die Menschen organisieren sich aufgrund ihres Interesses an einem gemeinsamen Thema. Zur Szenebildung tragen Daueranbieter spiritueller Inhalte wie Vereine oder Seminarhäuser rund um ihren Standort bei. Der gemeinnützige Verein *Frankfurter Ring*[644] bietet nach eigener Auskunft ein »in Deutschland einzigartiges Programm zur ganzheitlichen Persönlichkeitsentwicklung«. Als Schwerpunkte werden Gesundheit und Entspannung, spirituelle Traditionen aus aller Welt, sinnliche und außersinnliche Erfahrungen sowie Körper- und Psychotherapien genannt. Dabei legt der Verein Wert darauf, »weltanschaulich unabhängig, multikulturell und innovativ zu bleiben und sich von keiner Richtung vereinnahmen zu lassen«. Zum unverbindlichen Kennenlernen finden regelmäßig so genannte öffentliche »Erlebnisabende« mit wechselnden Themen statt. Hier lässt sich leicht Kontakt zu anderen knüpfen. Ein vierteljährlich erscheinendes Magazin mit Veranstaltungskalender, Ausbildungen und regelmäßigen Abendkursen in einer Auflage von 16.000 Exemplaren erleichtert es Interessierten zusätzlich, sich – wenn auch sehr weitläufig und unverbindlich – zu verszenen.[645]

Virtuelle Formen der Verszenung kamen durch das Internet in Gang. Manche Homepages verstehen sich als Plattform für Veranstaltungshinweise. So gibt es zum

639 http://www.paracelsus-messe.de.
640 Sie werden bekannt gemacht unter http://turba-delirantium.skyrocket.de/termine.htm.
641 Im Jahr 2004 fand es in Baden-Baden bereits zum zehnten Mal statt. Im Jahr 2003 kamen 4.000 Besucher.
642 http://www.rainbow-spirit-festival.de.
643 http://www.psi-tage.ch.
644 Der Frankfurter Ring e. V. wurde 1969 von Fritz Kroeger gegründet. Den Impuls gab damals die Beziehung zu seinem spirituellen Lehrer Karlfried Graf Dürckheim. Der Verein hat heute rund 1000 Mitglieder. In 35 Jahren wurden 500 Referenten eingeladen.
645 http://www.frankturter-ring.org/idee.

Beispiel auch einen Satsang-Kalender. Die Veranstalter der *Satsangs*[646] geben der Redaktion ihre Termine und Info-Telefonnummern an, die Redaktion stellt die Daten ins Netz. Interessierte erfahren so, wo sie wann an welchem Satsang teilnehmen können.[647]

Kontakte werden auch über virtuelle Pinwände geknüpft. Auf der Pinwand der Homepage »Spirituell-leben.de« fanden sich unter anderem folgende Einträge: »Hallo, alle zusammen, ich stehe erst am Anfang meiner Entwicklung in die Spiritualität. Ich habe zwar schon einige Bücher verschlungen und auch schon einiges erkannt. Leider fehlt mir die Geduld, um mehr daraus zu machen. Also, wer mir Tipps geben kann, mag sich bitte melden.« Oder: »Ich bin gerade in und bei einem großen Sprung hinter meine Barrieren, versuche hinter und in meine Schatten zu sehen – entwickle mich und bin nur von nichtentwickelten Menschen umgeben. Wer sich mit mir in Verbindung setzen mag, 58 J., w., im Norden lebend, der möge das gern tun.«[648]

Außerdem werden über virtuelle Pinwände auch *Offene Abende* organisiert: »Hallo, ab sofort veranstalte ich jeden ersten Samstag im Monat ein freies Treffen für paranormal Interessierte und jeden letzten Freitag im Monat ein freies Treffen für spirituell Interessierte in München. Ich habe diese Treffen angefangen, um einfach Gleichgesinnte kennen zu lernen, über alle möglichen Themen zu diskutieren und Interessierten die Möglichkeit zu geben, Hilfe auf ihrem individuellen Weg zu erfahren, und das Ganze, ohne Geld zu zahlen bzw. an irgendwelche Betrüger zu gelangen.«[649]

Offene Abende sind im spirituellen Feld sehr verbreitet, vor allem in Seminarhäusern. In der Regel handelt es sich dabei um öffentliche, unverbindliche und doch regelmäßige Abende, die häufig unter einem bestimmten Thema stehen, wie etwa Meditations-, Heil- oder Lehrabende. Man kann sich regelmäßig treffen, ohne sich zu verpflichten oder gar Mitglied zu werden. Das Buddha-Haus im Allgäu bietet jeden Mittwochabend einen *Offenen Meditationsabend* für Interessierte aus der näheren Umgebung an. Bei einem Besuch im Mai 2004 waren etwa 40 Personen aus allen Altersgruppen, Bildungsschichten und sozialen Milieus anwesend.

Andere haben *Spirituelle Stammtische* für Interessierte ins Leben gerufen. Sie finden regelmäßig und im »Rahmen eines ungezwungenen gemütlichen Beisammenseins« an einem öffentlichen Ort, z. B. Bistro oder Hotellobby, statt.[650]

Das gesamte spirituelle Feld wird wegen der weitestgehend losen Verbindungen von Insidern selbst als Szene wahrgenommen. Von einer bunten »Spiri-Szene«[651] wird gesprochen, in der sich spirituelle Menschen bewegen. Ein einheitliches Bild spiritueller Menschen zu zeichnen, gelingt aber nicht. Sie bevorzugen unterschiedliche »Sub-Szenen«, etwa die »Psycho-Szene«, die »Heiler-Szene«, die »Satsang-Szene«, die »Tantra-Szene« oder die »Neopaganismus-Szene«.

646 Nach indischer Tradition, die auf Ramana Maharshi (1879–1950) zurückgehen soll, versammeln sich spirituell Suchende bei Satsangs um einen Meister, einen Menschen, der bei ihnen als »erleuchtet« gilt. Dabei wechseln Phasen des Schweigens Phasen, in denen Fragen aller Art gestellt werden können, ab.
647 Satsang-Kalender z. B. unter http://www.seminar-connection.de.
648 http://www.spirituell-leben.de/thema1.htm.
649 http://www.spirituell-leben.de/thema1.htm.
650 Vgl. z. B. http://www.spirituelles-coaching.de/docs/stammtisch.html.
651 Vgl. Dickmann, Dorothee: Trau keinem unter 30! Geht der Spiri-Szene der Nachwuchs aus? in: Connection. Das Magazin fürs Wesentliche, Sept./Okt. 2004, 12–16.

Netzwerke

Neben Szenen werden auch netzartige Verbindungen geknüpft, um gleiche oder ähnliche Interessen stärker zu vertreten und zu stützen. Weniger hierarchisch, aber dafür flexibler und überschaubarer sollen die Beziehungen der Menschen untereinander sein. Dabei nimmt man auch hier die Vorteile des zeitgenössischen »Netzes aller Netze«, des Internets, zu Hilfe. Bei Anzeigen in einem Kleinanzeigenfenster der Homepage *esoterik.shakti.de* etwa heißt es: »Dienstleistungen aller Art für spirituelle Netze: Ich möchte ein spirituelles Netzwerk aufbauen, in dem sich Menschen mit ihren Dienstleistungen und Produkten präsentieren können, so eine Art spirituelles Branchenbuch.«[652] Spirituelle Netzwerke nehmen auffallend zu. Nicht nur Einzelpersonen, Anbieter und Interessenten vernetzen sich, sondern auch Institutionen, Vereine und Gemeinschaften. Es bilden sich Netzwerke aus Netzwerken. Das *HOLON-Netzwerk* z. B. will sich zu einem europäischen Netzwerk »der ganzheitlichen Bewegung« erweitern. Es verfolgt dabei das Ziel, »gemeinsam an unserer inneren Wandlung und an jener der Gesellschaft« zu arbeiten. Die Organisationsform des Netzwerks soll die »Vielfalt und Farbigkeit der einzelnen Organisationen« nicht maßregeln und dennoch eine »zentrale Koordination und damit eine gemeinsame Aktion« möglich machen.[653] Ein anderes Netzwerk auf europäischer Ebene ist das politische und spirituelle *REA (Reclaiming-Earth-Activists) Netzwerk*, dem Aktivisten, Kritiker der neoliberalen Globalisierung und Visionäre für eine »andere, bessere, gerechtere…Welt« angehören.[654] Hinzu kommen u. a. das *SEBIL – Zentrum für spirituelle Arbeit und Vernetzung, auf interreligiöser und transreligiöser Grundlage*[655], das *Come Together Netzwerk – Ein Netzwerk für Gemeinschaftsprojekte*[656], *Dynamik 5 Deutschland*[657] sowie die *Netzkraftbewegung*[658]. Das *Phoenix-Netzwerk* versteht sich als Forum für Erde und Menschheit, das u. a. Kontakte zwischen diversen Gruppen, Zentren und Netzwerken herstellt.[659]

Auch im Bereich des Neopaganismus, des Okkultismus und Satanismus setzt man zunehmend auf Vernetzung: So wurde am 24. März 2002 in Butzbach *Kulturgeister – Dachverband für traditionelle Naturreligion* gegründet.[660] Zu gleicher Zeit ist nach Pöhlmann ein weiterer neopaganistischer Dachverband als Zusammenschluss von Okkultisten und satanistisch-rituellen Gruppen (»Thelemiten«) entstanden, der *Dachverband Concilium GENA – Gesellschaft für die Erhaltung und Förderung der Naturreligion und Arkandisziplin*.[661] Erklärtes Ziel ist eine »neuheidnische bzw. arkan arbeitende Gruppe« zu sein, »die nachweislich die Freiheitliche Demokratische Grundordnung und die Menschenrechte beachtet (…), selbst wenn sich diese

652 http://esoterik.shakti.de/termine/daten.cfm?id=8.
653 http://www.holon.ch.
654 http://www.linien-und-wege.de.
655 http://www.sebil.ch.
656 http://www.zwg2000.de/cometogether.
657 http://www.dynamik5.de; Zitat von Andreas Valentin: »Wir verstehen uns inzwischen als ›Ganzheitliches Gesellschaftsprojekt‹, wobei die Verbindung von Spiritualität und Politik schon im Vordergrund steht.«
658 Eine gemeinsame Präsentation von rund 230 sozial, politisch, ökologisch oder spirituell aktiven Gruppen und Netzwerken.
659 http://www.phoenix-netzwerk.de/Kontakte/kontakte.html.
660 Mitglieder sind folgende, auch außerhalb des deutschen Sprachraums aktive Gruppen: Order of Bards, Ovates and Druids, Sisterhood of Avalon, Odinic Rite Deutschland (und Österreich), Initiative für Religionsfreiheit in Deutschland (IRFD), Das heidnische Kultur-Forum, Die offene Gruppe für behinderte Heiden, ULFHEDNAR.
661 Mitglieder sind folgende Gruppen: Celtsun-Wicca, Communitas Saturni, Chiron, In Nomine Satanas, Pansophische Gesellschaft, Reformierter Alter und Universeller Ritus, Thelema Society, Vidar/Vali-Bund.

[Gruppe] als ›satanistisch‹ oder ›moslemisch‹ bezeichnet. Darum geht es schließlich, dass wir mit dem Dachverband der Gesellschaft klar machen, dass ›Okkultisten‹, ›Thelemiten‹ und Heiden ein wertvoller Bestandteil des kulturellen Lebens und nicht mit vorherrschenden Klischees über ›Okkultismus‹ gleichzusetzen sind.«[662]

Das *Netzwerk 93* ist ein Zusammenschluss thelemisch arbeitender Gruppen und Einzelpersonen. Sie ist entstanden aus der Zusammenarbeit der *Thelema Society* mit anderen Gruppen. Wer sich dem *Netzwerk 93* anschließt, so ist auf der Homepage zu lesen, soll eine »Potenzierung der eigenen Kräfte durch Synergien und durch Erfahrungs- und Wissensaustausch mit anderen Gruppen« erfahren. Charakteristisch für diese Form netzartiger Zusammenschlüsse ist Ablehnung starker hierarchischer Strukturen. Im Netzwerk 93 sollen sich Menschen zusammenfinden, »und nicht Führungsetagen«, die organisatorische Struktur wird als »Rhizom« beschrieben.[663] Die *Thelema Society* hat zudem sogenannte *Thelema-Konvents* ins Leben gerufen. Sie sollen in deutschen Großstädten wie Berlin, Leipzig, Stuttgart und Frankfurt stattfinden.

Gerade im therapeutischen Bereich versucht man, sich unter dem Konsens gemeinsamer ethischer Regeln zu vernetzen, auch um die Ansprüche an die Qualität der eigenen Therapiemethode gegen Missbrauch zu schützen. So wurde 1995 der *Dachverband Geistiges Heilen e. V. – für mehr Geist und Seele im Gesundheitswesen* als Zusammenschluss von Heilern, Heilerverbänden, Ärzten, Heilpraktikern, Patienten und engagierten Laien gegründet. (siehe auch S. 92, Spirituelles Heilen)

Menschen, die sich vernetzen, wünschen meist eine ehrliche, authentisch-liebevolle Beziehung zu anderen, eine »Ethik der Liebe«[664] unter Gleichgesinnten. Egoistisches Verhalten, materielles Besitzstreben, Macht- und Statusdenken, Konkurrenz, Neid, Respektlosigkeit, Ignoranz, Unverständnis und Unachtsamkeit im Miteinander können und wollen viele nicht mehr ertragen. Stattdessen sehnen sie sich nach Beziehungen, die von Eintracht und Frieden geprägt sind. Unter anderem sind auch das Gründe, weshalb immer mehr Menschen ihre Verbindung zu traditionellen Familienverbänden lockern oder sich ganz daraus lösen. Freundeskreis und Wohngemeinschaft werden für viele zur Ersatzfamilie.[665] Unter »Familie« versteht man heute auch zunehmend wahlverwandtschaftliche Verbindungen, sogar Menschen, die in Singlehaushalten leben, empfinden sich unter Umständen selbst so: »Jeder hat seine Wohnung, hilft aber den anderen auf seine Weise – sei es durch Kinderhüten und Nachhilfe, Gärtnern und Heimwerken oder Einkaufen und Autoreparieren. Auch hier besteht die Vielfalt, das Nebeneinander von Alt und Neu, die Begegnung des Unterschiedlichen«[666].

Eine Rolle spielt zudem die wirtschaftliche Flaute. Die Menschen tun sich auch deshalb zusammen, weil man so besser wirtschaften kann. Des Weiteren sind Aspekte der Altersvorsorge wichtig. Wer sich früh genug mit anderen verbündet, ist in Zeiten des Single-Daseins im Alter nicht ganz auf sich gestellt.

In der Trendforschung spricht man von »Clanning« und »Cocooning«.[667] Der Mensch hat ein Bedürfnis nach (quasi-)familiärer Verbindung und Geborgenheit,

662 Pöhlmann, Matthias, in: Materialdienst der EZW, 5/2002.
663 http://www.thelema-society.de.
664 Zulehner, Paul M. (2003), 87–96.
665 Opaschowski, Horst W. (1995), 23.
666 Heuser, Uwe Jean/Randow Gero von: Der Gemeinsinn wächst – trotz Geldfiebers und schwarzer Konten, in: Fiebig, Johannes (Hg.): Abschied vom Ego-Kult. Die neue soziale Offenheit, Krummwisch bei Kiel 2001, 19.
667 Horx, Matthias (1999), 148f.

vielleicht gerade wegen der zunehmenden Entsolidarisierung im Alltag. Viele sind zugunsten stärker vernetzter Sozialbeziehungen mit möglichst egalitären Entscheidungsstrukturen bereit, ihren Konsum zu reduzieren. Demokratische Steuerung, Gestaltungsfreiheit und verantwortungsbewusstes Handeln sind wichtige Kriterien.[668] Solche Sozialformen bilden bereits den Übergang vom Netzwerk zum Gemeinschaftsprojekt.

Bei den Informanten zeigt sich eine wachsende Sehnsucht nach – wenn auch (noch) nicht näher bestimmbaren – Formen von Vernetzung und Vergemeinschaftung auf der Basis ihrer spirituellen Interessen. So wünschte sich stellvertretend für die anderen eine Informantin, »dass sich mehr Menschen mit ihrer Sehnsucht nach spiritueller Gemeinschaft zusammenfinden und dass es mehr Netzwerke gibt, Netzwerke, in denen sie frei sind zum Meditieren, dass man sich trifft, um gemeinsam solche Erfahrungen auszutauschen, bis hin zur Bildung einer, vielleicht sogar einer Freundschafts- und Lebensgemeinschaft. Da kann man an einen Ashram denken oder vergleichbare Dinge, die kann ich mir auch dann vorstellen, wenn die Freiheit des Einzelnen da ist. Was ich für mich nicht wollte, wäre total festgelegt zu werden«[669].

Verwoben und vereint

Innerhalb des spirituellen Feldes bewegen sich auch Menschen, die mehr als Vernetzung mit anderen wollen. Sie sehnen sich danach, verbindlicher und dauerhafter mit anderen Menschen zu leben und ihre Spiritualität zu gestalten. Sie wollen der sozialen Seite ihres Lebens eine Struktur geben, die ein verlässlicheres Miteinander mit anderen gewährleistet und verspricht, an längerfristigen gemeinsamen Zielen zu bauen.

Gemeinschaftsprojekte

»Gemeinschaft ist ein Kreis von Menschen, die sich kennen und annehmen, und die sich in ihrem Wachstum gegenseitig unterstützen – Menschen, die sich vertrauen und einen Teil ihrer Lebensenergie einem größeren Ganzen widmen.« So beschreibt Corinna Felkl jene für sie ideale Lebensform, die sie zusammen mit siebzig anderen Menschen im *Ökodorf Sieben Linden* zu realisieren versucht.[670]

Am Anfang steht oft nicht mehr als der tiefe Wunsch, mit anderen Menschen zusammen Lebenszeit und -raum zu gestalten. Man sucht nach Gleichgesinnten, mitunter auch auf dem Weg von Kontaktanzeigen: »*Auf zu neuen Ufern!* Meine Vision ist, in einer Gemeinschaft zu leben irgendwo in Norddeutschland. Wer hat ähnliche Träume?« Oder schon konkreter: »*Frau sucht Gott und Wahrheit liebende Menschen* zur Teilhaberschaft für kleines Gemeinschafts-Wohnprojekt. Wohnanteile in schönem Haus im Lkr. Gap können erworben werden. Auch Räume für Therapiearbeit …« Und: »*Gemeinschaftsneugründung:* Männerleben – Frauenleben. Raus aus alten Beziehungsmustern, Abhängigkeiten, Kampf, Mit-/aneinander wachsen in Liebe und

668 Vgl. Ergebnisse der Gemeinschaftsforschung der Universität Münster um Matthias Grundmann.
669 Informantin 7W43.
670 Eurotopia. Gemeinschaften und Ökodörfer in Europa, Poppau 2004, 11.

Wertschätzung. In ganzheitlicher Bewusstheit leben, Info ...« Andere versuchen, ihren Wunsch nach Individualität mit der Sehnsucht nach Gemeinschaft zu verbinden, und suchen Gleichgesinnte: »*Individualisten Gemeinschaft?!* Vielfältige Wege: multikulturell l(i)eben, arbeiten, wohnen, feiern ... – ein Ziel zur Entfaltung unserer Schöpfungskräfte. *Entschlossene* + gemeinschaftsbewusste MitgründerInnen (+45/ Eigenkapital) mailen ...«[671]

Neben Partnerschaften und WGs werden immer häufiger neue Arten von Gemeinschaften, etwa so genannte Ökodörfer[672], gewählt. Als Gemeinschaftsprojekte im engeren Sinn gelten »experimentelle Lebensgemeinschaften«, in denen Menschen »alternativ-innovative Lebensweisen und gemeinschaftsorientierte Lebensentwürfe« entwickeln und umzusetzen versuchen.[673] Sie zeichnen sich sowohl durch die Sehnsucht nach alternativen sozialen Lebensformen als auch durch die Suche nach ökologischer oder spiritueller Lebensgestaltung und Visionen aus und entstehen durch soziale (emotionale, intime) Beziehungen, Sympathie, übereinstimmende Interessen und weitgehenden Wertekonsens.[674]

Im praktischen Alltag wohnt, arbeitet und isst man vorzugsweise zusammen. Traditionelle Verwandtschaftsverhältnisse stehen dabei im Hintergrund. Die Herausgeber der Gemeinschaftspublikation *eurotopia* sprechen von einem »neuen Geist« der Gemeinschaft und von »Kooperation«. Während die Kommunen der 68er-Bewegung sich gegen die repressive Normalität des damaligen Bürgertums wandten und auf sexuelle Freizügigkeit, Unangepasstheit und Antiautorität setzten, hat sich bei den neuen alternativen Gemeinschaften die Intention verschoben. Nicht mehr »provinziell und kollektivistisch, sondern planetarisch und zunehmend unideologisch« soll es zugehen. Zum Vergleich wird das Systembild der Ökologie hinzugezogen. »Jeder Einzelne ist sowohl ein Ganzes als auch Teil eines größeren Ganzen.« Und: »Neue Gemeinschaften sind weder »strukturlose Haufen noch hierarchische Kollektive. Sie sind sowohl ›ganzheitlich‹ als auch ›individualistisch‹.«[675] Ein wesentliches Kriterium für diese neuen Gemeinschaftsformen hat mit Macht und Autorität zu tun. Das hat Rolf Goetz bereits vor 20 Jahren skizziert: »Gewöhnlich wird eine Sekte von einem autoritär-patriarchalischen Guru geführt, dessen Wort absolutes Gesetz ist. Bis auf einige wenige ausgesuchte Meisterschüler haben die anderen Anhänger in Entscheidungsprozessen kein Mitspracherecht. Spirituelle Kommunen dagegen basieren auf einer mehr oder weniger demokratischen Grundlage.«[676] Zumindest auf Entscheidungen der Organisation des alltäglichen Lebens scheint dies voll und ganz zuzutreffen. Eine Durchsicht der Publikation von *eurotopia* aus dem Jahr 2004 ergab, dass die Entscheidungen in den Gemeinschaften fast durchgehend von allen Betroffenen gemeinsam, im Konsens, getroffen werden oder aber zumindest durch einen Teil der Gruppe.

671 Zeitschrift Schrot und Korn, März 2004.

672 Unter *Gemeinschaften* werden hier nach Definition der Betroffenen »Gruppen von Menschen, die sich bewusst und aus freien Stücken dafür entscheiden, ihre private Lebenszeit, -vorstellungen und -werte miteinander zu teilen und dazu zusammenzuleben« verstanden. *Ökodörfer* streben danach, »ein nachhaltiges Leben in Harmonie miteinander, mit anderen Lebewesen und mit der Erde zu führen«. Ihr Lebensstil soll »möglichst geringe Auswirkungen auf die Umwelt« haben. Sie repräsentieren Modelle für die Neugestaltung von Siedlungen im 21. Jahrhundert. Siehe eurotopia (2004), 11 und 16.

673 Vgl. Donath, Matthias/Fortmann, Silke: Zukunft durch Gemeinschaft.

674 Vgl. Projekt der Universität Münster, Institut für Soziologie, zur Gemeinschaftsforschung, http://www.uni-muenster.de/Gemeinschaftsforschung; http://www.eurotopia.de.

675 Halbach, Dieter, in: eurotopia (2004), 27.

676 Goetz, Rolf (1985), 18.

Grundlegend ist ein ausgesprochenes Gemeinschaftsbewusstsein. »Gemeinschaftliches Leben ist die bewusste Anerkennung der Tatsache unserer wechselseitigen Verbundenheit als geistige, soziale und ökologische Lebewesen«, meint der Gemeinschaftsprojekte-Aktivist Dieter Halbach. »Der Sinn unserer neuen Lebensgemeinschaften besteht darin, diese Verbundenheit ohne Fesseln traditioneller und ideologischer Kollektive in Freiheit selbst zu entwickeln.«[677]

Gemeinschaften, vor allem die spirituell ausgerichteten, werden von ihren Mitgliedern nicht einfach nur als neues Zuhause empfunden. Es geht ihnen im Wesentlichen um ein völlig neues Lebensgefühl: Meist fernab der städtischen Wohnkultur wird in einem ruhigen ländlichen Lebensraum der »Sehnsucht nach einer Wiedereingliederung in den natürlichen Lebensrhythmus« Rechnung getragen. Aus der Unzufriedenheit mit gesellschaftspolitischen Zuständen, sozialen Zwängen und als stereotyp zu erwartenden Lebensbahnen zwischen Konsum und Karriere erwächst der Wunsch nach einer neuen Form, Leben mit anderen zu gestalten und zu kultivieren. Dass diese neuen Gemeinschaften größtenteils im Norden und Osten Deutschlands zu finden sind, hat auch finanzielle Gründe. Grundstückspreise und Mieten sind im Durchschnitt etwas günstiger als im Süden und Westen des Landes.

Seit jeher gilt der Zusammenschluss von Menschen mit ähnlichen Interessen und Neigungen zu einer alternativen Lebensgemeinschaft als Möglichkeit des Ausstiegs aus von manchen als unerträglich empfundenen konventionellen Lebensformen: der Ashram in Indien etwa oder das christliche Kloster im europäischen Mittelalter. Wenn es um spirituelle Gemeinschaftsmodelle ging, hat vor 20 Jahren Rolf Goetz exemplarisch auf *Die Farm* in Tennessee, die *Lama Foundation* in New Mexico, *Ananda Village* in Kalifornien, *Findhorn* in Schottland, *Renaissance* in Massachusetts und *Auroville* in Südindien hingewiesen.[678]

Heute gibt es nach Schätzungen weltweit über 5000 Projekte mit insgesamt mehr als 100.000 Menschen. In den USA ist die Entwicklung sowohl qualitativ als auch quantitativ am stärksten fortgeschritten. Nach einer Studie von eurotopia konnten im Jahr 1996 europaweit 1500 bereits bestehende oder gerade entstehende Projekte ausgemacht werden, der größte Teil davon in Deutschland. Ihre Recherche im Jahr 2004 ergab 50 Neugründungen seit 2000. In ihre Publikation haben die Mitarbeiter 348 Gemeinschaften aus 24 Ländern aufnehmen können.[679]

Weil die vielen neuen Träume mit sehr wenig Erfahrung bezüglich ihrer Umsetzung einhergehen, findet man auch Angebote von Menschen, die bei der Gemeinschaftsgründung weiterhelfen wollen, Karl-Heinz Meyer zum Beispiel. Er gilt als Pionier der deutschen Gemeinschaftsprojekte-Forschung[680] und ist seit 1980 sowohl in der Ökodorfbewegung als auch in der spirituellen Gemeinschaftsbewegung aktiv. 1992 hat er das *ÖKODORF-Institut für Wohnprojekte* in der Ökosiedlung Lebensgarten bei Hannover gegründet, Deutschlands »ältester und vielfältigster Knotenpunkt zwischen Gemeinschaftssuchenden, Gründungsinitiativen und bereits bestehenden Gemeinschaften aller Art«. Im Mittelpunkt steht die Beratung zu allen Themen der Gemeinschaftsbildung, aber auch die Vermittlung von Adressen anderer Gemein-

677 Eurotopia: Leben in Gemeinschaft. Das europäische Projekte-Verzeichnis 97/98, Niedertaufkirchen 1997, 22.
678 Goetz, Rolf: Spirituelle Gemeinschaften, Katzenelnbogen 1985.
679 Eurotopia. Gemeinschaften und Ökodörfer in Europa, Poppau 2004, 7.
680 Meyer, Karl-Heinz: Zukunftswerkstatt Gemeinschaftsprojekte, Steyerberg 1988.

schaften, Fachpublikationen und die Ausrichtung thematischer Seminare für Gemeinschaftssuchende.[681]

In diesen 25 Jahren Beratungs- und Seminarerfahrung hat Karl-Heinz Meyer viel erlebt. Menschen wenden sich mit den unterschiedlichsten Motivationen und – mitunter auch unbewussten – Bedürfnissen an ihn: »Zum Teil sind es Fluchtgedanken, zum Teil auch unbewusst. Wenn man Probleme hat in der Partnerschaft und sich von der Gemeinschaft irgendetwas erhofft. Oder wenn man noch keine Ausbildung hat und auch in ein normales System nicht rein möchte und in einer Gemeinschaft etwas Besseres sucht. Oder wenn man eigentlich eine Therapie machen müsste und denkt, die Gemeinschaft könnte einem dabei helfen, man braucht keinen Therapeuten oder eine Klinik. Oder Vorsorge fürs Alter und auch ökologische Gedanken, Selbstversorgung z. B., das kann man nicht alleine realisieren.«[682]

Wie funktionieren solche Gemeinschaften? Was sind die Bedingungen? Welche innere Haltung wird von den Einzelnen abverlangt? Menschen, die sich für ein Leben in Gemeinschaft entscheiden, haben solche Fragen meist intensiv reflektiert. »Gemeinschaft wird in erster Linie nicht durch eine Gruppenzugehörigkeit definiert, sondern ist eine Haltung der Verbundenheit mit anderen Menschen und dem Leben selbst. Sie wird immer wieder neu geschaffen durch eigene innere Arbeit und Öffnung«, so Halbach. Neben der Verbundenheit nennt er neun weitere Thesen, die die Bildung von Gemeinschaft ermöglichen: Verbindlichkeit, eigene Beteiligung, Individualität, Einheit in der Vielfalt, innere Gemeinschaftsbildung, experimentelle Gesellschaftsgestaltung, Vertrauensbildung, Projektion und Enttäuschung sowie Heimat: »Erst wenn ich in der Gemeinschaft ganz ich selbst sein kann – ohne Verstellung und Anpassung – bin ich in der Gemeinschaft angekommen.«[683]

Die Zeit, in der solche Menschen von der breiten Gesellschaft lediglich als »Aussteiger« oder »Oppositionelle« angesehen wurden, scheint vorbei. Selbst aus den kleinen, eher politisch orientierten Landkommunen noch bis zu Beginn der Achtzigerjahre des 20. Jahrhunderts sind längst Großkommunen und Ökodörfer geworden, »weil man gemerkt hat, dass kleine Gemeinschaften mit zehn bis zwanzig Leuten auch nicht alles schaffen können«[684]. In seiner Diplomarbeit über Gemeinschaftsprojekte ist Karl-Heinz Meyer auf eine sinnvolle Größe von dreihundert Menschen pro Gemeinschaft gekommen.[685] Das entspricht der Größe eines kleinen ländlichen Dorfes. »Da sind alle Berufe vertreten, Handwerker, Gärtner, Lehrer, Kindererzieher usw.«, so Meyer.[686]

Mehr und mehr ist mittlerweile von »Zukunftswerkstätten«, von Modellen und Wegen »*in* und *für* eine zukunftsfähige Gesellschaft« die Rede, von »vorbildlichen Pionieren«, »konsequenten und integeren Fortschrittsstreitern« gar. Die Gesellschaft beginnt, so Donath und Fortmann, »sich zu ändern und auf die Visionen und Strategien von Gemeinschaftsprojekten zuzubewegen«. Ihrer Studie zufolge strahlen Gemeinschaftsprojekte seit den späten Neunzigerjahren des 20. Jahrhunderts eine »erhöhte Attraktivität gerade für junge Menschen, Individuen, Paare oder Jungfamilien« aus. Als Beispiele für die zunehmende Akzeptanz nennen sie u. a. die

681 http://www.gemeinschaften.de.
682 Interview am 26. 7. 2004.
683 Halbach, Dieter: Die Regenbogenkraft der Gemeinschaft, in: eurotopia, Poppau 2004, 28f.
684 Interview mit Karl-Heinz Meyer am 26. 7. 2004.
685 Buchveröffentlichung: Zukunftswerkstatt Gemeinschaften, Steyerberg 1988.
686 Interview mit Karl-Heinz Meyer am 26. 7. 2004.

Ernennung des *Lebensgarten Steyerberg e. V.*, des *Lebensguts Pommritz* sowie der *Ökologischen Wohnsiedlung Flintenbreite Lübeck* zum »Projekt EXPO 2000«.[687]

Die Motive, mit denen die Einzelnen einer Gemeinschaft beitreten, wirken sich auf die Stärke der Gemeinschaft als Ganzes aus. Gehen sie mehr in Richtung Hilfesuche und Streben nach Sicherheit als in Richtung persönlicher Einsatz und Unterstützung der anderen, wird die Funktionsfähigkeit einer Gemeinschaft geschwächt. Dennoch finden sich häufig – zumindest zu Beginn der Suche – Bedürfnisse wie dieses: »Einfach Leute zu haben, mit denen ich das auch teilen kann, mit denen ich die Fortschritte teilen kann, denen ich aber auch die Rückschläge offenbaren kann. Dass ich mir dann wieder Unterstützung hole, wenn ich es brauche oder da sein kann für jemanden, der meine Unterstützung braucht.«[688]

Damit eine Gemeinschaft von innen heraus stark sein kann, braucht sie eine Überzahl von Menschen, die selbstständig sind, die eher geben als nehmen und die, so Köppler, »gemeinschaftliches Leben als Dienst für andere Menschen sehen«[689]. Es geht also weniger darum, etwas für sich Vorteilhaftes aus der Gemeinschaft herauszuziehen, sich etwa hier geborgen und beschützt zu fühlen, als vielmehr darum, mit seinen Stärken und Fähigkeiten die Gemeinschaft zu unterstützen.

Um die größten Fallen von Anfang an zu umgehen, haben viele so genannte »intentionale« Gemeinschaften eine gemeinsame Vision oder Vereinbarungen für ihr Zusammenleben formuliert. Darin wird auch deutlich, wie wichtig den Beteiligten die Überwindung von Bedürftigkeiten jedweder Art ist. So schreibt der *Club 99* als Nachbarschaft im *Ökodorf Sieben Linden* in seiner Selbstdarstellung: »Wir streben die Entwicklung der vollständigen Selbstverantwortung an, die auch den Austritt aus jeglicher Opferhaltung bedeutet.«[690] Der *Lebensgarten Steyerberg*: »Gemeinschaftsbezogene oder individuelle Wachstumskrisen bringen uns einander näher und zeigen uns unsere Eigenverantwortlichkeit.«[691] Das *Ökodorf Sieben Linden*: »Wir streben eine weitgehende Selbstversorgung in möglichst vielen Lebensbereichen an, von der Nahrung, dem Hausbau, der Energieversorgung bis zu eigenen sozialen, medizinischen, pädagogischen und kulturellen Tätigkeiten. Wir organisieren uns als Dorfgemeinschaft von kleinen Lebensgemeinschaften, die in mehreren ›Nachbarschaften‹ mit unterschiedlichen Lebenskonzepten kooperativ zusammenleben.« Im Ökodorf waren im Jahr 2004 70 Menschen registriert, in Zukunft sollen hier 300 Menschen leben können.[692]

Karl-Heinz Meyer kategorisiert Gemeinschaften nach vorhandenen bzw. nicht vorhandenen gemeinsamen Aufgaben und Visionen. Zudem differenziert er bei ersteren weiter nach folgenden Typen: Gemeinschaften, die sich auf eine spirituelle Richtung oder einen Meister konzentrieren[693], Gemeinschaften mit spiritueller Vielfalt[694], sozial engagierte Gemeinschaften[695], Gemeinschaften mit freier Liebe[696], Gemeinschaften mit angestrebter Selbstversorgung[697], Gemeinschaften mit besonderer Ernährung[698] und linkspolitische Gemeinschaften[699]. Zu der zweiten Kategorie, den Gemeinschaften ohne gemeinsame Vision, zählt Meyer normale Wohngemeinschaften, Projektgemeinschaften zur Finanzierung größerer Immobilien und selbstge-

687 Vgl. Donath, Matthias/Fortmann, Silke, zit. in: http://www.lebensgarten.de.
688 Informant 5M27.
689 Köppler, Paul: Gemeinschaft oder Individualismus, in: Siddharta. Spirituelles Magazin, Nr. 1/04, 2.
690 Eurotopia (2004), 98.

nügsame Gemeinschaften, die zwar »als solche stabil bleiben, aber sich nicht für Außenstehende engagieren«.[700]

Auch Donath und Fortmann versuchten in ihrer Studie, die unterschiedlichen Formen von Gemeinschaften zu ordnen. Sie stellten fest, dass sich die Gemeinschaftsprojekte in Deutschland sowohl konzeptionell als auch strukturell unterscheiden. Für diese Arbeit interessant sind die Projekte, die sie als »Muster des spirituell-öko-sozialen Typs« bezeichnet haben.[701]

So will der *Lebensgarten Steyerberg* etwa »ein Ort sein, der seine Bewohner und Gäste anregt, sich mit sich selbst auseinanderzusetzen und sie inspiriert, sich mit anderen zusammenzuschließen«[702]. Er wurde 1985 gegründet. Die Bewohnerzahl wuchs in der Zwischenzeit auf etwa 100 Erwachsene und 50 Kinder. Die Siedlung besteht aus 44 Reihenhäusern, einem Seminarhaus und einem großen Zentralgebäude. Die Ökonomie ist getrennt, jeder verdient seinen Lebensunterhalt selbst. Als verbindende Elemente nennt die Gemeinschaft Achtung vor der Schöpfung, soziales Miteinander, Mediation, Meditation, Ökologie im Alltag. Über ihr Miteinander heißt es in der Selbstdarstellung auf ihrer Homepage: »Wir bemühen uns, miteinander und unserer natürlichen Umwelt in einem harmonischen Verhältnis zu leben. Wir halten nachbarschaftlichen Kontakt, gestalten gemeinsame Feste, können jeden Tag miteinander meditieren, singen und an den morgendlichen Kreistänzen teilnehmen. Wir unterstützen uns gegenseitig in der Kinderbetreuung, beim Gesundwerden, in Lebenskrisen, auch im Alter oder im Sterben.«[703] Es gibt »keine Gurus oder Chefs und auch kein gemeinsames Glaubensbekenntnis. Wir achten alle spirituellen Wege, wir glauben, dass es viele Wege zu Gott gibt.«[704] Der ökologische Aspekt zeigt sich u. a. bei Renovierungsmaßnahmen durch baubiologische Produkte, Warmwasser-Solaranlagen, zwei Solaranlagen zur Stromproduktion mit Solartankstelle und Blockheizkraftwerk.[705]

Die *Delphin-Gemeinschaft* im Schwarzwald definiert ihre gemeinsame geistige Mitte als Gott. Ihr Kernziel ist es, sich »gegenseitig auf dem Weg zu GOTT« zu hel-

691 Eurotopia (2004), 153.

692 Eurotopia (2004), 166f.

693 Als Beispiele werden u. a. *Agnus Dei, Bruderhöfe, Catholic Workers, Laurentiuskonvent, Wulfshagener Hütten* (christlich), *Pfauenhof* am Niederrhein, *Plum Village* in Frankreich (buddhistisch), *Hare Krishna, Ananda Marga* (hinduistisch), *Rainbow-Bewegung* (indianisch orientierte, von einander unabhängige Gemeinschaften) und *Osho*-Gemeinschaften genannt.

694 Dazu zählen u. a. *Ananda Village* (seit 1967 in Kalifornien und Assisi), *Mutter Erde-Gemeinschaft* in Deutschland, *Arche-Gemeinschaften* (die bekannteste wurde nach dem Zweiten Weltkrieg von Gandhi-Schüler Lanza del Vasto in Frankreich gegründet), der *Lebensgarten Steyerberg* (als größtes Projekt dieser Art in Deutschland), die *Schweibenalp* in der Schweiz, *Auroville* in Indien, *Findhorn* in Schottland und die *Oase* bei Lübeck.

695 Genannt werden u. a. *Arche-Gemeinschaften* bei Osnabrück, Hamburg etc. und *Camphill* (Zusammenleben von so genannten Behinderten und Nichtbehinderten), die zahlreichen kleinen generationsübergreifenden Lebens- und Wohngemeinschaften (Alt & Jung), Gemeinschaften für Menschen in Krisensituationen wie *Neubeginn* bei Dortmund, *Lebenshäuser* in Süddeutschland, *Emmaus* am Niederrhein etc.

696 Diese sind in Europa vertreten durch das *Projekt Meiga* und auch durch das *Zentrum für experimentelle Gesellschaftsgestaltung (ZEGG)* bei Berlin.

697 Etwa das *Ökodorf Poppau* in Sachsen-Anhalt und das *Lebensgut Pommritz* bei Dresden.

698 Wie etwa die *Tennesee-Farm* in den USA, von der in den Siebzigerjahren des 20. Jahrhunderts wichtige Impulse zur Ernährung mit Sojaprodukten ausgingen. Heute Gemeinschaftsknotenpunkt in Amerika.

699 Wie *Christiania* in Kopenhagen, *Domäne Lutter* bei Braunschweig, *Kommune Niederkaufungen* bei Kassel, *Schäfereigenossenschaft Finkhof, ÖkoLeA* (Ökologische Lebens- und Arbeitsgemeinschaft) bei Berlin.

700 Die Angaben zu den verschiedenen Gemeinschaftsarten sind einem Informationsblatt des Ökodorf-Instituts, verfasst von Karl-Heinz Meyer, entnommen.

701 http://www.prometheusonline.de/heureka/nachhaltigkeit/monografien/donath-fortmann/1.htm.

702 Eurotopia (2004), 154.

703 http://www.lebensgarten.de.

704 http://www.lebensgarten.de.

705 http://www.lebensgarten.de.

fen, »und andern, die dies wünschen«. Als Ziele ihres Gemeinschaftslebens werden Meditation, Singen, Beten und Lesen in verschiedenen heiligen Schriften, Zusammenleben in Einfachheit und von Jung und Alt, Schaffung sinnvoller Arbeitsplätze, Teil-Selbstversorgung in Richtung Rohkost/Urkost sowie »Konsensprinzip und Konfliktlösung ohne Verlierer« angestrebt. Zur Entscheidungsfindung wenden sich die Teilnehmer der Gemeinschaft an ihre innere Stimme, an das »Höhere Selbst«. Die *Delphin-Gemeinschaft* hat das Ziel, eine größere »interspirituelle Gemeinschaft« zu schaffen, »bestehend aus kleinen Gemeinschaften verschiedener spiritueller Richtungen. Deren Spannbreite ist jedoch nicht beliebig, unser Rahmen sind die Gebote, welche in allen Weltreligionen gleich sind.« In ihrer Selbstdarstellung verweist die *Delphin-Gemeinschaft* dabei auf den Weltethos von Hans Küng.[706] Gründer Karl-Heinz Meyer blickte bereits auf viele Jahre Gemeinschaftsleben u. a. im *Lebensgarten Steyerberg* zurück, als er die *Delphin-Gemeinschaft* ins Leben rief. Zu seinen eigenen Ambitionen, in Gemeinschaft zu leben, sagt er: »Ich bin halt in einem kleinen Dorf aufgewachsen, wie die Dörfer früher so waren. Es war sehr naturverbunden. Das hat mir dann gefehlt danach, als meine Eltern umzogen in einen Vorort von Hannover. Da war ich ziemlich isoliert.«[707] Die Gemeinschaft setzt sich zusammen aus zehn Erwachsenen und zehn Kindern; zum Teil stammen sie aus dem Umfeld von Meyers Frau Sabine, die im Badischen bereits seit vielen Jahren verwurzelt war, zum anderen Teil kommen sie aus dem Norden und sind über die Aktivität Meyers im Ökodorf-Institut zur Gemeinschaft gestoßen. Zunächst lebte die Gemeinschaft in Hausen. »Da waren wir verteilt auf mehrere Häuser und Wohnungen«, berichtet Meyer, »wir hatten das Modell, dass man kein gemeinsames Haus besitzt. Langfristig hatten wir schon vor, was zusammen zu kaufen, um noch mehr zusammen zu sein.«[708] Überschneidungen gab es durch die vielen Kinder; man sang spirituelle Lieder, meditierte regelmäßig zusammen und versuchte, gemeinsam zu essen, immer in einer anderen Wohnung. Einen gemeinsamen Essraum für alle gab es damals nicht, »aber zehn Erwachsene und zehn Kinder in den einzelnen Wohnungen war natürlich zu eng«[709]. Meyer ist mit seiner Frau und den Kindern 20 km weiter gezogen, um einen Hof zu kaufen – vergeblich. Dann fanden sie ein Objekt 30 km östlich, eine alte Schule im Hotzenwald. Die soll in Zukunft mehr als Gemeinschaftszentrum dienen, »dass nur sechs Leute das Zentrum tragen und dort wohnen und andere große Räume frei bleiben als Seminarraum und Meditationsraum, sodass sich andere Interessenten drumherum ansiedeln oder wir uns mit Nachbarn, die schon da sind, anfreunden und sie integrieren. Was sich dann entwickelt, lässt sich nicht so vorausplanen.«[710] Auch hier spielt die entscheidende Rolle die »göttliche Führung: In den vergangenen Jahren haben wir gelernt, dass es zwar wichtig ist, eine VISION zu haben, aber dass ein ausgefeiltes *Konzept* für den Weg eher hinderlich ist, v. a. wenn es nicht mit dem Höheren Selbst abgestimmt ist. Wir *suchen* deshalb nicht nach neuen Mitgliedern, sondern sind offen, Menschen zu *finden*, die mit uns prüfen wollen, ob ein Mitwirken an der Realisierung & Weiterentwicklung unserer Vision sinnvoll ist.«[711]

706 Eurotopia (2004), 100f.
707 Interview mit Karl-Heinz Meyer am 26. 7. 2004
708 Interview am 26. 7. 2004.
709 Interview am 26. 7. 2004.
710 Interview am 26. 7. 2004.
711 Selbstdarstellung der Gemeinschaft in einem Flyer.

Seit 1997 finden in Deutschland auch regelmäßig so genannte ÖKODORF-Festivals statt, auf denen sich Gemeinschaften, Gründungsinitiativen und Suchende begegnen können. Hier berichten Mitglieder von Gemeinschaften aus aller Welt, die meist schon über 20 Jahre bestehen, von ihren Erfahrungen und tauschen sich mit anderen aus. Auf dem Ökodorf-Festival 2001, dem siebten Treffen dieser Art, haben über 100 Gäste teilgenommen, u. a. Vertreter des von der UN anerkannten, multikulturellen Modellprojektes *Auroville* in Indien[712], des Ökodorfs *Ecopolis* in Sibirien[713], Hare Krishna aus Abentheuer/Hunsrück, die Lebensschule Berlin, das Schöpferische Zentrum OASE[714], der Delphingemeinschaft im Schwarzwald[715] und der Jesus-Bruderschaft Volkenroda[716]. Des Weiteren wurden Videos von Gemeinschaften vorgespielt, die nicht auf dem Festival vertreten sein konnten, u. a. über die interreligiöse Arche-Gemeinschaft Südfrankreich, politisch orientierte Projekte bei Kassel, bei Berlin, im Allgäu und in Kopenhagen. Mehrere Gemeinschaften haben einen spirituellen Lehrer, andere wieder nicht.

Die Begegnungen zwischen Gemeinschaften und Suchenden hinterließ im Laufe der Jahre bei Teilnehmern viele für sie wichtige Eindrücke. Ihre Impressionen haben manche schriftlich hinterlassen. »Gerne denke ich – und auch die Kinder – an die Tage bei Agnus Dei zurück. Vielen Dank für die Organisation. Bei meiner Rückkehr habe ich (nicht zuletzt durch manche Gespräche während des Festivals) die Kraft gehabt, eindeutig hier auf dem Hof Klarheit zu schaffen: No Drugs, no Alk …« Oder: »Durch die offene Begegnung mit anderen Suchenden (die auf ihrem Weg schon einiges gefunden haben) fühle ich mich sehr ermutigt, weitere Schritte der Konkretisierung zu gehen.« Und: » Meine Vision von einem menschlichen Zusammenleben und damit die Idee des Gemeinschaftslebens überhaupt ein ganzes Stück näher gekommen. (…) Total interessant und anregend, so viele und verschiedene Gemeinschaften vorgestellt zu bekommen und konkrete Erfahrungen in dem Workshop machen zu können.«[717]

Visionen stehen zu Beginn aller Schritte in ein Leben in Gemeinschaft. In den letzten Jahren wird nicht mehr nur nach bereits bestehenden Immobilien Ausschau gehalten. Es geht vielmehr darum, den konkreten Bedürfnissen entsprechend einen neuen Lebensraum selbst zu planen und zu bauen.[718]

Bezeichnenderweise liegt es im Wesen von Gemeinschaften, sich zu verbinden. Auch wenn manche sich explizit abgrenzen gegenüber anderen, findet sich dennoch die Tendenz, aus Gemeinschaften wiederum Gemeinschaften, also Netzwerke von Gemeinschaften zu bilden, wie etwa *Global Eco-Village Network* (GEN) und *Come Together* als Netzwerk deutschsprachiger Gemeinschaften. Ein eifriger Teilnehmer eines solchen Netzwerktreffens von Come Together, Roland Schutzbach vom Schweizer Holon-Netzwerk, berichtet von der Vision einer »Vernetzung der Vernetzung« in der »superkreativen Netzwerkgruppe«: »Ich bin aktiv gestaltend mit dabei und entwerfe ein erstes Papier unter dem Motto der Leichtigkeit. Das Treffen mit etwa

712 Dort leben 1500 Menschen aus 40 Nationen.
713 Es ist mit über 3000 Bewohnern das größte Ökodorf der Erde.
714 Gemeinschaft mit Schwerpunkt Kunst und Spiritualität an der Ostsee, in Neustadt in Holstein.
715 Dort ist auch das ÖKODORF-Institut angesiedelt. Karl-Heinz Meyer hat diese Gemeinschaft 1995 mitbegründet.
716 Eine landwirtschaftliche Lebensgemeinschaft hat das ehemalige Kloster wieder instandgesetzt.
717 Publikation des Ökodorf-Instituts zum Feedback zu den Ökodorf-Festivals.
718 Im Internet sind Berichte über architektonische Visionen und Bauvorhaben zu finden, die in diese Richtung gehen. Z. B. das Projekt Hunab-ku, das die beiden Architekten Susanne Körner und Tilmann Schäberle für eine befreundete spirituelle Gruppe, die auch Heilung nach dem Prinzip Sat Nam Rasayan (SNR) praktiziert, entworfen haben. Hunab-ku bezeichnet nach der Tradition der Maya das Herz des Kosmos. http://www.esoportal.de.

350 Teilnehmern soll in zwei Jahren in absichtsloser Weise stattfinden. Arbeitstitel CCNet (Cultural Creatives Network).«[719] (siehe auch S. 146, Netzwerke)

Menschen, die ihrer Beziehung zu anderen einen gemeinschaftlichen Rahmen geben wollen, suchen nicht irgendeine Form von Gemeinschaft; es kommt ihnen vielmehr darauf an, eine fruchtbare Form von Gemeinschaft zu bilden, die stärker ist, als es die Summe all jener, die sie bilden, jemals sein könnte. »Ein Gemeinschaftsmensch lebt immer in Gemeinschaft, egal wo er sich gerade befindet. Und die Themen der eigenen Gemeinschaft sind immer auch geschichtliche und gesellschaftliche Themen.«[720] Eine Gemeinschaft, die unabhängig von den Parametern Raum und Zeit besteht, wird – so empfinden es die Informanten – zu einer höheren Lebensform.

Spirituelle Beheimatung

Wenn wir im Licht leben,
wie er im Licht ist, haben wir
Gemeinschaft miteinander.
1 Joh 1,7

Neben diesen Gemeinschaften, die sich auf die gemeinsame Gestaltung des alltäglichen Lebens – wenn auch unter spirituellen Vorzeichen – beziehen, sind auch Formen von Gemeinschaften zu finden, die an erster Stelle durch ihre Spiritualität und die Beziehung auf eine gemeinsame geistige Mitte zusammengehalten werden. »Die stärkste Verbindung zwischen Menschen«, so Mueller-Harju, »erfolgt durch ihre gemeinsamen höchsten Werte.«[721]

Wenn sich um eine spirituelle Führergestalt Schüler und Anhänger gruppiert haben, sprechen Religionsforscher – Theologen, Soziologen und Religionswissenschaftler – bei organisierteren Formen häufig von *Neuen Religionen, Neuen religiösen Bewegungen*[722] oder aber von *spirituellen* oder *esoterischen Gruppen*. Weil sie aus religionswissenschaftlicher Sicht unzutreffend sind, wird von der Verwendung der Termini *Jugendreligion* oder *(Jugend-)Sekte* abgeraten. Dabei verweist man auf die in den letzten Jahrzehnten des vergangenen Jahrhunderts öffentlich geführten Debatten bezüglich des diskriminierenden Sektenbegriffs.[723] Neben der Hinwendung zu diesen organisierten *Neuen Religionen* oder *neuen religiösen Bewegungen* finden sich die Menschen auch weit weniger organisiert und informell zusammen. In den meisten Fällen gibt es eine mehr oder weniger ausgeprägte Führergestalt, welche auch Initiator der gemeinschaftlichen Zusammenkünfte sein kann, die spirituellen Menschen als spirituelle Anlaufstelle oder auch als eine Art spiritueller Heimat dient.

719 Schutzbach, Roland in: http://www.holon.ch/holonweb/content/archiv/infos/neues.html.
720 Halbach, Dieter (2004), 23.
721 Mueller-Harju, Dieter: Das WERT-VOLLE zurückgewinnen, in: Visionen 3/2003, 10f.
722 *Neue Religionen*, die in den letzten beiden Jahrhunderten weltweit entstanden sind; die Bezeichnung ›neu‹ soll sie von den traditionellen Religionen unterscheiden helfen. Der Begriff wird vielfach synonym mit *neureligiöse Bewegungen* verwendet. Nicht immer lösen sie sich völlig von einer Herkunftsreligion oder charakterisieren sich durch einen klaren, eigenen Neubeginn. Neu ist nach Figl aber, »dass (meist) durch eine Gründergestalt und deren Erfahrungen (Offenbarungen, Visionen) tatsächlich neue Inhalte ›konstituiert‹ werden und zugleich die Inhalte der traditionellen Religion(en) in einer veränderten Form interpretiert werden«. Figl, Johann (2003), 457.
723 Zu beobachten ist, dass in der Öffentlichkeit häufig von Sekten gerade in Bezug auf neue spirituelle Gruppen gesprochen wird, während jüngere Sachbücher den Sektenbegriff eher auf christliche Sondergemeinschaften anzuwenden pflegen. Die Nachfolgepublikation des Nachschlagewerks Gasper, Hans u. a. (Hg.): *Lexikon der Sekten, Sondergruppen und Weltanschauungen* (Freiburg ²1995) zog auch eine Änderung im Titel mit sich: Baer, Harald u. a. (Hg.): *Lexikon neureligiöser Gruppen, Szenen und Weltanschauungen* (Freiburg i. Br. 2005). Vgl. dazu S. 22.

So bilden sich im spirituellen Feld auch neue Gemeinschaften, die nicht aus Mitgliedern im konventionellen Sinn wie etwa bei einer Kirchengemeinde bestehen, in der die Mitglieder zentral registriert werden, regelmäßige Beiträge zahlen und gegebenenfalls die Mitgliedschaft formal aufkündigen müssen. Es wird vielmehr Wert auf die Freiheit von diesen Verpflichtungen gelegt. Eine Informantin berichtet von ihrer Erfahrung in einer solchen Gemeinschaft: »Es sind Menschen, die sich treffen, um gemeinsam zu meditieren, um Geistige Heilung auszuüben und sich mit spirituellen Themen auseinander zu setzen. (...) Andere Menschen können kommen und sich anschauen, was die Gemeinschaft macht, und wenn es ihnen nicht gefällt, dann können sie wieder gehen. Das ist offen. Und diejenigen, die sich dafür entscheiden, bleiben und bringen sich in die Gemeinschaft ein.«[724]

Menschen, die sich zu solchen Gemeinschaften hingezogen fühlen, kommen regelmäßig, auch mehrmals in der Woche zusammen, um ihre Gemeinschaft zu gestalten. Sie fühlen sich im Geist verbunden, ohne dass es Überschneidungen beruflicher oder alltäglicher Art bedarf. Diese Überschneidungen kann es zwar geben, manche leben auch zusammen, aber das ist für das Bestehen der Gemeinschaft nicht maßgeblich. Häufig haben sie einen ganz unterschiedlichen Alltag. Charakteristisch für Gemeinschaften, die sich auf geistiger Ebene bilden, ist vor allem die Bedeutungslosigkeit all jener Parameter, die ansonsten als wichtig gelten. Weder Geschlecht noch Alter, Schichtzugehörigkeit, Bildung oder Nationalität, häufig noch nicht einmal Konfessionalität spielen eine Rolle. Auch muss der Alltag der Einzelnen nicht unbedingt von den gleichen Grundprinzipien durchdrungen und der Tag von den gleichen Abläufen strukturiert sein. Selbst die Lebens- und Essgewohnheiten können sich unterscheiden.

Die Motivationen, sich einer spirituellen Gemeinschaft anzuschließen, sind verschieden. »Es gibt Menschen, die die allgemeine soziale Situation verbessern und das Leiden lindern wollen. Andere möchten durch die Mitgliedschaft in einer Gruppe ihr eigenes Potenzial verwirklichen und auf dem Pfad der spirituellen Entwicklung fortschreiten; oder jemand sehnt sich danach, erleuchtet und von den Konflikten seines Lebens befreit zu werden.«[725] Der Zusammenschluss von Menschen trägt zwei mögliche Entwicklungsrichtungen in sich: Wachstum und Entfaltung oder Regression und Begrenzung, also heilende und pathogene Züge.[726]

Ein wesentliches Motiv für Gemeinschaftsbildung ist im Idealismus der Einzelnen begründet, im Bedürfnis danach, Teil eines größeren Ganzen zu sein. Der Sicht dieser Menschen zufolge bilden sie Gemeinschaften auf einer »höheren, geistigen Ebene«, für kurze oder längere Zeiträume. Das Charakteristische daran ist, dass ihre Gemeinschaft völlig unabhängig von der räumlichen und zeitlichen Anwesenheit ihrer Mitglieder besteht. Gemeinschaften auf geistiger Ebene entstehen auf eine sehr leise, und deshalb für Außenstehende nicht unbedingt wahrnehmbare Art. Eine Informantin beschreibt diese, wenn auch kurzen Momente, die vielleicht als Anfang eines solchen Gemeinschaftsbewusstseins zu verstehen sind: »Wenn ich in Zen-Sesshins bin oder in Yoga-Kursen, dass ich da eine Gemeinschaft derer spüre, die meditieren, die ich ansonsten als sehr verschieden erlebe, aber in dem Moment, in dem

724 Informantin 2W35.
725 Vaughan, Frances: Eine Frage des Gleichgewichts – Gesundes und Pathologisches in den neuen religiösen Bewegungen, in: Wilber, Ken (Hg.): Meister, Gurus, Menschenfänger, Frankfurt a. M. 1987, 65.
726 Vgl. dazu Vaughan, Frances (1987), 63–83.

es ein gemeinsames Meditationserlebnis gibt, fallen diese Schranken ab. Es gibt eine gemeinsame Basis. Und ich würde mir für mich persönlich wünschen, dass das häufiger wäre.«[727]

Der vietnamesische Mönch Thich Nhat Hanh, einer der bekanntesten buddhistischen Lehrer der Gegenwart, lebt seit 1982 in Frankreich und hat dort eine spirituelle Gemeinschaft, »Plum Village«[728], gegründet. Unter seiner Schirmherrschaft steht u. a. auch das »Intersein-Zentrum für Leben in Achtsamkeit« in Süddeutschland. Zudem organisieren sich zunehmend mehr Gemeinschaften und Meditationskreise, die sich an der »Dyhâna-Tradition« von Thich Nhat Hanh orientieren.[729] Er selbst hat die Menschen zur Gründung von »Sanghas« explizit ermutigt: »Willst du eine Sangha gründen, dann beginne mit einer Freundin oder einem Freund, die oder der gern mit dir gemeinsam Sitz- oder Gehmeditation praktizieren, die Regeln rezitieren, Teemeditation zelebrieren oder Diskussionen führen würde. Schließlich werden andere anfragen, ob sie dazukommen können, und eure kleine Gruppe kann sich wöchentlich oder monatlich bei jemandem zu Hause treffen. (...) Es ist eine kostbare Gelegenheit, mit Menschen zusammen intensiv zu praktizieren. Die Sangha ist ein Juwel.«[730]

Es ist die Hinwendung aller zu einer gemeinsamen spirituellen Mitte, die für die Teilnehmer ein neues Gemeinschaftsgefühl entstehen lässt. Diese gemeinsame Mitte kann unterschiedlich benannt werden: Gott, Schöpfer, Buddha etc. Auf jeden Fall bildet sie den Mittelpunkt und auch die Basis der Gemeinschaft. Diese Formen von Gemeinschaft können von manchen im Innern oder vor dem geistigen Auge als Kreise, Lichtringe, Kränze, Rosen oder Lotosblumen wahrgenommen werden. Auch die jeweilige Qualität einer Gemeinschaft ist für manchen erkennbar: Wenn die Gemeinschaft nicht durch alle ihre Glieder gleichermaßen getragen wird, wird der Ring als »an manchen Stellen ausgefranst« oder »ungleichmäßig geformt« wahrgenommen. »Was es für mich ausmacht«, so einer der Informanten, »ist diese Herzensverbindung, wie in einer guten Familie, das ist ja eher noch bekannt, dass man sich verbunden fühlt. (...) Es ist mehr so ein Eindruck oder eine Schwingung, die dann kommt. Bei den Gemeinschaften, die ich kenne, die so eine gute Herzensgemeinschaft haben, wie Ananda Assisi in Italien, da ist es so, dass sich die Herzensgemeinschaft auf das Äußerliche auswirkt, dass das Gelände, die Wohnung, die Häuser, sehr harmonisch gestaltet sind, von der Ästhetik her einen guten Eindruck machen, dass man, wenn man da hin kommt, sich gleich wohl fühlt, dass da auch die geomantischen Schwingungen mitbedacht sind, dass da keine Störeinflüsse sind.«[731]

Thich Nhat Hanh hat als Bild für eine gut funktionierende spirituelle Gemeinschaft immer wieder das Bild eines Ameisenhaufens gebraucht. Die Ameisen lassen sich in ihrem Handeln von einer gemeinsamen, unsichtbaren Kraft lenken. Übertragen auf die Gemeinschaft: Jeder weiß intuitiv, was für ihn zu tun ist. Und mehr noch: Seiner Ansicht nach werden Stärke und Bedeutung von Gemeinschaften noch immer unterschätzt. »Der nächste Buddha muß nicht notwendigerweise ein Einzelwesen sein«, räumt er ein. »Er könnte sich als eine Gemeinschaft manifestieren, eine Gemeinschaft der Liebe. Wir müssen einander dabei unterstützen, eine Gemeinschaft

727 Informantin 7W43.
728 http://www.plumvillage.org.
729 Im April 2005 waren allein für den deutschsprachigen Raum 52 Adressen aufgelistet. Vgl. Broschüre des Vereins *Achtsamkeit in Oldenburg e. V.*, Devrientstr. 8, D-26121 Oldenburg.
730 Thich, Nhat Hanh: Nimm das Leben ganz in deine Arme. Die Lehre des Buddha über die Liebe, Berlin ²2001, 156f.
731 Informant 8M45.

zu gründen, in der Liebe etwas Greifbares, Konkretes ist. Das ist vielleicht das Wichtigste, was wir zum Überleben der Erde beitragen können. Wir haben alles außer Liebe. Wir müssen unsere Art zu lieben erneuern, müssen wirklich lernen zu lieben. Das Wohlergehen der Welt hängt von uns ab, davon, wie wir unseren Alltag leben, davon wie wir uns um die Welt kümmern, und davon, wie wir lieben.«[732] (siehe auch S. 190, Perspektiven)

Reise in die Weite

Wir sollen heiter Raum um Raum durchschreiten,
An keinem wie an einer Heimat hängen,
Der Weltgeist will nicht fesseln uns und engen,
Er will uns Stuf' um Stufe heben, weiten.
Hermann Hesse

Diese Dimension ist von Ruhe und Bewegung zugleich geprägt. Der Mensch sehnt sich nach Dynamik und Ausdehnung; er möchte über seinen wie auch immer definierten Status Quo hinauswachsen, nicht stehen bleiben und erstarren, sondern sich entwickeln und entfalten. Viele spirituell Orientierte fühlen sich von den Zeilen aus Hermann Hesses Gedicht *Stufen* angesprochen. Manche sehnen sich aus sich selbst heraus nach Weite und fühlen sich zugleich wie von außen durch sie (an)gezogen: als würden sie bestärkt und bedrängt werden, immer wieder von neuem aufzubrechen und weiterzugehen. Gewöhnung und Bequemlichkeit gelten als Risikofaktoren wieder »abzurutschen«: Wenn man unachtsam wird, schleichen sich »alte Geschichten wieder ein. Man verliert an Sensitivität, wird stumpf und eng«, heißt es dann. Dazu noch einmal Hesse: »Nur wer bereit zu Aufbruch ist und Reise, mag lähmender Gewöhnung sich entraffen (...) der Ruf an uns wird niemals enden.«

Das Bemühen, Grenzen hinauszuschieben, zeigt sich in vielen Bereichen menschlichen Handelns: »Es scheint, dass die Sehnsucht nach Überschreitung aller Grenzen im Menschen drinsteckt«, vermutet auch Michael Nüchtern.[733] Vielen ist die eigene Lebenswelt zu flach und zu eng geworden. Sie wollen ihren Lebenskreis erweitern, suchen nach »Tapetenwechsel«. Neues erfahren, sich Herausforderungen stellen, andere Menschen und fremde Länder kennen lernen – neben diesen Reisen »dort draußen« möchte der Mensch auch auf Wanderschaft durch die Welt »dort drinnen« gehen. Es geht ihm um spirituelle Aufbrüche, die Gefühle von Freiheit und Leichtigkeit vermitteln und ihm zu Erfahrungen des Einsseins verhelfen, die über das, womit er sich bisher identifiziert hat, hinausreichen.

Kein lebendiges Wesen führt die *Reise in die Weite* so exemplarisch vor wie der Vogel. Er erhebt sich, schwebt durch die Lüfte und zieht Bahnen durch den freien Raum. Die Vorstellung, die Seele könne die Gestalt von Vögeln annehmen und so durch Raum und Zeit fliegen, ist seit frühesten Zeiten für den gesamten, indoeuropäischen Raum bekannt. Auf dem Sonnenfalken Horus reiste die Seele des ägyptischen Pharaos nach oben. Der germanischen Göttin Freya gehörten alle »magischen

732 Thich, Nhat Hanh: Nimm das Leben ganz in deine Arme. Die Lehre des Buddha über die Liebe, Berlin [2]2001, 158f.
733 Nüchtern, Michael (2001), 87.

Federkleider«. Die Seelen der christlichen Heiligen stiegen mit weißen Tauben auf. Vögel gelten als Mittler zwischen Himmel und Erde.[734] Auch in mittelalterlichen Werken fand der Flug der Seele häufig Erwähnung, wie in den Schriften zur hermetischen Magie: »Nichts kann hindern, weder das Feuer der Sonne, der Äther, die Bewegungen des Himmels oder die Körper der anderen Sterne; sondern die Seele wird, den ganzen Raum durcheilend, bei ihrem Flug zu den höchsten Himmelskörpern aufsteigen.«[735] Barbara Walker zufolge soll das lateinische Wort *avis* »sowohl ›Vogel‹ als auch ›Geist der Vorfahren‹, ›Gespenst‹ oder ›Engel‹« bedeuten.[736] Bis heute werden Engel, die Boten des Himmels, als geflügelte Wesen dargestellt. Nach Mircea Eliade steht die Verwandlung des Menschen in einen Vogel für die Fähigkeit, bereits zu Lebzeiten in die geistige Welt zu reisen.[737] So spricht man bei schamanischen Reisen in verändertem Bewusstseinszustand auch heute noch vom *schamanischen Flug*[738], den buddhistischen Yogis zufolge wurde der *ekstatische Flug* als Teil der Yogapraxis entwickelt, in der Transzendentalen Meditation üben Siddhis das *yogische Fliegen* ein. Fliegen zu können wird assoziiert mit Schwerelosigkeit, Freiheit und Weite.

Die *Reise in die Weite* umfasst den Raum mit seinen Ausdehnungen in alle Richtungen. Eine Reise in die Weite ist somit immer auch eine Reise in die Tiefe.

Die Facetten dieser Hauptdimension sind zusammengefasst zu den Subdimensionen *Physisch unterwegs*, *Virtuell unterwegs* und *Spirituell unterwegs*.

Physisch unterwegs

Spirituell konnotiertes Reisen ist in allen spirituellen Traditionen bekannt. Neben den beiden Motiven der Kriegsführung und des Handels machten sich die Menschen auch deshalb auf den Weg, weil sie sich vom Erreichen eines konkreten Reiseziels, etwa Mekka oder Santiago de Compostela, Heil und Erlösung versprachen.

Going Nature's Way

Das Pilgern hat seit den Neunzigerjahren wieder stark zugenommen. 1989 wurde der fast schon vergessene und verfallene Jakobsweg vor allem durch den gleichnamigen Roman von Paulo Coelho wieder in Erinnerung gerufen. Mittlerweile sind jährlich viele Tausende Menschen auf den alten Pfaden quer durch ganz Europa unterwegs, wenn auch die Ambitionen nicht immer ausgesprochen spiritueller Natur sind.[739] Der neue *Europäische Pilgerweg VIA NOVA* trägt den Untertitel »Wegweisung für das 21. Jahrhundert«. Nachdem im Jahr 2000 die Idee geboren wurde, einen modernen Pilgerweg zwischen Deutschland und Österreich zu errichten,

734 Walker, Barbara: Das geheime Wissen der Frauen, München [4]1997, 1146.
735 Lindsay, Jack: The Origins of Astrology, New York 1971, 191f.
736 Walker, Barbara (1997), 1146.
737 Eliade, Mircea: Schamanismus und archaische Ekstasetechnik, Frankfurt a. M. [7]1991, 98, 367, 409, 481f.
738 Auch schamanische Reise, magischer Flug, Seelenreise oder Seelenfahrt genannt; der Schamane schweift in der so genannten »nichtalltäglichen Wirklichkeit« (NAW) umher. Er befindet sich auf einer anderen Bewusstseinsebene, zu der er durch die Veränderung seines eigenen Bewusstseinszustandes Zugang gewinnen konnte. Voraussetzung für das Verständnis der schamanischen Seelenreise ist die Vorstellung einer Seele, die zwar mit dem Körper verbunden ist, sich aber immer wieder willentlich lösen kann. Verbreitet ist die Annahme mehrerer Seelen bzw. Teilseelen, die voneinander getrennt existieren. So kann eine Freiseele den Körper kurzzeitig verlassen. Vgl. Martin, Ariane (1996), 39.
739 Weiteres: http://www.jakobspilgerwege.de; http://www.unser-jakobsweg.de.

konnte ein erster Teil der Strecke im Sommer 2004 eröffnet werden. Dabei sind auch Wanderungen unter »spiritueller Begleitung« vorgesehen. [740]

Nach dem Motto »der Weg ist das Ziel« brechen moderne Pilger auf. Der ZDF-Sendereihe *sonntags – TV fürs Leben* zufolge reisen vor allem junge Menschen aus Europa und Übersee in den Norden Spaniens. Während die Jungen eher »weg von Stress und hin zur Natur« wollten, ginge es den Älteren eher um »Zeit zum Nachdenken« und um die Reflektion des eigenen Lebensweges. Die modernen Pilger wollen wandern, zur Ruhe kommen, sich mit Sinnfragen beschäftigen, Abstand zu den Dingen ihres Alltags finden. Manche erhoffen sich auch neue Perspektiven für ihr eigenes Leben: »Man kehrt nie als der zurück, als der man aufgebrochen ist«, heißt es. Was die Menschen umtreibt, hat die Fernsehjournalistin Ellen Kleila in einer Reportage über Pilger auf dem Jakobsweg interessiert: »Es scheint, als kämen Geist und Seele in Bewegung während der täglichen Wanderungen. Ein ungewohnter Vorgang für gestresste Zivilisationsmenschen. Und er hat mit Spiritualität zu tun. Dieses Thema steht zurzeit überall ganz hoch im Kurs.« Ellen Kleilas Beobachtung zufolge geht es den meisten modernen Pilgern um »die Suche nach dem Gegengewicht zu Stress und Hetze unserer Zeit. Moderne Spiritualität ist vor allem Auseinandersetzung mit sich selbst, ist Reflexion und die Suche nach Ruhe und innerer Ausgeglichenheit. Auf dem Jakobsweg finden viele eine im Alltag verlorene Balance wieder.«[741]

Manch einer schreibt seine Erfahrungen nieder und publiziert sie. So sind im Jahr 2004 in Deutschland »spirituelle Wanderführer« erschienen, in denen die Autoren ihre intensiven Erlebnisse unterwegs durch Frankreich und Spanien schildern oder zu »ganzheitlichen Ortsveränderungen« einladen.[742]

Die Natur spielt nicht nur beim Pilgern eine bedeutende Rolle. Naturverbundenheit ist für viele Menschen im spirituellen Feld charakteristisch. Viele sehen sich nicht von der Natur getrennt, sie suchen vielmehr nach Einheit mit der Natur, sehen sich selbst als Teil der Natur. Das Bewusstsein ihrer selbst ist ausgedehnt auf die Welt des Werdens und Vergehens, des Lebens und des Sterbens um sie herum. Als Teil dieses großen Kreislaufes, in den sie sich eingebunden fühlen, glauben sie, dass auch sie eines Tages in die Natur zurückkehren, wenn auch in kleinsten stofflichen Bestandteilen. Die Natur wird dabei als über dem Menschen stehend gesehen, sie ernährt und versorgt sie und holt den Menschen wieder zu sich zurück. Aufgehend in den großen Kreisläufen der Natur erfährt mancher Mensch auch ein Gefühl von Weite. Manche fokussieren sich dabei auf die Sphären der Erde, andere schließen in ihr Bewusstsein den ganzen Kosmos mit ein. (siehe auch S. 186, Die »gute alte Zeit«)

Ausflug ins All

Des Weiteren gibt es Menschen, die das Leben in einem physischen Körper nicht auf die Erde begrenzt sehen. Sie vermuten, dass in den Weiten des Universums, »irgendwo da draußen« neben dem Planeten Erde noch andere Sterne von Menschen bewohnt sind. Die Prä-Astronautik Erich von Dänikens, Science-Fiction-Lite-

740 http://www.pilgerweg-vianova.at.
741 Vgl. ZDF-Sendung sonntags – TV fürs Leben, 25. 7. 2004; Begleittext zur Sendung unter http://www.zdf.de.
742 Rohrbach, Carmen: Wandern auf dem Himmelspfad. Eine Frau unterwegs auf dem Jakobsweg durch Frankreich und Spanien, München 2004; Müller, Peter: Die Seele laufen lassen. Pilgertage und spirituelle Wanderungen, München 2004.

ratur und Ufologie nähren diese Vorstellungen, dass Menschen nicht nur die Erde, sondern noch andere Sterne bewohnen und durchs All reisen können, materiell mittels Raumschiffen und Ufos oder immateriell etwa durch »Beamen«, durch Translokation. Der Beginn der modernen Ufologie wird auf das Jahr 1947 datiert, als in den USA »fliegende Untertassen« gesichtet wurden und in Folge Menschen von ihren Begegnungen mit Außerirdischen berichteten, die sie in ihren Raumschiffen zu so genannten Mutterschiffen gebracht haben. So ist auch der Ufo-Glaube in den USA beträchtlich höher als in Europa: 50 % der US-Amerikaner gehen von der Existenz der Ufos und damit von Außerirdischen aus, während es in Deutschland nur 25 % sein sollen.[743] Nach Andreas Grünschloß reicht das ufologische Spektrum von »interessierten Einzelpersonen in der allgemeinen Öffentlichkeit über relativ unorganisierte Lesezirkel bis hin zu soziologisch greifbaren Gruppenbildungen mit unterschiedlich starken ufologischen und millenaristischen Akzenten«[744]. Dazu zählt er u. a. Scientology, Fiat Lux und Universelles Leben. Endzeitprophezeiungen, die vor allem kurz vor dem Millennium vermehrt ausgesprochen wurden, gingen häufig mit ufologischen Rettungsvorstellungen einher. Bei Fiat Lux etwa sollte sich die »große Evakuierung« mittels sogenannter »Miniatur-Flugraumkapseln« vollziehen, die sechs Personen Platz bieten und in »Mutterschiffen« beherbergt sind.[745] Extraterrestrische Humanoide fungieren als liebevolle Weltenlehrer, die die Brüder und Schwestern auf der Erde auf eine Reise durch die Weiten des Alls vorbereiten wollen, während die Erde in einer Art Apokalypse gereinigt werden soll.[746] Anschließend werden die Menschen als »neue Menschen« auf die Erde zurückkehren. In diesem Zusammenhang ist auch von einem Menschentyp, der »homo cosmicus« [747] oder »homo novus«[748] genannt wird, die Rede. (siehe auch S. 198, Visionen)

Virtuell unterwegs

Während die einen sich in natürliche Welten aufmachen, brechen andere in virtuelle Welten auf. Die neuen multimedialen Technologien führen zu völlig neuen Erfahrungen des Menschseins. Das ist auch für Ethnologen ein Anlass, sich in diesem neuen Feld umzusehen und das Fundament für einen noch jungen Forschungsbereich, die *CyberAnthropology*, zu legen.[749]

743 Vgl. Ruppert, Hans-Jürgen (2001), 279.
744 Grünschloß, Andreas: Wenn die Götter landen…, EZW-Texte 2000, Nr. 153, 1.
Vgl. Benz, E.: Außerirdische Welten. Von Kopernikus zu den Ufos, Freiburg 1990; Angelucci, O. M.: The Secret of the Saucers, Übersetz.: Geheimnis der Untertassen, Wiesbaden [2]1983 ([1]1959), Leslie, D./Adamski, G.: Flying Saucers Have Landed, New York 1953; Adamski, G.: Inside the Spaceships, New York 1955.
745 Der heiße Draht Nr. 47 (1996), 12–19. Vgl. auch Grünschloß, Andreas: Wenn die Götter landen…, EZW-Texte 2000, Nr. 153.
746 Vgl. Gauch-Keller, W. und Th.: Aufruf an die Erdenbewohner. Erklärungen zur Umwandlung des Planeten Erde und seiner Menschheit in der ›Endzeit‹, Ostermundingen/Schweiz 1992. Die Broschüre enthält gechannelte Botschaften von ASHTAR, einem außerirdischen Weltenlehrer.
747 Veit, K. L./Gottsleben, J.: Außerirdische Weltraumschiffe sind gelandet. Umwälzende Ereignisse, Gütersloh [11]1996.
748 Hubbard, L. Ron: Scientology – A history of Man [Ursprünglicher Titel: What to Audit]. A List and Description of the Principal Incidents to be found in a Human Being. Los Angeles & Copenhagen, (1952), 1988, 62.
749 Ein Forschungsgebiet im Aufbruch, das erstmals von Arturo Escobar erwähnt wurde. In seinem Konzept von der *Cyberculture* plädiert er dafür, die Wandlungsprozesse von moderner Kultur und Gesellschaft durch Informatik und Biotechnologien zu untersuchen. Escobar, Arturo: Welcome to Cyberia: Notes on the Anthropology of Cyberculture, in: Current Anthropology 35 (3), 211–231. Vgl. dazu auch: Miller/Slater (2000).

Es ist die Sehnsucht nach Experimenten mit dem Raum als solchem, die Menschen in virtuelle Weiten reisen lässt. Der Aufbruch ins Cyber-Land wird mitunter mit dem Wilden Westen im 19. Jahrhundert verglichen.[750] Der amerikanische Science-Fiction-Autor William Gibson konnte die Bezeichnung *Cyberspace* über seine Romane[751] etablieren. Deren Mythologie legte er Termini aus der Vodou-Religion Haitis zugrunde und setzte sie zur Terminologie des Cyberspace in Beziehung.[752] Manfred Kremser weist auf die Nähe zwischen dem »traditionellen *Ifá*-Divinationssystem der Yoruba bzw. afrikanischer Geomantie und der modernen Computer-Sprache« hin, die im binären Code als »formale[r] Basis beider Kommunikationssysteme« zum Ausdruck komme; nicht nur von *Babaláwos*, sondern auch von westlichen Forschern würden das numerische System des Ifá und die afrikanische Geomantie als Vorwegnahme des Cyberspace-Konzeptes gewertet.[753]

Nicht nur die Cyberstrukturen weisen Analogien mit »spirituellen Technologien«[754] auf; Markus Koban und Elke Patzelt sehen auch in den Mythen rund um den Cyberspace »religioide und religiöse Dimensionen«.[755] Von Beginn an diente er als »Projektionsraum für religiöse Utopien und Apokalypsen, Hoffnungen auf Heil und Szenarien des Untergangs«[756]. Manfred Waffender hat für den Cyberspace den Begriff »digitale Droge« ins Spiel gebracht.[757] Auf die Sehnsucht des Menschen, das Leben »in radikal anderer Form« erfahren zu können, weist der Cyberspacetechniker Jaron Lanier hin. Heute könne das durch die Cyberspacetechnik erreicht werden: »Da die Menschen an die herkömmlichen religiösen Rituale nicht mehr glauben, würden sie diese Technik eher annehmen«; die virtuelle Realität laufe zwar über technische Geräte, aber verfolge den gleichen Zweck.[758]

Virtuelle Welten faszinieren. Auch für Florian Rötzer steckt hinter Technospiritualität der »alte Traum, sich von der Erdenschwere zu lösen, alles unter sich zu lassen, mit einem entfernten Blick von oben auf die Welt zu sehen, wie die Götter durch immaterielle Räume gleiten zu können und dabei gleichzeitig hier und dort, fort und da zu sein.«[759] Mit anderen Worten, denen Barrie Shermans, soll der virtuelle Raum dem Menschen ermöglichen, »gewissermaßen Gott zu spielen«[760]. Doch nicht nur das. Der Cyberspace selbst wird mitunter als Metapher für Gott gesehen oder mit

An der Universität Wien etwa befasst sich eine wachsende Zahl von Dozenten und Studierenden seit Anfang der Neunzigerjahre mit dem Thema. Vgl. dazu: Budka, Philipp/Kremser, Manfred: CyberAnthropology – Anthropology of CyberCulture, Wien 2004.

750 Koban, Markus/Patzelt, Elke: Religiosität im Cyberspace. Auf religiöser Spurensuche im World Wide Web, in: Polak, Regina (Hg.): Megatrend Religion? Ostfildern 2002, 193.

751 Gibson, William: Neuromancer (1984); Biochips (1986); Mona Lisa Overdrive (1988).

752 Kremser, Manfred: Cyberspace, African and African-Derived religions, in: Glazier, Stephen (Ed.): Encyclopedia of African and African-American Religions, New York 2001, 111–114, 7–8, 149–151; ders.: Afrikas Digitale Diaspora Religionen: Das Ringen um religiöse Kultur und Identität im Cyberspace, in: Zips, Werner (Hg.): Afrikanische Diaspora: Out of Africa – Into New Worlds, Münster 2003, 447–456.

753 Kremser, Manfred: »Cyberspace, African and African-Derived religions", »African Geomancy", »Ifa" in: Glazier, Stephen D. (Ed.): Encyclopedia of African and African-American Religions, New York 2001, 7–8 und 149–151.
Dazu auch: Wilson, Mark: Schutzgötter gefangen im Netz – Von der Ausbeutung religiöser afrikanischer Traditionen im virtuellen Raum. Magisterarbeit, Wien 2002.

754 Kremser, Manfred: Afrikas Digitale Diaspora Religionen: Das Ringen um religiöse Kultur und Identität im Cyberspace, in: Zips, Werner (Hg.): Afrikanische Diaspora: Out of Africa – Into New Worlds, 2003, 447–456.

755 Koban/Patzelt (2002), 194.

756 Bobert, Sabine: Internet: Datenwüste, Sozialraum oder technischer Gott? in: EZW-Materialdienst 6/04, 207.

757 Waffender, Manfred (1993), 52.

758 Jaron Lanier in einem Interview mit Manfred Waffender, zit. in: Nüchtern, Michael (2001), 85.

759 Rötzer, Florian: Virtuelle und reale Welten, in: Rötzer, Florian/Weibel, Peter: Cyberspace: Zum medialen Gesamtkunstwerk, München 1993, 92.

760 Sherman, Barrie (1993), 153. Zit. in Koban/Patzelt (2002), 196.

Gott gleichgesetzt.[761] So bezeichnet Hartmut Böhme den Cyberspace als »technische Form Gottes; ubiquitäre Gegenwart in der Form abwesender Anwesenheit«.[762] Und auch auf Teilhard de Chardins »Noosphäre« beziehen sich die Experten. In seiner Vision wollen sie die Vorwegnahme des CyberAge sehen.[763] Der technische Fortschritt spielt in ihren Augen eine wichtige Rolle für die Heilserwartung der Menschheit.[764]

Cyberdelische Trips

Ethnologen wie Manfred Kremser[765] und Christian Rätsch weisen auf Parallelen zwischen Schamanismus und Cyberspace hin, die auf die »gleiche Matrix unseres Bewusstseins« zurückzuführen sind. Denn sie benutzen Techniken, um »andere, nichtalltägliche Wirklichkeiten erfahrbar zu machen«, so Rätsch. Mit Timothy Leary bezeichnet er »Psychedeliker oder Psychonauten« als »Nachfahren des archaischen Schamanen« und »Cybernauten« als Weiterentwicklung der Psychedeliker.[766]

Genau wie Schamanen als Experten für Reisen in »nichtalltägliche Wirklichkeiten« (NAW) auf ihren Ausflügen Veränderungen für die alltägliche Wirklichkeit bewirken können, können es Experten für virtuelle Welten. Rätsch stellt einen Vergleich zwischen der Arbeit von Schamanen und der von Hackern auf. Während Schamanen (verlorene) Seelenteile in der nichtalltäglichen Wirklichkeit aufspüren und befördern können, so können Hacker einer Software aus dem Cyberspace habhaft werden. Und »so wie der Schamane Vogel-Kostüm und Maske anlegt und auf sein Reitgerät, seine Trommel steigt, um in die andere Wirklichkeit zu fliegen, so steigt der Cybernaut in den Datenanzug und Datenhelm, setzt sich an seinen Terminal und reist in den Cyberspace«.[767] In Folge sind Hacker für Rätsch »cyberdelische Schamanen«: Während der Schamane interaktiv mit veränderten Bewusstseinszuständen umgehe, interagiere der Hacker mit einer durch Computer generierten virtuellen Realität.[768] Selbst bei den Ritualgeräten zieht er Vergleiche: Der Schamane benutze Waffen und Kristalle, der Cybernaut Computer und Datenhelm; was die Ikonographie betrifft, verwende der Schamane Felsbilder, Malereien und Mandalas, der Cybernaut greife zu Fraktalen und elektronischen Mandalas.[769] (siehe auch S. 167, Zwischen den Welten)

Pragmatische Stippvisiten

Allerdings ist unter den meisten spirituellen Menschen eine übermäßige Begeisterung für Technik nicht feststellbar gewesen. Im Gegenteil, ein großer Teil steht den Errungenschaften des technischen Fortschritts mit Vorbehalten gegenüber.

Selbst der Versuch, über das Internet direkt zu spirituellen Erfahrungen zu kommen, findet sich im Vergleich zu anderen Formen der Kontaktaufnahme selten. Das

761 Nüchtern, Michael (2001), 84.
762 Böhme, Hartmut (1996), 69.
763 Teilhard de Chardin, Pierre: Der Mensch im Kosmos, München 1969.
764 Dazu auch Rheingold, Howard (1995); Waffender, Manfred (1993).
765 Vgl. Kremser, Manfred: Von parallelen Welten: Doppeltes Bewusstsein, CyberSchamanismus & digitale Rituale, LV SS 2005, Universität Wien.
766 Rätsch, Christian: Schamanismus, Techno, Cyberspace: Von »natürlichen« und »künstlichen« Paradiesen, in: Scharfetter, Christian/Rätsch, Christian (Hg.): Welten des Bewusstsein, Bd. 9: Religion – Mystik – Schamanismus, Berlin 1998, 219.
767 Ebd. (1998), 244.
768 Ebd. (1998), 244.

Internet fungiert vielmehr wie Zeitungen als Informations- und Präsentationsmedium. Man will (sich) über Spiritualität informieren, benutzt eine Internet-Plattform in der Art eines Schwarzen Brettes oder möchte sich mit seiner Weltanschauung oder als spirituell ausgerichtete Institution (z. B. *Deutsche Buddhistische Union*) einer breiten Öffentlichkeit präsentieren, ganz zu schweigen von dem kommerziellen Internet-Handel mit einschlägigen Büchern, Musiken und sonstigem Zubehör. Manfred Kremser rechnet in näherer Zukunft mit einem »Quantensprung religiöser Kultur im Cyberspace«.[770]

Zurzeit zumindest spielt das Cyberspace im spirituellen Feld dennoch eine untergeordnete Rolle. Manche benutzen das Internet zwar, um mit anderen ihre spirituellen Erfahrungen austauschen. Diese Erfahrungen hat man jedoch in der realen Welt gemacht.

Außerdem hat der Schweizer Religionswissenschaftler Jean Francois Mayer herausgefunden, dass etwa *neureligiöse Bewegungen* über das Internet zahlenmäßig keinen nennenswerten Zuwachs verzeichnen konnten. Weil die Suchmaschinen bei Eingabe eines Stichwortes auch Seiten mit negativen Berichten und Alternativen anzeigten, fühlen sich viele Menschen seiner Studie zufolge verunsichert und wenden sich wieder ab.[771] (siehe auch S. 156, Spirituelle Beheimatung)

Spirituell unterwegs

> Und meine Seele spannte
> Weit ihre Flügel aus,
> Flog durch die stillen Lande,
> Als flöge sie nach Haus.
> Joseph von Eichendorff

Manche scheinen vom Leben regelrecht gebeutelt. Sie haben – an irdischen Maßstäben gemessen – nicht viel erreicht: Schulden statt Reichtum und Haus im Grünen, Arbeitslosigkeit statt beruflicher Karriere, Scheidung statt Erfüllung des Traums von der glücklichen Familie. Die Lehre, die Welt sei Illusion, oder nicht das Haben sei entscheidend, sondern das Sein, ist manch einem Trost und Entlastung. Andere haben im Leben – wieder an irdischen Maßstäben gemessen – alles erreicht, was sie sich wünschten oder zum Ziel gesetzt haben, und auch unter ihnen gibt es welche, die sich fragen, ob das alles gewesen sein kann. Peter Reiter etwa, Inhaber einer erfolgreichen Filmproduktions-Firma: »Meine Biografie hat Ähnlichkeit mit der Meister Eckharts. (…) Gerade, wenn er alles in der materiellen Welt erreicht hat, stellt er fest: Die Welt ist nicht genug. Buddha, Franz von Assisi, Augustinus – sie alle kannten die Reize der

769 Ebd. (1998), 244, 252.
770 Kremser, Manfred: Afrikas Digitale Diaspora Religionen: Das Ringen um religiöse Kultur und Identität im Cyberspace, in: Zips, Werner (Hg.): Afrikanische Diaspora: Out of Africa – Into New Worlds, 2003, 447–456.
771 Zit. in: Cimino, Richard: Faith in Cyberspace, http://www.goethe.de/br/sap/macumba/ciminosh.htm.
Vertiefend dazu: Guggenberger, Bernd: Das digitale Nirwana, Reinbek 1999; Rötzer, Florian/Weibel, P. (Hg.): Cyberspace, München 1993; Faßler, Manfred u. a. (Hg.): Cyberspace. Gemeinschaften, virtuelle Kolonien, Öffentlichkeiten, München 1994; Freyermuth, Gundolf S.: Cyberland. Eine Einführung durch den High-Tech-Underground, Berlin 1996; Rötzer, Florian: Digitale Weltentwürfe. Streifzüge durch die Netzkultur, München/Wien 1998; Turkle, Sherry: Leben im Netz. Identität in Zeiten des Internet, Hamburg 1998; Lévy, Pierre: Collective Intelligence, Cambridge 1995. Des Weiteren: http://www.e-media.at, ek-media Nr. 1/2000, 90-91. Herrmann, Jörg: Vom Himmel in den Hypertext. Die religiösen Dimensionen des Cyberspace, in: medien praktisch 2/1998, 54–57. Böhme, Hartmut: Die technische Seite Gottes, in: Praktische Theologie 31 (1996), 257–261.

materiellen Welt zu genüge, aber deshalb sind sie nicht aus ihr geflüchtet, sondern sie reichte ihnen qualitativ nicht mehr aus.«[772] Die materielle Welt gibt keine Antwort auf spirituelle Fragen: »Welche Statik gibt meinen Hoffnungen Halt und stützt meine Sehnsüchte? Welcher Atem weitet meine Seele? Aus welcher Tiefe ziehen meine Wurzeln ihre Kraft?«[773] Dass die Welt nicht genug sei, sei es aus Mangel oder Überdruss, dass sie die Sehnsucht nach etwas vielleicht auch Unbekanntem nicht zu stillen vermag, dient vielen als Sprungbrett für einen spirituellen Weg.

Die meisten Menschen, die sich innerhalb des spirituellen Feldes bewegen und auf Dauer nicht nur Zaungäste bleiben wollen, verspüren einen Drang, »aus sich herauszugehen«, und damit tiefer und weiter in eine andere, immaterielle Welt einzutauchen. »Es ist die Sehnsucht nach einer Wirklichkeit, die jenseits der fassbaren, greifbaren Wirklichkeit liegt«, beschreibt ein Informant seine Gefühle, »dass es noch etwas anderes gibt als unseren oftmals beschränkten und begrenzten banalen Alltag. Dass es eine Erfahrung von Weite gibt, Grenzen überwinden, über unsere aus Kausalgesetzen bestehende Welt hinauszukommen, in eine Dimension vorzustoßen, die weit über dem liegt, was wir so [in dieser Welt] erfahren und erleben können.«[774] Diese andere Dimension, von der der Informant hier spricht, trägt viele Namen: Himmel, Jenseits, Transzendenz, geistige Welt, höhere Sphären und nichtalltägliche Wirklichkeit. (siehe auch S. 178, Transzendentes Panorama)

Spirituelle Schriften aller Zeiten, zeitgenössische ganz besonders, verwenden in Bezug auf spirituelles Geschehen Begriffe wie Licht und Liebe: Sich dem Licht öffnen, sich der Liebe öffnen, das Licht aus sich herausgeben, Liebe verströmen lassen. Auch Atem und Klang spielen eine wichtige Rolle. Atem, Klang, Licht, Liebe – sie alle setzen das Vorhandensein von Raum und damit von potenzieller Weite voraus. Ein liebender Mensch hat ein weites Herz, ein Ton klingt nur, wenn er in seiner Schwingung nicht gebremst wird, Licht entfaltet sich umso stärker, je weniger Hindernisse sich ihm in den Weg stellen, und wer den Atem fließen lässt, ohne ihn zu halten oder zu pressen, empfindet Entspannung und erfährt Raum.

Der Transzendenz, dem Hinübersteigen in einen Bewusstseinszustand, der außerhalb des alltäglichen Erfahrungsbereiches liegt, widmen spirituell Orientierte große Aufmerksamkeit. Einbezogen zu sein bedeutet für viele, sich verwoben mit einem größeren Ganzen zu fühlen, aber auch mit diesem größeren Ganzen in Kontakt zu sein. Sensitive und medial begabte Menschen sprechen dann von Hellfühlen oder Hellsehen. Sie nehmen »Wesen aus der geistigen Welt« wahr; sie sehen, hören oder spüren sie, sprechen von ihnen als Naturgeister, Elfen, Devas oder Verstorbene, Engel, Geistführer, Aufgestiegene Meister, Unsterbliche, Gottheiten, Götter oder Gott. Gerade der Engelglaube hat in den letzten Jahren wieder stark zugenommen. Der Buchmarkt verzeichnet einen enormen Zuwachs an Engelliteratur.[775]

772 Interview in: esotera 09/2001, 38f. Reiter, Peter: Geh den Weg der Mystiker. Meister Eckharts Lehren für die spirituelle Praxis im Alltag, Freiburg 2003.

773 http://www.autobahnkirche.de.

774 Informant 4M47.

775 Vgl. Engel als Themenschwerpunkt in der Zeitschrift Wendezeit Dez. 2000/Jan. 2001. In den letzten Jahren sind auch auffallend viele Bücher über Engel publiziert worden: Dabei gilt Alexa Kriele z. B. als Engelexpertin; im Herbstprogramm des Heinrich Hugendubel-Verlags wird sie als »bekannteste Engel-Dolmetscherin mit großer Medienpräsenz« bezeichnet. Kriele, Alexa: Wie im Himmel, so auf Erden; Kriele, Alexa: Mit den Engeln das Leben meistern; Kriele, Alexa: Mit den Engeln über die Schwelle zum Jenseits, München 2004. Außerdem: Cooper, Diana: Der Engel-Ratgeber. In jeder Lebenslage Schutz, Beistand und Trost durch die himmlischen Wesen finden, München 2001; Grün, Anselm: Jeder Mensch hat einen Engel, Freiburg i. Br. 1999.

Über die Reise in die Tiefe, den so genannten inneren Menschen, suchen Spirituelle Zugang zu einer geistigen Welt. Es besteht eine Sehnsucht nach Ausdehnung, »sich als etwas Anderes erfahren zu wollen, als ich mich jetzt hier in diesem Körper erfahre, was weit über meine körperlichen Grenzen hinausgeht und was viel tiefer in alles hineinragt, was wir so mit unseren irdischen Sinnen jetzt erfassen können«[776]

Die Facetten dieser Dimension sind zusammengefasst zu den Subdimensionen *Zwischen den Welten* sowie *Im Fluss ohne Ufer* und *Transzendentes Panorama*. Auch hier sollen und können diese Zuordnungen keine klaren Abtrennungen sein. Es handelt es sich um eher mehr als weniger verwobene Bezüge und fließende Übergänge.

Zwischen den Welten

In den unterschiedlichen Kulturen wurden im Laufe der Geschichte verschiedene Wege und Techniken praktiziert und entwickelt, um das eigene Bewusstsein zu verändern bzw. zu erweitern und in neue, spirituelle Bereiche vorzudringen, z. B. diverse Formen der Meditation, der Trance[777] und der Ekstase[778]. 90 % aller Völker kennen einen oder mehrere veränderte Bewusstseinszustände und fördern sie zu bestimmten Anlässen auch institutionell. So hat Erika Bourguignon bereits 1973 ihre Studien über die Verbreitung außergewöhnlicher Bewusstseinszustände bei 488 Kulturen der Welt veröffentlicht. Von 120 nordamerikanischen Gesellschaften haben ihrer Statistik zufolge 116 außergewöhnliche Bewusstseinszustände institutionalisiert.[779]

Aufgesucht werden außergewöhnliche Bewusstseinszustände in der Regel, um spirituelle Transformation, Heilung für sich oder andere, eine Vision für die eigene Lebensgestaltung oder für das Wohl der Gemeinschaft zu erlangen, z. B. in Ethnien mit schamanischer Weltauffassung. Dafür reist der Schamane »zwischen den beiden Wirklichkeiten aus freien Stücken und mit ernster Absicht hin und her«[780].

Kriterien für einen außergewöhnlichen Bewusstseinszustand sind Phänomene, wie sie Ludwig 1966 zusammengestellt hat: Veränderungen des Denkens, Veränderungen des Zeiterlebens, Verlust der Kontrolle, Veränderung der Emotionalität, Veränderung des Körperschemas, Wahrnehmungsveränderungen, Veränderungen des Bedeutungserlebens, Gefühle des Unaussprechlichen, Gefühle von Erneuerung und Wiedergeburt und Hypersuggestibilität.[781] In einer Studie von 1987 haben Dittrich und Scharfetter außergewöhnlichen Bewusstseinszuständen einen gemeinsamen Kern zugewiesen. Dittrich beschreibt ihn in den drei Dimensionen »ozeanische Selbstentgrenzung«, »angstvolle Ich-Auflösung« und »visionäre Umstrukturierung«.[782]

Im Laufe der Geschichte wurden unterschiedliche Stimuli entwickelt, die einen außergewöhnlichen Bewusstseinszustand induzieren sollen. Dietrich und Scharfetter unterscheiden bei der Induktionsmethode zwischen pharmakologischen und

776 Informantin 2W35.
777 Trance gilt an für sich als entrückter Bewusstseinszustand, »in dem sich die Seele vom Körper loslöst und sich an ferne Orte begibt«. Kremser, Manfred: Trance, in: Hirschberg (1988), 485.
778 Ekstase wird als »übersteigerter psychischer Ausnahmezustand jenseits der Bewusstseinskontrolle, eigentlich das Aussichheraustreten oder das Außersichsein«, bezeichnet, »das von Göttern oder Dämonen bewirkt sein kann«. Golzio, Karl-Heinz: Ekstase, in: Hirschberg, Walter (1988), 113.
779 Bourguignon, Erika: Religion, Altered States of Consciousness, and Social change, Ohio 1973.
780 Harner, Michael: Der Weg des Schamanen, Genf 1994, 76.
781 Dittrich, Adolf/Scharfetter, Christian (Hg.): Ethnopsychotherapie, Stuttgart 1987, 36.
782 Ebd., 35.

psychologischen Stimuli.[783] Zu den pharmakologischen Stimuli gehören LSD, Meskalin, Psilocybin, DMT, aber auch stärkere Stoffe wie Lachgas und Muscimol. Zu den psychologischen Stimuli zählen u. a. Rasseln und Trommeln, Tänze[784], Gesänge, mentale Techniken und meditative Versenkungspraktiken.

Veränderte Bewusstseinszustände umfassen ein breites Spektrum. Vor allem in schamanisch orientierten Kulturen und von schamanistischen Kreisen im spirituellen Feld werden trance- und traumartige Erlebnisweisen hoch geschätzt. Mircea Eliade hat für den Schamanismus den Begriff »Technik der Ekstase« geprägt.[785] Torsten Passie weist auf die weltweit auftauchenden »Themenkomplexe und Metaphern innerhalb dieser Erlebniswelten« hin und zeigt überraschende Parallelen auf: »Weltenschichtung in Ober- und Unterwelt, Zerstückelungsvisionen, Seelenflug, Gottesanflehung, Ahnenkontakte sowie die Verbindung zu Pflanzen- und Tiergeistern.«[786]

Zu den bekanntesten Bewusstseinsforschern zählt der ehemalige Havard-Professor Timothy Leary. Als er 1960 das erste Mal nach Cuernavaca in Mexiko kam, nahm er aus Pilzen gewonnene psychoaktive Substanzen ein: »Ich lachte über meine tägliche Pompösität, jene engstirnige Arroganz des Wissenschaftlers, die Unverschämtheit des Rationalen. (…) Ich ergab mich der Freude wie es die Mystiker seit Jahrhunderten getan haben, als sie durch den Schleier blickten und entdeckten, dass die Welt – so plastisch sie schien – eigentlich eine kleine, vom Verstand konstruierte Bühnenszene war. Es gab eine Flut von Möglichkeiten dort draußen (dort drinnen?), andere Wirklichkeiten, eine unendliche Anordnung von Programmen für Zukunftsszenarien. (…) In vier Stunden am Schwimmbecken in Cuernavaca lernte ich mehr über den Verstand, sein Gehirn und seine Strukturen, als ich es in den vergangenen fünfzehn Jahren als fleißiger Psychologe vermocht hatte.«[787]

Zusammen mit zwei weiteren Forschern hat Leary ein Handbuch zu psychedelischen Erfahrungen geschrieben, das sich an den Weisungen des *Tibetanischen Totenbuchs* orientiert. Sie plädieren für die Einnahme von Drogen, die zwar die »transzendentalen Erfahrungen« nicht hervorrufen, aber als »chemischer Schlüssel« wirken: Sie sollen das Bewusstsein öffnen und »das Nervensystem von seinen gewöhnlichen Modellen und Strukturen« frei machen.[788]

Nach den Vorläufern in den Fünfziger- (Huxley, Beatniks) und Sechzigerjahren (Leary) gab es im Bereich neuer Spiritualität Befürworter für den Einsatz von Psychedelika als therapeutische Hilfsmittel, z. B. Vertreter der »Transpersonalen Psychologie« wie den LSD-Forscher und Psychotherapeuten Stanislav Grof.[789] Auch wenn im spirituellen Feld zumindest öffentlich nicht für Workshops geworben wird, in denen ausdrücklich Drogen konsumiert werden sollen, wird vereinzelt oder in kleinen Kreisen dennoch mit psychoaktiven Substanzen experimentiert werden.[790]

783 Ebd., 7.
784 Wie der Sonnentanz der Lakota Sioux oder die Tänze der Derwische im Islam.
785 Eliade, Mircea (1975), 14.
786 Passie, Torsten (1998): Ist Schamanismus Mystik? in: Scharfetter, Christian/Rätsch, Christian (Hg.): Welten des Bewusstseins, Bd. 9: Religion – Mystik – Schamanismus, Berlin 1998, 129.
787 Curare Vol. 18, 1995/1, 7f.
788 Leary, Timothy/Metzner, Ralph/Alpert, Richard: Psychedelische Erfahrungen. Ein Handbuch nach Weisungen des Tibetanischen Totenbuchs, (1964) Markt Erlbach 1993.
789 Vgl. Grof, Stanislav: Das Abenteuer der Selbstentdeckung. Heilung durch veränderte Bewusstseinszustände, Reinbek 1994, 329–359.
790 Dafür sprechen auch die Publikationen zum Umgang mit diesen Drogen und deren Anbau oder Bücher deutscher Autoren über Zusammenhänge von psychedelischen Drogenerfahrungen und geistigen Selbstfindungsprozessen.

In (schamanistischen) Seminaren wird vorrangig mit akustischen und mechanischen Methoden wie Trommeln gearbeitet. Der Seminarleiter schlägt die Trommel meist selbst und empfiehlt Tonbandaufnahmen mit schamanischen Trommeln für den Hausgebrauch. Die Teilnehmer legen sich für gewöhnlich im Dunkeln oder mit verbundenen Augen auf den Boden und werden angehalten, auf die schamanische Reise zu gehen. Als hilfreich erachten sie die Visualisierung eines Tunnels, durch den man sich zu einer Öffnung vorarbeitet und in die so genannte Nichtalltägliche Wirklichkeit (NAW) eintritt.[791] Anfänger suchen ihr »Krafttier« oder geistige Helfer und Lehrer, ihr eigenes Kraftlied und ihre persönliche Möglichkeit zur Erlangung von Kraft. Bei Sitzungen, an denen ich teilnahm, reisten die Teilnehmer (Anfänger) zum Beispiel auch, um Antworten auf folgende Fragen zu finden: Wie kann ich persönlich Energie beziehen? Wie bekomme ich Kraft? Wie kann ich mich vor negativer Energie schützen? Bei der Beantwortung dieser Fragen sollen Krafttiere und Geisthelfer beratend zur Seite stehen und Anweisungen zu weiteren Schritten geben. Einen Einblick in die (neo-)schamanische Praxis geben zahlreiche Bücher, die in den Regalen esoterischer Abteilungen von Buchhandlungen stehen.[792]

Als weiterer Weg in die NAW gilt der Trancetanz. Getrommelt wird nach bewährten traditionellen Trance-Rhythmen mit dem Ziel, etwa »eine gemeinsame Reise in andere verlorene Welten zu tanzen. (…) Wir finden uns wieder in den inneren Rhythmen, im tiefen Pulsieren des Lebendigen, in der wirbelnden Ekstase, in der heilsamen Erschütterung, im Stampfen der Erde und im Himmelsflug. Es öffnen sich Türen in die vielfältigen Schichten des Bewusstseins. Dort schauen wir die Wunder der anderen Wirklichkeiten und kehren reich beschenkt und innerlich erfüllt wieder.«[793] Immer wieder wird auch hier auf die Begegnung mit Krafttieren und anderen hilfreichen Wesen hingewiesen; auch die eigene »versiegte Schöpfungskraft« soll neu entdeckt werden, um an der »Heilung der Erde mitzuwirken«.[794]

Bei Innenweltreisen, wie sie etwa in der *Synergetik*-Therapie vollzogen werden, bringt man sich oder andere über Methoden geführter Hypnose in den so genannten Alpha-Zustand. Während man äußerlich auf dem Boden liegt, steigt man innerlich, also auf einer anderen Bewusstseinsebene, eine Treppe hinab, öffnet eine Tür, schaut in eine andere Welt und betritt sie. Die Berichte und Beschreibungen erinnern an Phantasiegeschichten, Fabeln und Märchen. Die Welt erscheint hier plastischer, bunter und schillernder. Die sinnliche Wahrnehmungsfähigkeit ist verfeinert. Der Mensch verfügt auch über außersinnliche Eigenschaften wie Fliegen, Translokation, Bilokation, Dematerialisierung. Häufig finden Begegnungen mit Engeln, Elfen, Gnomen, Feen oder Tier- und Pflanzengeistern statt. Die Kommunikation verläuft in Selbstverständlichkeit und Leichtigkeit. Auf seiner Reise ist der Mensch nicht Zuschauer eines Spielfilms. Er ist vielmehr Teil des Geschehens selbst. Freude, Ängste, Schmerzen erlebt er körperlich mit und drückt dies auch körperlich aus. Oftmals sind diese Reisen begleitet von Weinen, Schreien und Gelächter. In ihren alltäglichen

791 Martin, Ariane (1996), 98f.

792 Vgl. dazu auch Harner, Michael (1994), 56ff. Außerdem: Goodman, Felicitas: Wo die Geister auf den Winden reiten. Traumreisen und ekstatische Erlebnisse, Freiburg 1989; Gruber, Elmar: Trance, Traum und Tod: aus der geheimnisvollen Welt der Schamanen. Einführung und Erfahrungsbericht, Freiburg 1985; Uccusic, Paul: Der Schamane in uns. Schamanismus als neue Selbsterfahrung, Hilfe und Heilung, München 1993; Castaneda, Carlos: Die Lehren des Don Juan, Frankfurt a. M. 1975.

793 http://www.altenbuecken.de/kalender/08/kurse/trance.htm.

794 http://www.gudrunfischer.de/gudrunfischer/rituelle_koerperhaltungen.htm. – Dazu auch: Mayer, Gerhard: Schamanismus in Deutschland, Würzburg 2003.

Bewusstseinszustand zurückgekehrt empfinden die Menschen in der Regel Erschöpfung, Befreiung und Erleichterung. Manche machen einen »überdrehten« oder übermütigen Eindruck. Die Gefühle von Befreiung dauern allerdings häufig nicht lange an. Es ist zu beobachten, dass die Reisen mitunter starke Emotionalität auslösen.[795]

Die Bewusstseinsveränderung, wie sie durch Psychodelika, Trommeln, Tanz, Gesang, Hypnose, holotropes Atmen etc. induziert wird, erzeugt einen Zustand, bei dem der Körper nicht mehr willentlich kontrolliert werden kann. Landläufig heißt es auch, derjenige sei »ganz weg« oder »weggetreten«. In der Regel kann er sich an Ereignisse, die währenddessen in der alltäglichen Wirklichkeit um ihn herum geschehen, bei seiner Rückkehr nicht erinnern, wohl aber an Details seiner Seelenreise. Auch die Schmerzempfindlichkeit des Körpers nimmt in dieser Zeit ab. Der veränderte Bewusstseinszustand wird willentlich (manipulativ) in unterschiedlichen Graden herbeigeführt. Das reicht von einer leichten Trance bis zu einer richtiggehenden Starre des Körpers, wobei auch die Körperfunktionen herabgesetzt sein können. Dabei könnte der Körper theoretisch verletzt werden, ohne dass der Betreffende den Schmerz wahrnehmen würde.[796]

Menschen, die ihr Alltagsbewusstsein in Richtung außergewöhnlicher Bewusstseinszustand verschieben, schlagen Brücken in geistige Welten. Wenn sie über ihre Erfahrungen sprechen, operieren sie mit Begriffen, die auch aus Berichten der Nahtod-Erfahrung bekannt sind. Ihre Erfahrungsberichte weisen zu jenen, welche Menschen, die dem Tod sehr nahe waren, gegeben haben, erstaunliche Parallelen auf: »Simone hatte schon als Kind Engel gesehen, und diese Lichtgestalten tauchten jetzt auf. Alle Verwandten und Bekannten, die vor ihr aus dem Leben gegangen waren, erschienen und nahmen sie auf. Es sei wie ein Nachhausekommen gewesen, erzählt Simone. Wahrgenommen hat sie die Gestalten als Energieformen, transparente Lichtwesen. Dann wurde alles zu Licht und Farbe wie ein riesiger Ozean. Klänge ertönten, und im Klang eines tiefen Gongs erkannte sie den einen wahren Klang der Welt. Sie war eingewoben in diesen Klangteppich. (...) Dann lief ihr Lebensfilm rasant schnell rückwärts. (...) Die Wesen ließen Simone entscheiden, ob sie wieder inkarniert werden wollte. Sie entschied sich für dieses Leben und wurde in einem Riesenstrudel in ihren Körper zurückgebracht.«[797] (siehe auch S. 104, Übergang zu neuem Leben)

Spirituell Orientierte sehnen sich mitunter danach, schon jetzt diese andere Seite des Lebens kennen zu lernen. Sie wollen zwischen den Welten hin- und herreisen und immer wieder von neuem Brücken in die geistige Terra incognita schlagen. Bei manchen treten so genannte *Out-of-body-Experiences* (OBE) auch spontan und unerwartet auf.

Der Philosoph Thomas Metzinger stellt in einem wissenschaftlichen Aufsatz zum Thema statt einer Einleitung einen Erlebnisbericht von außerkörperlichen Erfahrun-

795 Dazu auch http://www.synergetik-therapie.de

796 Um Umfang und Unterschiede schamanischer Bewusstseinszustände festzustellen, untersuchten Peters und Price-Williams 42 Gesellschaften aus vier verschiedenen kulturellen Gebieten. In 18 Gesellschaften nahmen Schamanen Verbindung zu Geistern auf, machten aber keine außerkörperlichen Erfahrungen. In zehn Gesellschaften unternahmen die Schamanen eine so genannte schamanische Reise oder Astralreise, inkorporierten jedoch keine Geister. In elf Gesellschaften waren die Schamanen fähig, beides zu tun, und in drei Gesellschaften nahm ihr veränderter Bewusstseinszustand eine andere Form an. Peters, Larry G./Price-Williams, Donald: Towards an Experimental Analysis of shamanism, in: American Anthropologist, 7/1980, 397ff.

797 Jaermann, Claude: Wieder geboren, in: Spuren Nr. 71, 2004, 28.
Zur Simulation von Nahtod-Erfahrungen und Out-of-body-Erlebnissen unter Hypnose siehe die Studie von Renaud van Quekelberghe und Peter Göbel, in: Dittrich, Adolf u. a. (Hg.): Welten des Bewusstseins, Bd. 2, Berlin 1993, 37–55.

gen an den Anfang. Sein fünftes Erlebnis datiert er auf den 31. Oktober 1983 um 1 Uhr nachts: »Alles begann diesmal damit, dass ich in einem Traum vergeblich versuchte, die beiden Kerzen neben meinem Bett anzuzünden, weil etwas Dunkles und Grauenhaftes an der Bettkante hockte. Schließlich nahm ich all meinen Mut zusammen und sprang mit einem Riesensatz an dem grauenerregenden Etwas vorbei und quer durchs Zimmer zum Lichtschalter. Als auch hier meine Finger immer wieder durch ihn hindurchgleiten und ich auch jetzt nicht in der Lage bin, die Dunkelheit zu beenden, werde ich mit einem Schlag luzide *und* mir meines außerkörperlichen Zustandes – als eines Zustandes, den ich nun bereits *kenne* – bewusst. Ich beschließe, die kommenden Minuten zu nutzen, und werde zuerst einmal sehr unruhig und aufgeregt. Um nicht wie bei früheren Gelegenheiten die Kontrolle über meine inneren Abläufe zu verlieren, meditiere ich zunächst eine Minute – außerhalb meines physischen Körpers, stehend vor dem Lichtschalter. Als mir mein Bewußtseinszustand stabil erscheint, gehe bzw. *gleite* ich zum offenen Fenster. Ich kann es fast nicht erkennen (schließlich ist es dunkel), befühle aber ausgiebig den Rahmen. Die taktilen Empfindungen sind dabei sehr deutlich, aber irgendwie *anders* (fehlt der Wärmesinn?). Schließlich fasse ich Mut – Schlafwandeln kann mich schließlich das Leben kosten! – und springe aus dem Fenster (…) Mit einer seltsamen Mischung aus Sehen und Ahnen bin ich mir des sternenübersäten herbstlichen Himmels über mir bewusst. Da ich mittlerweile weiß, daß ich – aus mir unbekannten Gründen – im außerkörperlichen Zustand häufig sehr schlecht sehe, lasse ich mich nicht verwirren oder ablenken und steige immer höher. Ich gerate in Rückenlage und schwebe in einer spiraligen Bewegung immer höher, bis etwa 12 m über dem Dach des Hauses. Durch die wunderbaren Bewegungen des Schwebens und Trudelns gerate ich sehr bald auch *emotional* in einen Zustand der Ekstase – wodurch ich dann das Bewusstsein verliere. Auf meinem physischen Körper im Bett liegend komme ich wieder zu mir.«[798]

Was den einen überraschend widerfährt, versuchen andere willentlich oder manipulativ herbeizuführen. Astralreisen, Psi-Phänomene, Telekinese usw. gelten als erstrebenswerte Erfahrungen in und mit der NAW. Andere wiederum empfinden dies eher als störend und geben ihnen die Bedeutung möglicher Begleiterscheinungen, die aber nicht den eigentlichen Wert einer spirituellen Erfahrung ausmachen.[799]

Im Fluss ohne Ufer

Das ist Sehnsucht: wohnen im Gewoge
und keine Heimat haben in der Zeit.
Und das sind Wünsche:
leise Dialoge täglicher Stunden
mit der Ewigkeit.
Rainer Maria Rilke

Den spirituell Orientierten, von denen im Folgenden die Rede ist, geht es um eine Mystik, die eher formlos ist, einen noch stärkeren transpersonalen Charakter hat und in ihren höchsten Entwicklungsstadien Eigenschaften von Außergewöhnlichkeit und Besonderheit hinter sich lässt.[800] Es ist nicht mehr und nicht weniger, nichts

798 Metzinger, Thomas: Mentale Repräsentation, Phantomglieder und halluzinierte Selbste, in: Dittrich, Adolf u. a. (1993), 13f.
799 Vgl. Passie, Torsten (1998), 131; Jäger, Willigis (1993), 122.
800 Vgl. dazu auch Wilber, Ken: Integrale Psychologie, Freiamt 2001.

anderes als die »Realisation der Wirklichkeit«[801]. Sie wenden sich vor allem den Lehren der östlichen Weisheit und östlichen Meditationspraktiken, aber auch den mystischen Schriften des Christentums zu.

Und auch hier tauchen charakteristische Themenkomplexe auf: Hingabe der eigenen Person, Aufgabe alter Sichtweisen und mitunter auch lieb gewonnener Gewohnheiten. Das fällt meist schwer und wirft Fragen auf: Wenn ich mich da jetzt hineinfallen lasse, verliere ich mich vielleicht selbst? Wenn ich mich womöglich auflöse, bin ich dann vielleicht weg? Was war ich dann aber zuvor? Und wer oder was bin ich dann? Kann es mich dann überhaupt noch geben?

»Ich finde, dass es sehr wichtig ist, sich überhaupt loslassen zu können, was mir auch schwer fällt, wie jedem Menschen wahrscheinlich. Es gibt Menschen, die können das besser. Ich persönlich bin auch irgendwo sehr fixiert auf mich selbst«[802], äußert sich eine Informantin durchaus selbstkritisch. Auch wenn es viele solche Vorbehalte gibt, machen die Zeugnisse derer, die den Weg schon gegangen sind, doch Mut und vermitteln manch einem die Gewissheit, dass hinter dem Horizont ein erstrebenswertes Panorama wartet. So fährt die Informantin fort: »Andererseits ist da das große Gefühl, wenn ich mich selbst aufgeben kann, finde ich mich auf einer anderen Ebene wieder. Wenn wir einmal unser Ego, unser Individuum, unser kleines begrenztes Ich, von dem wir Angst haben, das ihm was Schlimmes widerfährt, mal hinter uns lassen können, dann ist das zwar erst mal ein Riesenschritt ins Ungewisse, aber letztendlich finden wir doch immer das Kosmische, Göttliche.«[803]

Es ist eine sehr tiefe Sehnsucht nach dem Ankommen bei diesem Göttlichen, die die Menschen motiviert, ihre Ängste zu überwinden und sich dem Geschehen zu überlassen. Sie spüren, dass ihre selbst errichtete Gedankenwelt sie eher begrenzt, dass alles Tun und Handeln sich um die eigene Person dreht und sich das Sichtfeld verengt. »Wo Ego ist, ist Leiden«, so ein Ausspruch, den man immer wieder hört. Wer haben will, hat viel zu verlieren – eine Weisheit, die leicht nachvollziehbar ist und doch so vielen Schwierigkeiten bei der Umsetzung bereitet. Trotzdem lässt sich die Sehnsucht nach Weite nicht nachhaltig und dauerhaft verdrängen, gerade weil sie assoziiert wird mit der großen Sehnsucht nach Wunschlosigkeit und Frieden, einem Dasein, das Rilke umschrieb als »Wohnen im Gewoge und keine Heimat haben in der Zeit.«

Die unterschiedlichen spirituellen Richtungen, Lehren und Traditionen versuchen, sich diesen Zuständen »jenseits von Worten und Gedanken« mit Begriffen aus unserer Sprachwelt zu nähern. Von Einssein wird häufig gesprochen, in der Tradition der Mystik von »unio mystica« und von Verzückung, in den östlichen Traditionen gibt es Umschreibungen wie satori, samadhi, Zen-Bewusstsein, Nicht-Dualität, Advaita Vedanta. Auch mit Begriffen wie Realisation, Verwirklichung, Leere, Fülle, Nichts, Ich Bin versucht man, sich dem spirituellen Geschehen zu nähern. Weitere Schlüsselwörter sind Achtsamkeit (Wahrnehmung dessen, was ist), Hingabe und Stille. Der achtsame Mensch lebt bewusst in der Gegenwart, beobachtet alle Vorgänge in sich und um sich wie ein »Zeuge« (Osho), er identifiziert sich nicht mit seinen negativen Emotionen. Im Zustand absoluter innerer Stille sei der Mensch ver-

801 Jäger, Willigis (2000), 32.
802 Informantin 7W43.
803 Informantin 7W43.

sunken im Augenblick, er sei ein Wacher und Lauschender, heißt es manchmal auch, in der Stille sei der Mensch bei Gott, er ruhe im Anfang, im Urgrund usw.

Um Stille zu erfahren, werden verschiedene Versenkungspraktiken, Meditation und Kontemplation geübt.[804] Stille gilt dabei nicht als Abwesenheit von etwas, was eigentlich da sein sollte, sondern als Möglichkeit der Wahrnehmung einer Qualität, die eigentlich immer da ist, aber die meiste Zeit übertönt wird. »Es ist schon eine Möglichkeit, mit dem Göttlichen in Berührung zu kommen. Wenn man das jetzt so bezeichnen wollte, wäre das vielleicht auch ein Ziel, aber es wäre sicherlich falsch zu meinen, es wäre etwas, das ich erreichen kann. Denn ich werde in der Meditation feststellen, ich bin ja schon da, es ist eigentlich mein ursprünglicher Zustand, in dem Göttlichen zu ruhen, und dass es schon immer da war, nur habe ich es vorher nicht gesehen.«[805]

Neben der Praxis, dem Einüben meditativer Versenkung, holen sich viele Unterstützung und Anregung durch die Lektüre mystischer Schriften und spiritueller Texte. Im spirituellen Feld werden auch die Schriften christlicher Mystiker rezipiert, etwa Meister Eckhart, Hildegard von Bingen, Johannes vom Kreuz und Teresa von Avila, aber auch Sufi-Texte und Schriften von Laotse, Buddha, die Apokryphen und Zen-Literatur.[806]

»Im Zen kommt die Seele an die Grenze ihrer Möglichkeiten«[807], beschreibt der Jesuit und Zen-Meister Enomiya-Lassalle den von ihm propagierten Weg. Und wer an die Grenzen seiner Möglichkeiten kommt, hört auf zu suchen, er ist – zumindest für einen ewig langen Augenblick – angekommen: »Es ist schwer zu beschreiben, weil man dann immer schon eine Wertung mit hinein gibt. Aber es ist ein Zustand des Friedens, der Allumfassenheit und des Glücks.«[808]

Spirituell Interessierte wollen nicht (nur) über diese Zustände lesen oder davon hören. Mystik ist für viele »nicht eine Sache des Glaubens, sondern der Erfahrung«[809]. Sie wollen die Nähe des Göttlichen spüren, hören, sehen und nicht länger abhängig von einem Mittler sein. Es geht ihnen darum, selbst »von der Quelle zu kosten«.

Vertreter des Buddhismus setzen deshalb auch auf die praktische Erprobung der Lehre. Im *Buddha-Haus* im Allgäu finden regelmäßig Meditationsabende, Kurse und Retreats statt. Buddhas Motto »Komm und sieh selbst« war auch das von Ayya Khema, einer deutschen Buddhistin in der Theravada-Tradition, die das *Buddha-Haus Gesamtprojekt* gegründet hat.[810] Ayya Khema setzt auf den Praxis-Weg der Meditation; das ist für sie ein Weg, der von der Beherrschung des Menschen durch

804 Klassische Wege in die Stille bieten häufiger wieder christliche Klöster und in wachsender Zahl auch buddhistische Tempel an. Dazu werden vorzugsweise östliche Wege in die Stille eingeschlagen, etwa Zen-Meditation, Buddhistische Meditationsformen (z. B. Jhanas und Vipassana).

805 Informantin 2W35.

806 Genannt wurden beim Sufismus u. a. Schriften von Hazrat Inayat Khan und Annemarie Schimmel. Daneben auch Scholtz, R. F. v.: Lichtpfad der Menschheit, Heilbronn 1988. Unter der Zen-Literatur ist der Klassiker von Eugen Herriegel: Zen in der Kunst des Bogenschießens (1951), München [38]1998 nach wie vor beliebt; und: Suzuki, Daisetz T.: Die große Befreiung. Einführung in den Zen-Buddhismus, (1958), München [17]1999. Bezüglich des Advaita Vedanta: Gespräche mit Sri Nisargadatta Maharaj: Ich bin… (Originaltitel: I am That), (1989), Bielefeld [4]1998; Balsekar, Ramesh S.: Die Eine Wahrheit. Der Schlüssel zur Nicht-Dualität, Freiburg i. Br. 1996. Ergänzt wird die Lektüre auch durch Transpersonale Psychologie (Ken Wilber).

807 Enomiya-Lassalle, Hugo M. in: Ropers, Roland R. (1998), 22.

808 Informantin 2W35.

809 Jäger, Willigis (2000), 38.

810 Vgl. Martin, Ariane: Buddhismus in Deutschland am Beispiel *Buddha-Haus Gesamtprojekt*. Unveröffentlichte Feldstudie, Mainz 2004.

seinen Geist zur Beherrschung des Geistes durch den Menschen führt, ein Weg von der Sklavenrolle zum inneren Souverän und somit ein Weg in Freiheit und Weite. »Solange man noch nicht meditiert hat, beherrscht uns der Geist. Wir denken Dinge, die uns aufregen und uns ärgern. Wir denken Dinge, wo wir Begierden glauben, wo wir glauben, wir können etwas darstellen, mehr sein als vorher usw. Und immer wieder kommt durch diese vielen Dinge Aufregung, Unruhe, Rastlosigkeit. Häufig auch Hass, Ablehnung. Alle Dinge kommen durch das Denken. Wenn wir jetzt die Meditation einmal wirklich lernen, und dazu muss man viel Geduld mit sich haben, um sie zu lernen, dann können wir das denken, was wir wollen. Wenn wir denken können, was wir wollen, dann werden wir freiwillig nie mehr unglücklich sein.«[811]

An Vertreter so genannter *neuer religiöser Bewegungen,* vor allem jener aus östlichen Traditionen, wird gerade von Seiten kirchlicher Vertreter immer wieder der Vorwurf herangetragen, eine »gottlose« Religion, eine »Religion ohne Gott« zu betreiben. Dahinter verbirgt sich indirekt die Vorstellung, Religion müsse ein personal gedachtes Gegenüber bzw. Obendrüber haben, zu dem der Spirituelle in Beziehung treten könne. Die Beobachtungen und Interviews innerhalb dieser Studie aber haben ergeben, dass in den meisten Fällen nicht Gott abgelehnt wird, sondern ein – aus der Sicht vieler, die sich im spirituellen Feld bewegen – überkommenes eher männlich, altväterlich, streng-strafend und den Menschen fern gedachtes Gottesbild. Während für manche Vertreter der christlichen Theologie die Gottesvorstellung eines personal gedachten Gottes und jene einer unpersonalen universellen Lebensenergie etwa im Widerspruch stehen, sind diese Bilder für andere durchaus vereinbar. Willigis Jäger vertritt den Ansatz, Gott nicht als »Schöpfer einer ontologisch anderen Welt« zu sehen, sondern als »Einheit des Seins und Nicht-Seins«. Was die Menschen im Abendland als Gott bezeichnen, kann auch als die »Eine Wirklichkeit gesehen [werden], die sich vielgestaltig offenbart, dabei aber immer sie selber bleibt. Sie ist wie das Meer, das sich in millionenfachem Wellenschlag offenbart, aber immer das gleiche Wasser bleibt.«[812]

Dass das Mystagogische auf lange Sicht spirituell wieder wichtig werden wird, hat schon der Theologe Karl Rahner prophezeit. Von ihm stammt der berühmte Ausspruch: »Der Mensch der Zukunft wird ein Mystiker sein, einer, der etwas erfahren hat, oder er wird nicht mehr sein.«[813] Mystiker zu sein, gilt dann nicht als besondere Ausnahme, sondern als Entfaltung des allen Menschen innewohnenden Potenzials: »Der Mystiker ist nicht eine besondere Art von Mensch, sondern jeder Mensch ist eine besondere Art von Mystiker.«[814] Der Mystiker ist in diesem Zusammenhang zu verstehen als jemand, »der auf überwältigende Weise die Anwesenheit erfährt von etwas, das ihn selbst übersteigt und viel wirklicher ist als alles, was man durchweg als Wirklichkeit betrachtet. Das menschliche Universum – die Welt, in der wir leben, und die uns so selbstverständlich und solid erscheint – wird für den Mystiker zu einer durchsichtigen Bühnenwand, weil sich ihm eine andere, endgültige Wirklichkeit

811 Khema, Ayya in: Huntemann, Hanne: Ein Weg zum Glück. ZDF-Dokumentation, 5. 10. 1993; Khema, Ayya: Ich schenke euch mein Leben. Die Lebensgeschichte einer deutschen Buddhistin, Original: München 1997. Buddha-Haus-Gesamtprojekt, Programme und Rundbriefe, Buddha-Haus Meditations- und Studienzentrum e. V., Uttenbühl 5, D-87466 Oy-Mittelberg.

812 Jäger, Willigis: Die Welle ist das Meer, Freiburg i. Br. 2000, 7.

813 Rahner, Karl: Frömmigkeit früher und heute: Schriften zur Theologie VII (Olten 1966), 22f.

814 Steindl-Rast, David, zit. in: Ropers, Roland R.: Erwachen in der Gegenwart Gottes. Transformation und Erneuerung durch Kontemplation, in: Visionen. Das Magazin für ganzheitliches Leben, 05/2003, 12.

anmeldet. (…) Der Mystiker fühlt seine Ichheit verschwinden. Seine Persönlichkeit – das ist die bestimmte eigene Weise, in der man seine Existenz vollzieht – verliert ihre Umrisse. Die Abgeschlossenheit des Menschen, der ›er selbst ist‹, wird bei ihm durchbrochen, seine Einsamkeit wird aufgehoben.«[815]

Erleuchtet und erwacht »Wie lange schläfst du noch …?«[816] Der Titel dieses Buches dreht sich um zwei Begriffe, die im spirituellen Feld besonders häufig anzutreffen sind, wenn es um die *Reise in die Weite* geht: *Erleuchtung* und gerade in den letzten Jahren zunehmend auch *Erwachen*. »Wer nicht mehr am Erwachen vorbeilaufen will, erhält mit diesem Buch eine Einladung in die Freiheit. Erleuchtung ist kein Privileg Einzelner, sondern ein natürlicher Schritt im Entwicklungsprozess des menschlichen Bewusstseins. Jeder kann in diesem Augenblick erwachen – JETZT.«[817]

Die Aussicht, erleuchtet zu werden, wirkt auf spirituell Suchende heute besonders anziehend; Erleuchtete und Erwachte – sie sind die modernen spirituellen Wegweiser, an ihnen orientiert sich der Zug durchs spirituelle Feld. Der Grund liegt nahe: Weil sie Ersthand-Erfahrungen aufweisen können, können sie anderen zu Ersthand-Erfahrungen verhelfen. Weil sie den Weg gefunden haben, können sie andere führen. Weil sie »einen Draht nach oben« haben, können sie anderen zeigen, wie sie diesen selbst herstellen können. Wer die Erfahrung sucht, sucht die Nähe dessen, der bereits erfahren hat. Wer *sein* will, wendet sich an jenen, dem bereits bewusst ist, dass er *ist*. Es geht um die Realisation, »dass es mich als getrennte Person gar nicht gibt und dass es nichts anderes gibt als reines Sein – ungetrennt von Allem. Aber nicht im Sinne von Das habe ich gelesen oder gehört und verstanden mit dem Kopf, sondern direkte Realisation. Es hat nichts mit Denken zu tun«, erklärt Satsang-Lehrerin Pyar in einem Interview in der Zeitschrift Visionen.[818]

Was noch vor Jahrhunderten die Heiligen waren, sind heute für immer mehr Menschen immer öfter die Erleuchteten, die dauerhaft im »Zustand reinen Seins« Weilenden. Erleuchtet zu sein – eine tiefe, natürliche Sehnsucht oder ein begehrenswerter Titel auf der spirituellen Visitenkarte? »Manchmal kommt mir die Ernennung zum oder zur ›Erleuchteten‹ wie die Verleihung eines Titels vor, egal, ob es sich nun um eine Selbsternennung oder die im Zen übliche Fremdernennung handelt.« Wolf Schneider als Herausgeber der Zeitschrift *connection spirit* weiß, wovon er spricht. Er kennt das spirituelle Feld seit Jahrzehnten und hat etliche Erleuchteten-Inszenierungen beobachtet.[819] Die Vermutung liegt sehr nahe, dass Menschen mit echten und tiefen Erleuchtungserfahrungen keinen großen Wirbel darum machen. Denn gerade das gehört ja zur Erleuchtung: Der Mensch erkennt seine Größe und seine Bedeutungslosigkeit zugleich. Viele fühlen sich gedrängt, diese Erfahrungen auch zum Wohl anderer einzusetzen, sie wollen von ihren Erfahrungen berichten und dazu beitragen, dass auch andere erleuchtet werden.

Hinzu kommt ein Phänomen, das typisch für zeitgenössische Spiritualität ist: die Demokratisierung von spirituellen Höhenflügen, von denen man zu früheren Zeiten annahm, sie seien nur wenigen Auserwählten möglich, quasi als ein Akt der

815 Mommaers, Paul: Was ist Mystik? Frankfurt a. M. 1996, 24.
816 Zanko: Wie lange schläfst du noch …?, Berlin 2004.
817 http://www.edition-zanko.de.
818 http://www.pyar.de/Textseiten/dufried.htm.
819 Schneider, Wolf (2003), 32.

göttlichen Gnade. Umgekehrt könnte man aber genauso gut von einer Elitisierung aller Menschen sprechen: Jeder trägt das Potenzial zur Erleuchtung in sich, alle sind ausnahmslos Auserwählte. Erleuchtung wird von Zanko etwa gedeutet als »Geburtsrecht«. Dennoch: Wer bereits erleuchtet ist, wird von vielen bewundert, so als sei dieser Zustand der ungewöhnliche und besondere, während der eigene der gewöhnliche und natürliche ist, selbst, wenn die Erleuchteten von der Erkenntnis »der wahren Natur«, nämlich des erwachten Zustandes, sprechen.

Ausgehend von den asiatischen Lehren sind es vor allem Vertreter des Zen und der verschiedenen hinduistischen Strömungen und ihre zum Teil auch westlichen Schüler, die als »Lehrer der Erleuchtung« oder als »Erwachte« auftreten und von Suchenden in *Satsangs* aufgesucht werden. Häufig werden Ramana Maharshi, Nisargadatta Maharaj, Poonjaji, Ramesh Balsekar und Osho als spirituelle Lehrer, Impulsgeber und Inspirationsquellen genannt.[820] (siehe auch S. 127, Satsang-Lehrer)

Die Vorstellung, hier und jetzt, mit einem Blitzschlag quasi zu erkennen und erleuchtet zu werden, während eines Vortragsabends oder eines Retreats, ist verlockend: Man ist sofort alle seine Probleme los, die Konflikte werden auf einfache Weise beseitigt, das Leben nimmt eine radikale Wendung, so die Hoffnungen und Vorstellungen vieler Menschen. Und in einer inflationär anmutenden Weise werden die Erleuchteten, die öffentlich auftreten und erleuchtete Worte von sich geben, immer mehr. Auch wenn manches von einem tiefen, allumfassenden Bewusstsein durchdrungen sein mag: dass nicht alles, was sich (bereits) erleuchtet gibt, erleuchtet sein muss, geben Beobachter und Kenner des spirituellen Feldes immer wieder zu Bedenken. Mariana Caplan etwa, die ein Buch über »Gefahren und Irrtümer verfrühter Ansprüche, erleuchtet zu sein« geschrieben hat. Sie deutet das Thema Erleuchtung in der zeitgenössischen Spiritualität als einen der »größten Schauplätze für Naivität, Ignoranz, Selbstbetrug und Verwirrung«. Die Menschen würden häufig »Augenblicke der Einheit und Ekstase« bereits für eine Erleuchtung halten, so Caplan, »wären sie es, wäre fast jeder erleuchtet, denn fast jeder hat diese Erfahrungen schon einmal gemacht«, schlussfolgert sie.[821]

Die Fixierung auf Erleuchtungserfahrungen registrieren auch andere mit Bedenken. »Die können kommen, ja«, so eine Informantin, »aber das ist nichts, was man vorherbestimmen kann und es sollte nicht als Ziel angestrebt werden. (…) Ich bemerke bei mir, wenn ich in eine Meditation hineingehe mit dem Hintergedanken, heute will ich eine Erleuchtung erfahren, dann bin ich nicht in einem Zustand der Wahrnehmung. Ich versuche irgendwie, was zu machen und bin eigentlich nur damit beschäftigt, was zu erreichen. Ich halte mich dann im Kopf auf, Gedanken kommen, es ist alles andere als ein stiller Zustand, ein in sich ruhender Zustand, sondern nur Chaos und Turbulenz.«[822]

Erleuchtung gilt häufig als konkretes Endziel, das nicht mehr überboten werden kann. Andere benutzen den Begriff ähnlich wie Erkenntnis. »Jedes Mal, wenn man in die Stille geht und sich dafür öffnet, dass einem sozusagen ein Licht aufgeht. Also ich gehe auch oft mit einer Frage in die Meditation. Sie bewegt mich, macht mich un-

820 Zum Thema auch: Was ist Erleuchtung. 10-reihiges Heft zum Thema (internationales Heft »What is enlightenment?« aus den USA). http://www.was-ist-erleuchtung.de.
821 Caplan, Mariana: Auf dem halben Weg zum Gipfel der Erleuchtung. Die Gefahren und Irrtümer verfrühter Ansprüche, erleuchtet zu sein, Petersburg 2002, 11 und 62.
822 Informantin 2W35.

ruhig, und dann erhalte ich auf die Frage eine Antwort. Ich meine, diese Antwort kommt dann aus diesem Ganzen, in das man eingebunden ist, man kann es auch Gott nennen. Und dann stellt sich die Ruhe wieder ein. Und allein das ist für mich schon Erleuchtung. Erleuchtung ist auch ein Moment, in dem einem nichts mehr fehlt, es ist alles da, alles ist gut, alles ist in Ordnung. Und ein Zustand, in dem man nichts mehr braucht, das ist auch Erleuchtung für mich, ein Zustand, in dem man erkennt, dass man nichts braucht, weil alles da ist. Und diese Geborgenheit im Ganzen, das fühlt sich auch oft an, als würde man sich auflösen in dem Ganzen.«[823]

Dem Gedanken, die Erleuchtung als Ziel allen spirituellen Strebens zu sehen, an dem man dann angekommen ist und dem nichts mehr hinzuzufügen ist, stellt sich auch Satsang-Lehrerin Pyar entgegen: Die Realisation, dieses ganz klare, unbezweifelbare Erkennen sei sogar der Anfang von etwas und nicht das Ende, sagt sie, dieses Erkennen habe überhaupt kein Ende. Immer wieder hat sie beobachtet, »dass viele Menschen Erwachenserfahrungen haben, und dann passiert es leicht, dass dieses spirituelle, subtile Ego reinkommt und sagt: Ich hab's, jetzt bin ich da-da-da. Das ist eine große Falle. Eine Erwachenserfahrung geschieht aus Gnade. Und dann ist es wichtig, ganz klar und ganz tief und mit 100%-iger Bereitschaft sämtliche Ego-Reste, Anhaftungen (Vasanas, wie sie die Inder nennen) anzuschauen und sie aufzulösen.«[824]

Die Befreiung von Anhaftungen aller Art spielt auch im Theravada-Buddhismus eine entscheidende Rolle. Eine Buddhistin aus der Theravada-Tradition nennt als Synonyme für Erleuchtung »höchstes Glück, tiefster Frieden, größte Sicherheit. Und wenn ich mir diese Sicherheit angucke: Freiheit von Angst.« Es gehe darum, auch von den subtilsten Ängsten so frei zu werden, »dass der Raum so weit wird, dass man ganz anders in der Welt sein kann.«[825]

Als Vergleich wird auch immer wieder die Beziehung zwischen Welle und Meer herangezogen. Wer bin ich? Bin ich Tropfen, bin ich Welle, bin ich Meer? »Wenn wir uns die Erste Wirklichkeit als einen unendlichen Ozean vorstellen, dann sind wir so etwas wie die Wellen auf diesem Meer«, erläutert Willigis Jäger. »Wenn nun die Welle erfährt ›Ich bin das Meer‹, dann sind da immer noch zwei: Welle und Meer. In der mystischen Erfahrung aber wird auch diese Dualität überstiegen. Das Ich der Welle zerfließt, und an seiner statt erfährt das Meer sich als Welle. Es erfährt sich in der Einheit von beiden und als Einheit von beiden. Diesen Schritt vollzieht der Mystiker nicht, er widerfährt ihm.«[826]

Dieses Aufgehen in Allem ist schwer in Worte zu fassen, und für jene, die diese mystischen Zustände allumfassenden Einsseins nicht kennen, sind sie unter Umständen schwer oder gar nicht nachzuvollziehen: »Es ist alles und nichts. Mich gibt es nicht mehr. Und einen Gott gibt es auch nicht mehr. Und eigentlich gibt es auch keine Geborgenheit mehr. Und Frieden auch nicht mehr. Es hat überhaupt keine Qualität. Es ist stinknormal. Nichts Heiliges. Noch nicht mal ekstatisch. Ich freu mich noch nicht mal, wenn ich in dieser Weite bin. Ich bin einfach nur.«[827]

823 Informantin 1W25.
824 Pyar, Interview in: Visionen 1/2001; http://www.pyar.de.
825 Informantin 3W42.
826 Jäger, Willigis: Die Welle ist das Meer, Freiburg i. Br. 2000, 42.
827 Informant 6M33.

Einer der Satsang-Lehrer Deutschlands, die in den letzten Jahren öffentlich bekannt wurden, ist Madhukar, moderner Repräsentant des Advaita. Auf die Frage, ob ein Mensch im erwachten Zustand auch ein feineres Empfinden für Kunst habe, antwortete er: »Wer sollte das haben? Es gibt keinen Erwachten, es gibt nur das Selbst. Worüber Sie sprechen ist die Person, die mag sich verfeinert haben und sich mehr zur Ästhetik hingezogen fühlen. Die Person mag diese oder jene Eigenschaften haben, aber die Person erwacht niemals. (…) Richten Sie sich auf das Bewusstsein aus, das diese Prozesse wahrnimmt, wenden Sie sich von Prozessen ab, sonst werden Sie noch tiefer in Gefangenschaft verstrickt. Auch ein Richter ist eingebunden in Prozesse und ist dadurch ebenso ein Gefangener wie der durch ihn Verurteilte. (…) Sie sind DAS, deswegen ist auch alles Verfeinern und Verändern der Person in Bezug auf Erwachen unnütz. Ergründen Sie lediglich, wer ist, wer Sie sind! Das ist alles.«[828]

Menschen, die sich aufgemacht haben, zu ergründen, wer sie wirklich sind, machen Erfahrungen, die ihr ganzes bisheriges Weltbild und die Sicht von sich selbst zu erschüttern vermögen. Wenn sie ihre Zustände in Worte fassen, greifen sie in der Regel zu Begriffskombinationen der Negation, denn das, was sie bisher an Identifikationsmöglichkeiten und Eigenschaften kannten, hat sich aufgelöst. Deshalb wird häufig auch von Nicht-Dualität, von Ichlosigkeit, von Eigenschaftslosigkeit und dem Zustand des Ungeborenen gesprochen. Dieser Zustand des Nicht-Wollens, Nicht-Begehrens, Nicht-Machens wird von Außenstehenden häufig missverstanden als Resignation, Desinteresse an der Welt, Trägheit, Verantwortungslosigkeit usw. Aus der Sicht der Betroffenen aber ist er geprägt von tiefem Vertrauen in jeden Augenblick des Lebens, das man einfach geschehen lässt und sich darin bewegt wie in einem Fluss ohne Ufer.[829]

Transzendentes Panorama

»Wenn die Grenzen fallen, die Grenzen der Persönlichkeit, die Grenzen der physischen Realität«, so beschreibt ein Informant seine Reisen in die Weite, »bewegst du dich in eine Welt hinein, von der wir alle kommen, aus der alles stammt. Es ist eine energetische, spirituell reine Welt. (…) Es gibt bestimmte Plätze, die für alle gleich aussehen. Und es sind Bereiche und Ebenen, die erfasst werden können, wenn du für dich eine Basis erreicht hast, da weiterzugehen.«[830] Diese Welt hat viele Namen: Z. B. Transzendente Welt, die vierte Dimension, andere Sphären, das Jenseits, die geistige Welt, Himmel. Der Himmel wird im spirituellen Feld zunehmend als ein Bereich wahrgenommen, der nicht »oben« ist, während die Erde »unten« ist, und zu dem lebende Menschen keinen Zugang haben, sondern als geistige Welt, die die Welt der Erscheinungen durchdringt, aber für das physische Auge nicht sichtbar ist und für die Menschen nicht erst nach ihrem Tod, sondern auch jetzt zugänglich ist. Wege und Vorstellungen von dieser anderen, geistigen Welt divergieren.

Davon dass der Himmel auch im Innern des Menschen zu finden ist, haben die alten spirituellen Traditionen immer wieder gesprochen, Jesus etwa sprach vom

828 Madhukar, Interview in: esotera 04/2004, 14–17.
829 Vgl. Buddha-Natur: »Nicht mehr ich atme, sondern ES atmet.« Oder Meister Eckhart: »Gott und ich, wir sind eins. Er wirkt und ich werde.«
830 Martin, Ariane (1996), 130. Informant (M30) aus dem spirituellen Feld.

»Reich Gottes in dir«. Einssein, Unendlichkeit, Ewigkeit – diese Begriffe vermögen wohl am besten zu beschreiben, was Menschen empfinden, die von ihren Reisen in die Weite berichten und denen sich dabei ihr persönliches Panorama aufgetan hat.

In schamanischen und paganistischen Kreisen ist immer wieder von Sphären, die hinter den Erscheinungen liegen, die Rede. Es ist die so genannte »nichtalltägliche Wirklichkeit«(NAW), die nicht als grau und leer, sondern als phantastisch und farbenprächtig geschildert wird. Bücher u. a. von Carlos Castaneda trugen in den Siebziger-, Achtziger- und Neunzigerjahren des 20. Jahrhunderts dazu bei, dass diese Welten zumindest in der Vorstellung auch in diesen Dingen Unerfahrenen zugänglich wurden.[831] »All die Bilder, die Erklärungen, die du bekommst von dieser Welt, all diese Erfahrungen, die du [dort] machst, sind speziell nur für dich erschaffen. Es ist auch etwas, was wir nicht so richtig anerkennen, aber diese spirituelle Welt macht alles, damit wir das verstehen. Die Basis ist für alle gleich, aber diese Bilder sind für dich.«[832]

Während die Beschreibungen der geistigen Welt aus dem Bereich der Naturreligiösen, Paganisten, Schamanen usw. eher bildreich ist, wartet man vor allem bei Vertretern östlicher Religionen vergeblich auf opulente Schilderungen. Stattdessen wird eher von Auflösung, Leere und Nichts gesprochen. »Je tiefer man eintaucht in diese geistige Welt, desto entledigter ist sie vom Reichtum der Bilder«, so eine Informantin. »Ich habe zu Anfang meiner spirituellen Entwicklung sehr bildhafte, auch faszinierende Erlebnisse gehabt, aber ich selbst zumindest empfinde es so, dass man immer tiefer sinken oder steigen kann, wie man's gerade sieht, dass man Schicht um Schicht, Sphäre um Sphäre durchwandern kann und je näher man zum Anfang kommt, desto klarer, heller, lichter, weiter und zugleich inniger wird es.«[833]

Die geistige Welt, eine Welt der Orte? Oder der Nicht-Orte? Womöglich eine Welt, die beides gleichzeitig beinhaltet? »Der Himmel ist weder ein Ort noch ein Zustand«, ist in *Ein Kurs in Wundern* zu lesen. »Er ist nur ein Bewusstsein vollkommenen Einsseins und die Erkenntnis, dass es sonst nichts gibt, nichts außerhalb dieses Einsseins und nichts anderes darin.«[834]

Spirituelle berichten zudem, die Unterschiede zwischen ihnen als Mensch und der geistigen Welt würden immer mehr verschwinden, in der Stille entstünde etwas Mystisches, das auch mit »Das Eine« bezeichnet wird. »Es ist ein Seinszustand, der bewegt ist. Es ist Sein und Bewegung in einem. Ich bin bewegt. Es ist ein ganz tiefer Frieden. Allerdings keine emotionale Regung. Da regt sich gar nichts. Es ist Weite.« Auf die Frage nach der Qualität dieser Weite entgegnete der Informant, es gäbe eigentlich gar keine Qualität. »Weite *ist* einfach nur. Es gibt keinen Gegensatz mehr, es gibt kein eng und weit mehr.« Selbst der Mensch als Beobachter kann »verschwinden«, aufgehen in der Grenzenlosigkeit des Seins. »Ich habe nicht das Gefühl, in einem weiten Bewusstsein zu sein«, so der Informant weiter, »denn ich *bin* Bewusstsein.«[835]

831 Castaneda, Carlos: Der Ring der Kraft, München 1998; Weiteres unter http://www.carlos-castaneda.de; Redfield, James: Die Prophezeiungen von Celestine, München 1999.
832 Martin, Ariane (1996), 130. Informant (M30) aus dem spirituellen Feld.
833 Informantin (W35) aus dem spirituellen Feld.
834 Ein Kurs in Wundern, zit. in: Bösch (2002), 214f.
835 Informant 6M33. – Interessant auch ein Vergleich mit den von Hildegard von Bingen sowie von Pierre Teilhard de Chardin gezeichneten Bildern des Kosmosmenschen bzw. des Kosmischen Christus.

Weltverhältnis

Ich erhebe mich am Morgen, hin- und hergerissen
zwischen dem Verlangen, die Welt zu verbessern
oder zu erretten, und dem Wunsch, mich ihrer
zu erfreuen und sie zu genießen.
E. B. Whiteig

Menschliches Leben findet nicht in einem geschichts- und beziehungslosen Vakuum statt; es ereignet sich vielmehr als Einbindung in ein Wechselspiel zwischen Vergangenheit und Zukunft, Tradition und Vision, Natur und Kultur, Individualität und Solidarität sowie Eigeninteressen und Engagement, sei es für andere Menschen oder die natürliche Umwelt. Menschsein vollzieht sich auch in einem Verhältnis zur Welt mit individuellen oder kollektiven Versuchen, diese zu erklären und zu deuten. »Der Mensch will nicht nur Erkenntnis und Macht, er will eine Weltanschauung, die ihm das höchste Gut auf Erden, den inneren Seelenfrieden, verbürgt.«[836]

Menschen verhalten sich auf ganz unterschiedliche Weise zur Welt. Sie können entweder gegen sie protestieren und ihrer Ablehnung – auch auf destruktive Weise – Ausdruck verleihen oder irgendwohin aus ihr zu flüchten versuchen. Sie können sich von vergangenen Zeiten angezogen fühlen oder sich der Zukunft zuwenden. Im Folgenden soll das Verhältnis zur Welt von spirituellen Menschen in den Subdimensionen *Negationen, Retrospektiven* sowie *Perspektiven* veranschaulicht werden.

Negationen

In der Dimension *Reise in die Weite* wurde aufgezeigt, auf welche Weise Menschen *die* (spirituelle) Weite suchen. Davon, wie manche *das* Weite suchen, handelt folgendes Kapitel.

Weltprotest

Mit dem Zustand der Welt sind die meisten nicht einverstanden. Sie beklagen soziale Kälte und steigende Gewalttätigkeit, zunehmende Arbeitslosigkeit und Armut, Korruption, Seilschaften und Lobbyismus und immer häufiger unehrliche und verantwortungslose Politik. Viele stehen auf, um auf Missstände und – zumindest subjektiv empfundenes – Unrecht aufmerksam zu machen. Entweder friedlich, indem sie demonstrieren und aufklärerisch publizieren, oder aggressiv, indem sie provozieren, randalieren oder terrorisieren.

Von der Welt »die Nase voll haben« – dahinter verbergen sich beim Einzelnen Gefühle der Enttäuschung, Verletzung, Frustration, Ohnmacht oder Resignation. Die Welt bietet sehr häufig nicht das, was sich der Einzelne von ihr wünscht, sie erfüllt seine Bedürfnisse nicht. Manch einer gerät darüber in Verbitterung, sogar in Hass. Er verachtet die Welt, konkreter ihre Bewohner, vor allem die Etablierten, die Gutbürgerlichen, die Kapitalisten oder Kommunisten, die Nationalisten oder die

836 Planck, Max, zit. in: Bösch, Jakob (2002), 211. – An dieser Stelle tiefer auf konkrete Weltanschauungen einzugehen, würde den Rahmen dieser Arbeit sprengen.

Fremden, vielleicht auch jene, von denen er sich ausgegrenzt oder falsch behandelt fühlt.

Auch im spirituellen Feld finden sich Ausdrucksformen des Protestes, am besten repräsentiert durch die Spielarten des Satanismus. Im 19. Jahrhundert beschrieb ihn der Schriftsteller K. J. Huysmans als »Kultversammlung (›Schwarze Messe‹) von Menschen, die sich als gesellschaftliche Außenseiter und als vom moralischen Anspruch Gottes überfordert und um ihr Glück gebracht fühlten und mit Satan gegen Gott rebellierten«[837]. Gerade dem Protest-Satanismus geht es um Provokation, häufig durch Umdeutung gesellschaftlicher Werte, seine Aktionen sind an bereits Bestehendem ausgerichtet und orientieren sich an der einfachen Formel »Dagegen!«. Dieses Dagegen will man gestalten und benutzt dafür das Naheliegende, indem man es verdreht. Das Kreuz wird auf den Kopf gestellt, das Vaterunser rückwärts buchstabiert. Zum Einsatz kommen auch andere satanistische Symbole, etwa das Pentagramm.

Es geht um Individualismus, Berufung auf eigene Macht und Stärke, um Abgrenzung von »manchen Geboten und Vorstellungen der Gesellschaft«; es geht darum, seinem grenzenlosen Hass auf eine als »heuchlerisch« empfundene »Scheinmoral« der Gesellschaft und ihrer Werte Ausdruck zu verleihen. »Ich verachte diese Führungsbedürftigkeit der Massen und deren Ehrfurcht vor einer nichtvorhandenen Scheinmacht. Es ist einfach nur erbärmlich, sich hinter irgendeinem Glauben namens Religion zu verstecken, welcher von einem verlangt, sich selbst zu verleugnen, welcher Regeln und Gebote aufstellt, die völlig schwachsinnig und erniedrigend sind. Es ist einfach nur dumm, auf ein besseres Leben nach dem Tod zu hoffen und nicht hier und jetzt alles zu tun, wonach einem ist«, sagt Isegrim, »Rhythmus-Axtmann und Höllenstimme« der Black Metal Band AEBA[838], die ihre misanthropischen Botschaften mit »brachial-bestialischen Amoksounds« und einer »vernichtend-destruktiven Klangwucht« herausschreit. Der Name ihres Albums »Sehmhamforash« bezieht sich auf Namen und Anrufung der »72 Höllengeister der Goetia« und wird als »erniedrigende Form des unaussprechlichen Namen Gottes, welcher im eigentlichen Sinne ›Shem ham'mophorash‹ lautet«, verwendet, um Gefühle der Dunkelheit und des Hasses auszudrücken. In dem Song »Mit Zorn in meinem Herzen« vermittelt Isegrim seine »Sicht der Welt und ihrer verlogenen Art«: Das Computerzeitalter habe zwar die Grenzen der Technologie immer weiter ausgedehnt, erläutert er, trotzdem würden noch immer auf »dieser scheißverdammten Welt irgendwelche Götter angebetet. (…) Es ist für mich herabwürdigend, durch irgendwelche Gebete Hilfe oder Antworten zu erwarten, welche nur ich mir selbst geben kann. Ich beuge mich dieser Erniedrigung niemals, vor einer nicht vorhandenen Scheinmacht zu knien. Um meine Fassungslosigkeit zu bekämpfen, welche mich immer befällt, wenn ich diese geballte Dummheit vor meinen Augen erkenne, gebe ich das Einzige, was diese Diener von mir zu erwarten haben, meinen Hass und meine Verneinung vor dieser geistigen Versklavung. (…) Ich hasse es, wie die Masse zu denken und mich wie ein dummes Schaf der Allgemeinheit anzupassen und einem Führungsprinzip zu folgen, denn dies ist in meinen Augen schwach. (…) Bei allen Aspekten

837 Zit. in: Wenisch, Bernhard: Satanismus, in: Gasper/Müller/Valentin (1995), 940.

838 AEBA steht für die vier Erzdämonen Astaroth, Eurynome, Bael und Amducias. Sie sind die Reiter der Apokalypse und bringen den Tod, die Pest, die Hungersnot und den Krieg. Als Gegensatz zu den vier Erzengeln steht AEBA für das Dunkle und Verborgene in dieser Welt. Siehe http://www.metalmessage.de.

eigener Kraft, die in einem steckt, ist es die dunkle Seite, welche uns begleitet, als Individuen zu existieren«.[839]

Vor allem Anfänger und Jugendliche versuchen, über satanistische Ausdrucksformen ihrem Umfeld »Angst einzujagen und damit auch besonderen Respekt einzufordern. Wer Furcht einflößt, wird wahrgenommen. Und wer Tabus bricht, findet angeblich sich selbst.«[840] (siehe auch S. 59, Macht bei Mantik und Magie)

Weltflucht

Die andere Form, seiner Ablehnung der Welt Ausdruck zu verleihen, ist zu fliehen. Wer auf der Flucht ist, lenkt seine Energie weniger darauf, ein Ziel zu erreichen, als vielmehr darauf, von einem als unangenehm empfundenen Zustand wegzukommen, irgendwie irgendwohin. Reisemittel und Reiseziel sind dabei zweitrangig. Hauptsache, der Schmerz einer als leidvoll erfahrenen Lebenssituation kann gelindert werden. Die einen konsumieren Drogen und Alkohol oder flüchten in TV-Welten oder in Fernreisen. Manche holen sich das »Urlaubsgefühl« nach Hause, sie werden zu »Urlaubssimulanten« und leben eine ganz normale Form des Eskapismus: »Wir suchen auf Reisen nicht mehr Erlösung, die große Alternative«, schreibt Sven Hillenkamp in der Wochenzeitung *Die Zeit*. »Längst gehören italienisches Essen, exotischer Schmuck (...) zu einem Lebensstil, der sich (...) globalisiert hat.« Urlaubssimulanten, so Hillenkamp weiter, seien weder Revolutionäre noch Drittweltromantiker, sie seien – das zeige die teilnehmende Beobachtung –, vor allem »junge Menschen, die kaum verwurzelt sind und denen es an einer fest strukturierten Arbeitswelt gebricht«. Während früher die Sesshaftigkeit als gewöhnlich galt, sei es heute der Tourismus; während früher Zugereiste als Sonderlinge galten, seien es heute die Gebliebenen.[841]

Nicht wenige dieser Lebenstouristen sind insgeheim Flüchtende. Weil aber heutzutage viel von Bereitschaft zur Veränderung, Mobilität und Flexibilität die Rede ist, wird der Aspekt des Flüchtigen meistens übersehen und mitunter ins Positive gekehrt.

Ihre Affinität zum Flüchten übersehen – das ist in den vorausgegangenen Kapiteln zwischen den Zeilen angeklungen – auch manche Spirituelle. Sie treiben auf Inseln der Wellness davon, lassen sich unter die Flügel spiritueller Meister gleiten, schlüpfen in warme Gruppen-Nester oder tauchen in einfach klingende Erlösungsbotschaften ein, von denen sie sich bei recht geringem Einsatz höchstmöglichen Output versprechen. Auch in harmonische Weltgebäude lässt es sich wegsinken, etwa in einen Himmel voller Engel und guter Geister, in eine energetisch reine Welt jenseits des diesseitigen Chaos, in eine Welt, die »noch in Ordnung ist«. Immer wieder ist zu beobachten, dass Spiritualität als Möglichkeit benutzt wird, sich vor den profanen Anforderungen des Alltags zu drücken. Verbreitet ist die Auffassung, die Aufgaben in der profanen Welt seien weit weniger wichtig als die spirituellen. Mit dem Argument, man wolle sich den »wirklich wichtigen Dingen« zuwenden, entzieht sich manch einer den Anforderungen im Berufsleben, in dem erwartet wird, dass

839 Eck, Markus: Vor Hass triefend. Ein Interview mit Isegrim von der Black Metal Band AEBA. http://www.metalmessage.de/Interviews/aeba.htm.
840 Schmid, Georg/Schmidt, Georg Otto (Hg.): Kirchen, Sekten, Religionen, Zürich 2003, 443.
841 Hillenkamp, Sven: Wir Urlaubssimulanten, in: Die Zeit, 1. 10. 2003.

man sich bewährt, dass man »seinen Mann steht«. Die Hingabe von Menschen an spirituelle Praktiken, Lehren und Lebensweisen wird in der Regel als Wachstum und Stärke ausgelegt. Dabei wird übersehen, dass sich dahinter auch innere Schwäche und Mangel an Disziplin und Durchhaltevermögen in der Erfüllung von Aufgaben verbergen kann. Manch einem kommt die Aussicht auf eine spirituell orientierte und meist als höherwertig angesehene Aktivität sehr gelegen, um unliebsamen Bewährungs- und Belastungsproben frühzeitig den Rücken zu kehren und aus eigener Schwäche entstandene Gefühle der Unzulänglichkeit zu verdrängen.

Daraus ist keinesfalls der Schluss zu ziehen, spirituelle Lehren, Lehrer und Gruppen böten in der Regel Anleitungen zum Eskapismus. Dennoch lässt sich beobachten, dass der eine oder andere spirituell Suchende zu eskapistischem Verhalten neigt und sich von jenen Angeboten angezogen fühlt, die ihm dabei behilflicher sind als andere. Großer Beliebtheit erfreuen sich so genannte »Phantasiereisen« wie sie zur Entspannung etwa im Rahmen autogenen Trainings angeboten werden. Eine Stimme, meist betulich klingend und häufig vom Band, leitet an, sich wunderschöne Situationen vorzustellen. Man segelt, begleitet von einer warmen Brise, über den sanften Ozean, steuert auf eine schöne Insel zu, wandelt an Land, legt sich an den Strand und träumt von einem beschaulichen Leben, zwitschernden Vögeln und klarem Himmel. Ein Regenbogen taucht auf, auf dem man wie über eine Brücke ins Paradies schlendern kann usw. Alles ist schön. Alles ist leicht. Alles ist bequem. Ohne eigenen Einsatz. Ohne Risiken. Ohne, dass man sich selbst ändern muss. Über Schwierigkeiten, Ängste, Blockaden wird hinweggeträumt.

Eskapistische Tendenzen sind auch in neoschamanistischen Kreisen zu finden. Auch wenn der Schamanismus ursprünglich nicht so angelegt ist, finden sich hier immer wieder Teilnehmer, die in den typischen schamanischen Reisen eine Möglichkeit sehen, aus ihrem Alltag in eine faszinierende, auch kindliche Welt zu flüchten. Kritiker wie der Religionswissenschaftler Hartmut Zinser sprechen in diesem Zusammenhang von »kollektiv veranstalteter Regression in die Wunschwelt«. Für Zinser existiert echter Schamanismus nur in seinem traditionellen gesellschaftlichen Kontext. Er vergleicht den Neo-Schamanismus mit dem sibirischen Schamanismus und nennt drei wesentliche Unterschiede: Erstens diene der sibirische Schamanismus dazu, mit ungewöhnlichen Ereignissen und Situationen wie Krankheit, Jagdunglück etc. fertig zu werden, um zum Alltag zurückzukehren. Dem Neo- oder New Age-Schamanismus wirft er vor, er benutze diese außergewöhnlichen Bewusstseinszustände, »um gerade diesem gewöhnlichen Alltag zu entfliehen«. Zweitens werde in Kulturen mit echtem Schamanismus »nur von Spezialisten schamanisiert«. In Europa und Amerika hat im Prinzip jeder Zugang dazu. Der dritte Unterschied besteht nach Zinser in einem kollektiv anerkannten Glaubenssystem. Im sibirischen Schamanismus ist die Dreiteilung der Welt und kollektiver Geisterglaube notwendige Voraussetzung, damit Schamanismus zu einer »sozialen Realität« werden kann. Diese kollektive Realität sei aber bei uns nicht gegeben. Bei uns seien soziale Beziehungen eher versachlicht. Deshalb »bleibt der moderne Schamanismus willkürlich und subjektivistisch«.[842]

842 Zinser, Hartmut: Traumreisen und Schamanisieren – Beobachtungen zum »New Age«-Schamanismus, in: Materialdienst der EZW, Stuttgart 9/1988, 249ff.

Roger Walsh, amerikanischer Professor für Psychiatrie und Philosophie, teilt die Kritik Zinsers, Schamanismus werde heute als Weltflucht betrieben, nicht. Walsh bestreitet nicht etwa, dass »die Reise – wie übrigens fast jedes andere schamanische Verhalten – manchmal ein Abwehrmechanismus sein kann.« Dennoch habe er persönlich ein »starkes Vertrauen in die Fähigkeit des Menschen, fast alles zum Abwehrmechanismus zu machen«, fährt er fort, »das ist aber etwas ganz anderes als die Behauptung, die Reise diene generell oder ausschließlich der Abwehr.«[843]

Wer lieber Risiken abwehren will, als sich – auch spirituell – dem Leben zu stellen, findet für sein »Abwehrverhalten« neben dem o. g. Neoschamanismus auch bei anderem, in den letzten Kapiteln Dargestelltem, Anregungen. Er kann in das Bemühen, die eigene Befindlichkeit zu verbessern, abtauchen und wird bei den aktuellen Wellness-Angeboten bestens bedient. Er kann in das Faszinosum des Übersinnlichen eintauchen oder sich ausmalen, wie ihn Außerirdische in die Weiten des Alls führen. Er kann für jeden Schritt in seinem Leben nach Beratung suchen oder sich in die Geborgenheit einer Gemeinschaft hineinkuscheln. So ist es mehr eine Frage von Bedürftigkeit und des eigenen Bewusstseins, die bei den einen zu eskapistischem Verhalten führt, bei anderen aber nicht. Ein an sich bewährter spiritueller Weg kann den einen zu innerem Wachstum und Befreiung dienen, während ihn andere benutzen, um sich lediglich in innere Welten zurückzuziehen und es sich »wohlig bei sich einzurichten«, fernab der Welt mit all ihren Schwierigkeiten und Herausforderungen.

Ausweichen und »sich durch das Leben schonen« statt innere Widerstände überwinden und in die eigene Stärke gehen – das scheint zunehmend zum gesellschaftlich akzeptierten Lebensmotto zu werden. Zumindest wenn man den Slogans dieser Zeit Aufmerksamkeit schenkt, kann an den zeitgenössischen Menschen nur ein geringes Maß an Anforderung gestellt werden; er hat die Regentschaft über sich selbst weitestgehend an seinen »inneren Schweinehund« abgetreten. Mutlosigkeit und Bequemlichkeit werden häufig euphemistisch verdreht. Der Mensch muss sich schonen, von den Anforderungen des Alltags erholen, er soll gut zu sich sein und sich selbst verwöhnen. Die Kehrseite dieser durchaus wichtigen Entspannungs- und Erholungsphasen liegt auf der Hand. Man kann sich damit allzu leicht herausreden und die eigene Trägheit beschönigen. Das Leben soll weich und nachgiebig sein wie Schaum, über seine Rauheiten und Widerborstigkeiten versucht man immer häufiger hinweg zu träumen und zu kuscheln. Selbst etwas so Belangloses wie der Herbst scheint mittlerweile zu viel für verweichlichte Bürger zu sein. »So entfliehen Sie dem Herbst« – mit diesen Zeilen machte *Die Zeit* im Oktober 2004 ihre Titelseite auf, um auf ihre Beilage von »104 Seiten Lesevergnügen« hinzuweisen.[844] Die Natur scheint dem Menschen heutzutage so viel abzuverlangen, dass die Umstände eines ganz normalen Lebens mehr und mehr einer Katastrophe gleichkommen.

Die einen suchen das Leben, die anderen flüchten davor. Die einen verweigern sich jeder Auseinandersetzung mit sich selbst, und wieder andere flüchten sich genau dorthin, in die unentwegte Beschäftigung damit. Der Horizont verengt sich auf ein einziges Objekt der Betrachtung: Ego. Nicht »*wer* bin ich«, sondern »*wie* bin ich« ist die entscheidende Frage, um die sich der persönliche Globus dreht. Ego in seiner

843 Walsh, Roger N.: Der Geist des Schamanismus, Freiburg i. Br. 1992, 106.
844 Die Zeit, 7. 10. 2004 (Buchmesse-Ausgabe).

Verletzlichkeit. Ego in seiner Bedürftigkeit. Ego in seiner Unzulänglichkeit. Es ist, als würde man regelmäßig allein ins Kino gehen, um sich den Streifen »Ego gegen den Rest der Welt« anzuschauen. Anschließend wird sich ins stille Kämmerlein zurückgezogen, wo nun »Ego allein zu Haus« gespielt und in den eigenen Untiefen herumgestochert wird. Wer aber im Trüben fischt, ist selten erfolgreich; stattdessen gewinnt das Trübe an Dichte und verdunkelt sich zunehmend. Das wiederum betrübt so sehr, dass man vor den privaten Videoaltar flüchtet, um sich mit dem Klassiker »Selbstbespiegelungen« weiter zu trösten.

Eskapistische Neigungen sind weit verbreitet, gesamtgesellschaftlich vermutlich sehr viel stärker als im spirituellen Feld. Bei spirituell Orientierten kommen sie häufig am Anfang ihrer spirituellen Aktivitäten vor. Zu beobachten ist auch das phasenweise Auftreten »eskapistischer Anflüge«, das aber mit zunehmender spiritueller Reife bei vielen wieder verschwindet.[845] Spirituell Kompetente sehen in der ernsthaften spirituellen Praxis allerdings keine Möglichkeit zur Regression, im Gegenteil. Es geht dabei vielmehr um die »Erfüllung unseres Menschseins. Es geht um ein Mehr an Menschsein. Menschsein mit allen Potenzen, die uns möglich sind. Es geschieht durch die Integration des Personalen ins Sein. Mystik ist daher ihrem Wesen nach revolutionär.«[846]

Gerade in Zeiten der Stille wird manch einer mit Verdrängtem und Unbewusstem konfrontiert, das zwar auch vorher da war, aber mächtig übertönt wurde. Dennoch berichten Spirituelle, dass sie solche Konfrontation auch als Chance wahrnehmen, sich zu befreien.

Retrospektiven

> Da blühen Jungfraun auf zum Unbekannten
> und sehnen sich nach ihrer Kindheit Ruh;
> das aber ist nicht da, wofür sie brannten,
> und zitternd schließen sie sich wieder zu.
> Rainer Maria Rilke

Es ist ein seltsames Phänomen, dass sich derzeit in Deutschland beobachten lässt: Nach Jahrzehnten voller Wachstums- und Fortschrittslust ist Stillstand angesagt. Die Menschen »kämpfen dafür, dass sich bloß nichts ändert. Die deutsche Geschichte kennt wohl keine Epoche, in der die Ziele, die man verfolgte, so vollständig der Vergangenheit oder dem Status Quo entstammen wie heute«, analysiert der Philosoph Dieter Thomä im KulturSPIEGEL.[847] Ähnliches findet sich auch in der *Zeit*: »Es wird gejammert und protestiert – und wo sie nur können, wenden sich die meisten von der Gegenwart ab. Man sehnt sich zurück in bessere Zeiten, ob in der Politik, in der Kultur, im Sport oder in der Unterhaltung.« Und ein paar Zeilen später: »Es wäre nichts gegen all das einzuwenden, wenn die Blick-zurück-Bewegung nicht so übermächtig wäre.«[848] Die Zukunftsvergessenheit der Deutschen zeigt sich in vielerlei Gestalt. Neben der im letzten Kapitel erwähnten *Regression* lässt sie sich unter dem

845 Vgl. zu Eskapismus auch Affemann, Rudolf: Krank an der Gesellschaft, Freiburg i. Br. 1990.
846 Jäger, Willigis: Was wir Gott nennen, vollzieht sich als Mensch. Das 21. Jahrhundert wird ein Jahrhundert der Mystik werden, in: connection special III 04, 30.
847 Thomä, Dieter: Das erstarrte Land, in: KulturSPIEGEL, 10/2004, 13f.
848 Amend, Christoph: Die Retro-Republik, in: Die Zeit, 9. 9. 2004, 63–64.

Kurz-Begriff *Retro* – Retro-Romantik oder Retro-Sehnsucht – zusammenfassen. Retro-Shows, Retro-Look und Retro-Parties zeigen und nähren zugleich die Rückwärtsgewandtheit. Soziologe Heinz Bude nennt dafür zwei Erklärungen. Im Osten macht er einen Nachholbedarf aus und im Westen träumt man sich in die Zeiten des »gefühlten Wohlstands« zurück. Verbreitet ist das Phänomen vor allem unter den etwa Fünfzigjährigen, die daran gewöhnt seien, dass es immer irgendwie besser werde.[849]

Die »gute alte Zeit«

Ein anderer Begriff, der an dieser Stelle fallen muss, ist *Nostalgie*. Schwärmerische Rückwendung zu einer früheren, in der eigenen Vorstellung verklärten Zeit. Weil »früher alles besser« war, sehnt sich mancher nach dieser »guten, alten Zeit«, auch wenn sie so sanft und schön, wie sie in der Erinnerung gemalt wird, nie gewesen ist, oder wenn man sie aufgrund seines jugendlichen Alters nie erlebt hat, aber gerne erlebt hätte. Nicht zu Unrecht sah Egon Eiermann (1904–1970), bedeutender Architekt vor allem des Nachkriegsdeutschlands, in den von Seufzern begleiteten Geschichten á la »Wie gut und schön alles früher war« den »Ausdruck einer gewissen Kraftlosigkeit«. Denn, so folgerte er schlüssig, »warum sollte die Zukunft, sollten die Zukünfte der Menschen, die vor uns gelebt haben, besser gewesen sein als die unsrige?«[850]

Im spirituellen Feld findet sich der Aspekt des Nostalgischen bei Menschen, die eine Sehnsucht nach mehr *Natürlichkeit*, nach einer naturnahen Lebensweise verspüren. Der Terminus Natur ist häufig mit Attributen wie positiv und rein, der der Zivilisation hingegen negativ und unrein, ja verderbend besetzt. Auch unter dem Motto »zurück zur Natur« werden zivilisations- und kulturkritische Töne angeschlagen. »Wenn wir Menschen der hochzivilisierten, westlichen Kultur uns auf den Weg machen zu Naturtönen, Naturwahrnehmung und Naturausdruck aller Art, so weist das auf unser Bedürfnis nach Nähe zum Ursprünglichen, zu unserem tiefsten Wesenskern, hin. Viele Menschen der heutigen Zeit suchen nach einer Verbindung mit der Natur, was bei vielen gleichbedeutend ist mit einer Sehnsucht nach Aufgehobensein.«[851]

Manche fühlen sich als Teil der Natur, eingebunden in den großen Kreislauf von Werden und Vergehen, von Geburt und Tod. Manche wollen, dass ihre Asche in so genannten Friedwäldern beigesetzt wird und der Natur zurückgibt, was sie zuvor von der Natur bekommen haben. Die Beziehung zur Natur gleicht bei manchen der zwischen Geschwistern. Die Erde gilt als Ernährerin und Lebensspenderin, der große Verehrung und Dankbarkeit entgegengebracht wird. Dazu dienen Rituale und Opfergaben wie sie von Naturreligionen und auch unter Neuen Hexen, Neopaganisten und Neugermanen bekannt sind. Das Naturhafte wird dabei häufig verklärt und zum Opfer menschlicher Eingriffe stilisiert. Erdverbundenheit wird großgeschrieben.

849 Bude, Heinz, zit. in: Die Zeit, 9. 9. 2004, 63.
850 Eiermann, Egon, Originalton in: HR2, 29. 9. 2004.
851 Steiner, Anita: Naturrituale, in: Gugerli, Barbara/Schauwecker, Marianne: Barfuß über die Erde, Zürich 2000.

Hinzu kommt die Sehnsucht nach »Einklang mit der Natur«. Sie findet Ausdruck in der persönlichen Lebensführung, etwa in einer einfachen, natürlichen Ernährungsweise, Vermeidung von Industrieprodukten und chemischen Zusatzstoffen, in der Verwendung von biologisch abbaubaren Reinigungsmitteln, umweltschonenden Baustoffen und Energieressourcen.

Umwelt- und Naturschutz sind meist wichtige Anliegen spirituell orientierter Menschen. Es geht ihnen um Fürsorge statt Ausbeutung, um ein gesteigertes Bewusstsein für die Bewahrung der Schöpfung. In den Achtzigerjahren machte ein irdischer Garten Eden, *Findhorn* in Schottland, in einer breiten Öffentlichkeit von sich reden. Eine Freundesgruppe um Peter Caddy begann 1963 rund um einige Caravans auf als ziemlich unfruchtbar geltendem Boden einen Garten anzulegen, der so schön und üppig wurde, dass er weit über die Landesgrenzen die Menschen in Staunen versetzte. Diese Menschen fingen als Laien an zu gärtnern, Caddys Frau Eileen und Dorothy Maclean baten die geistige Welt um Mithilfe. Sie wandten sich an Devas, geistige Wesen, die für die Pflanzenwelt zuständig sein sollen. Der Draht in die geistige Welt gilt als Erklärung für das prächtige Gedeihen ihrer Blumen und ihres Gemüses.[852]

Weil diese, auf die Natur bezogene Art der Rückbesinnung mit einem sehr starken zukunftsweisenden Potenzial einhergeht, wird der Aspekt Natur/Ökologie im Kapitel *Perspektiven* erneut aufgegriffen werden.

Comeback alter Kulturen

»Zurück zur Natur« heißt für manche auch, präzivilisatorisch leben wie einst die Vorfahren. Archaische Weltanschauungen studieren – das wirkt auf manche verlockend. Überhaupt ist auf der Suche nach Authentizität und Ursprünglichkeit vielen auch das Archaische wieder wichtig geworden. Weil heute offensichtlich so vieles nicht mehr stimmt, will man wissen, wie die Menschen es früher gemacht haben, woran sie sich orientiert, woran sie geglaubt und wie sie gelebt haben. Auf die moderne, rationale Welt reagieren manche, indem sie sich wieder an uraltem Menschheitswissen und Mythen orientieren.[853] So ist das Interesse an ethnologischen Themen gestiegen; Kunstwerke längst versunkener Kulturen werden in den großen Museen der Welt gezeigt. Hochkulturen wie die der Azteken, der Inkas und vor allem die der Ägypter faszinieren. Menschen, die sich im spirituellen Feld bewegen, fühlen sich auch vom Wissen der Kelten, der Germanen und von den nordamerikanischen Ethnien, etwa den Lakota Sioux, angezogen. Die Lebensweisen werden imitiert. Man lebt »auf indianisch«, studiert das »Geheimwissen« der Druiden oder sehnt sich danach, ganz nach Art und Weise germanischer Vorfahren zu leben. Manch einer prognostiziert die Wiederkehr des Heidentums: »Die heidnische Religion basiert auf Lehren, die über Jahrtausende hinweg in Mythen, Sagas durch die Generationen weitergegeben wurden. Heidentum ist nie erloschen. (...) Wir erleben eine Wiedergeburt der alten spirituellen Traditionen. (...) Überall erwacht der alte Glaube.«[854]

852 Nach Hawken, Paul: Der Zauber von Findhorn. Ein Bericht, Reinbek 1985, 170ff.
853 Pöhlmann, Matthias, (2001), 282–289.
854 Röth, Bertold: Neues Jahrtausend – neuer Glaube. Naturreligion und »Witchcraft«, in: Magie & Mythos 1/1999, 7.

So fällt als dritter Begriff in diesem Kapitel der der *Renaissance*. Die Wiederkehr vorchristlicher Weltanschauungen bzw. einer »alten Religion« zeigt sich vor allem in den Erscheinungsformen des »Neuheidentums, des Druiden- und Keltentums, des Neugermanentums und des neuen Hexentums«, so Pöhlmann. »In seiner heutigen Ausprägung handelt es sich um ein neues Phänomen und muss daher im Kontext neuer Religiosität verstanden werden.«[855]

Die *Artgemeinschaft e. V.* mit Sitz in Hamburg bezeichnet sich selbst als die älteste und »größte heidnische Gemeinschaft Deutschlands. Auf ihrer Homepage verweist sie auf eine »jahrzehntelange Erfahrung bei der Neugestaltung eines uns gemäßen Glaubens«. Regelmäßig gibt sie die *Nordische Zeitung,* eine Buchreihe sowie Einzelschriften heraus, bei denen es neben einer Auseinandersetzung mit dem Christentum auch um eine »Darstellung alter Bräuche und die Durchformung eines arteigenen Glaubens« geht. Eine bedeutende Rolle spielen das »Sittengesetz unserer Art« und das »Artbekenntnis«, in dem auch auf Kernpunkte des Glaubens eingegangen wird. Unter Ziffer 5 heißt es: »Unser Sein verdanken wir wesentlich Eltern und Ahnen. Wir bekennen uns zur Verehrung unserer Ahnen und wollen ihr Andenken an kommende Geschlechter weiterreichen.« Die Artgemeinschaft kritisiert gegenwärtige Sozialstrukturen, in denen »Sippe und Großfamilie« an Bedeutung verloren haben: »Der Verlust des Denkens in der größeren Verwandteneinheit führte zur individualistischen, liberalistischen Betrachtung der Welt und der eigenen Stellung darin. Bei einer solchen Betrachtungsweise ist es nur folgerichtig, keine Kinder mehr haben zu wollen, da diese – anders als noch in einer bäuerlichen Umwelt – keinen wirtschaftlichen Nutzen bringen, sondern nur erhebliche Kosten machen. Die Individualisierung der Einzelwesen führt also zwangsläufig zum Zusammenbruch eines solchen Sozialwesens durch Aussterben.« Deshalb plädiert die Artgemeinschaft für eine »Neubesinnung in weltanschaulich-religiöser Hinsicht«. Sie wollen zurück zu den konservativen Familienstrukturen. Renaissance – auch um der Zukunft willen.[856] In der *Nordischen Zeitung* werden drei Säulen des Artglaubens genannt: Lebensschutz, insbesondere Überleben der eigenen Art; Erhaltung des nordischen Kulturerbes und Förderung einer wesensgemäßen Kultur; Verwirklichung einer sinnerfüllten Lebensgestaltung. Datierungen und Zeitangaben richten sich nicht nach der christlichen Zeitenwende, sondern beziehen sich auf die »Hochblüte des Gestirnheiligtums Stonehenge«.[857]

Wert der Wurzeln

Auf Altbewährtes greifen auch jene zurück, die Internetseiten gegen Missbrauch schützen wollen. Die Startseite der Homepage www.pagan-federation.de ziert ein »Nidstang«, die Abbildung eines Menschen, der eine etwa drei Meter hohe Stange trägt, an deren Spitze ein Pferdeschädel prangt. Den Nidstang tragen bedeutet, den Feind verfluchen. Dies stamme aus den Zeiten, »als das Runenwissen noch lebendig war«, ist auf der Homepage zu lesen. Heute stelle man die Nidstangen wieder auf, um die Symbole und Bräuche vor Neonazis und anderen extremen Gruppen zu

855 Pöhlmann, Matthias (2001), 282.
856 http://www.asatru.de.
857 Nordische Zeitung, Heft 4/70. Jahrgang, Gilbhart/Julmond 3802 n. St.

schützen, die »sich diese ungefragt ausleihen oder ausbeuten und pervertieren«, heißt es weiter. Dieser Nid, dieser Fluch, wende sich nicht nur gegen die »einfach erkennbare Masse der Neonazis, sondern auch an die intellektuellen Köpfe in Anzug und mit ihrem Geschäftsgebaren.«[858]

Nach Retro, Nostalgie und Renaissance gesellt sich nun als vierter Begriff die *Tradition* in die retrospektivische Reihe. Während die Tradition bei vielen, gerade jüngeren Menschen häufig Assoziationen wie altbacken, verstaubt, nationalistisch oder deutschtümelnd weckt, ist er im spirituellen Feld weitgehend positiv besetzt und stärkt das Bewusstsein, in der Geschichte einer von Lehrer zu Schülern weitergegebenen Weisheitslehre zu stehen. Sich auf eine spirituelle Tradition berufen zu können, vermittelt Stärke und Sicherheit. Man weiß sich als unterwegs auf einem Weg, der auf einen der großen Religionsgründer wie Buddha oder Jesus zurückgeht oder auf Meister aus der jüngeren Vergangenheit wie Osho, Krishnamurti, Shrunyu Suzuki etc. Spirituelle sehen in der Tradition sowohl einen Rückbezug als auch eine geistige Pflicht: Sie wollen ihren spirituellen Weg im Geiste der gewählten Tradition gehen. Dadurch vermittelt sich das Gefühl, in ein zeitliches Kontinuum eingebunden zu sein, das sich – vom Standpunkt des Betrachters her gesehen – aus der Vergangenheit in die Zukunft bewegt. Manche suchen dabei in der eigenen Kultur nach geistigen Wurzeln und stoßen auch hier auf mystische Quellen. Vor allem Frauen interessieren sich für die Mystikerinnen des Mittelalters. Gelesen werden auch Bücher über Leben und Werk von Ordensbegründern wie Ignatius von Loyola, Benedikt von Nursia und Bernhard von Clairvaux, nicht selten auch von jenen spirituell Interessierten, die sich von den christlichen Großkirchen verabschiedet haben oder nie Mitglied waren. Tradition im geistigen Sinn ist auch verbunden mit der Erinnerung, einer Erinnerung nicht nur an weltliches Geschehen, sondern vor allem im Sinne einer geistigen Erinnerung an etwas Seiendes, Ewiges, an einen Anfang allen Werdens, an etwas Beständiges im Vergänglichen.

Der Begriff der Tradition zieht auch bei der Produktvermarktung. In den letzten Jahren konnten sich jene Exoten unter den pflanzlichen Heilmitteln erfolgreich auf dem Markt behaupten, denen es zwar an Nachweisen für ihre Wirkkraft mangelt, aber die eine jahrtausendealte Tradition hinter sich wissen. Die Tradition gilt eben als das authentischere Qualitätssiegel. Das Neue wird beargwöhnt und muss sich erst bewähren, wohingegen das (auch unbekannte) Alte relativ unkritisch rezipiert wird.

Ein Beispiel dafür ist der in den letzten Jahren propagierte Saft *Tahitian Noni®*. Bei »Noni-Saft« handelt es sich um den gepressten Saft der aus Indien stammenden Maulbeere »Morinda Citrifolia«, die auch in Polynesien und anderen Teilen Südost-Asiens wächst. Den Werbeaussagen zufolge soll *Tahitian Noni®* einem Wundermittel gleich quasi alle Krankheiten heilen können. Bei einer Recherche im Internet fanden sich zahlreiche Berichte positiver Erfahrungen durch den Konsum von Noni, aber auch kritische Gegenstimmen, z. B. Betrug und Geldmacherei. Dem Europäischen Verbraucherzentrum in Kiel zufolge soll der Verzehr dieses neuartigen

858 http://www.pagan-federation.de. – Neonazistische Tendenzen wurden in heidnischen Kreisen schon mehrfach beobachtet. Dieser Vorwurf wurde von Kritikern auch gegenüber Vertretern der »Esoterik-Szene«, wie sie sie nennen, erhoben. Dort will mancher antidemokratisches und rassistisches Gedankengut ausgemacht haben. Im Rahmen dieser Studie darauf einzugehen, würde aber zu weit führen. Sie konzentriert sich auf Dimensionen der Sehnsucht und der Motivation.

Lebensmittels zwar unbedenklich, aber auch nicht gesünder als der Genuss anderer Säfte sein.[859]

»Man kann das Rad nicht zurückdrehen« – geflügelte Worte, die oft zu hören sind. Doch die Vergangenheit im Auge zu behalten, kann entscheidend für die Gestaltung der Zukunft sein. Verwurzelung ermöglicht Wachstum.

Für Deutschland allerdings diagnostiziert der Philosoph Thomä eine gewisse Erschlaffung, die vor der Zukunft die Augen verschließt und selbst die Vergangenheit nicht zulassen will: »Wer sie aus dem Auge verliert, hat sich schnell verlaufen. Es sieht aber so aus, als sei das Handlungsrepertoire, das sich aus der deutschen Vergangenheit ableitet, nunmehr ausgeschöpft. Wir merken, wie die gewohnten Werkzeuge nicht mehr greifen, und stehen hilflos da.«[860]

Perspektiven

> Ich kann freilich nicht sagen, ob es besser werden wird, wenn es anders wird:
> aber so viel kann ich sagen, es muss anders werden, wenn es gut werden soll.
> Georg Christoph Lichtenberg

Die Beziehung des Menschen zur Welt, zu dem, was ihn an sichtbar Erscheinendem umgibt, äußert sich neben verneinender und retrospektivischer auch auf perspektivische Art. Wenn es um *Perspektiven* geht, spielt auch als positiv Gewertetes aus der Vergangenheit eine Rolle, mit den Worten des Philosophen Hans-Georg Gadamer gesprochen: »Zukunft ist Herkunft«.

Im spirituellen Feld ist der Slogan »Zurück zu den Wurzeln« häufig zu hören; nicht selten meint die Rückkehr ein »Zurück um der Zukunft willen«. Zu beobachten ist dies vor allem bei Bemühungen um das Wohl der Natur und der gesamten Erde als Lebensraum des Menschen und somit auch um natürliche Ressourcen. Unter *Retrospektiven* eingeordnete Parameter können also auch *perspektivischer* Natur sein, wie sie in diesem Kapitel behandelt werden.

Der Fokus ist hier eindeutig auf Zukunftsrelevanz ausgerichtet. Man hat Ziele vor Augen, schmiedet mehr oder weniger konkrete Pläne und gestaltet Zukunft. Folglich will man im Gegensatz zu *Negationen* hier auch nicht von etwas *weg*, sondern zu etwas *hin*, das einen in jene Stimmung versetzt, die Louis Armstrong in seinem populären Song *What a wonderful world* beschrieben hat.

Die Sehnsucht nach einer besseren, schöneren Welt bringen manche bereits jetzt, in der Solidarität für andere Menschen und die Natur, zum Ausdruck. Häufig bewegt man sich dabei in bereits bestehenden Strukturen, z. B. in karitativen Institutionen oder ökologischen Verbänden. Andere sind der Überzeugung, dass es völlig neue Strukturen braucht, um Zukunft unter dem Aspekt von Weitblick und Nachhaltigkeit zu gestalten. Die Argumentationsweise erinnert an ein Zitat aus dem Neuen Testament: Man füllt keinen »jungen Wein in alte Schläuche« (Mt 9,17). Immer mehr Menschen geht es nicht mehr darum, bereits bestehende Strukturen zu verbessern; sie suchen von Grund auf neue Wege, die eine andere, eine neue Welt

859 http://www.evz.presse/lm_nonisaft.html, 13. 6. 2003.
860 Thomä, Dieter: Das erstarrte Land, in: KulturSPIEGEL, 10/2004, 16.

mit neuen Strukturen entstehen lassen können, weil die alten den neuen Herausforderungen nicht mehr gerecht werden.

In diesem Kapitel geht es nicht so sehr um das Engagement einzelner Menschen oder Gruppen in Bezug auf die Verbesserung der Lebensumstände von wiederum Einzelnen oder Gruppen in der gegenwärtigen Gesellschaft, sondern vielmehr um »den großen Wurf«, um das, was seit den letzten beiden Jahrzehnten des 20. Jahrhunderts in zahlreichen wissenschaftlichen und spirituellen Publikationen mit unterschiedlichen Begriffen umschrieben wird: Es geht um den Anbruch eines neuen Zeitalters, einen Paradigmenwechsel, eine Zeitenwende bzw. Wendezeit, um Transformation, Werte- und Bewusstseinswandel, das Wassermannzeitalter, das Zeitalter des Erwachens, um Prognosen, Prophezeiungen und Visionen von neuen Menschen in einer neuen Welt.

Es sind zahlreiche Autoren, Wissenschaftler und Publizisten, deren Werke an dieser Stelle zu nennen sind: Spirituell orientierte Menschen lesen mit Vorliebe Veröffentlichungen von Physikern, die ihnen über vertraute, also wissenschaftliche Wege vermitteln können, was sie bisher nicht über eigene innere Erfahrungen kennen lernen konnten oder woran sie Zweifel hegten. Zudem sehen nicht wenige ihre eigenen Weltanschauungen durch die Lektüre wissenschaftlich untermauert und bestätigt. Es ist paradox: Gerade die moderne Naturwissenschaft zeigt den Menschen neue Perspektiven von Mensch und Welt auf. In einem Aufsatz macht Geseko von Lüpke deutlich, dass es gerade die modernen Bereiche der Physik wie Quantentheorie, Chaosforschung und Atomphysik sind, die eine Welt darstellen, »in der wirklich alles mit allem verbunden ist, in der die Schöpfung immer weiter geht und der Mensch nur Teil eines größeren Ganzen ist. Objektive Realitäten verschwimmen in der Grundlagenforschung, der Gegensatz von Geist und Materie wird immer mehr aufgehoben.«[861] Von Lüpke nimmt dabei auf den renommierten englischen Gehirnforscher und Neurobiologen Karl Pribram Bezug. In der Quantenmechanik sieht dieser »erste Schritte in eine Richtung, wo Wissenschaft und Religion zusammenfließen. Es ist nicht mehr so, dass die Wissenschaft sagt, dieses ist mein Territorium und die Mystik ist das Gebiet der Religion, in das wir uns nicht einmischen. Wir stehen wirklich am Beginn einer Wieder-Annäherung.«[862]

Publikationen aus dem Bereich der Naturwissenschaft, etwa von Fritjof Capra, Hans-Peter Dürr, Paul Davis, Fritz-Albert Popp, Marco Bischof, Frank J. Tipler, Ian Robertson, John Davidson, David Bohm und Karl Pribram, sind im spirituellen Feld besonders populär. Sie bieten – wenn auch nicht unumstrittene, so doch plausibel klingende, nachvollziehbare – Theorien und Erklärungsmodelle, auch für Weisheit und Jahrtausende altes Menschheitswissen. In spirituellen Fachzeitschriften und populärwissenschaftlichen Magazinen finden sich immer wieder Artikel über Gehirnforschung, Fraktale und Quantenphysik.[863] Auf großes Interesse stoßen auch

861 Lüpke, Geseko von: Christentum ohne Kirche. Tendenzen in einer neuen Wendezeit, in: connection special III 04, 26.
862 Pribram, Karl, zit. in: Lüpke, Geseko von: Christentum ohne Kirche. Tendenzen in einer neuen Wendezeit, in: connection special III 04, 26.
863 Es würde den Rahmen dieser Studie sprengen, tiefer auf diesen durchaus spannenden und in vielerlei Hinsicht aufschlussreichen Dialog zwischen Physik und Spiritualität einzugehen. Vgl. dazu Warnke, Ulrich: Was ist Leben? Diesseits und Jenseits der Raum-Zeit-Netze, in: Tattva Viveka 22, 8–17; Ripota, Peter: Chaos: Die geheime Ordnung des Lebens, in: P.M. 6/2004, 61–69; Ripota, Peter: Das Universum hat ein Bewusstsein!, in: P.M. 9/2003; Das Universum – ein Fraktal? in: P.M. 6/2004; Wie die Kräfte des Universums unser Leben bestimmen, P.M. 7/2004; pm-magazin.de; http://www.quantumphil.org.

Theorien über Holographien und Holarchien.[864] Als das »heißeste Thema« am Beginn des neuen Jahrtausends bezeichnet Ken Wilber ein Modell, das alles bereits Bestehende zu einer einzigen Theorie zusammenführt und umfassende Erklärung für alles sein will: Die *String-Theorie* oder *M-Theorie*[865] hat Intellektuelle und Wissenschaftler aller Couleur gleichermaßen bewegt und angeregt.

Es scheint eine Übereinstimmung darüber zu geben, dass die Menschheit an einem Wendepunkt, einer Art anthropologischer Äquinox, steht. Darüber, dass sie vom Zeitalter des Dämmerschlafs in ein Zeitalter des Erwachens übergeht bzw. gehen könnte, ist man sich im spirituellen Feld weitgehend einig. Viele Spirituelle fühlen sich (auf-)gefordert, sich im Dienst dieser Wendezeit zu engagieren. Sie sind oftmals von hohen Idealen geprägt und sehen ihre Lebensaufgabe darin, bereits heute die Weichen für die Welt von morgen zu stellen. In der Umsetzung allerdings unterscheiden sie sich häufig. Der Eifer Einzelner gleicht mitunter Versuchen der Bemächtigung und erinnert an jenen Fanatismus, der nicht nur in der abendländischen (Religions-)Geschichte seine tragischen Spuren hinterließ.

Häufiger allerdings anzutreffen ist die »Arbeit an sich selbst«, der unaufhörliche Versuch, sich selbst zu verändern, heil zu werden, einen neuen Ethos zu leben und das zu verwirklichen, als was der Mensch gedacht ist, wenn auch Wege, Methoden und Menschenbild im spirituellen Feld nicht deckungsgleich sind. »Es ist die einzige Möglichkeit, die neue Zeit vorzubereiten, indem wir sie schon jetzt in uns vorbereiten.«[866] Menschen, die sich bewegen, die Fortschritte machen und spirituell wachsen, bemerken immer stärkere Diskrepanzen zwischen sich selbst und vielen anderen Menschen: »Am meisten bewegt mich die starke Unterschiedlichkeit in der menschlichen Entwicklung auf verschiedenen Gebieten. Während ein Teil der Menschheit mit einem neuen Bewusstsein voranschreitet, hält ein anderer ebenso stark am alten fest.«[867]

So identifizieren sie sich häufig mit dem, was ein im spirituellen Feld beliebter Schriftsteller, Khalil Gibran, unter der Überschrift »Das Neue Zeitalter« zum Ausdruck gebracht hat: »In unseren Tagen bewohnen zwei Menschen die Erde: der Mensch der Vergangenheit und der Mensch der Zukunft. Welcher von beiden seid ihr? Tretet näher, dass ich Euch aufmerksam betrachten und dass ich die Züge Eures Gesichtes lesen kann, um zu wissen, ob Ihr zum Licht voranschreitet oder ob Ihr in die Dunkelheit eintaucht. (…) Was die Kinder von morgen betrifft, so sind das die, welche das Leben gerufen hat, und sie sind ihm mit festem Schritt und erhobenen Hauptes gefolgt. Sie sind dieses Morgengrauen eines Neuen Zeitalters. (…) Sie sind nicht zahlreich in der Menge. Aber man kann sie unterscheiden wie einen blühenden Zweig in einem ausgeglühten Wald, wie ein Getreidekorn in einer Heumühle. Niemand kennt sie, aber sie kennen sich untereinander. Sie sind nach dem Maß der Gipfel geformt, die sich sehen können und die einander zu hören vermögen.«[868]

864 Talbot, Michael: Das Holographische Universum. Die Welt in neuer Dimension, München 1992; Wilber, Ken: Eros, Logos, Kosmos. Eine Vision an der Schwelle zum nächsten Jahrtausend, Frankfurt a. M. 1996.
865 Diese Theorie besagt, es gebe im Innern der Quarks vibrierende Saiten, die die fundamentalen Einheiten von allem seien. Das *M* steht für ganz Unterschiedliches: Matrix, Membran, Mysterium und Mutter, wie in Mutter aller Theorien. Wilber (2001), 8f.
866 Hillesum, Etty: Das denkende Herz, Reinbek 1992. Zit. in: Kaiser, Annette: Jenseits aller Pfade. Visionen einer neuen Spiritualität, Berlin 2004, 74.
867 Douglas-Klotz, Neil: Himmel und Erde wieder zusammenbringen, in: Visionen 04/2003, 32.
868 Gibran, Khalil: Das Auge des Propheten, Frankfurt a. M./Berlin 1994, 29–35. Gibran wurde bekannt durch das Büchlein *Der Prophet*.

Viele neigen dabei dazu, die einen auf- und die anderen abzuwerten. Sie nehmen nicht nur Vorhandenes wahr, sondern beurteilen es. Das ist deshalb eine Anmerkung wert, weil spirituelle Lehren häufig von der urteilsfreien Wahrnehmung handeln. Wahrnehmen mache frei und führe in die Einheit während Urteilen zu emotionalen Bindungen führe und Trennung bewirke, heißt es. Anspruch und Wirklichkeit klaffen auch für spirituelle Menschen offensichtlich noch häufig auseinander.

Selbst wenn das spirituelle Feld in seinen Ansichten eher heterogen ist – zusammenfassend geht die Bewegung weg von einem eher mechanistischen Weltbild hin zu einem ganzheitlichen. Die Wirklichkeit gilt als relativ, für manche sogar als subjektiv. Man stimmt weitgehend überein, dass die Zeit reif ist für »neue Dimensionen des Bewusstseins«, es geht um Transformation, nicht nur des Einzelnen, sondern der Menschheit als Ganzes. Viele sind gegenüber anderen spirituellen Bewegungen relativ tolerant: Es gibt viele Wege zu Gott; wenn auf ihnen gestolpert und gefallen wird, so liegt es entweder am mangelnden Vermögen des Wanderers oder am spirituellen Kompass des Wegführers. Obwohl viele ihre Bedenken gegenüber globalen Wirtschaftsstrukturen äußern – global zu denken und zu fühlen, also weit über den eigenen Lebensraum hinaus, ist spirituellen Menschen wichtig. Tendenzen weltweiter Vernetzung werden immer rascher umgesetzt.

Außenstehende vermuten und beobachten bei Menschen, die den spirituellen Weg eingeschlagen haben, dennoch mitunter wachsendes Desinteresse an ihrer Umwelt und an politischen Fragen. Sie werfen ihnen vor, »nur am eigenen Seelenheil interessiert« zu sein, ja sogar »egoistisch zu handeln«, was das genaue Gegenteil spiritueller Lehren wäre. Eine gewisse Neigung zur »spirituellen Selbstbezogenheit« machen mitunter auch Insider aus. Pia Gyger hat spirituell Suchende jahrelang beobachtet: »Vielen, die ihr Glück in der spirituellen Vervollkommnung durch Meditation bzw. Kontemplation suchen, fällt es schwer, (...) für Frieden auf Erden aktiv zu werden.« Und sie fragt sich, warum der »spirituell Suchende vielfach das soziale, politische und karitative Handeln lieber ›den Anderen‹« überlässt.[869]

Diese Menschen setzen ihren Akzent (noch) mehr auf die Dimension *Reise zu sich selbst*, während im Weiteren der Blick auf jene gelenkt werden soll, deren Lebensimpulse (bereits) auch im Engagement für eine Welt von morgen ausschlagen. Denn in der Tat ist es Menschen, die spirituellen Reichtum – Glück, Freude, Liebe, Frieden, Zuversicht, Bewusstheit – erfahren haben, ein Bedürfnis, andere daran teilhaben zu lassen, davon weiterzugeben und mit diesen Kräften Perspektiven verschiedenster Art zu entwickeln. Auch deshalb fühlen sich Spirituelle häufig berufen, selbst aktiv zu werden, jene Erfahrungen, die sie verändert haben, weiterzugeben und z. B. als spirituelle Lehrer tätig zu werden.

Im spirituellen Feld finden sich also Menschen, die eher auf Selbstveränderung/Selbstfindung setzen und es aus unterschiedlichen Motivationen dabei belassen, sei es aus Mangel an Bewusstsein oder umgekehrt aus der Überzeugung heraus, dass gerade dies den entscheidenden Wandel nach sich zieht. Spirituelle Selbstheilung oder spirituelles Erwachen soll somit der Menschheit als Ganzer dienen. Bei anderen folgt aus der Selbstveränderung der Impuls, sich auch für die Veränderung der Welt einzusetzen. Und wieder andere widmen sich der Veränderung der Welt und umgehen

869 Gespräch mit Pia Gyger, Ist Frieden eine Utopie? in: Visionen. Das Magazin für ganzheitliches Leben, 05/2003, 22f.

dabei den ganzen Bereich spiritueller Praxis wie Mystik und Meditation; sie fühlen sich davon mitunter einfach weniger angesprochen oder »können damit nichts anfangen«. Häufig sind es pragmatisch veranlagte Menschen, die »gerne anpacken« und einer der im spirituellen Feld vertretenen Weltanschauungen oder Wertvorstellungen nahe stehen. Viele empfinden gegenüber dem, was sie derzeit in der Welt, in Wirtschaft und Politik, vorfinden, großen Widerstand. Naomi Klein, Autorin des viel beachteten Buches *No Logo*, weist in einem Interview hin auf das »Vakuum, das durch die Schrumpfung von Staat und Kirche sowie durch den Zerfall von Gemeinschaften entstanden ist«. Und sie ergänzt, wir hätten eine tiefe Sehnsucht nach bedeutenden Werten und Gemeinschaft, nach Freiheit, nach einem Leben im Gleichgewicht auch mit der Natur.[870] So ist denn auch im Vorwort von *No Logo* ein indonesischer Aktivist zitiert: »An der Oberfläche sieht man nichts, aber unter der Oberfläche brennt längst ein Feuer des Widerstands!«[871]

So sind auch die NGOs (Non Government Organizations) entstanden wie zum Beispiel die international agierende *attac*-Bewegung. Ein Beispiel »sozialer Mystik« ist *Die Peacemaker Gemeinschaft Deutschland e. V.*, ein »überkonfessioneller Dachverband für Spiritualität und Soziales Engagement«. Seine Gründungsmitglieder waren bereits im Rahmen der *Peacemaker Community* von Bernie Glassman und Sandra Jishu Holmes aktiv, die u. a. so genannte Straßen-Retreats in New York und Auschwitz-Retreats planten und durchführten. Die Peacemaker versuchen, »Menschen und Organisationen miteinander zu verbinden, denen sowohl Spiritualität als auch soziales Engagement wichtig ist«.[872] Im August 2004 wurde beispielsweise im Allgäu ein Seminar für Menschen angeboten, die »ihre Spiritualität innerhalb des Buddhismus, des Christentums, des Islams oder des Judentums praktizieren oder auf der Suche sind«. Im ersten Teil vermittelten Vertreter oben genannter Traditionen die jeweiligen spirituellen Grundlagen, im zweiten Teil sollte das Konzentrationslager Buchenwald bei Weimar besucht werden, in dem Zehntausende von Menschen starben. »Wir werden an diesem Ort der Toten gedenken und uns mit den hier geschehenen Verbrechen befassen. Wir werden im Steinbruch, in dem die Häftlinge arbeiten mussten und ermordet wurden, meditieren. Wir werden erfahren, wie die spirituellen Traditionen mit diesem Ort und seiner Geschichte umgehen. Wir werden miteinander schweigen und miteinander sprechen, gemeinsam trauern und uns gemeinsam freuen.«[873]

Spirituelle Erfahrungen der Verbundenheit mit allem Lebendigen und Grenzerweiterungen führen nicht nur zu sozialem und politischem Engagement, sondern sensibilisieren noch mehr für die Bedrohung der natürlichen Lebensräume. »Wenn wir so weitermachen, hinterlassen wir unseren Enkeln eine einzige Wüste. Wir sind dabei, uns selbst auszurotten.« Eine düstere Prophezeiung des Dalai Lama – doch der Inhalt ist nicht neu. Im Grunde wissen das alle, aber manchen wird erst bewusst, wie schlecht es um die Erde und um die gesamte Menschheit steht, wenn er »in Fühlung gegangen« ist, wenn er das Ausmaß dieser Worte auch in seinem Inneren erlebt und ein persönliches Einbezogensein in das Geschehen spürt. Immer wieder

870 Interview mit Naomi Klein von Geseko von Lüpke, in: Connection Sonderteil: Wege zum Erwachen, VI.
871 Klein, Naomi: No Logo, München 2001.
872 Informationen zu Grundlagen ihrer Arbeit und ihrer Geschichte unter http://www.peacemaker-gemeinschaft.de.
873 Aus dem Flyer des Programms.

fällt in spirituellen Kreisen der Begriff *Verantwortung*. Und man stimmt weitgehend darüber überein, dass »jede Lösung, die eine umfassende Antwort auf die Krise unserer Welt sein soll, in ihrem Kern eine spirituelle Komponente bergen muss«[874]. Willigis Jäger dazu: »Weltverantwortung kann nur der tragen, der im Innersten erfahren hat, was er zutiefst ist, einer der die Zusammenhänge von Individuum und Ganzheit erfasst hat.«[875]

Auch deshalb wollen gerade an spirituellen Themen interessierte Menschen mehr als konventionellen, ausschließlich auf die Materie bezogenen Naturschutz betreiben. In diesem Zusammenhang fallen häufig Begriffe wie *Tiefenökologie* (Arne Naess) und in den letzten Jahren *Permakultur*. Permakultur wird häufig mit alternativen Garten- oder Landwirtschaftsmethoden in Verbindung gebracht. Doch nach den Ausführungen Jascha Rohrs ist sie in erster Linie eine Planungsmethode, »deren Ziel es ist, funktionierende Systeme aufzubauen, die den ethischen Grundsätzen der Sorge um Natur und Menschen gerecht werden«[876]. Die Methode wird immer häufiger auf Gärten und Landwirtschaft angewandt, die von im spirituellen Feld anzusiedelnden Gemeinschaften betrieben werden. Das ergibt sich aus einer Analyse der Publikation *eurotopia. Gemeinschaften und Ökodörfer in Europa* aus dem Jahr 2004. (siehe auch S. 148, Gemeinschaftsprojekte)

Aufsehen erregt hat der Krameterhof im oberösterreichischen Lungau. In alpiner Höhe schuf Sepp Holzer über Jahre ein kleines Paradies. Hier wächst, was naturkundlicher Literatur zufolge gar nicht hier wachsen könnte. Sepp Holzer gilt als »Ökorebell« und ist weit über die Landesgrenzen bekannt geworden, auch in Deutschland. Über Jahre hat er die Natur genau beobachtet und ist der Meinung, sie brauche »genauso Zuwendung wie jeder Mensch«. Holzer versucht, sich in die Natur hineinzuversetzen. Die Natur wolle wachsen, sich entfalten, ihre grenzenlose Energie ausleben. Doch was auch immer man tue, es käme darauf an, *mit* der Natur zu arbeiten, ihre ökologischen Beziehungen nachzuvollziehen. Holzer kennt die ganzen Wortmalereien über Mutter Erde, doch er ist ein Mann der Praxis. Es reiche nicht, ständig von Mutter Erde zu reden, man müsse sie auch als solche behandeln.[877]

Menschen mit einer eher erdgebundenen Spiritualität sind auf Bewahrung der Natur und achtsamen Umgang mit natürlichen Ressourcen geradezu geeicht. Ihre Naturverehrung und ihr Respekt gegenüber »Mutter Erde« zeigen sich nicht nur in spezifischen Ritualen, sondern auch in einem mitunter enormen Engagement in zukunftsweisenden ökologischen Projekten. In diesem Zusammenhang wird auch von *Gaia-Landwirtschaft* gesprochen. Die Erde selbst gilt als Wesen, als »Leib für eine großartige kosmisch-geistige Wesenheit, deren Entwicklung mit jener der Menschheit innig verbunden ist«[878]. In der biologisch-dynamischen Landwirtschaft wird die Gestaltung eines »Hoforganismus« angestrebt, der mit Gaia, dem Erdwesen als Ganzem, in Beziehung steht. Die Annahme eines Wechselspiels zwischen der Erde

874 Was ist Erleuchtung? Magazin – Kann Erleuchtung die Welt retten? Issue 6, http://www.wie.org/DE/j6/j6.asp.

875 Jäger, Willigis: Was wir Gott nennen, vollzieht sich als Mensch. Das 21. Jahrhundert wird ein Jahrhundert der Mystik werden, in: connection special III 04, 33.

876 Rohr, Jascha: Nach den Wurzeln fragen. Die Tiefenökologie als Grundlage für Wege aus der Agrarkrise, in: Hagia Chora, Herbst 2002,14–18.

877 Aigmüller, Barbara/Zerling, Clemens: Beobachten ist das Wichtigste, in: Hagia Chora, Herbst 2002, 44–47; Holzer, Sepp: Der Agrar-Rebell, Graz 2002.

878 Sieber, Markus: Zwischen Erde und Himmel. Das Projekt Fintan wirtschaftet am keltischen Kraftort, in: Hagia Chora, Herbst 2002, 27.

und den auf ihr lebenden Wesen spielt auch bei der so genannten *Erdheilung* eine Schlüsselrolle. Die Erdheilung versucht, Energiemangel in einer Landschaft oder Blockaden im Energiefluss, etwa durch Elektrosmog-Belastung, zu beheben. Peter Schneider ist ganzheitlicher Tierarzt und beschäftigt sich seit vielen Jahren mit Erdenergien. Als Maßnahmen zur Erdheilung nennt er Mineraliensteine, die auf bestimmte Energie-Zentren der Erde gelegt werden, oder so genannte Hakokehl Plus-Energieplatten und geistig-energetische Verfahren. Erdheilung in Schneiders Sinne bedeutet aber nicht Heilung der Erde, sondern »›Heilung von chronisch kranken Menschen‹, die das Prinzip der Gaia, d. h. die Gastfreundschaft der Mutter Erde, missachten und missbrauchen«.[879]

Ein weiterer Begriff, der an dieser Stelle fallen muss, ist die *Geomantie*, die Orte, Landschaften und Räume zu interpretieren versucht. Wie der Naturschutz sieht auch die Geomantie im Eingriff des Menschen in die Natur das große Übel. Doch im Gegensatz zum Naturschutz betrachtet die Geomantie die Erde als »Lebewesen, mit Geist und Seele begabt«. Die Erde wird mit allem, was in ihr, auf ihr und über ihr (Himmel) ist, als »Erscheinung und als Körper der Großen Göttin selbst« gesehen.[880]

Dass die Erde ein eigenes Bewusstsein hat, ist dem Geomantie-Experten Marko Pogacnik zufolge ein Gedanke, der bei immer mehr Menschen auf Anklang stößt. Pogacnik ist diplomierter Bildhauer aus Slowenien und hat seit 1979 zahlreiche »Projekte zur Heilung der Natur- und Stadtlandschaft durch Steinsetzungen (Lithopunktur)« realisiert. Außerdem fungiert er als Leiter der Fachausbildung »Erdheilung, geomantische Landschaftsplanung und Naturschutz« und hat diverse Bücher zum Thema publiziert. Des Weiteren gibt die *Schule für Geomantie Hagia Chora* eine gleichnamige Fachzeitschrift heraus. Sie tritt unter anderem auch als Veranstalterin von themenspezifischen Symposien auf, wie etwa im Herbst 2002 unter dem Titel *Umwelt Mitwelt Anderswelt*.[881]

Gut besucht sind auch Symposien und Vorträge u. a. der mittlerweile international bekannten Wasserforscher Masaru Emoto[882] und Alexander Lauterwasser, der die Kymatik in der Tradition von Hans Jenny weiterverfolgt.[883] Gerade im spirituellen Feld haben die Inhalte der Wasserforschung seit Ende des 20. Jahrhunderts Aufsehen erregt und Beifall erzeugt.

In den letzten Jahren ist das Engagement und die damit einhergehende Produktivität auf diesem Gebiet sichtbar gestiegen. In vielen Fällen wird vorzugsweise auf physische oder psychische Energien gesetzt, wenn es um die Eröffnung von Perspektiven geht. Vielen Menschen kommt das auch deshalb eher entgegen, weil es konkret und handfest ist, weil es im Rahmen ihres Vorstellungsvermögens geschieht und schnell erste Resultate sichtbar werden.

Unter spirituellen Meistern hingegen herrscht weitestgehend die Überzeugung, in erster Linie seien es die geistigen Energien, die der (spirituelle) Mensch aussendet, welche Welt- und Menschheitsheilung voranbringen. Auch hier wird der Mensch in die Pflicht genommen; er soll Verantwortung übernehmen für seine Gedanken und Emotionen, für die Kultivierung seines Bewusstseins. Der Zen-Meister

879 http://www.erdheiler.de; http://www.pferdemedizin.com.
880 Markl, Johanna: Geomantie und Naturschutz, in: http://www.esoportal.de.
881 http://events.geomantie.net.
882 Emoto, Masuro: Messages of the Water, o. O. [6]2000.
883 http://www.wassersymposium.ch.

und Benediktiner Willigis Jäger ist überzeugt davon, das »Energien, die wir mit Wohlwollen und Liebe aussenden, effektiver sind als Demonstrationen, Proteste, Revolutionen und Kriege. Bevor es zu einer Revolution kommt, entsteht ein Feld, das die Menschen kreieren. Es wirkt sich als Revolution aus. Genau so kommt es zu einem wirklichen Frieden erst durch das Feld der Liebe und des Wohlwollens, das wir als Menschen kreieren. Es wirkt sich aus als Friede und Verstehen. Hier sollten wir unsere Überlebensstrategien für unsere Spezies einsetzen und Einfluss auf den Gang der Welt nehmen«. Wie viele andere Meister sieht Jäger den Menschen als potenziellen Mitschöpfer: »Die Wirklichkeit erscheint dadurch in einem ganz neuen Licht. Neben den Naturgesetzen gibt es lebendige nicht voraussagbare Abläufe des Geschehens. ›Gott‹ folgt nicht einem sterilen, blutleeren Determinismus. Wir können unsere Zukunft beeinflussen.«[884]

Die Rolle des Menschen in diesem kosmischen Gesamtsystem ist für die meisten genauso neu wie die neue Sicht auf die Welt, die »Spontaneität und Freiheit« statt Determismus und »Kreativität und Intelligenz« statt Leblosigkeit in der ganzen Natur entdeckt. Hiermit knüpft von Lüpke an das an, was der englische Biologe und Wissenschaftstheoretiker Rupert Sheldrake über das »neue Fundament von Religion« gesagt hat. Sheldrake glaubt, dass der Mensch zu einer Sichtweise zurückkehrt, in der der ganze Kosmos und die Erde als lebender Organismus, der auch den Menschen einschließe, verstanden wird. Ihm zufolge könne man ganz allgemein von »einer Wiederkehr des Animismus sprechen, einer Wiederkehr des Glaubens daran, dass die natürliche Welt belebt ist«. Für Sheldrake geht es nicht um die Rückkehr zu einem »primitiven Animismus«, vielmehr könne man »von früheren Formen dieses Glaubens« lernen. Im »neuen Animismus« fände sich im Grunde »eine Rückkehr zum Bewusstsein der belebten Welt – quasi auf einer höheren Drehung der Erkenntnisspirale.«[885] Der Gedanke, dass die Menschheit als Ganze eine geistige Wachstumsgeschichte mit »Aufeinanderfolge sich entfaltender Stufen oder Wellen« durchläuft, wird vor allem von unterschiedlichen Philosophen und Psychologen angenommen, wenn sie sich auch in Detailfragen uneinig sind.[886]

Mit der »höheren Drehung der Erkenntnisspirale« hat sich auch Ken Wilber, weltweit anerkannter Denker des 21. Jahrhunderts, unter dem Begriff *Spiral Dynamics* beschäftigt. *Spiral Dynamics* geht auf die Arbeit von Clare Graves zurück und wurde von ihr so formuliert: »Die Psychologie des reifen menschlichen Wesens ist ein sich entfaltender, schwingender, spiralförmiger Prozess, gekennzeichnet durch die fortschreitende Unterordnung älterer Verhaltenssysteme niederer Ordnung unter neuere Systeme höherer Ordnung, während die existenziellen Probleme eines Individuums sich verändern.« Die aufeinanderfolgenden Stufen, Wellen oder Seinsebenen seien Zustände, die Menschen auf ihrem Weg zu anderen Seinszuständen durchlaufen.[887]

884 Jäger, Willigis: Was wir Gott nennen, vollzieht sich als Mensch. Das 21. Jahrhundert wird ein Jahrhundert der Mystik werden, in: connection special III 04, 33.
885 Lüpke, Geseko von: Christentum ohne Kirche. Tendenzen in einer neuen Wendezeit, in: connection special III 04, 26.
886 Dazu zählen Clare Graves, Abraham Maslow, Deirdre Kramer, Jan Sinnott, Jürgen Habermas, Cheryl Armon, Kurt Fischer, Jenny Wade, Robert Kegan, Susanne Cook-Greuter (Wilber, Ken [2001], 17).
887 Graves' Modell besteht aus acht größeren Ebenen und wurde von Don Beck und Christopher Cowan weiter ausgearbeitet. Vgl. dazu Wilber, Ken (2001), 18ff.

Die Ansicht, dass die Menschheit vor einem »spirituellen Entwicklungssprung« steht bzw. sich bereits mittendrin befindet, teilen viele Spirituelle. Und selbst bei manchen, die aus spirituellen Traditionen und Organisationen kommen, ist eine große Offenheit für transkonfessionelle Aktivitäten und Angebote aus dem spirituellen Feld vorhanden. »Religionen und religiöse Organisationen allein schaffen es nicht mehr, dem Menschen Führung zu geben«, ist die Einschätzung von Willigis Jäger. Der Mensch sei nicht mehr zufrieden mit »vorgesetzten Glaubensbotschaften«. Er wolle »selbst erfahren«, er wolle »authentisch« werden. Jäger sieht in der Sehnsucht nach spiritueller Selbstverantwortung auch eine große Chance für die Zukunft: »Die Evolution dessen, was wir Abendländer Gott nennen, schreitet voran.«[888]

Visionen

Wenn jemand alleine träumt,
dann ist das nur ein Traum,
wenn wir aber zusammen träumen,
dann ist das der Beginn der Wirklichkeit.
Helder Camara

Die letzten Jahrhunderte waren im Wesentlichen von wissenschaftlichem und technischem Fortschritt geprägt. Der Mensch wollte die grobstoffliche Welt entdecken und verstehen und schob die Grenzen seiner physischen Möglichkeiten bis in die Weiten des Universums hinaus. Doch die für exorbitante Vorstöße notwendigen Ressourcen und natürlichen Energiequellen werden bald erschöpft sein; immer mehr Menschen müssen mit immer weniger auskommen; die Träume unaufhörlicher Prosperität sind ausgeträumt; die Prognosen düster. »Ernüchterung prägt den Beginn eines neuen Jahrtausends«, stellt Frieder Lauxmann fest und fragt, wovon wir eigentlich heute träumen. Auch wenn die meisten Menschen vermutlich keine erwähnenswerten Visionen haben, so »können wir beobachten, wie in unserer Zeit wieder der Traum von einer geistigen Welt entsteht, einer Welt, die ein Denken ermöglicht, das auch anderes bewertet als nur den materiellen Erfolg.«[889]

Wo Ignoranz, Lüge, Feindschaft und Feigheit dominieren, fragt manch einer laut nach Aufrichtigkeit, Mut, Würde und Wertschätzung. Wo sich Dekadenz, Verwahrlosung und Verdummung breit machen, hält manch einer Ausschau nach geistigen Werten.[890] Man träumt von einer Welt, die von geistigen Werten bestimmt und von Geist durchdrungen ist. Ganz allgemein geht es um die Vision einer *spirituellen Kultur*. Darüber, wie diese spirituelle Kultur aussehen soll, gehen die Ansichten auch innerhalb des spirituellen Feldes auseinander. Die spirituelle Lehrerin Annette Kaiser nimmt es wie ein »Vortasten in neue Umgangsformen« wahr. Während man in der alten Art und Weise sehr stark aus dem Solarplexus-Bereich (emotional gelenkt) heraus lebe, also sich durchsetzen und Macht haben wolle, sei ein Charakteristikum der *neuen Kultur* die Herzensebene. Annette Kaiser sieht darin Möglichkeiten, »diese Schöpfung in einem neuen Geist« zu gestalten und der »neuen Kultur Ausdruck zu

888 Jäger, Willigis: Was wir Gott nennen, vollzieht sich als Mensch. Das 21. Jahrhundert wird ein Jahrhundert der Mystik werden, in: connection special III 04, 33.
889 Lauxmann, Frieder: Der philosophische Himmel, München 2002, 11.
890 Z. B. Dr.-Ing.-Hans-Joachim-Lenz-Stiftung. Mit finanziellen Mitteln fördert sie Projekte auf dem Gebiet von Bildung und Erziehung. Ziel ist die »Erneuerung geistiger Werte« und die »Wiederherstellung der Würde des Menschen«; http://www.lenz-stiftung-mainz.de.

geben«.[891] Diese basieren auf der Annahme spirituell orientierter Einzelner, die ein Leben in Gemeinschaft mit anderen anstreben. Es geht um *neue Menschen* in einer *neuen Welt.*

Der Wille macht den Menschen groß und klein –
es wächst der Mensch mit seinem größern Ziele.
Friedrich Schiller

Der neue Mensch Wenn es um den *neuen Menschen* geht, denkt manch einer vielleicht an eine Schönheitsoperation, andere womöglich an die viel diskutierten Möglichkeiten der Gentechnik oder an das, was Aldous Huxley in seiner Utopie *Brave New World* quasi als futuristisches Schreckbild gezeichnet hat. Vielleicht auch an die von Christopher Reeves gespielte Kinofigur »Superman« oder an den Protagonisten des amerikanischen Kinofilms *Bruce Allmächtig*, dem Gott für eine Woche seinen »Stuhl« überlässt.

Das Folgende handelt von nichts dergleichen, vielmehr geht es um ein neues Menschenbild, um eine Vision von Menschsein, nach deren Entfaltung sich spirituell Orientierte sehnen.

Das Bild vom *neuen Menschen* muss im Kontext der Vorstellung einer Zeitenwende gesehen werden. Sie stellt andere Anforderungen an den Menschen als bisher; eine neue Zeit erfordert neue Menschen. Dennoch ist der Gedanke an einen neuen Menschen nicht ganz neu. Im Laufe der Menschheitsgeschichte wurden sowohl von Religionen als auch von politischen Ideologien viele Versuche unternommen, einen neuen Menschen – meist im Sinne einer »kollektiven Größe« – zu schaffen.[892] Das Konzept des neuen Menschen findet sich etwa bei Nietzsches Gestalt Zarathustra als »Übermensch«. Sri Aurobindo zeichnete ein »organisches Bild von der kommenden Evolution des Menschen hin zum ›supramentalen Bewusstsein‹«, Mitglieder der Scientology Church streben den Zustand eines »Operating Thetan« an. Auch in Managertrainings findet sich der Gedanke, etwa wenn Vera F. Birkenbihl davon spricht, dass der Mensch bei »voller Ausnutzung seiner Gehirnkapazität ›fast gottähnlich‹« leben würde.[893]

Viele reden vom neuen Menschen, aber sie meinen nicht alle dasselbe. In der Regel ist damit einfach der zukünftige Mensch gemeint; häufig wird dabei nicht zwischen einem eher zur Materie hin orientierten und einem eher zum Geist hin orientierten Menschen differenziert.

Der Begriff neuer Mensch bezeichnet zunächst ein Menschenbild, das sich von dem herkömmlichen unterscheidet. Carl Rogers (1902–1987) hat bereits vor 30 Jahren eine Charakterisierung der »Person of Tomorrow« versucht: Der neue Mensch, heißt es, suche neue Formen von Gemeinschaft, Nähe, Intimität und gemeinsamen Zielen. Er sei ein Mensch auf der Suche, der Echtheit schätze und versuche, nach einem persönlichen Ethos zu leben. Er sei spontan und offen für Neues. Er übernehme Verantwortung für sein Handeln und könne mit großer Effektivität mit anderen zusammenarbeiten, um sein Ziel zu erreichen, von dessen Wert und Sinn er überzeugt sei. Er schätze materielle Dinge und materiellen Lohn gering, wenn er dafür seine

891 Kaiser, Annette: Jenseits aller Pfade. Visionen einer neuen Spiritualität, Berlin 2004, 22.
892 Heine, Wolfgang Christoph: Der neue Mensch – ein ewig Beginnender, in: Connection special. Die Sonderhefte für das Wesentliche, Okt.–Nov. 2003, 31.
893 Vgl. dazu die Ausführungen von Roland Rottenfußer in: Connection special, Okt.–Nov. 2003, 68f.

Integrität aufs Spiel setzen müsse. Er habe ein tiefes Misstrauen aller äußeren Autorität gegenüber und vertraue auf sein eigenes Potenzial und seine eigenen Erfahrungen.[894] Die Entwicklung, die Rogers angedeutet sah, findet sich heute verstärkt bei jenen wieder, die von Paul Ray als »Kulturell Kreative« bezeichnet werden (siehe auch S. 232, Kulturell kreative Subkultur).

Auch wenn es beachtliche Schnittmengen gibt, ist der oben charakterisierte Menschentypus nicht mit dem gleichzusetzen, was von führenden spirituellen Meistern unter dem neuen, gottnahen oder göttlichen Menschen verstanden wird.

Osho sah den neuen Menschen als »Alexis Zorbas und zugleich Gautama Buddha. Er wird sinnlich sein und spirituell, physisch, äußerst physisch, im Körper, in den Sinnen, den Körper genießend und alles, was der Körper ermöglicht, und doch ein großes Bewusstsein, ein großes Zeuge-Sein wird da sein. Er wird Christus und Epikur in einem sein.«[895] Eine Anzeige in einer spirituellen Fachzeitschrift weist darauf hin, dass der Buddha »bei konsequenter Übung und Ausdauer einen neuen, von innerlichem Leid befreiten Menschen« verspreche. Gleichzeitig warne er aber davor, dieses Versprechen einfach nur hinzunehmen; der neue Mensch entstehe vielmehr nur, wenn er an sich selbst arbeite und so positive Veränderung erfahre.[896]

Der neue Mensch ist auch Gegenstand der Avatar-Kurse: Der Mensch erschaffe alles mit seinen Gedanken und Überzeugungen. Das gilt sowohl für Leid und Unfreiheit als auch für Freiheit und Glück. In Konsequenz obliegt die Erschaffung des neuen Menschen ausschließlich Macht, Kraft und Willen der »Avataristen«. Auch das ist ein Grund für Fachjournalist Roland Rottenfußer, provokativ von »spirituellem Strebertum« zu sprechen, das er im spirituellen Feld immer wieder ausmachte. Und »mit der Sehnsucht, ›mehr als menschlich‹ zu sein, ließen sich gute Geschäfte machen«, merkt Roland Rottenfußer an und lenkt den Blick auch auf die Gefahr eines »Größenfantasie-Versagens-Teufelskreis[es]«, der »unsere Bemühungen« blockiere, »selbst das zu werden, was wir im optimalen Fall werden könnten«.[897]

In der Tat sind Irrtümer und Missverständnisse in Bezug auf den neuen Menschen weit verbreitet. Viele meinen, sie könnten dieses (göttliche) Menschenbild durch Anstrengung und Mühe erreichen und arbeiten zielgerichtet auf etwas hin, was sie sich fremd und getrennt von ihnen selbst vorstellen.

Der Entwurf eines künftigen Gottmenschen darf allerdings nicht verwechselt werden mit einem streberhaften spirituellen Übermenschentum, »das keine Entwicklung zu höherer Göttlichkeit, sondern nur eine Selbstüberhöhung aus eigener Kraft mit magisch-okkulten Mitteln betreibt«, so Ehmer. »Ein solch magischer Übermensch, der sich als eine Selbstschöpfung aus *eigener* Kraft begreift, wird sich letzten Endes nur als eine *Ego*-Monade von gigantischem Ausmaß erweisen.«[898]

So vertreten andere die Ansicht, der neue, der göttliche Mensch könne gerade *nicht* »gemacht« werden; es ginge vielmehr darum, seine Entfaltung zuzulassen. Denn der neue Mensch sei im alten quasi schon vorhanden. Nun ginge es darum, das Neue vom Alten zu befreien; sich der Wandlung zu überlassen, die das Göttliche selbst im Menschen vollziehen wolle. Es ginge um Loslassen und Hingabe an

894 Auszüge eines Vortrags in der First Unitarian Church in San Francisco, zit. in: Connection special. Die Sonderhefte für das Wesentliche, Okt.–Nov. 2003, 10f. Weiterführend: Rogers, Carl: Der neue Mensch, Stuttgart [7]2003.
895 Zit. in: connection special Okt.–Nov. 2003, 73.
896 Waldhaus am Laacher See. Buddhismus im Westen, in: connection special, Okt.–Nov. 2003, 92.
897 Rottenfußer, Roland, in: connection special Okt.–Nov. 2003, 68f.
898 Ehmer, Manfred: Die Weisheit des Westens, Düsseldorf 1998, 342.

den inneren Wachstumsprozess, der aber dennoch einen aktiven Willen voraussetze und nicht von selbst vonstatten ginge.

Der Jesuitenpater und Zen-Meister Enomiya-Lassalle etwa vergleicht die »Geburtsstunde des neuen Menschen« mit der Entwicklung eines Schmetterlings, »der aus der Puppe hervorgeht, nicht in einer von ihm selbst gewählten, sondern in der von der Natur vorherbestimmten Form«. Der Mensch könne sich dieses neue Bild weder selbst ausdenken noch könne er es nach seinem Willen formen, so Enomiya-Lassalle.[899] Demzufolge geht es darum, in das hineinzuwachsen, als das der Mensch gedacht ist bzw. das herauszubringen, was im Menschen ganz und vollkommen angelegt ist und es entfalten zu lassen anstatt es zu behindern.

Eine Informantin hat dazu eine klare Vision: »Ich träume von einem göttergleichen Menschen. Es ist ein Mensch von Bildung und Verstand, doch auch geprägt von Herzlichkeit und heiterem Gemüt. Es ist ein Mensch in alter Tradition, der seine Wurzeln kennt. (...) Gewiss, er steht in hartem Gegensatz zur ihn umgebenden Welt. Doch sie hindert ihn nicht in seinem Menschsein. (...) In Achtsamkeit bemerkt er jede Regung dieser Welt – der kleinen wie der großen. (...) Er hört an, was ihm die Stimme seines Herzens sagt. Er lacht über den Ernst des Lebens – und kennt dennoch den Ernst dieser Welt, auch ihre Tragik. Dieser Mensch ist schön. Sein Körper entspricht goldenen Maßen. Er liebt sein Gewand [seinen Körper] und ist doch bereit, es zu verlassen. Seine Haltung ist adelig, sein Umgang entspricht den Formen höchster Eleganz. Es ist ein Mensch, der Leichtigkeit und Würde, Anmut und Weisheit in sich vereint.«[900]

Auch Satsang-Lehrerin Pyar ist das neue Menschenbild vertraut: »Der neue Mensch ist ein Mensch der Bewusstheit und Liebe, ein Mensch, der zutiefst in Stille ruht, ohne die Welt zu fliehen oder zu verleugnen. Er ist ein Mensch, der sich keiner Ideologie, keinem Ismus zugehörig fühlt oder beugt, der seine Religiosität und Spiritualität nicht bei Organisationen und Philosophien entleiht, sondern die Ewigkeit und Göttlichkeit lebendig im Jetzt erfährt. Er ist bereit, unsicher zu sein, und bereit, alle Grenzen von Konzept, Verstand und Ich hinter sich zu lassen. Er geht jenseits des Verstandes, ohne die Qualität und Kreativität des menschlichen Geistes zu leugnen. Er ist immer am Anfang und kennt kein Ankommen. (...) Er ist einfach und gewöhnlich – nicht höher, nicht tiefer.«[901]

Gerade dieser Mangel an Exklusivität ist es, der das neue Menschenbild auszeichnet. Der *homo spiritualis*, und noch mehr der *homo divinalis*[902] soll irgendwann nicht mehr als etwas Außergewöhnliches, sondern als etwas Selbstverständliches betrachtet werden. »Indem wir unsere mystischen Momente mit allem, was sie bieten und verlangen, zulassen, werden wir die Mystiker, die wir sein sollen«, erläutert David Steindl-Rast. »Schließlich ist der Mystiker keine besondere Art Mensch, sondern jeder Mensch eine besondere Art Mystiker.«[903]

»Ich weiß, in Wahrheit existiert er schon«, fährt die Informantin von vorhin fort. »Ich muss ihn nur freilegen, hinter all dem Schutt und Geröll. Ich sehe, dass ein

899 Enomiya-Lassalle, Hugo Makibi: Der neue Mensch, in: Ropers, Roland R.: Geburtsstunde des neuen Menschen. Hugo Makibi Enomiya-Lassalle zum 100. Geburtstag, Petersberg 1998, 85.
900 Informantin (W21) aus dem spirituellen Feld.
901 Anzeige von Pyar in: Connection special. Die Sonderhefte für das Wesentliche, Okt.–Nov. 2003, 92.
902 Wortbild einer jungen Frau aus dem spirituellen Feld.
903 Krebber, Werner: Der Weg zum Selbst. Vom Weg in die Zukunft auf den Spuren der Mystik, in: Connection special. Die Sonderhefte für das Wesentliche, Okt.–Nov. 2003, 26f.

Prozess in Gang gekommen ist: Werde, der du bist. (...) Wir alle könnten dieser Mensch sein. Ich könnte dieser Mensch sein. Wie kann es sein, dass mich die Trägheit des Lebens daran hindert?«[904]

Wie ihr geht es vielen. Zwischen Idealem und Realem besteht zwar eine Kluft, doch die Sehnsucht bleibt. Der Traum vom göttlichen Menschen erfüllt sich nicht ohne Zutun plötzlich von selbst, das Licht der Erkenntnis durchbricht keine verschlossenen Tore. Vielmehr beginnt die Verwirklichung des Traums »überall dort«, so Enomiya-Lassalle, »wo Menschen aus ihrem Schlaf, ihrer Unbewusstheit und zurechtgemachten Endzeithoffnung erwachen.«[905]

Die Anforderungen an ein neues Menschenbild stellen bisherige Sichtweisen auf den Kopf, die Definition des Menschen von sich selbst kehrt sich um: »Der Mensch ist nicht ein materielles Wesen, das auch Bewusstsein hat, er ist Bewusstsein, das sich im Menschen ein materielles Organ geschaffen hat. Mensch sein heißt nicht, einen Körper haben und von Zeit zu Zeit eine nichtkörperliche (mystische) Erfahrung machen. Der Mensch ist vielmehr nichtmaterielles Bewusstsein, das zeitweise eine menschliche Erfahrung in einem Körper macht.«[906]

Schaut man sich im spirituellen Feld um, wird deutlich, dass sich schon jetzt der Aufbruch einer »spirituellen Avantgarde« abzeichnet. Enomiya-Lassalle spricht hier von einem »Transformationsprozess«, der gleichzeitig zu einer »Neugeburt des Menschen [wird], in dem alle zusammenwachsen, und durch den alle eins werden. (...) Wenn man die leidvolle Trennung vom göttlichen Paradies nicht auf morgen, übermorgen oder noch später verschiebt, wird die gesamte Menschheit zu ›Connaisseurs‹, zu Wissenden, Erkennenden und in gemeinsamer Geburt mit dem ursprünglichen Wesensgrund vereint und versöhnt.«[907]

Mit dieser Aussage steht Enomiya-Lassalle in enger geistiger Gemeinschaft mit dem Kulturphilosophen Jean Gebser (1905–1973), dem modernen amerikanischen Vordenker Ken Wilber, aber auch mit Pierre Teilhard de Chardin und Sri Aurobindo und weiterhin mit dem russischen Philosophen und Dichter Wladimir Solowjef (1853–1900), der ein neues *Gottmenschentum* heraufkommen sah, einen Menschheitszustand, der für ihn als »heilsgeschichtliche Zukunfts-Tatsache« galt.[908] Gebsers Theorie sieht in einer zukünftigen Evolutionsstufe die Menschheit als Ganzes auf einen Zustand zusteuern, den er als *integrales Bewusstsein* bezeichnet; es integriert alle vorhergehenden – geistigen – Bewusstseinszustände: »Dieser Sprung vom mentalen zum integralen Bewusstsein entspricht dem Aufbruch von der dreidimensionalen Raumzeitwelt zur vierdimensionalen Überwelt. An die Stelle des geschlossenen Raumerlebens des Renaissance-Menschen tritt nun ein raum- und zeitfreies Geist-Erleben.«[909]

Diesen Gedanken führt Wilber nach Graves, Beck und Cowan[910] in seinen revolutionären Büchern *Integrale Psychologie* und *Ganzheitlich handeln* fort: Hier offenbart er

904 Informantin (W21).

905 Ropers, Roland R.: Geburtsstunde des neuen Menschen. Hugo Makibi Enomiya-Lassalle zum 100. Geburtstag, Petersberg 1998, 83.

906 Jäger, Willigis (1993), 125.

907 Zit. in: Ropers, Roland R. (1998), 83.

908 Ehmer, Manfred: Die Weisheit des Westens, Düsseldorf 1998, 341.

909 Ebd., 328ff. Im Einzelnen sind diese Bewusstseinsstrukturen aufsteigend archaisch, magisch, mythisch, mental und integral. Oder in anderen Worten von der Bewusstlosigkeit über Schlaf, Traum und Wachheit zur Überwachheit.

910 Das Modell fußt auf der Pionierarbeit von Clare Graves (Summary Statement: The Emergent, Cyclical, Double-Helix Model of the Adult Human Biopsychological Systems, Boston 1981), das nachfolgend bestätigt und von Don Beck und

in vielen einzelnen Schritten seine integrale Vision, die »vom Leuchten des GEISTES überstrahlt (wird), der viel zu offensichtlich ist, als dass wir ihn sehen könnten, und der uns viel zu nahe ist, als dass wir ihn erreichen könnten. Und die integrale Suche kommt schließlich an ihr Ziel, in dem sie das Suchen selbst aufgibt und sich in einer radikalen Freiheit und ekstatischen Fülle auflöst, die immer schon vorhanden waren.«[911]

Sri Aurobindo glaubt, dass sich diese Stufe der Evolution auf die »Entwicklung des Übergeistes« im bewussten Menschen richten muss, »denn nur so wird die in den Dingen involvierte Göttlichkeit sich völlig selbst befreien, wird Leben in der Lage sein, Vollkommenheit zu manifestieren.«[912] Und als letztes sei an dieser Stelle Teilhard de Chardin genannt, der die These vertritt, die Evolution des Menschen würde seine Personalität transzendieren. Nach der bisherigen *Personalisation* folge eine *Kollektivisation,* eine *Totalisation* und eine *Planetisation* der Menschheit, die zur Bildung der so genannten *Noosphäre,* eines »menschheitlichen Super-Bewusstseins« führe. Die *Noogenese* werde eine noosphärische Zukunftsmenschheit entstehen lassen, eine aus vielen Menschen zusammengesetzte »Über-Person«. Auf die *Noogenese* folgt als weiterer und letzter Schritt die *Christogenese,* die im »Punkt Omega« als *Christus-Universalis* zur Vollendung kommt.[913]

Liebe Nachwelt!
Wenn ihr nicht gerechter,
friedlicher und überhaupt vernünftiger
sein werdet, als wir sind bzw. gewesen sind,
so soll euch der Teufel holen.
Albert Einstein

Die neue Welt »Im Moment, wenn ich mich umsehe, dann denke ich eigentlich nur, am besten wäre es, wenn alles ganz schnell vorbeiginge. Da habe ich Tage, da denke ich mir, am besten wäre es, die ganze Erde würde mit einem Schlag explodieren, damit diese ganze Trostlosigkeit, Hoffnungslosigkeit, der ganze Umgang der Menschen miteinander – ich meine, die Welt ist voller Kriege, voller Terrorismus, Intrigen, voller Hass –, dass das alles einfach aufhört.«[914] Wie diese Informantin empfinden auch andere, nicht nur im spirituellen Feld; und entgegen der Erwartung sind es nicht nur die Katastrophisierenden, Pessimisten und Depressiven, die das sagen, sondern mitunter auch die eigentlich Lebensbejahenden und (optimistischen) Realisten.

Apokalyptisch gestimmte Töne wurden vor allem um die Zeit des Millenniums vermehrt angeschlagen. Zu den spirituell konnotierten Endzeit-Bildern kommen heute auch noch politische Verschwörungstheorien, die Furcht vor Klima- und Naturkatastrophen, vor dem weltumspannenden Kollaps sowie vor technologisch oder auch kosmisch bedingten Apokalypsen hinzu. Gemeinsam ist dabei die Vorstellung, der Weltuntergang ginge mit globaler Zerstörung (Feuer, Fluten, Beben), Hungers-

Christopher Cowon weiterentwickelt und verfeinert wurde: Spiral Dynamics: Mastering Values, Leadership and Change, Cambridge, Massachussetts 1995.

911 Wilber, Ken (2001), 158.

912 Sri Aurobindo: Der Integrale Yoga, Hamburg 1983, 20.

913 Teilhard de Chardin, Pierre: Der Mensch im Kosmos, München 1959; Ehmer (1998), 343f.

914 Informantin 1W25.

nöten, Krankheit, Armut und Massensterben einher. Nur wenige (Auserwählte) würden überleben.[915]

Die Rede vom Weltuntergang ist nicht neu. Seher hatten ihn im Laufe der Geschichte immer wieder prophezeit.[916] Doch auch wenn der »whorst case« bislang ausblieb, führten die Fakten wissenschaftlicher Forschungen in weiten Kreisen der Bevölkerung zu einer Übereinstimmung darüber, dass es so »irgendwie nicht weitergehen« könne. Die Menschheit, so wie sie jetzt ist, renne in ihr Verderben, so die Überzeugung vieler. Eine Informantin hält die Apokalypse für das Wahrscheinlichste, bei der »eventuell nur wenige übrig bleiben«.[917] Der Astronom Martin Rees, einer der bekanntesten Wissenschaftler Großbritanniens, gibt der Menschheit bis zum Ende des Jahrtausends eine Überlebenswahrscheinlichkeit von nur 50 %.[918]

Ein paradoxes Phänomen ist zu beobachten: Einerseits dominiert bei vielen die Sicht, die Menschheit steuere auf eine Katastrophe zu, andererseits wird die damit einhergehende unmittelbare, persönliche Betroffenheit verdrängt. Insgesamt verändern die wenigsten diesbezüglich tatsächlich ihr Bewusstsein und ihr Verhalten.

Das kann man von etlichen Menschen, die sich im spirituellen Feld bewegen, nicht ohne weiteres behaupten. Die meisten rechnen mit einer »eschatologischen Zuspitzung der Welt- und Menschheitsgeschichte«[919], einem wie auch immer gestalteten Weltende, bei dem auch die Frage, was aus der Menschheit werden wird, unterschiedlich beantwortet wird. Die Raëlianer rechnen mit einer kleinen Auslese, einer Geniokratie.[920] Auch eine zwischenzeitliche Evakuierung durch »gigantische Mutterraumschiffe« von Menschen während der großen Erdreinigung halten manche für möglich.[921] In der Regel herrscht die Sichtweise vor, dass der Mensch durch sein eigenes Verhalten, durch Erkenntnis und einen Bewusstseinswandel sein Schicksal maßgeblich mitbestimmen kann.

Eine große Rolle spielen die Vorhersagen und Prophezeiungen, deren Worte als von der geistigen Welt empfangen gelten, quasi als Wille des Schöpfers, der sich über »Sprachrohre« an die Menschheit richtet. Dazu gehört z. B. Uriella (alias Erika Bertschinger), geistige Führerin der neureligiösen Bewegung *Fiat Lux*, die ihren Sitz im Schwarzwald hat. Für das Jahr 1998 prophezeite sie in den Medien den Beginn des Weltuntergangs und den Anbruch eines Dritten Weltkrieges für den Monat August. In der ZDF-Sendereihe *Zur Zeit* nannte sie daneben auch Hunger- und Klimakatastrophen als Vorboten des Weltuntergangs. Ihr Ehemann Icordo fügte hinzu, Regenwälder sollten verbrennen und im November Meteoriten in der Nordsee einschlagen, Deutschland werde im Meer versinken. Des Weiteren dienten UFOs der Evakuierung von Auserwählten, derjenigen, die die »richtige Frequenz« hätten.[922] Viele Ordensmitglieder von *Fiat Lux* bereiteten sich entsprechend auf eine Rettung durch UFOs vor. In der TV-Dokumentation *Endzeitfieber* aus dem gleichen Jahr spra-

915 http://www.prophezeiungen-zur-zukunft-europas.de/Prophezeiungen-Inhalt.htm; http://nostradamus-prophezeiungen.de
916 http://www.unmoralische.de/weltuntergang.htm
917 Informantin 2W35.
918 Rees, Martin: Das Ende der Zivilisation, in: Die Zeit, 1. 10. 2003.
919 Ruppert, Hans-Jürgen (2001), 270.
920 http://www.rael.org
921 http://www.ashtar.org
922 Trost, Sibylle: Fiat Lux, in: ZDF-Sendereihe *Zur Zeit*, 8. 8. 1998

chen Ordensmitglieder offen über ihre Hoffnung, nach dem Ende eines dritten Weltkrieges zu den Geretteten zu gehören.[923]

In einem Interview unbekannten Datums erklärt Icordo, es gehe alles in Etappen. Gott versuche, die Erde zu reinigen, welche die Menschen so schlimm zugerichtet hätten. Es sei Gottes Hoffnung, die Menschen noch zum Aufwachen zu bewegen, um die »Verheissung eines 1000-jährigen Goldenen Zeitalters im nächsten Jahrtausend« verwirklichen zu können.[924] Diesen »Reinigungsprozess« überlebten nur diejenigen, die »an Gott glauben und nach dessen Gesetzen leben«, fährt Icordo fort. Sie werden die Bewohner der neuen Erde sein, die »Amora« heißen werde.[925]

Dass die Vorhersagen Uriellas auch nach dem Millennium nicht eingetroffen sind, brachte sie in Erklärungsnot. Uriella schien unglaubwürdig. Icordo wies darauf hin, dass der Heiland im Oktober 1997 den Dritten Weltkrieg für Mitte 1998 angekündigt habe. Er räumte ein, es sei sein Fehler gewesen, ein fixes Datum zu nennen, denn Gott könne auch seine Prophetie ändern, er könne bestätigen oder aufschieben. Icordo zog für sich daraus die Lehre, nie wieder Termine zu nennen. Gott sei nicht an Panikmache interessiert, er wolle die Menschen vielmehr vorbereiten, damit nie jemand sagen könne, es gäbe keinen Gott, sonst hätte er uns gewarnt.[926]

Fixe Daten werden von der »Prophetin der Jetztzeit«, Gabriele Wittek (geb. 1933), nicht genannt, dennoch sind auch bei ihr prophetische Vorhersagen zu finden, etwa die über einen bevorstehenden Polsprung aus dem Jahr 1992: »...Noch halte Ich, Christus, das Erdmagnetfeld in Meinen Händen, den mächtigen Dynamo für diese Erde, der hinausstrahlt in das All zu den Gestirnen und die Verbindung zum All herstellt. (...) Doch die Ursachen drängen mehr und mehr zur Wirkung. (...) Das bedeutet, dass in einem Augenblick alles vorbei ist: (...) All der Unrat der Technik fällt auf die Erde und somit auf die Menschen hernieder, ähnlich, als wenn die Sterne vom Himmel fallen würden.«[927]

Auch Forscher haben »Anomalien im Magnetfeld« entdeckt. Sie sehen darin einen Hinweis dafür, dass sich »die Pole womöglich umkehren«, was sich folgenschwer auf die hochtechnologisierte Menschheit auswirken würde.[928] Die Anhänger von Universelles Leben (UL) sind davon überzeugt, dass ein apokalyptisches Szenario nur von wenigen, vornehmlich von UL-Anhängern, überlebt werden wird.

In einer Ausgabe des *Instituts für mediale Zukunftsforschung,* in dem 17 medial begabte Menschen »getrennt von einander Nachrichten aus der geistigen Welt« empfangen sollen, finden sich vorausschauende, zum Teil sehr nah an der heutigen Lebenswelt orientierte Texte zu Sachgebieten wie Banken, Bildung, Gesellschaftsstruktur, Politik, Transport, Neue Technologien, Wirtschaft, Kunst, Medien, Medizin und Naturwissenschaften. Die Inhalte zeigen zweierlei Stimmungen auf. Eine in Richtung Zerstörung und Untergang und eine andere in Richtung Umbruch, Aufbruch und Neuanfang. Es ist von der Aufdeckung von Skandalen in allen Bereichen der Gesellschaft die Rede, von Veruntreuung, Korruption und Rezession. Von zunehmender Armut und Arbeitslosigkeit, Terror, Kriegen, Natur- und Umweltkatastrophen. Auf der anderen Seite werden Entwürfe für eine neue Gesellschaftsord-

923 Trost, Sibylle: Endzeitfieber. Die Propheten der letzten Tage, in: ZDF-Sendereihe *37 Grad*, 4. 8. 1998.
924 http://www.onlinereports.ch/1999/UriellaKandidatur.htm
925 http://www.onlinereports.ch/1999/UriellaKandidatur.htm
926 http://www.onlinereports.ch/1999/UriellaKandidatur.htm
927 http://www.universelles-leben.org/deutsch/prophetie/authentizität.html.
928 Süddeutsche Zeitung, 15. 4. 1992

nung, konkrete Anregungen für ein zukünftiges Bildungssystem, neue Spielarten in der Kunst und Entwicklungen in der Medizin geliefert. Auch von Erfindungen und politischen Veränderungen ist die Rede.[929]

Während die einen den Weltuntergang im Blick haben, träumen die anderen bereits vom Weltaufgang, vom Anbruch einer neuen Zeit, einer neuen Welt, eines neuen Äons. Mitunter haben die Menschen auch beides zugleich im Blick; auf jeden Fall erscheint diese neue Welt für viele am Horizont nach einem Gang durch ein finsteres Tal, wie auch immer er sich gestalten mag.

Es hat zu tun mit dem, was in Ablösung des gegenwärtigen *Fische-Zeitalters* als *Wassermann-Zeitalter* bezeichnet wird, wie es der Kulturphilosoph Egon Friedell in seinem Hauptwerk *Kulturgeschichte der Neuzeit* skizziert hat: »Wir sind im Begriffe, aus dem Sternbild der Fische in das des Wassermanns zu übersiedeln. Wassermann bedeutet: Einsamkeit, Innenschau, Hellsicht, Tiefenperspektive.«[930]

Die Vision eines Neuanfangs bzw. einer zukünftigen neuen Welt ist für Spirituelle mit großen Hoffnungen und Sehnsüchten verbunden: »dass Menschen friedlich zusammenleben, dass sie in Freiheit zusammenleben, dass es eine gebildete Menschheit ist, die eigenverantwortlich ist. Götter auf der Erde sollen die Menschen sein irgendwann.«[931] Häufig werden dabei Visionen einfach mit den eigenen, auch harmoniebedürftigen, hedonistischen Sehnsüchten gleichgesetzt. Man malt sich aus, wie die Welt sein müsste, damit sie einem besser gefiele als die jetzige und skizziert ein friedvolles, idyllisches Ambiente, das keine Wünsche unerfüllt lässt, eben das Paradies. Häufig wird dabei auch auf neue Formen menschlicher Gemeinschaftsbildung hingewiesen, welche spirituelle Entfaltung und spirituelles Bewusstsein des Einzelnen voraussetzen. Dieses bewusste Menschsein führe zu einer neuen Ethik, die Formen des Umgangs würden sich auf natürliche Art an das hochentwickelte Bewusstsein der Menschen anpassen. Auf gemeinschaftlichen Lebensformen basiert das Gesellschaftsmodell einer neuen Welt. Dabei kommt häufig auch die Sehnsucht nach einer einheitlichen, menschheitsverbindenden Spiritualität zum Ausdruck. Die Menschen sind das Beharren auf vielerlei Sichtweisen von Konfessionen und spirituellen Traditionen immer häufiger leid. Sie wollen sich immer weniger voneinander abgrenzen, sondern suchen das Verbindende, als gäbe es so etwas wie die Weltformel auch für das Spirituelle des Menschen.

Diesbezüglich ist in verschiedenen spirituellen Bewegungen ein Aufbruch zu verzeichnen. Dabei versucht manch einer, die Idee von der »universalen Religion« für sich zu beanspruchen und kreiert eine neue »universale Weltanschauung«, die dann doch wieder neben vielen anderen steht.[932]

Andere Stimmen sprechen von einem weltweiten Erwachen zum wahren Sein und von einem immer tieferen Erinnern. Der Schlüssel zu Menschen vereinender Spiritualität läge demnach in der Fähigkeit der Erinnerung. In der Erinnerung an etwas ewig Seiendes, an etwas Ursprüngliches und an etwas Werdendes, die alle Menschen in sich tragen. An dieser Stelle schließen sich die zuversichtlichen Worte der

929 Institut für mediale Zukunftsforschung: Prognosen, Januar–Dezember 2003, Mainz 2004.
930 Friedell, Egon: Kulturgeschichte der Neuzeit, München 1960, 1501.
931 Informantin 2W35.
932 Universalistische Religionsgemeinschaften sind nach Figl jene, die die »*ursprüngliche*, seit Menschenbeginn bestehende Religion (neu) bringen«. Für neohinduistische Ansätze etwa sei das Bild der »Ewigen Religion« bezeichnend (Figl, Johann (2003), 477). Ulrich Dehn weist auf den universalen Charakter auch im Neo-Sufismus hin. Dehn (2001), 368.

Informantin an, die zu Beginn dieses Kapitels bereits zitiert wurde. Sie hofft, dass die Welt nicht untergeht, sondern »dass immer mehr Menschen sich für so einen Weg entscheiden, und dass Gott wieder mehr in die Welt kommt. Und zwar der Gott, der einen wirklich durchs Leben führt und der ganz nah ist, der die Angst nimmt, der führt, der heilt. Und ich habe wirklich fast die Vision, dass das möglich ist.«[933]

Manche Visionen gleichen einer geistigen Schau. Dazu zählt u. a. die einer heiligen Stadt, wie sie der ehemalige Architekt Hans-Joachim Lenz am Beispiel der Stadt Mainz im Jahr 2003 beschrieben hat. Er ist davon überzeugt, dass Suchende ihre Antworten nicht in »geschlossenen Gehäusen, sondern im offenen Raum« finden. In der freien Begegnung sollen Menschen verschiedenster konfessioneller Prägungen und kultureller Hintergründe die Möglichkeit zu einem »neuen Gottesbewusstsein« haben können. Lenz entfaltet sein Bild einer Heiligen Stadt durch beispielhafte Installationen an zentralen Orten als »Verdichtungen des freien Raums«, an Wegemarken, auch des Lebens(-weges). Was früher Brunnen und Denkmäler waren, könnten in Zukunft Lichtkegel, Klangquellen o. Ä. sein, etwas Fließendes, Schwingendes würde dem Menschen der Zukunft eher gerecht. Als Symbole fasst er vor allem Kreise, Sechs- oder Achtecke und die Zahl Zwölf ins Auge. Konkret beschreibt er seine Oasen der Stille mit Bepflanzungen, klingenden Röhren, fließendem Wasser in Bodenrinnen, Vorhängen aus fließendem Wasser oder aufsteigendem Dampf, wie er aus Thermalquellen bekannt sei. Aus dem Boden aufsteigende Lichtstrahlen könnten im Dampf auch bei Tage sichtbar werden und bildeten immaterielle Wände, so Lenz. Diese könnten jederzeit durchschritten werden und die geistige Qualität eines heilenden Ortes unterstreichen. Auch fühlbare Energiefrequenzen schweben ihm vor. »Haben einst keltische Kultstätten, römische Tempel und Theater, mittelalterliche Klöster und Kirchen, barocke Paläste das Bild einer Stadt geprägt, so mögen es in einer fernen Zukunft die Vielzahl heiliger Orte sein. (…) Hier begegnen sich Land und Wasser, Ruhendes und Fließendes, Irdisches und Himmlisches, eine neue Dimension des Bewusstseins schaffend.«[934]

Spirituelle Menschen haben mitunter sehr starke Visionen. Und sie berichten, wie sehr sie gerade durch ihre Visionen aus einer als dunkel und lebensfeindlich empfundenen Welt herausgehoben werden; Visionen vermögen Menschen Stärke und Zuversicht zu verleihen. Eine Informantin berichtete, wie sehr sie von den poetischen, visionären Worten der Nova in Peter Handkes dramatischem Gedicht »Über die Dörfer« gezehrt hat.

»…aus mir spricht der Geist eines neuen Zeitalters. (…) Ich sehe vor uns ein großes Reich, das noch leer ist. Lasst die Illusionslosen böse grinsen: die Illusion ist die Kraft der Vision, und die Vision ist wahr. (…) Ja, überliefert form-sehnsuchts-durchdrungen die heile Welt – das Hohnlachen darüber ist ohne Bewusstsein. (…) Lasst euch nicht mehr einreden, wir wären die Lebensunfähigen und Fruchtlosen einer End- oder Spätzeit. (…) Leute von jetzt: entdeckt, entgegengehend, einander als Götter – als Raumaushalter, Raumerhalter. Wollt es, werdet es, seid es. (…) Richtet euch auf. Abmessend-wissend, seid himmelwärts. Seht den Pulstanz der Sonne und traut euerm kochenden Herz. (…) Menschen, götterflüchtige Götter: Schafft den großen Satz. Wollet den Sprung. Seid die Götter der Wende. (…) Geht ewig entgegen.«[935]

933 Informantin 1W25.
934 Lenz, Hans-Joachim: Die Heilige Stadt. Eine Vision am Beispiel der Stadt Mainz, Books on Demand, Norderstedt ²2004.
935 Handke, Peter: Über die Dörfer, Frankfurt a./M., 1984, 109–121.

Dieses »Ewig-entgegen-Gehen« gilt jenem visionären Fernziel, das im spirituellen Feld immer wieder thematisiert wird. Die neue Welt setzt eine neue Menschheit voraus. Bei manchen Autoren wird die neue Menschheit zur alles dominierenden Größe, die die Beschreibung einer neuen Welt zur Nebensache macht bzw. als Ausdrucksform einer neuen Menschheit sieht. Noch einmal Teilhard de Chardin mit seiner Vision, der Vollendung im »Omega-Punkt«, des *Christus-Universalis*: »Wie eine gewaltige Flut wird das Sein das Brausen der Seienden übertönen. In einem zur Ruhe gekommenen Ozean, von dem aber jeder einzelne Tropfen das Bewusstsein haben wird, er selbst zu bleiben, wird das außerordentliche Abenteuer der Welt beendet sein. Der Traum jeder Mystik wird seine volle und berechtigte Erfüllung gefunden haben. *Erit in omnibus omnia Deus* (Gott wird alles in allem sein).«[936]

936 Ehmer, Manfred (1998), 343f.; Chardin, Teilhard de: Aufstieg zur Einheit, hg. von Lorenz Häflinger, Freiburg 1974, 399.

Ausblicke

Zusammenfassung

Die Phänomenologie hat einen Einblick in die zeitgenössische Spiritualität gegeben. Seit etwa Mitte der Neunzigerjahre, und noch stärker seit der Jahrtausendwende, nimmt Spiritualität für viele einen größeren Stellenwert ein. Selbst in der Öffentlichkeit stoßen religiöse und spirituelle Themen, wenn auch zögerlich, auf zunehmendes Interesse. Hinter »atheisierenden« Fassaden verbergen sich mitunter spirituelle Lebensfragen. In einer säkular geprägten Gesellschaft verschwindet Spiritualität nicht, sondern sucht nach anderen Ausdrucksformen. Das Neuartige an der gegenwärtigen spirituellen Suche ist ihre Tendenz zur Verselbstständigung gegenüber den traditionellen Religionen. Spirituell Interessierte wenden sich vermehrt Angeboten aus der breiten Palette des spirituellen Feldes zu. Die Phänomenologie ist auch als »Phänomenologie spirituellen Aufbruchs« zu verstehen.

Charakteristisch sind hier weitgehende Privatisierung, Individualisierung und Veränderungsbereitschaft. Die gängige Gestaltungsform kann als »Verbindung ohne Verbindlichkeit« bezeichnet werden. Das spirituelle Feld ist in erster Linie geprägt von den Sozialformen Eventisierung, Verszenung sowie Vernetzung. Ganzheitlichkeit und eigene Erfahrung sind mehr als Schlagworte; sie sind wesentliche Bestandteile spirituellen Suchens.

Auch wenn sich das neue, durch den »säkularen Raum« ziehende, spirituelle Feld im Vergleich zu den etablierten und institutionalisierten Kirchen und Religionsgemeinschaften eher unübersichtlich, weniger strukturiert und ohne verbindende Mitte zeigt, sind doch für das Phänomen als Ganzes typische Erscheinungsformen zu verzeichnen, z. B. die Tendenz zum *Synkretismus*, sowohl bei Anbietern als auch bei Suchenden.

Damit häufig gleichgesetzt, aber bei näherem Hinsehen davon zu differenzieren ist die Neigung mancher, nach *Universalismen* in den unterschiedlichen Traditionen zu suchen. Der Unterschied ist augenfällig: Während erstere dazu tendieren, nach subjektiven Kriterien ihr eigenes Spiritualitäts-Palais mit Mobiliar und Requisiten verschiedenster Herkunft auszukleiden, schauen sich die zweiten in den Weisheitskathedralen und mystischen Schatztruhen verschiedenster spiritueller Richtungen nach Konstanten um, die in unterschiedlichen Bildern angedeutet sein können. Sie wollen hinter der Verschiedenheit die Einheit aufspüren, das ewig bleibende mystische Geheimnis. Mischtypen zwischen beiden Erscheinungsformen sind phänomenologisch die Regel. Des Weiteren tendieren die neuen religiösen Bewegungen dazu, Welterklärungssysteme und Kosmogonien mit universellem Anspruch aufzubauen.

Zeitgenössische Spiritualität(en), näherhin die spirituellen Sehnsüchte, Bedürfnisse und Motivationen der Menschen, fächern sich in sieben Hauptdimensionen auf. Diese haben einen unterschiedlich starken Anteil am Gesamten und teilen sich auf den zweiten Blick in zwei verschiedene Kategorien. Während *Reise zu sich selbst, Gemeinschaft, Reise in die Weite* und *Weltverhältnis* eher »Bereiche« beschreiben, sind die übrigen – *Verzauberung, Heilung,* und *Festigkeit* – typologisch eher von »Veränderung« geprägt und nähern sich der *Reise zu sich selbst* an. Auffallend ist, dass die Hauptdimension *Reise zu sich selbst* die anderen dominiert. Zudem stehen die getrennt dargestellten Dimensionen in enger Verbindung zu einander; manche Aspekte haben Anteil an mehreren Dimensionen. Alle weisen eine gewisse Ambivalenz auf: In jeder stecken sowohl Chancen als auch Risiken; sie bergen sowohl konstruktive als auch destruktive Seiten.

Reise zu sich selbst

In dieser Dimension ist der Fokus auf die eigene Person gerichtet. Häufig wird die zunächst ungerichtete spirituelle Suche durch ein nicht näher bestimmbares Unbehagen ausgelöst. Man fühlt sich nicht mehr im Gleichgewicht und sehnt sich nach Harmonie und Lebensqualität. Man ist »außer sich« geraten und begibt sich auf den Weg zu sich selbst.

- Dabei treten vor allem Erfahrungen, die das *körperliche Wohlbefinden* steigern sollen, in den Vordergrund. Nicht nur, aber auch unter dem Stichwort Wellness werden zahlreiche Angebote subsumiert, die diesem Bedürfnis entgegenkommen. Dazu gehören Yoga, T'ai Chi und Qi Gong. Körperbezogene Wege dienen vielen als Einstieg in die Beschäftigung mit spirituellen Themen. Zudem spielen auch Aspekte wie *Wahrnehmung und Genussfähigkeit* eine Rolle. Nachdem in der westlichen Kultur Körperlichkeit und Sinnlichkeit lange vernachlässigt wurden, gilt es nun, dieses Potenzial wieder auszuschöpfen. Workshops und Kurse sollen dabei helfen, etwa Focusing, Alexander-Technik und meditative Angebote. Die Aussicht auf ein erfüllteres und genussreicheres Sexualleben lässt manche zu Tantra-Literatur greifen oder führt sie in Tantra-Seminare. Zu nennen sind an dieser Stelle auch Möglichkeiten, Stress abzubauen und *Entspannung und Stille* zu erfahren. Manager etwa buchen zunehmend in Klöstern Schweige-Seminare, andere bevorzugen eine Ayurveda-Kur. Meditation wird für viele zum täglichen Ritual.
- Entscheidend ist auch die individuelle Standortbestimmung, der *eigene Status*. Mancher setzt hier bei seinem Wunsch nach mehr materiellem *Reichtum* an und findet Anleitungen dazu in einigen Feng-Shui-Büchern, bei magischen Ritualen oder bei Positivem Denken. Weitaus größer ist die Zahl derer, die ein Leben in *Einfachheit* führen wollen. Der Buchmarkt zeigt, dass dieses Phänomen unter Begriffen wie Lessness, Purismus, Simplifying und Downshifting auch die breitere Masse anspricht. Dabei geht es in erster Linie nicht um Verzicht und Askese, sondern um Reduktion der Lebensqualität wegen. Einfachheit gilt auch als Schlüssel zu innerer Befreiung. Zudem tauchen Aspekte wie *Autonomie, Anerkennung und Erfolg* auf. Persönliche Ausstrahlung, Selbstbewusstsein und Selbstvertrauen wertet man als Schlüssel für gelingende Karrieren. Unzählige Angebote und Therapien mit psychologistischem bzw. weltanschaulichem Hintergrund sollen helfen, das Selbst- und Weltbild positiv zu verändern. Dazu zählen Motivationstrainings, aber auch Positives Denken und NLP. Hinzu kommt ein steigendes Bedürfnis nach mehr *Macht und Kontrolle*. Viele wollen aus ihren Ohnmachtsgefühlen aussteigen, die Umwelt nach eigenen Vorstellungen beeinflussen

und gestalten. Slogans wie »Du kannst alles erreichen, wenn du nur willst« stehen für die Vorstellung von Machbarkeit – einer Droge des 21. Jahrhunderts. Das Bedürfnis nach Machtentfaltung zeigt sich in diversen Formen der Zauberei und Hexerei, aber auch in Spielarten des Spiritismus, (Neo-)Schamanismus und Satanismus. Wer die Dinge nicht gerne aus der Hand gibt, wer lieber lenkt, als lenken zu lassen, wer lieber kontrolliert als geschehen zu lassen, fühlt sich tendenziell von Mantik und Magie angezogen. So tauchen zunehmend Angebote eines »Vulgär-Voodoo« in Form von Anleitungen und Requisiten auf. Mit Aussagen wie »Tue, was du willst, sei das Gesetz« setzen Anhänger des Neosatanismus auf Macht und Durchsetzung. Dem entgegen steht das Bild einer dem Menschen innewohnenden Seinsmacht, die vor allem in der östlichen Philosophie, etwa bei den Zen-Buddhisten, zu finden ist.

- Ein Grundanliegen spiritueller Suche ist die *Selbstfindung*. Manche wollen einfach nur bei sich selbst zu Hause sein und kulturell verfügter Entfremdung entrinnen. Andere tauchen in die eigenen Gründe hinab, um die im Inneren verborgene Seelenlandschaft zu entdecken. In Selbsterfahrungs-Workshops, etwa mit Trommeln, Feuerlauf und Innenweltreisen, aber auch in Yoga- und Meditationskursen versuchen Menschen, sich selbst zu erforschen. Die östlichen Philosophien verzeichnen zwar einen vermehrten Zulauf, aber auch Inhalte christlicher Mystik spielen eine Rolle. Dabei spüren manche am Grund ihres Ichs etwas, das viele Namen trägt: ein Selbst, das Göttliche in mir, Ich bin, Teil Gottes oder selbst (ein) Gott-Mensch auf Erden sein. Immer geht es dabei darum, eine Verortung in sich selbst zu finden.

Verzauberung

Diese zweite Dimension ist auf das Staunen ausgerichtet. Wenn auch nicht immer, so doch manchmal, taucht das Märchenhafte mitten im Alltag auf. Man möchte sich dem Grau des Gewöhnlichen entheben und das Leben bunt anmalen. Von besonderen Erlebnissen verspricht man sich mehr Lebensqualität.

- Wichtig sind *Erfahrungen aus erster Hand*, bei denen mitunter auch eigene Grenzen überschritten werden. Manche sehnen sich nach dem »ultimativen Kick« und außergewöhnlichen Erfahrungen. Weltanschauungen fremder Kulturen faszinieren; das Exotische übt einen besonderen Reiz aus. Manche gehen über glühende Kohlen, beten mit Hingabe in fremden Sprachen zu den »spirits« oder wenden sich buddhistischen, hinduistischen oder indianischen Ritualen und Lebensweisen zu, während die der eigenen Kultur gering geschätzt werden.
- Andere sehnen sich nach sinnlich wahrnehmbaren Zeichen, die »nicht von dieser Welt sind«, nach *Wundern*, die sie in ihrem Glauben und Vertrauen stärken und das göttliche Geheimnis erfahrbar machen. Auch Kraftorte werden aufgesucht; manche entwickeln ein Faible für Zaubermittel, Talismane und Amulette. Faszination übt auch die Aussicht, *übersinnliche Fähigkeiten* zu entwickeln, aus. Manche beschäftigen sich mit Psi-Phänomenen und beginnen, sei es zur Unterhaltung oder aus Angstlust, mit diversen Techniken der Zauberei und Hexerei zu experimentieren.
- Zu guter Letzt will man das *Leben ästhetisieren* und spirituell aufwerten. Die Funktion von Spiritualität verschiebt sich mehr und mehr vom Erlösen zum Überhö-

hen und Erleben. Anziehend wirken auf viele maximal schöne Erlebnisse unter minimalem Selbsteinsatz. Das Staunen stellt sich aber auch durch eine Schärfung der Wahrnehmung ein. Gleichzeitig entwickeln manche eine Achtsamkeit für die kleinen Dinge, die das Gewöhnliche zum Außergewöhnlichen macht. Spirituelle Menschen wollen das Leben neu entdecken, die Welt mit anderen Augen anschauen. Schönheit wird zum spirituellen Wert.

Heilung

Viele empfinden ihre alltägliche Lebenssituation als »zum Davonlaufen«. Sie klagen über Krankheitssymptome und geistig-seelisches Leid. Immer häufiger steht am Beginn spiritueller Suche die Sehnsucht nach Heilung. Sie kann als kultureller Protest gegen eine moderne Schulmedizin verstanden werden, der man vorwirft, den Befund des Patienten seiner Befindlichkeit vorzuziehen und das Innere des Menschen zu vernachlässigen. Im spirituellen Feld zeichnen sich sowohl *Heilswege* als auch *Heilsbilder* ab.

- Zu den *Heilswegen* im spirituellen Feld zählt ein Großteil der »alternativen Medizin« mit ihren vielen unterschiedlichen Therapien. Schlagworte sind neben Ganzheitlichkeit auch Liebe, Licht, Geist und Transformation. Eine große Rolle spielen geistig-energetische Heilweisen, die auch als Spirituelles oder Geistiges Heilen bezeichnet werden. Spirituelle Menschen streben dabei nicht nur körperliche und seelische *Gesundheit* an, sondern in erster Linie *geistige Erneuerung;* als entscheidend gilt dabei die Hingabe an das Göttliche, die das Heilgeschehen erst ermöglicht. Publikationen wie »Ein Kurs in Wundern« und Lehren und Methoden aus Fernost, etwa buddhistische und (neo-)hinduistische Lehren, herrschen vor.
- Die *Heilsbilder* lassen sich auf die Begriffe Vollkommenheit und Unsterblichkeit verdichten. *Vollkommenheit* meint hier nicht Überwindung von Mangel und Streben nach irdischer Perfektion, sondern umgekehrt ein ursprüngliches Heilsein, das das Potenzial zur Entfaltung aller Fähigkeiten in sich trägt und rundum »schalom« ist. Diesem Zustand der Vollkommenheit gilt die menschliche Heilssehnsucht schlechthin. Eng damit verbunden ist der Wunsch nach friedvollem Sterben und *Unsterblichkeit,* dem ganz unterschiedlich Ausdruck verliehen wird. Die Raëlianer etwa versuchen, sie durch Menschenklonen zu verwirklichen. Verbreiteter sind Vorstellungen, der Tod sei ein umfassender Übergangs- und Wandlungsprozess, dem ein Dasein in geistiger Form folgt. Unterstützt werden diese Überzeugungen durch Nahtod-Forschungen von Elisabeth Kübler-Ross und Raymond A. Moody sowie die Beschreibungen im Tibetischen Totenbuch. Viele glauben, dass sie vor diesem Leben bereits inkarniert waren und auch nach diesem Leben wieder inkarnieren werden. Unter Buddhisten findet sich die Hoffnung, aus diesem Kreislauf durch das Bewusstsein von Ewigkeit, eines »immerwährenden Jetzt«, auszuscheiden: Wer nicht geboren wird, der kann auch nicht sterben. Daran knüpft sich die Vorstellung anderer an, im Menschen sei etwas ewig Seiendes bereits vorhanden, das unabhängig von den physischen Erscheinungen besteht und damit unsterblich ist.

Festigkeit

Spirituelle Menschen wollen sich verankern und verorten; sie suchen nach Halt im Leben, nach *Orientierung* und *Gewissheit.*

- Um sich zu orientieren, werden z. B. *Rituale* vollzogen. Sie bieten den Rahmen für symbolische Handlungen, unterstützen beim Umgang mit schwierigen Situationen und verbinden zwischen Menschen und dem weltlichen und geistigem Bereich, sie ordnen und strukturieren Zeit. In den letzten Jahren hat sich der Beruf der Ritualberater und Ritualdesigner entwickelt. Manche bezeichnen ihre tägliche Meditation als wichtiges Ritual, andere wenden sich fremden Traditionen, z. B. dem Buddhismus (Kalachakra-Ritual) oder dem indianischen Schamanismus (Schwitzhütten), zu. Wieder andere kreieren ihre eigenen, ganz persönlichen Rituale.
- Hinzu kommt der große Bereich von *Beratung, Coaching und Lebenshilfe.* Diverse Formen der Lebensberatung dominieren das spirituelle Feld. Dabei werden neben psychologischen auch divinatorische Methoden wie Astrologie, Kartenlegen, Pendeln, Visualisierungen und Channeling angewandt, immer häufiger per E-Mail, Live-Chat und sogar über Spartenkanäle wie Astro TV. Während die einen Anonymität und schnelle Antworten von Wahrsagern zu Fragen der persönlichen Lebensführung suchen, gilt das Augenmerk anderer der Hilfestellung bezüglich ihres spirituellen Wachstums. Dabei taucht immer häufiger der Begriff *spirituelles Coaching* auf; der Trend zur Einzelbetreuung herrscht vor.
- Entscheidend für spirituell Orientierte ist jedoch in den meisten Fällen die Begegnung mit einem *spirituellen Meister.* Das hinduistische Guru-System auf den Westen angewandt führt aber mitunter zu Schwierigkeiten und Missverständnissen. Und auch das Thema Autorität weckt bei westlichen Menschen ambivalente Gefühle. So hilfreich der eine spirituelle Meister für das spirituelle Wachstum seiner Schüler sein kann, so pathologisch kann sich die Beziehung zu einem anderen auswirken.
- Ein Hauptgegenstand spiritueller Interessen ist die Suche nach *Gewissheit.* Viele bauen im Sinne Buddhas »Komm und sieh selbst« auf die eigene Erfahrung. *Sinnsuche* ist eine der wesentlichen Motivationen, sich mit spirituellen Themen überhaupt zu beschäftigen. Zur Gewissheit gehört aber auch das Bedürfnis, eingebunden in ein größeres Ganzes, in die Ordnungsstrukturen des Kosmos zu sein und damit *Verlässlichkeit* zu erfahren. Die Menschen wollen sich an etwas zurückbinden; ihr Leben soll einen Sinn haben, sie wollen kein »Zufallsprodukt der Evolution« sein. Die höchste Gewissheit erwartet man sich von *Erkenntnis und Wahrheit.* Spirituellen geht es dabei um direkte, authentische Erfahrung einer Weisheit des Herzens, um eine verbindend-verbindliche Wahrheit. Inhalte von *Prophetie und Offenbarung* dienen manchen dabei als geistiges Fundament.

Gemeinschaft

Ein verbreitetes Merkmal zeitgenössischer Spiritualität ist Verbindung ohne Verbindlichkeit. Dennoch gibt es zahlreiche spirituelle Menschen, die an Beziehung und Gemeinschaft mit anderen hohe Erwartungen knüpfen. Sie sollen geprägt sein von einer »Ethik der Liebe«.

- Ausschlaggebend für den Aufbau von Beziehung sind Gefühle innerer Verbundenheit, Herzensbeziehungen und meist eine mehr oder weniger übereinstimmende Weltanschauung. Dem Bedürfnis nach *Zweisamkeit* helfen manche strategisch auf die Spur, per Annoncen in einschlägigen Fachzeitschriften oder auf Websites; häufig wird dabei nach geistig-spirituellen Freundschaften oder einem Lebenspartner mit »spirituellen Lebensbezügen« gesucht. Professionelle Agenturen arbeiten bereits an der Vermittlung solcher Menschen und bieten Single-Seminare an.
- Für die Kontaktaufnahme sind neben regelmäßigen *Events* wie Messen, Festivals und Symposien auch *Szenen* von Bedeutung. Dazu tragen Seminarhäuser (z. B. Frankfurter Ring e. V.) aber auch das Internet bei. Manche Homepages verstehen sich als Plattform, auf der Veranstaltungshinweise platziert und abgerufen werden können (z. B. Satsang-Szene mit länderübergreifenden Satsang-Kalendern). Hinzu kommen »Spirituelle Stammtische« und »Offene Abende« (z. B. Lehr-, Heil- und Meditationsabende), zu denen Interessierte sich regelmäßig treffen, um zu praktizieren und sich auszutauschen.
- Einen enormen Zuwachs verzeichnen *spirituelle Netzwerke*. Nicht nur einzelne Interessierte, sondern auch Anbieter, Institutionen, Organisationen, Vereine, Gemeinschaften und selbst Netzwerke vernetzen sich (z. B. Holon-Netzwerk; Reclaiming Earth-Activists). Als Formen der Vergemeinschaftung werden immer häufiger *Gemeinschaftsprojekte* und »Ökodörfer« gewählt. Häufig zeichnen sie sich durch alternative soziale Lebensformen, aber auch durch ökologische oder spirituelle Lebensgestaltung und Visionen aus und basieren auf übereinstimmenden Interessen und weitgehendem Wertekonsens. Europäische Verzeichnisse geben Auskunft über die zahlreichen, bereits bestehenden Projekte (z. B. eurotopia); manche Gemeinschaftserprobte haben sich auf die Beratung anderer Gemeinschaftswilliger spezialisiert (z. B. Karl-Heinz Meyer/Ökodorf-Institut).
- Mehr aber als diese Gemeinschaftsprojekte sind Formen vertreten, die einzig durch ihre Spiritualität und die Beziehung auf eine gemeinsame geistige Mitte zusammengehalten werden. In der Regel entstehen sie, wenn sich um eine spirituelle Gründer- bzw. Führergestalt Gleichgesinnte, Anhänger und Schüler gruppiert haben. Sie fungieren meist als Anlaufstelle bzw. *spirituelle Beheimatung*. Je nach Organisationsgrad wird auch von »Neuen Religionen« und »Neuen religiösen Bewegungen« gesprochen. Neben Bedürfnissen wie Wärme und Geborgenheit spielen auch Motive wie spirituelles Wachstum sowie Idealismus eine wichtige Rolle.

Reise in die Weite

Spirituelle sehnen sich nach Dynamik und Ausdehnung. Sie wollen über ihren wie auch immer definierten Status Quo hinauswachsen, sich entfalten und in etwas Tieferes, Höheres, Weiteres, Übergeordnetes eingebunden sein.

- Die Reise in die Weite bedeutet zunächst, *physisch unterwegs* zu sein. Das Pilgern hat in den letzten Jahrzehnten wieder zugenommen. Vor allem der durch Europa führende Pilgerweg nach Santiago de Compostela erfreut sich wachsender Beliebtheit – wegen des Wanderns, aber auch, um zur Ruhe zu kommen und über Sinnfragen nachzudenken. Andere fühlen sich in die Naturkreisläufe, in die biologischen Prozesse des Werdens und Vergehens, eingebunden. Des Weiteren gibt es Menschen, die gerne mittels Raumschiffen und Ufos durch das All reisen können würden.

- Andere wenden sich *virtuellen Welten* zu. Der Cyberkosmos verhalf der Ethnologie zu einem neuen Forschungsbereich, der CyberAnthropology. Die Cyberstrukturen weisen Analogien mit »spirituellen Technologien«, etwa dem Ifá-Divinationssystem der Yoruba, auf und erinnern an afrikanische Geomantie. Von Anfang an diente der Cyberspace auch als Projektionsfläche für spirituelle Utopien. Es bestehen Parallelen zwischen Schamanismus und Cyberspace: So wie Schamanen verlorene Seelenteile in der nichtalltäglichen Wirklichkeit aufspüren, verfahren Hacker mit Software. So wie Schamanen Masken anlegen und in andere Wirklichkeiten fliegen, schlüpft der Cybernaut in Datenanzug und Datenhelm und reist in den Cyberspace.
- Entscheidend für die meisten aber ist es, *spirituell unterwegs* zu sein. Dieser weite Raum trägt viele Namen: Himmel, Jenseits, geistige Welt, andere Sphären etc. Sie wollen Transzendenzerfahrungen machen, sich in diese als lichtvoll empfundene Unendlichkeit ausdehnen und Einheit verspüren. Sensitiv Begabte erwähnen Kontakte mit Wesenheiten aus diesem Bereich, die sie sehen, hören oder fühlen können (z. B. Naturgeister, Unsterbliche, Engel, Gottheiten, Gott). Die unterschiedlichen Kulturen kennen diverse Wege und Techniken, um das Bewusstsein zu verändern bzw. zu erweitern und in spirituelle Weiten vorzudringen (z. B. Ekstase, Trance, meditative Formen).
- Während die einen zwischen den Welten hin- und herreisen wollen, also eher Brücken in die geistige Welt schlagen, sehnen sich andere nach einer Beziehung zur geistigen Welt, die statt von einem Bewusstsein der Trennung von einem Bewusstsein der Einheit geprägt ist. Die Sehnsucht nach Ankommen und Einssein mit dem Göttlichen, und folglich mit dem eigenen Ursprung, ist enorm. Benutzt werden häufig Umschreibungen der östlichen Traditionen wie satori, samadhi, Zen-Bewusstsein und Advaita. Um sich dem mystischen Geschehen in der Tiefe des Menschen zu nähern, operiert man auch mit Begriffen wie Realisation, Verwirklichung, Leere, Fülle, Nichts, Ich Bin. Als Schlüsselwörter gelten Achtsamkeit, Hingabe und Stille. Viele haben eine Affinität zu christlichen Mystikern, andere bevorzugen östliche Meditationspraktiken und suchen Zen-Meister bzw. Zen-Sesshins auf oder wenden sich den diversen Richtungen des Buddhismus zu (z. B. Theravada-Buddhismus/Buddha-Haus im Allgäu).
- Vor allem Angebote, die mit *Erleuchtung und Erwachen* zusammenhängen, stoßen auf zunehmendes Interesse. Was noch vor Jahrhunderten die Heiligen waren, sind heute für das spirituelle Feld die Erleuchteten und Erwachten, die dauerhaft im »Zustand reinen Seins« Verweilenden. Ausgehend von den asiatischen Lehren sind es vor allem Vertreter des Zen und der verschiedenen (neo-)hinduistischen Strömungen und ihre mittlerweile auch westlichen Schüler, die als »Lehrer der Erleuchtung« oder als »Erwachte« auftreten und in »Satsangs« aufgesucht werden.

Weltverhältnis

Menschsein vollzieht sich im Verhältnis zur Welt mit individuellen oder kollektiven Versuchen, diese zu erklären und zu deuten. Dabei verhalten Menschen sich auf unterschiedliche Weise zur Welt.

- Manche begegnen der Welt im Modus der *Negation*. Sie haben Ungerechtigkeit und Enttäuschung erfahren, fühlen sich ohnmächtig oder verspüren sogar Hass. Formen des *Protestes* zeigen sich in erster Linie in den Spielarten des Satanismus. Eine andere Form der Weltverneinung ist die *Flucht*. Während die einen in Drogenkonsum, TV-Welten oder Fernreisen flüchten, suchen andere Zuflucht in spirituellen Gruppen oder tauchen weg in einfach klingende Erlösungsbotschaften. Zwar bieten spirituelle Lehren, Lehrer oder Gruppen per se keine Anleitungen zum Eskapismus, dennoch zeigt der eine oder andere eskapistische Verhaltensweisen. Dabei sind manche Angebote hilfreicher als andere, etwa der Entspannung dienende »Phantasiereisen«. Während die einen spirituelle Wege einschlagen, um ihr inneres Wachstum zu fördern, benutzen andere sie dazu, sich lediglich auf sich selbst zurückzuziehen.
- Das Verhältnis anderer zur Welt ist eher *retrospektivisch* geprägt. Neben diversen Formen der *Retro*-Romantik spielt auch die *Nostalgie* eine bedeutende Rolle. Sie geht häufig einher mit einer Affinität zu Natürlichkeit und Ursprünglichkeit. Manche studieren archaische Mythen und versunkene Kulturen oder wollen ein Leben »auf indianisch« führen. Eine *Renaissance* erleben Neuheidentum, Druiden- und Keltentum sowie neues Hexen- und Germanentum (z. B. Artgemeinschaft e. V.). Stärke und Sicherheit verleiht manchem auch die Tatsache, sich auf eine alte spirituelle Tradition berufen zu können. Retrospektiven bergen sowohl Risiken (Regression, Erstarrung) als auch Chancen. Verwurzelung wird dann als Voraussetzung für Wachstum und als Fundament für die Zukunft wahrgenommen.
- Am meisten verbreitet ist jedoch ein *perspektivisch* geprägtes Verhältnis zur Welt. Die einen legen dabei eine enorme Solidarität mit anderen Menschen und der Natur innerhalb bereits bestehender Strukturen an den Tag, andere sind der Überzeugung, dass es völlig neue (gesellschaftliche) Strukturen braucht, um Zukunft nachhaltig gestalten zu können; verbunden damit ist das Bild vom Anbruch eines neuen Zeitalters, das mit einem tief greifenden Werte- und Bewusstseinswandel, nicht nur des Einzelnen, sondern der gesamten Menschheit, einhergeht. Häufig wächst der Wunsch, andere bei diesem Bewusstseinswandel zu unterstützen und eigene Erkenntnisse weiterzugeben; auf diese Weise finden sich im spirituellen Feld verhältnismäßig viele potenzielle oder aktive Lehrer und Seminarleiter. Des Weiteren engagieren sich manche gerade aus der Mitte ihrer Spiritualität heraus in einer Art »sozialer und politischer Mystik« (z. B. Peacemaker Gemeinschaft e. V.) für Verständnis und Frieden zwischen den Religionen. Spiritualität und dadurch die Erfahrung von Verbundenheit mit allem Lebendigen, von Individuum und Ganzheit, sensibilisiert auch für die Bedrohung der natürlichen Lebensräume. Der Aspekt der (Welt-)Verantwortung wird immer wichtiger. So haben Ansätze wie Tiefenökologie, Geomantie, Permakultur und Gaia-Landwirtschaft einen wachsenden Zulauf. Andere sind der Auffassung, es seien in erster Linie die positiven geistigen Energien des (spirituellen) Menschen, welche Welt- und Menschheitsheilung bewirken. Darum sei es wichtig, dass der Mensch in erster Linie sein Bewusstsein kultiviere und Kräfte der Liebe aussende.
- Bei den *Visionen* steht der *neue Mensch* im Mittelpunkt. Während die einen zunächst den zukünftigen Menschen im Blick haben, fassen andere einen neuen Menschentyp ins Auge (z. B. Carl Rogers, Osho, Enomiya-Lassalle), der auch als

Gottmensch oder göttlicher Mensch bezeichnet wird. Doch gehen auch hier die Konzepte auseinander. Die einen wollen mit magisch-okkulten Mitteln einen spirituellen Übermenschen schaffen, andere glauben, der göttliche Mensch als solcher sei bereits im Menschen angelegt, Wandlung vollziehe sich vor allem durch Hingabe (z. B. Enomiya-Lassalle). Der »homo divinalis« gilt als Verwirklichung dessen, als was der Mensch gedacht ist. Dabei wird auch von »spiritual dynamics« (Graves, Beck/Cowon, Ken Wilber) und dem Sprung vom »mentalen zum integralen Bewusstsein« (z. B. Jean Gebser) gesprochen und auf Teilhard de Chardins Bild von der »Christogenese«, die im »Punkt Omega« zur Vollendung kommen soll, hingewiesen.

- Die vorherigen Gedanken spitzen sich zu einer Vision von einer *neuen Welt* zu. Zwar schlagen manche dabei apokalyptische Töne an, doch die Weltuntergangsszenarien werden in der Regel als notwendige Maßnahmen für eine umfassende Reinigung dargestellt. Während die einen noch den Weltuntergang im Blick haben, träumen die anderen bereits vom Weltaufgang, vom Anbruch eines neuen Äons, das nach einem Gang durch ein finsteres Tal am Horizont erscheinen wird. Die Vision einer zukünftigen Welt ist für Spirituelle mit großen Hoffnungen verbunden. Dabei kommt die Sehnsucht nach einer einheitlichen, menschheitsverbindenden Spiritualität zum Ausdruck, einem »Erwachen zum wahren Sein«, das den Menschen ermöglicht, in Frieden und Freiheit zusammenzuleben.

Anschlussprojekte

Ziel dieser Arbeit war in erster Linie die Erstellung einer Phänomenologie, die als Grundlage für wissenschaftliche Folgeprojekte dienen kann:

- Das ist als erstes der Versuch zu *verstehen*, warum diese Phänomene gerade heute auftauchen und warum sie sich in dieser Gestalt zeigen. Im Rahmen einer solchen Studie ist vorab zu klären, ob es sich bei den Dimensionen um eher flüchtige Phänomene handelt, die vom Zustand der Gesellschaft her als vorübergehende Krisensymptome interpretierbar und erklärbar sind, oder eher um Erfahrungen, die aus dem Innern des Menschen kommen, und daher so etwas wie anthropologische Konstanten darstellen. Dazu braucht es den Fachdiskurs sowohl mit den Gesellschafts- als auch mit den Humanwissenschaften, näherhin mit Soziologie einerseits und den »anthropologischen Wissenschaften« (Religionsethnologie, Religionswissenschaft, Theologie etc.) andererseits.
- Als zweites kann aus den erarbeiteten Dimensionen eine *Typologie* erstellt werden. Mit Blick auf existierende Gruppen, Bewegungen, Lehren und Weltanschauungen lassen sich die Dimensionen unterschiedlich bündeln. Bei dieser Typenbildung leitet die Annahme, dass einzelne Dimensionen und variable Kombinationen bestimmend sind.

Verstehen

Man mache alles so einfach wie möglich,
jedoch nicht einfacher.
Albert Einstein

Im Folgenden werden exemplarisch gegenwärtige gesellschaftswissenschaftliche und anthropologische Konzepte andiskutiert, mit deren Hilfe man die vorliegende Phänomenologie verstehbar machen könnte. Jede für sich betrachtet, so die Hypothese, bietet nur unzureichende Erklärungen. Mensch und Gesellschaft stehen in einem dialektischen Verhältnis: Der Mensch ist Produkt der Gesellschaft, so wie die Gesellschaft Produkt des Menschen ist.[937] Daher ist eine Mischtheorie aus gesellschaftswissenschaftlichen und anthropologischen Erklärungsmodellen am wahrscheinlichsten.

937 Berger, Peter L./Luckmann, Thomas: Die gesellschaftliche Konstruktion der Wirklichkeit, Frankfurt a. M. 1969.

Will man Phänomene, die innerhalb einer Gesellschaft in Erscheinung treten, mit der Gesellschaft als Ganzes in Beziehung setzen, so stellt sich die Frage, welcher Art diese »Welt, in der wir leben«, eigentlich ist. Wissen zu wollen, in welcher Gesellschaft wir leben, heißt auszuloten, wo ihre Hauptströmungen liegen, welche Leitthemen sie dominieren. Damit tun sich selbst Soziologen nicht leicht. Allein über die Definition von Gesellschaft herrscht unter ihnen Uneinigkeit. Noch im 19. Jahrhundert betrachtete man die Gesellschaft als verflochtene Ganzheit, welche durch ein verbindendes Prinzip zusammengehalten wurde; in den gegenwärtigen Konzepten hingegen nimmt man sie weniger als Mit- und vielmehr als Nebeneinander wahr.

Während noch gegen Ende der Sechzigerjahre die *Klassengesellschaft* zu den »schier unverrückbaren Glaubenssätzen einer sich als kritisch verstehenden Soziologie« zählte, galt sie bereits in den Achtzigern als überholt. Stattdessen war von »Individualisierung, Pluralisierung, Stilisierung und Ästhetisierung« die Rede, man sprach nicht mehr von Klassen, sondern von (Wahl-)Freiheiten und Optionen, vom Erleben, aber auch vom Risiko.[938]

Für die heutige Gesellschaft werden fast schon inflationär immer neue Wortbilder kreiert, um die Komplexität des Ganzen in Form von Momentaufnahmen festzuhalten und zumindest bestimmte Facetten hervorzuheben. Da ist u. a. von postindustrieller und (post-)moderner, von säkularisierter und individualisierter, von Risiko-, Single- und Multioptions-, von Erlebnis-, Medien-, Konsum- und Freizeit-, von Diesseits-, Gesundheits- und Sinngesellschaft die Rede.[939]

Diese fachliche Bescheidenheit, statt gesellschaftliche Gesamtentwürfe zu versuchen lieber herausragende Strömungen zu analysieren, ist begründet: »Gesellschaft gibt es nicht mehr im Singular, sondern nur noch im Plural.«[940] Bewegungen und Strömungen im Oberflächenbild unserer Gesellschaft lassen erahnen, dass sich zugrunde liegende gesellschaftliche Strukturen umfassend verändern.

Ohne den Anspruch auf Vollständigkeit zu erheben, werden im Folgenden einige dieser gesellschaftlichen Wortbilder und (darin enthaltene) Zeitdiagnosen aufgegriffen. Dazu wird nach einem kurzen Steckbrief – es handelt sich ja hier lediglich um die Skizze eines Anschlussprojekts – versucht, Wechselbeziehungen zu Inhalten einzelner Dimensionen darzustellen.

Neben den Primärquellen, den Werken der (Kultur- und) Sozialwissenschaftler selbst, stützen sich die nachfolgenden Kurzdarstellungen u. a. auf Sekundärquellen wie *Einführung in soziologische Theorien der Gegenwart* von Annette Treibel, *Klassische Gesellschaftsbegriffe der Soziologie*, herausgegeben von Georg Kneer, Armin Nassehi und Markus Schroer, sowie die beiden Bände *In welcher Gesellschaft leben wir eigentlich?* von Armin Pongs.[941] Obwohl es sich dabei nicht um klassisch gesellschaftswis-

938 Schroer, Markus: Klassengesellschaft, in: Kneer, Georg/Nassehi, Armin/Schroer, Markus (Hg.): Klassische Gesellschaftsbegriffe der Soziologie, München 2001.

939 Diese Reihe lässt sich um vieles fortsetzen: Überflussgesellschaft, Wegwerfgesellschaft, Angstgesellschaft (Culture of fear), Egogesellschaft, Verantwortungsgesellschaft, Bürgergesellschaft, Informationsgesellschaft, Wissensgesellschaft, Gesellschaft des Weniger, Lebensstilgesellschaft usw.

940 Pongs, Armin: In welcher Gesellschaft leben wir eigentlich?, München 2004, 20.

941 Kneer, Georg/Nassehi, Armin/Schroer, Markus: Klassische Gesellschaftsbegriffe der Soziologie, München 2001; Pongs, Armin: In welcher Gesellschaft leben wir eigentlich? Bd. 1, München ^{2}2004; Bd.2, München 2000; Treibel, Annette: Einführung in soziologische Theorien der Gegenwart, Wiesbaden ^{6}2004.

senschaftliche Forschungen handelt, soll zusätzlich auch ein Blick in die Trendforschung geworfen werden.

Postmaterialismus

Während Elisabeth Noelle-Neumann seit 1968 einen kontinuierlichen Werteverfall ausgemacht hat und dabei Bedeutungsverluste von Kirche und Religion, von Sekundärtugenden, Gemeinsinn und politischem Engagement prognostizierte[942], stellte Ronald Inglehart bald eine vermehrte Hinwendung von materiellen zu immateriellen Werten (Postmaterialismus) fest, die er in seinem 1977 in den USA erschienenen Buch als »stille Revolution« bezeichnet hat: Lebensqualität sollte weniger durch Sicherheit, hohes Einkommen und Karriere erreicht werden als vielmehr durch Mitbestimmung, Toleranz, subjektives Wohlbefinden und Selbstverwirklichung. Seine Theorie vom Postmaterialismus entwickelte Inglehart in den anschließenden Jahren weiter und stützte sich dabei auf empirisches Datenmaterial aus über 60 Ländern. Inglehart konnte damit zeigen, dass sich die Werthaltungen weltweit grundlegend verändert haben und dass sie in Zusammenhang mit Entwicklungen von Wirtschaft und Politik stehen.[943]

Der Wandel in den Wertvorstellungen ist auch deshalb möglich, weil jene in unsicheren und entbehrungsreichen Zeiten aufgewachsene Generation (Modernisierungsphase) von der nachfolgenden in größerem Wohlstand aufgewachsenen Generation (Postmodernisierungsphase) abgelöst wird. Zwar sind materialistische Werte in postmodernen Gesellschaften weiterhin vorhanden, aber ein größerer Teil der Bevölkerung als vorher bevorzugt nun postmaterialistische Werte. Rudolf Bretschneider hat dafür den Begriff des »additiven Wertewandels« geprägt.[944] Inglehart weist darauf hin, dass auch Postmaterialisten existenzielle Sicherheiten wichtig sind; sie unterscheiden sich aber von den Materialisten durch die Betonung von Selbstverwirklichung und Lebensqualität. Eine Erklärung dafür ist die Gewöhnung an einen vergleichsweise hohen Lebensstandard. Wo man nicht mehr ständig ums Überleben kämpfen muss, bleibt Energie und Zeit für andere Aspekte des Lebens. Auf den religiösen Bereich bezogen verbringen Menschen z. B. mehr Zeit mit Sinnfragen, während gleichzeitig das Vertrauen in traditionelle Institutionen abnimmt. Auf der Basis eines als relativ sicher empfundenen »Wohlstands-, Wohlfahrts- und Sozialniveaus« können sich neue Formen des Verhaltens entwickeln.[945]

Helmut Klages zufolge ist es zwischen 1965 und 1975 zu einem »Wertwandlungsschub« gekommen, der zu einer Aufwertung von Emanzipation, Ungebundenheit und Selbstverwirklichung geführt hat. Er betont das Grundbedürfnis des Menschen, »Subjekt des eigenen Handelns« zu sein.[946]

Aufschlussreich sind auch jüngere Ergebnisse des so genannten Gießen-Tests. Bei der Datenerhebung aus dem Jahr 1995 machten die Forscher erneut eine Trend-

942 Noelle-Neumann, Elisabeth: Umfragen in der Massengesellschaft, Reinbek 1968.
943 Pongs, Armin (2004), 183. Vgl. Inglehart, Ronald: Kultureller Umbruch. Wertewandel in der westlichen Welt, Frankfurt a. M. 1989.
944 Vgl. Bretschneider, Rudolf: Konsumgesellschaft. Entwicklungslinien und Perspektiven, Wien 2000.
945 Vgl. Pongs, Armin (2004), 182–209. Vgl. Inglehart, Ronald: Kultureller Umbruch, Frankfurt a. M. 1989; Inglehart, Ronald u. a. (Hg.): Human Beliefs and Values. A cross-cultural sourcebook based on the 1999–2002 values survey, México 2004.
946 Klages, Helmut: »Stille Revolution« und neue Werte. Zit. in: Fiebig (2001), 82.

wende aus: Wünsche nach Nähe und verlässlichen Beziehungen, nach Liebe, Verantwortung und Wahrhaftigkeit rückten wieder in den Vordergrund.[947]

***

Parallelen dazu zeichnen sich auch im spirituellen Feld ab. Die Menschen fragen nach sich selbst, sie wollen sich verwirklichen und bei sich sein (vgl. Sich verwirklichen, Sich erforschen, Bei sich ankommen) und gleichzeitig Gemeinschaft mit anderen erfahren. Sie verhalten sich gegenüber Institutionen skeptisch und suchen gleichzeitig nach neuen Formen, soziales Miteinander zu gestalten. Sie sehnen sich nach Verlässlichkeit in den Beziehungen und zugleich nach individueller Freiheit. Sie gehen neue soziale Beziehungen, z. B. Clanning, ein, sie verszenen und vernetzen sich und bauen Gemeinschaftsprojekte und Ökodörfer als neue Formen des Zusammenlebens auf (vgl. Gemeinschaft). Sie suchen nach Sinn und immaterieller Lebensqualität (vgl. Sinn, Einfach leben) und sind bereit, Verantwortung zu übernehmen (vgl. Perspektiven). Insofern verläuft die gesamtgesellschaftliche Entwicklung auch durch das spirituelle Feld.

Säkularisierte Gesellschaft

Die seit der Aufklärung in Europa in Gang gekommene Säkularisierung kann als Prozess in mehreren Schüben beschrieben werden. Zuerst als »Prozess, durch den Bereiche der Gesellschaft und der Kultur vom beherrschenden Einfluss der religiösen Institutionen und Symbole entfernt werden«[948], so Peter Berger, also eine Verselbstständigung und Autonomisierung begleitet von einem Bedeutungsverlust der Institutionen.[949]

Als zweites ist hier die Säkularisierung hinsichtlich der Person zu nennen, wobei Thomas Luckmann[950] mit seinem weiteren, funktional gefassten Begriff von Religion – »was den Menschen zum Menschen werden lässt«[951] – auf Subjektivierung und Privatisierung des Religiösen hindeutet, während Berger sich mit seinem substanziell gefassten Begriff Mircea Eliade verbunden weiß: »Die Religion wird dann verstanden als menschliches Glauben und Handeln gegenüber einem heiligen Kosmos.«[952]

Als drittes hat die Diskussion um die Säkularisierung jüngstens auch die religiösen Symbole erfasst. Höhn spricht von einer *Dispersion* des Religiösen in die säkulare Gesellschaft: Statt eines »modernisierungsbedingten Komplettverschwindens« gibt es vielmehr »neue Formen seiner kulturellen Antreffbarkeit«. Religiöse Inhalte lösen sich aus verschiedenen Kontexten und werden neu – auch profan – zusammengesetzt. In Bereichen wie Werbung, Sport und Medien tauchen spirituelle Andeutungen und religiöse Symbole auf. Religion löst sich also nicht auf, sondern zerstreut sich ins Alltägliche. Fraglich für Höhn ist allerdings, ob es dabei um das »finale Stadium einer Säkularisierung der Religion bzw. ihres Transfers in nichtreli-

947 Richter, Horst-Eberhard, in: Fiebig, Johannes (2001), 91ff.
948 Berger, Peter L.: The Sacred Canopy, New York 1967, 107f.
949 Die Säkularisierungstheoretiker beziehen sich auf Religion, nicht auf Spiritualität. Daraus ergibt sich ein semantisches Problem; umgekehrt aber ist Spiritualität ein religiöses Phänomen.
950 Luckmann, Thomas: Die unsichtbare Religion, Frankfurt a. M. 1967.
951 Luckmann, Thomas: Religion. Zit. in: Zulehner (1973), 54.
952 Eliade, Mircea: Die Religion und das Heilige, Salzburg 1954; ders.: Das Heilige und das Profane, Hamburg 1957; ders.: Kosmos und Geschichte, Reinbek 1966.

giöse Handlungs- und Deutungsmuster« handelt oder ob der »Aufgang einer ›postsäkularen‹ Zeit« dargestellt wird.[953]

***

Auf dem Hintergrund der Ergebnisse der Phänomenologie lassen sich hypothetisch folgende Positionen formulieren:

1. Der Säkularisierungstheorie ist insofern Recht zu geben, als die Bedeutung von Institutionen zurückgeht. Religion hat sich teilweise aus den etablierten Kirchen herausbewegt.

2. Auch Thomas Luckmanns These von der Privatisierung des Religiösen ist phänomenologisch nachvollziehbar.

3. Genauso macht Hans-Joachim Höhns These von der säkularen Funktionalisierung des Spirituellen einen Anteil von Phänomenen verstehbar, solange er sich auf die säkulare Vereinnahmung alter religiöser Symbole bezieht. Das Phänomen zeitgenössischer Spiritualität ist aber, besonders in seiner personbezogenen Seite, erheblich reichhaltiger.

4. Eben dieser große Anteil an personbezogenen spirituellen Phänomenen spricht für die These Peter L. Bergers von einer *Desäkularisierung*, die sich überall in den modernen Gesellschaften vollzieht. Gerade in säkularen Kulturen blühen aus dem Inneren der Person spirituelle Phänomene wieder auf. Die These kann auf eine einfache Formel gebracht werden: Aus und inmitten der Säkularität erwächst Spiritualität.[954] In spirituellen Bewegungen aber auch von Einzelnen werden umfassende spirituelle Lebensentwürfe versucht.

Die derzeitige Entwicklung der spirituellen Dimension moderner Kulturen stellt die in den Siebzigerjahren für irreversibel gehaltene Säkularisierungsthese nachhaltig in Frage. Hubert Knoblauch etwa nennt Säkularisierung einen »modernen Mythos, der von einer verengten Perspektive auf Religion getragen wurde«, und wendet sich folglich auch gegen Bezeichnungen wie »Desäkularisierung« oder »Resakralisierung«, weil beide davon ausgingen, dass die These von der Säkularisierung richtig sei. Hubert Knoblauch spricht lieber von Zunahme an Transzendenzerfahrungen, die sich außerhalb etablierter religiöser Organisationen entwickeln. Sie zeichneten sich am stärksten durch eine »Opposition gegen Organisationen, schwache Dogmatisierung und Theoretisierung sowie durch eine starke Betonung religiöser Erfahrungen« aus. Im Grundzug nennt der Religionssoziologe die neuen Bewegungen »spirituell und ganzheitlich«.[955]

Während man also in den Siebzigerjahren formulierte: »je moderner, desto säkularer«, so lautet nunmehr die Annahme »je moderner, desto säkularer, also spiritualitätsproduktiver«.[956]

953 Höhn, Hans-Joachim: Auf dem Weg in eine »postsäkulare« Kultur? in: Zulehner, Paul M. (2004), 15–28; Höhn, Hans-Joachim: Zerstreuungen. Religion zwischen Sinnsuche und Erlebnismarkt, Düsseldorf 1998. Vgl. auch Ebertz, Michael N.: Die Dispersion des Religiösen, in: Kochanek, H. (Hg.): Ich habe meine eigene Religion, Zürich/Düsseldorf 1999.

954 Berger, Peter L. u. a.: Desecularization of the World. Resurgent Religion and World Politics, Washington 1999; Berger, Peter L.: Sehnsucht nach Sinn. Glauben in einer Zeit der Leichtgläubigkeit, Frankfurt a. M. 1994; Zulehner, Paul M. (Hg.): Spiritualität – mehr als ein Megatrend, Ostfildern 2004.

955 Knoblauch, Hubert: Renaissance des Religiösen. Transzendenzerfahrungen und Spiritualität, Vortrag auf dem Symposium »Megatrend Respiritualisierung«, Universität Wien, 09/2003.

956 Dazu auch Zulehner, Paul M.: Wiederkehr der Religion? in: Denz, Hermann (Hg.): Die europäische Seele, Wien 2002, 23–41.
Dabei sind neben den kultur- und gesellschaftsbestimmenden christlichen Großkirchen immer auch andere, mitunter verborgene, Ströme tradierter Weisheit und spirituellen Wissens durch die europäische Kulturgeschichte geflossen. Man denke dabei an das rätselhafte Atlantis, die megalithischen Mysterien, die Mysterienreligionen der Kelten, Germanen und

Diesseitsgesellschaft

An die Ausführungen zur säkularisierten Gesellschaft schließt sich eine weitere Zeitdiagnose an: Marianne Gronemeyers Konzept vom *Leben als letzter Gelegenheit*.[957] Darin vertritt sie die These, mit der allumfassenden Erschütterung einer Hoffnung auf ein ewiges Leben, die sie auf das Einsetzen der Pest im Jahr 1348 datiert, wäre der Tod zur feindlichen Bedrohung geworden, dem es durch maximale Ausnutzung aller Ressourcen biologischer Lebenszeit zu trotzen gilt. Statt sich der göttlichen Vorsehung zu fügen, begann der Einzelne, Sinn und Richtung seines Daseins selbst auszuloten. Die Folgen waren das Bedürfnis nach diesseitiger Absicherung und subjektiv empfundene Zeitknappheit. Es gilt, die zur Verfügung stehende Lebenszeit zu nutzen, »nicht um vorbereitet zu sein auf das große Weltgericht, nicht zur Rettung der Seele, sondern zur Ausschöpfung eines höchst diesseitigen Lebensgenusses«, so Gronemeyer.[958] Obwohl den Menschen insgesamt noch nie so viel Lebenszeit bereit stand und sie noch nie so viel davon frei gestalten konnten, werden sie von der Angst, »etwas zu versäumen«, geplagt. Sie haben das Gefühl, »immer auf der falschen Party« zu sein und eine »Unfähigkeit zur Anwesenheit«. Statt einer Frieden und Gelassenheit bringenden Hoffnung auf ewiges Leben treibt der Einzelne orientierungslos im Diesseits umher. Dabei werden Eile und Stress einerseits als Belastung empfunden, sie tragen aber andererseits zum Prestigegewinn bei: Keine Zeit haben meint, Wichtigeres zu tun und damit selbst bedeutend zu sein.[959]

Die Konzentration von Kultur und Gesellschaft auf das Diesseits hat eine Gruppe von Soziologen dazu bewogen, einen Band mit dem Titel »Diesseitsreligion« zu Ehren von Hans-Georg Soeffner herauszugeben.[960] »In der Kultur verehren wir sowohl unsere Möglichkeiten und Phantasien als auch eine von uns entworfene Welt, in der wir heimisch werden könnten, wenn wir nicht wüssten, auf welch unsicherem Boden eine letzte Bindung an etwas steht, das wir selbst konstruiert haben«, so Soeffner selbst: »›Weltfrömmigkeit‹ löst die Jenseitsfrömmigkeit ab und wird zur Ausdrucksgestalt von Kultur und Diesseitsreligion.«[961] Aus der Vertröstung auf das Jenseits wurde die Vertröstung auf das Diesseits. So spüren die Autoren diesseitigen Symbol- und Bilderwelten sowie Selbstbildern nach: Von Politik, Unternehmensberatung, Medien über Kronprinzenhochzeiten, Hooligans und den Zauber der Unterhaltungskultur bis hin zu Bastelexistenzen und prophetischen Visionen. »In der Gemeinschaft der an eine Diesseitsreligion Glaubenden«, so die Herausgeber, »sind Symbole und Rituale Ausdruck von Nichtalltäglichem im Alltäglichen.«[962]

***

Griechen, die römischen Sonnenkulte, die Gnosis im Abendland, die Gralsbewegung, die Hermetik und Alchemie, das Rosenkreuzertum etc. Dazu: Ehmer, Manfred: Die Weisheit des Westens, Düsseldorf 1998.

957 Gronemeyer, Marianne: Leben als letzte Gelegenheit. Sicherheitsbedürfnisse und Zeitknappheit, Darmstadt 1993.

958 Gronemeyer, Marianne (1993), 19.

959 Gronemeyer, Marianne (1993).

960 Honer, Anne/Kurt, Ronald/Reichertz, Jo (Hg.): Diesseitsreligion. Zur Deutung der Bedeutung moderner Kultur, Konstanz 1999. Eine Festschrift für Hans-Georg Soeffner.

961 Soeffner, Hans-Georg (1994), 305.

962 Honer, Anne/Kurt, Ronald/Reichertz, Jo (Hg.) (1999), 11.
Dazu auch: Gabriel, Karl (Hg.): Religiöse Individualisierung oder Säkularisierung, Gütersloh 1996; Gärtner, Christel/Pollack, Detlef/Wohlrab-Sahr, Monika (Hg.): Atheismus und religiöse Indifferenz, Opladen 2003; Denz, Hermann (Hg.): Die europäische Seele. Leben und Glauben in Europa, Wien 2002.

Bestätigung findet dieser Ansatz durch die Phänomenologie, wenn sie etwa auf Stressbelastung, Orientierungslosigkeit, Vorstellungen von Machbarkeit und Vagabundieren von einem Anbieter spiritueller Inhalte und Programme zum nächsten hinweist (vgl. Entspannung und Stille, Macht und Kontrolle, Erlebnis und Abenteuer).

Gleichzeitig erhebt sich aus dem spirituellen Feld auch Widerspruch. Unter den Spirituellen finden sich nämlich solche, die sich Marktförmigkeit und Vernützlichung verweigern (vgl. Bei sich ankommen, Sich wandeln, Sein, was man vom Ursprung her ist, Im Fluss ohne Ufer, Visionen) und dadurch eine Gegenbewegung in Gang setzen.

Freiheitsgesellschaft

Einer der meist beachteten Ansätze der Achtzigerjahre ist jener von Ulrich Beck: Er untersuchte Gesellschaft unter dem Aspekt ihrer Gefährdung durch globale Probleme wie atomare Katastrophen, Klimaveränderung, Gentechnologie etc. Diese neuen Bedrohungen als »Schreckenspanorama einer sich selbst gefährdenden Zivilisation«[963] machen die Statusunterschiede hinfällig. Beck bezeichnet jene Gesellschaften als *Risikogesellschaften*, »die mit den Herausforderungen der selbstgeschaffenen Selbstvernichtungsmöglichkeiten allen Lebens auf dieser Erde konfrontiert sind«[964]. Dadurch entsteht Reflexivität, die Gesellschaft hinterfragt die eigenen Denkweisen und Handlungsmuster. Als Folge bilden sich »neue soziale Bewegungen« und NGOs. Gleichzeitig müssen sich die Individuen postmaterialistischer Gesellschaften nicht mehr wie vorherige Generationen primär um die Existenzsicherung kümmern, sondern können das eigene Leben freier gestalten. Das Individuum setzt sich aus ehemals »traditionell festgeschriebenen Lebenszusammenhängen« frei. Im Zuge der *Individualisierung*, einer These, mit der Beck sich in loser Tradition von Georg Simmel und Max Weber weiß, entstehen auch neue »soziale Gefährdungslagen«. Einerseits eröffnen sich für den Einzelnen größere Entfaltungsmöglichkeiten als bisher, andererseits brechen dadurch immer mehr soziale (familiäre) Sicherheiten weg. Der Mensch darf nun in Fragen der eigenen Lebensgestaltung nicht mehr nur selbst entscheiden, auf sich gestellt muss er es sogar.[965] Es gilt, das Leben in Selbstverantwortung zu meistern. Beck spricht dabei von einer dreifachen Individualisierung: Als erstes werden die Individuen frei und im zweiten Schritt unsicherer. Dann bilden sich neue soziale Strukturen, an denen sich die Individuen orientieren können. Beck sieht dennoch, dass viele dieser neuen Freiheit nicht gewachsen sind. In Fortsetzung seiner Theorie von der *Risikogesellschaft* spricht er deshalb von *riskanten Freiheiten*: Aus Normalbiographien werden »Wahlbiographien«, und mehr noch »Bastel-, Risiko- und Drahtseilbiographien«.[966]

Mit der *Individualisierung* als »Steigerung der individuellen Wahlfreiheit« hat auch eine zunehmende *Deinstitutionalisierung* die gesellschaftliche Landschaft erfasst. Sie meint einen »akzelerierenden Bedeutungsverlust etablierter Institutionen«

963 Beck, Ulrich: Risikogesellschaft. Auf dem Weg in eine andere Moderne, Frankfurt a. M., 1986, 13.
964 Beck, Ulrich (1986), 109.
965 Dazu auch: Berger, Peter L.: Der Zwang zur Häresie. Religion in der pluralistischen Gesellschaft, Frankfurt a. M. 1980.
966 Beck, Ulrich/Beck-Gernsheim: Elisabeth: Individualisierung in modernen Gesellschaften – Perspektiven und Kontroversen einer subjektorientierten Soziologie, in: ebd. (Hg.): Riskante Freiheiten, Frankfurt a. M. 1994, 13.

und folglich neben den etablierten Kirchen auch profane Institutionen.[967] Gleichzeitig kommen gesellschaftliche Prozesse in Gang, die als *Verszenung* und *Eventisierung* bezeichnet werden.[968]

Die Vielzahl der sich eröffnenden Möglichkeiten schafft zudem eine *Pluralisierung*. Selbst entscheiden dürfen heißt zugleich auch selbst entscheiden müssen, eine möglichst gute Wahl zu treffen zwischen vielen Optionen. Auf diese Weise findet Peter Gross zur Namensgebung *Multioptionsgesellschaft* und bezieht sich dabei auf ein Wachstum von Angeboten und Wahlmöglichkeiten in allen Lebensbereichen. Von Waren über Dienstleistungen bis hin zu Lebensentwürfen und Weltanschauungsmodellen. Das Leben selbst wird zur unaufhörlichen Baustelle, zum biographischen Experiment. Dass sich die Optionsräume nicht überall und für jeden gleich eröffnen, sondern faktische Schranken haben, zeigt sich z. B. in der gegenwärtigen Arbeitsmarktlage und auch in potenziellen Schäden für Natur und ethisch-kulturelle Werte. Dem »Steigerungsimperativ«, so Gross, sind also Grenzen gesetzt. In der Formel der »Differenzakzeptanz« sieht er die Möglichkeit, sich von der Vorstellung stetiger Prosperität zu verabschieden.[969] Auf die Lebensentwürfe bezogen spricht Gross von »Patchwork-Existenz« bzw. »Bastel-Mentalität«, Anne Honer und Ronald Hitzler sprechen von »Bastelexistenz«[970].

Freiheitsgesellschaft erlaubt also nicht nur Gestaltung, sie fordert sie sogar. »Die Moderne verwandelt alles in ›riskante Freiheiten‹. Alle Metaphysik, alle Transzendenz, alle Notwendigkeit und Sicherheit wird durch Artistik ersetzt. Wir werden – im Allgemeinsten und Privatesten – zu Artisten in der Zirkuskuppel: ratlos. Und viele stürzen ab.«[971]

Freiheit kann also auch als Zumutung empfunden werden. Infolge versuchen immer mehr Menschen, »die lästige Last der Freiheit wieder los zu werden«, so Paul M. Zulehner. Mit schwerwiegenden Konsequenzen: Die Bereitschaft zur Unterwerfung öffnet dem Autoritarismus die Türen; die Zahl sowohl politischer wie auch religiöser fundamentalistischer Bewegungen steigt. Die Freiheitsgesellschaft droht, »ihre eigene Totengräberin« zu werden.[972]

***

Auch diese Ansätze werden durch die Dimensionen zeitgenössischer Spiritualität bestätigt: Die Menschen sind frei, ihre Weltanschauung und ihr Leben selbst zu gestalten und zu inszenieren (vgl. Synkretismus), wissen aber nicht wie und suchen im zweiten Schritt außerhalb bereits bestehender, traditioneller Institutionen im spirituellen Feld nach Orientierung (vgl. Rituale, Beratungen, Coachings und Lebenshilfe, spirituelle Führung) und bilden neue soziale Strukturen aus (vgl. Events, Szenen, Netzwerke, Gemeinschaftsprojekte, spirituelle Gruppen). Während die einen dabei gestärkt und selbstsicherer werden, prägt sich bei anderen das Bedürfnis nach

967 Gebhart, Winfried: Jugendkultur und Religion. Auf dem Weg zur religiösen Selbstermächtigung, in: EZW-Texte Nr. 170, 2003, 9.

968 Vgl. Gebhardt, Winfried/Hitzler, Ronald/Pfadenhauer, Michaela (Hg.): Events. Soziologie des Außergewöhnlichen, Opladen 2000, 17–32; Hitzler, Ronald/Bucher, Thomas/Niederbacher, Arne: Leben in Szenen. Formen jugendlicher Vergemeinschaftung heute, Opladen 2001.

969 Gross, Peter: Die Multioptionsgesellschaft, Frankfurt a. M. 1994.

970 Hitzler, Ronald/Honer, Anne: Bastelexistenz. Über subjektive Konsequenzen der Individualisierung, in: Beck, Ulrich/Beck-Gernsheim, Elisabeth (1994), 307–315.

971 Beck, Ulrich/Beck-Gernsheim, Elisabeth: Individualisierung in modernen Gesellschaften, in: Dies. (1994), 11.

972 Zulehner, Paul M.: Kirche umbauen – nicht totsparen, Ostfildern 2004, 98; Ebd.: Vom Untertan zum Freiheitskünstler, Wien 1991.

übermäßiger Geborgenheit und Freiheitsflucht aus, was zu mitunter pathologischen Gruppenbindungen führen kann (vgl. Spirituelle Führung/Pathogene Strukturen).

Erlebnisgesellschaft

In die Mitte seiner Theorie von der *Erlebnisgesellschaft* stellt Gerhard Schulze eine Dynamik, die ihm zufolge auf einen »kulturgeschichtlichen Einschnitt« zwischen den Fünfziger- und Siebzigerjahren zurückgeht: Während zuvor die Welt als etwas Gegebenes angesehen wurde, an das sich das Ich anzupassen hatte, geht es dem Einzelnen in einem neuen Paradigma um die Anpassung der Welt an die eigenen Wünsche. Die Beziehung von Ich und Welt wird auf den Kopf gestellt. Die Bewegung verläuft weg »vom weltbezogenen Subjekt« hin zur »subjektbezogenen Welt«; nun geht es darum, eine »Vision des Mehr-und-mehr-Könnens« zu realisieren. Schulze postuliert zudem, statt von den Kategorien »entweder/oder« lieber von »mehr/weniger« zu sprechen: Wenn es wenig gibt, muss man sich mit dem Wenigen arrangieren, gibt es viel, arrangiert man das in Fülle Vorhandene für sich. Dieses Konzept ist Grundlage für Schulzes Theorie von der *Erlebnisgesellschaft*: »Jeder will sein Alltagsdasein auf die Spitze treiben – im großen Stil. Denn schöne Gefühle sind der Sinn des Lebens«[973].

Wer seine Energie in erster Linie nicht für Vorkehrungen zur Existenzsicherung aufwenden muss, steckt die freigesetzten Kräfte in eine aktive Lebensgestaltung. Das Handeln geht weg von Zweckorientierung hin zu einer Art »Erlebnisrationalität«. Selbstbeobachtung geschieht auf dem Feld »psychophysischer Semantik«: Nicht nur das eigene Innenleben, sondern auch soziale Beziehungen werden dadurch gelenkt: »Man arrangiert die Welt im Hinblick auf sich selbst, orientiert an der Kernidee, durch Management des Äußeren gewünschte innere Wirkungen zu optimieren«, so Schulze. Er stützt sich bei seiner Theorie auf Ulrich Becks These von der Individualisierung, die zur Entstehung des Wortes »Single-Gesellschaft« geführt hat. Dabei sieht er in einer fortschreitenden Individualisierung aber keinen Zuwachs an Unabhängigkeit von anderen. Vielmehr suche der Einzelne die »Gesellschaft von Gleichgesinnten«. Dadurch würden sich auch soziale Milieus, die stark von ähnlichen Lebensstilen, Alter und Bildung beeinflusst würden, verschieben. Von fünf genannten Milieus ist das so genannte Selbstverwirklichungsmilieu für diese Studie interessant, in dem hauptsächlich Menschen unter 40 mit höherem Bildungsgrad zu finden sind und die sich durch »Experimentierfreudigkeit und Narzissmus«, so Schulze, ausweisen. Insgesamt findet eine Bewegung statt, das eigene Leben als persönliches Kunstwerk zu gestalten. Bei alledem hat er innerhalb der Erlebnisgesellschaft auch andere Phänomene beobachtet, Verhaltensweisen, die den Einzelnen entlasten sollen, etwa die Entwicklung einer abgeklärten Haltung zu den unüberschaubaren Erlebnisverlockungen, die steigende »Wertschätzung der Eigenständigkeit« und damit die Lust am Selbermachen, sowie eine Art »Außersubjektivität«. Schulze nennt dabei Umwelt, Gentechnik, Arbeit, Sozialstaat und soziale Ungleich-

973 Schulze, Gerhard, in: Der Spiegel, 18. 7. 1994, 77. – In den Medien tauchen immer wieder Begriffe wie Fun- bzw. Spaß-Gesellschaft auf, was nicht heißt, dass es sich dabei um soziologische Begriffe handelt. In diesem Zusammenhang sind auch die Zeitdiagnosen von Robert Bly: Die kindliche Gesellschaft. Zur Weigerung, erwachsen zu werden (1997) und von Neil Postman: Das Verschwinden der Kindheit (1983) sowie ebd.: Wir amüsieren uns zu Tode (1985) interessant. Der Philosoph Thomas Macho spricht von »Spektakelkultur«, zit. in: Kemper, Peter (2001), 194.

heit. Damit nähern sich die beiden Modelle des weltbezogenen Subjekts und der subjektbezogenen Welt an, mit der Konsequenz, eine »subjektive und soziale Wirklichkeit aufzubauen«[974].

Um das Thema Erlebnisgesellschaft gruppieren sich auch die Aussagen anderer Wissenschaftler. Freizeitforscher Opaschowski spricht von einer Übersättigung, die zu einem ständig wachsenden Verlangen nach Neuem führe; Steigerungen seien dann kaum noch möglich: Die Jugendkultur sei in erster Linie Eventkultur.[975] Thomas Müller-Schneider nimmt die Glückssuche in den Blick: Der Erlebnisgesellschaft liege ein »subjektorientiertes Glückskonzept« zugrunde, das sich durch die Glückstechniken »Situationsmanagement, Körpergestaltung und Bewusstseinsmanipulation« auszeichne.[976]

In seinem 1999 erschienenen Buch »Kulissen des Glücks« hat auch Gerhard Schulze jene Wege erforscht, die Menschen einschlagen, um Glück, Erlebnisbefriedigung und Selbstfindung zu erlangen. In seinem jüngsten Werk »Die beste aller Welten« wendet er sich der Frage zu, wohin sich die Gesellschaft im 21. Jahrhundert bewegt.[977] Um aufzuzeigen, von welchen Ideen der Mensch in modernen Gesellschaften bestimmt wurde bzw. wird, bringt er zwei Ideen ins Spiel: Die Idee der Steigerung (Erweiterung – Perfektionierung – Vermehrung) und die der Ankunft und damit auch die Idee des Könnens (»Erarbeiten von Handlungsmöglichkeiten« durch »sachbezogenes Denken«) sowie die des Seins (»Auskosten des Handlungsspielraums«): Die Kultur wandelt sich nach einer übersättigten »habensversessenen zu einer seinsorientierten«[978], wobei Schulze das Sein alltagssprachlich verstanden wissen will. In den Medien wird Schulzes neustes Werk denn auch als »Soziologie des Seins« bezeichnet.[979]

***

Versuche, menschliche, auch die alltäglichsten, Aktivitäten zu Erlebnissen zu stilisieren, finden sich auch im spirituellen Feld. Dazu trägt der enorme Erlebnishunger moderner Menschen bei, keine Ausnahmeerscheinung ichzentrierter und übersatter Yuppies und Großstädter, sondern gesamtgesellschaftliches Selbstverständnis. Das Erlebens-Potenzial des Angebotes ist für viele ein ausschlaggebendes Auswahlkriterium (vgl. Ersthand-Erfahrungen, Faszination des Außergewöhnlichen etc.). Gesucht werden Grenzüberschreitungen, Exotik, Kicks und Nervenkitzel, das Besondere und Bezaubernde. Erlebnisse sollen zu schönen Gefühlen führen und beglücken. Während die einen auf der Suche nach aufregenden Stimulanzen unentwegt zu Felde ziehen, haben die »Steigerungsspiele« für andere ihre Attraktivität verloren. Ihnen geht es darum anzukommen und letztendlich auch »auszukosten«, was bereits da ist, was sie bereits sind.

974 Schulze, Gerhard: Was wird aus der Erlebnisgesellschaft? in: http://www.stadt-frankfurt.de; Ebd.: Die Erlebnisgesellschaft. Kultursoziologie der Gegenwart, Frankfurt a. M. [8]1992.

975 Gebhardt, Winfried/Hitzler, Ronald/Pfadenhauer, Michaela (Hg.): Events. Soziologie des Außergewöhnlichen, Opladen 2000.

976 Müller-Schneider, Thomas: Subjektbezogene Ungleichheit. Ein Paradigma zur Sozialstrukturanalyse postindustrieller Gesellschaften, in: Berger, P. A./Vestner, M. (Hg.): »Alte« und »neue« Ungleichheiten in postindustriellen Gesellschaften, Opladen 1998. Zit. in: Aus Politik und Zeitgeschichte (Bundeszentrale für politische Bildung), Editorial (B 12/2000).

977 Schulze Gerhard: Kulissen des Glücks. Streifzüge durch die Eventkultur, Frankfurt a. M. 1999; Schulze, Gerhard: Die beste aller Welten. Wohin bewegt sich die Gesellschaft im 21. Jahrhundert?, München 2003.

978 Zit. in: Horx, Matthias: Die entzauberte Zukunft, Berliner Zeitung, 2. 8. 2003.

979 Wenzel, Uwe Justus: Eine Soziologie des Seins, NZZ, 5. 4. 2003.

Weit verbreitete Begriffe wie Downshifting, Purismus und Simplifying zeigen, dass die Sehnsucht nach Einfachheit bei der breiten Masse angekommen ist (vgl. Einfach leben). Die Sehnsucht nach Entspannung, Stille, Bewusstseinserweiterung und Transzendenz weist darauf hin, dass es immer mehr Menschen darum geht, sich endlich fallen lassen zu können, sich hin(ein)zugeben in den großen Strom des Lebens (vgl. Reise in die Weite/Im Fluss ohne Ufer, Heilsbilder).

Mit Schulzes Begriff von der »Außersubjektivität« decken sich die Bemühungen spirituell Orientierter, neue Formen der Vergemeinschaftung zu bilden, Zukunftsperspektiven zu entwickeln und Welt-Verantwortung zu übernehmen.

Gesundheits- und Wellnessgesellschaft

»Gesundheit ist der moderne Religionsersatz« – unter diesem Slogan breitet der Mediziner Manfred Lütz seine Gesellschaftsdiagnose aus und fordert zu einem kulturgeschichtlichen Rückblick auf: Noch nie in der gesamten philosophischen Tradition des Ostens und des Westens sei so etwas wie Gesundheit ein höchstes Gut gewesen; der Blasphemieschutz sei inzwischen von den religiösen Traditionen auf die »Gesundheitsreligion« übergegangen, die Lütz satirisch als »mächtigste und teuerste Weltreligion aller Zeiten« bezeichnet; sie herrsche schichten-, partei- und konfessionsübergreifend. Das Paradoxe daran liegt für ihn auf der Hand: Eine Gesellschaft, in der Gesundheit als höchstes Gut gilt, habe damit schon das Ende der Gesundheitspolitik besiegelt. Denn abgesehen davon, dass je nach Definition kaum noch jemand gesund zu nennen sei, wären maximale Diagnostik und maximale Therapie gar nicht finanzierbar.[980]

Rückenwind bekommt Lütz durch den Soziologen Peter Gross. Er spricht provokativ von der »Anbetung des Fleisches«, die Einzug in die »postmoderne Ich-Religion« gehalten habe. Im alltäglichen Kampf um Anerkennung, Macht und Status werde der Körper immer stärker für individuelle Glücks- und Heilversprechen instrumentalisiert, so Gross.[981]

Die Soziologin Elisabeth Beck-Gernsheim bezeichnet Gesundheit zusammen mit Verantwortung als die beiden Leitwerte der individualisierten Gesellschaft. Wo der Einzelne für sein Leben verantwortlich ist, ist er es auch für seinen Körper. Vorsorge und Gesunderhaltung wird jedem zur Gestaltungsaufgabe; auch um etwa in der Arbeitswelt bestehen zu können. In einer säkularisierten Gesellschaft tritt der Ewigkeitsbezug mit den damit verbundenen Erlösungshoffnungen bei vielen zurück. »Wo der Glaube an ein Jenseits sich auflöst«, so Beck-Gernsheim, »gewinnt Gesundheit neue Bedeutung, erhöht ihren Wert, wird zur irdischen Heilserwartung gewendet.« Und pointierter formuliert spricht sie in Anlehnung an Johann Jürgen Rohde vom Heil, dass zugunsten der Heilung »entthront« wurde.[982] So sind die an die Gesundheit gekoppelte Heilswartung und der Leistungszwang nach Beck-Gernsheim die beiden Triebfedern, die ihr zum gesellschaftlichen Aufstieg verhalfen; sie wird »Teil des Gesamtprojektes der Moderne«.[983]

980 Lütz, Manfred: Lebenslust – Wider die Diät-Sadisten, den Gesundheitswahn und den Fitness-Kult, München 2002.

981 Gross, Peter: Die Anbetung des Fleisches, in: Psychologie heute, 12/2000, 28. Ausführlicher vgl. Ebd.: Ich-Jagd, Frankfurt 1999; zit. in: Utsch (2001), 112.

982 Rohde, Johann Jürgen: Soziologie des Krankenhauses, Stuttgart 1974, 130.

983 Beck-Gernsheim, Elisabeth: Gesundheit und Verantwortung im Zeitalter der Gentechnologie, in: Beck, Ulrich/Beck-Gernsheim, Elisabeth (1994), 316–335.

Daran knüpft sich ein zweiter, aus Nordamerika stammender Begriff an, der für eine praxisorientierte Lebensphilosophie steht und sich um das körperliche und geistige Wohlbefinden dreht: *Wellness* hat in den letzten Jahren einen immer breiteren Raum eingenommen. Dass es sich dabei um eine vorübergehende Mode handeln könnte, wird von ihren Befürwortern bezweifelt. Sie verweisen vielmehr auf die sechs Regelkreise des Hippokrates (ca. 400 v. Chr.) und Hildegard von Bingen und machen sie zu ihren Vordenkern.[984] Horst W. Opaschowski bezeichnet Wellness nicht als Trend, sondern als »Weltanschauung, in der Körperpflege und Aussehen, ›Innengerichtet sein‹ und Außenwirkung wie nie zuvor harmonisch zusammengeführt werden«[985]. Mit Hilfe der Wellness will man nach dem Motto »Ich fühl'mich einfach gut« Lebensqualität auf allen Ebenen gewinnen. Gesundsein soll mit Spaß und Genuss verbunden sein; deswegen wendet sich Wellness auch gegen allzu strenge Fitness- und Ernährungsregeln. Während die Wellness-Welle um die Jahrtausendwende ihren Höhepunkt erreicht hat, geht sie Horx zufolge zu Beginn des 21. Jahrhunderts in die »Selfness-Bewegung« mit ihrer Beratungs- und Coaching-Kultur über.[986]

***

Vor allem in Bezug auf Gesundheit und Wellness spiegelt sich im spirituellen Feld eine gesamtgesellschaftliche Dynamik wider. Gerade, wenn es um die eigene Befindlichkeit geht, nehmen viele Menschen jene Angebote wahr, die vorrangig hier angesiedelt sind, angefangen vom breiten Spektrum der Wellness (vgl. Körperliches Wohlbefinden, Wahrnehmung und Genussfähigkeit) bis hin zu allen Arten alternativer, ganzheitlicher und spiritueller Therapien (vgl. Heilswege).

Gleichzeitig deutet sich aber im spirituellen Feld auch eine Bewegung an, die nach mehr aus ist als nach einem gesunden Körper. Diese Menschen suchen noch vor der physischen Heilung allumfassendes Heil von den Wurzeln her. Sie haben den Menschen als ganzen im Auge, sind auf Wachstum und Wandlung aus und streben nach neuem Menschsein.

Sinngesellschaft

Sinnfragen in der Art, wie sie heute gestellt werden, waren vielen unserer Vorfahren vermutlich fremd; göttliche Offenbarung, Rituale und Tradition boten der Gesellschaft ein sinnstiftendes Fundament, zumindest bis in die Zeit der Aufklärung und der »Entzauberung der Welt« (Max Weber) im 19. und 20. Jahrhundert.[987]

Dass religiöse Fragen mit zunehmender Säkularisierung auch für moderne Menschen nicht an Bedeutung verlieren, hat der praktische Theologe und Sozialwissenschaftler Hans-Georg Ziebertz in seinen Studien bestätigt gefunden: »Die Moderne produziert Religion in dem Sinne, dass dem modernen, individualisierten Menschen der sichere Kosmos der Geborgenheit fehlt. Diesen großen Baldachin, der das

984 Während die Wende vor rund 25 Jahren mit der Fitness-Welle in den USA begann, hat man in Deutschland mit der Aktion Prävention in den Achtzigerjahren die Wellness-Bewegung eingeläutet.

985 Opaschowski, Horst W./Zellmann, Peter: Wohlbefinden als Lebensstil. Institut für Freizeit- und Tourismusforschung, Vortrag im Rahmen einer Pressekonferenz der Claire Fisher Kosmetik am 20. 3. 2002 in Hamburg.

986 Horx, Matthias/Horx, Oona: Trend-Report 2005.

987 Vgl. Wenzel, Otto-R.: Soziologische/kulturelle Aspekte der Sinnfrage, in: http://www.fhs-moritzburg.de.

Leben einfacher gemacht hat, den gibt es nicht mehr. (...) Szientismus kann letzte Sinnfragen nicht ersetzen.«[988]

Heute, in einer zunehmend individualisierten und deinstitutionalisierten Gesellschaft, schwindet auch die Singebung durch von Institutionen vermittelte Wertsysteme.[989] Der Einfluss der Kirchen, die traditionell einen »Anspruch auf das Deutungsmonopol des von ihnen verwalteten und vermittelten Sinnsystems«[990] erheben, geht zurück. Für immer mehr Menschen zählen die bisher geltenden Normen und Werte immer weniger. Gleichzeitig werden traditionell erworbene Kompetenzen und Erfahrungen nicht mehr sehr geschätzt. Anthony Giddens spricht hier von einer *posttraditionellen Gesellschaft,* in der viele nicht nur »die Karten selbst neu mischen« dürfen bzw. sogar müssen, sondern sie zusätzlich auch noch selbst zu deuten haben.[991] Folgt man Niklas Luhmann, ist der Einzelne aufgefordert, selbst eine »subjektive Sinnquelle« sprudeln zu lassen, »bei welcher der Sinn aus den individuellen Lebensverhältnissen und der persönlichen Einstellung des Einzelnen entspringt«[992]. Ronald Hitzler bringt den Begriff *Sinnbasteln*[993] ins Spiel. Menschen seien angewiesen, ihrem Leben selbst einen »verständlichen Sinn« zu geben.[994]

Doch von der neuen *Selbst-Be-Sinnung* sind viele Menschen überfordert. Die Anforderungen des neuen und unüberschaubaren Deutungs- und Glaubenspluralismus sehen vor allem Vertreter traditioneller Institutionen in ein gesellschaftliches *Sinnvakuum* bzw. in eine *Sinnkrise* münden.[995] Das Sinn-Thema taucht auf, wenn aus einer Vielzahl von Optionen ständig ausgewählt werden muss[996]; die Entscheidung soll schließlich zu als sinnvoll empfundenen Konsequenzen führen. Als wichtigsten Faktor für Sinnkrisen sowohl beim Einzelnen als auch in der Gesellschaft sehen die beiden Soziologen Peter L. Berger und Thomas Luckmann gerade nicht, wie oft behauptet wird, die Säkularisierung, sondern den modernen Pluralismus: Dieser destabilisiere »Selbstverständlichkeiten der handlungsorientierenden und identitätsstützenden Sinn- und Wertordnungen«.[997] Norbert Bolz weist in diesem Zusammenhang auf das »Leiden an der eigenen Freiheit« hin: Es sei paradox, dass dieses »Überangebot kultureller Sinnformen« Mangel- und Sinnlosigkeitsgefühle geradezu heraufbeschwöre.[998] Rückendeckung bekommt er von Jürgen August Alt. Er sieht gerade im Pluralismus der Gestaltungsoptionen »den wichtigsten Faktor für die Verknappung oder gar den Verlust von Sinn.«[999]

Sinn als gesamtgesellschaftliches Thema hat auch Trendforscher Matthias Horx ausgelotet. Nach der »Pflichtkultur« der Fünfzigerjahre und der »Hedonismusphase« der Siebziger-, Achtziger- und Neunzigerjahre des 20. Jahrhunderts gilt in einer *Sensual Society*[1000], einer *Sinn- und Sinnlichkeitsgesellschaft,* nun die Suche nach ei-

988 Ziebertz, Hans-Georg, in: Psychologie heute compact. Was gibt dem Leben Sinn?, o. O., o. J., 32f.
989 Vgl. Berger/Luckmann (1969), 98ff.
990 Hitzler, Ronald (1999), 351. Vgl. auch Esser, Hartmut: Die Konstitution des Sinns, in: Diesseitsreligion; Berger, Peter L.: Sehnsucht nach Sinn. Glauben in einer Zeit der Leichtgläubigkeit, Frankfurt a. M./New York 1999.
991 Giddens, Anthony (1993); Giddens, Anthony (1996).
992 Luhmann, Niklas, zit. in: Weis, Hans-Willi (1998), 101.
993 Normalerweise ist der Existenzbastler noch nicht einmal Konstrukteur seines eigenen Lebens; er ähnelt vielmehr eher einem Do-It-yourself-Werkler, Hitzler (1994).
994 Hitzler, Ronald (1999), 357.
995 Hitzler, Ronald (1999).
996 Gross, Peter (1994).
997 Berger, Peter L./Luckmann, Thomas: Modernität, Pluralismus und Sinnkrise, Gütersloh 1995, 62.
998 Bolz, Norbert: Die Sinngesellschaft, Düsseldorf 1997, 57.
999 Alt, Jürgen August: Wenn Sinn knapp wird, zit. in: Weis, Hans-Willi (1998), 104f.
1000 Horx, Matthias: Sensual Society. Die neuen Märkte der Sinn- und Sinnlichkeitsgesellschaft, Frankfurt a. M. 2002.

ner »Werte-Philosophie, die Individualismus und Bindung, persönliche Freiheit und Verantwortung, vereinen kann«.[1001] Dieser »Soft-Individualist«, so Horx, hat das Interesse am passiven Konsumieren weitgehend verloren; seinen Lebenssinn bezieht er in einer »Kultur der Reife« aus der Verwirklichung der »Fähigkeit zur Selbstverwirklichung«: »Freie Zeit, Selbstkompetenz und die Bewältigung komplexerer Lebenssituationen sind seine tiefsten Wünsche.«[1002]

***

Sinnsuche ist eine wesentliche Motivation spiritueller Suche und sicher einer der Gründe, die Menschen veranlassen, erste Ausflüge ins spirituelle Feld zu wagen. Wo die Sicherheiten eines in großen Teilen fest gefügten und vorgegebenen Lebensmodells wegbrechen, ist der Mensch zunächst auf sich gestellt. Er muss sich neu orientieren, neue Gewissheiten aufbauen (vgl. Festigkeit). Dabei setzt der zeitgenössische spirituelle Mensch an erster Stelle auf die eigene Erfahrung. Auf spirituelle Wahrheiten, die er selbst erfahren hat, kann er bauen.

Kulturell kreative Subkultur

Aufsehen erregt hat in jüngster Zeit der amerikanische Soziologe und Meinungsforscher Paul H. Ray mit den Ergebnissen seiner empirischen Forschungen, nicht nur in den USA, sondern auch in Europa. In den letzten zehn bis 15 Jahren sei eher unbemerkt eine neue Subkultur, die *Kulturell Kreativen*, entstanden.[1003] Bisher ging man davon aus, dass zwei große Strömungen die US-Gesellschaft ausmachen: Die so genannten *Traditionalisten* und mit einem stärkeren Anteil die *Modernisten*. Die Studie hat aber zusätzlich eine neue Gruppierung ausgemacht, die weder von außen noch von innen als solche wahrgenommen wurde.[1004] Die Kulturell Kreativen verbindet ein Interesse an (spiritueller) Selbstverwirklichung, Wertschätzung von Beziehungen und Ökologie sowie Engagement für die Welt. Außerdem sollen sie fremden Kulturen und neuen Ideen gegenüber eher aufgeschlossen sein und der Intoleranz der religiösen Rechten, dem Konsum kommerzieller Medien und verantwortungsloser Umweltzerstörung ablehnend gegenüber stehen. Demografisch sind sie schwer zu fassen, weil sie in allen sozialen Schichten, ethnischen Gruppen und auch Altersstufen anzutreffen sind. Selbst die klassischen Einordnungen in die politischen Lager rechts und links fallen schwer. Festmachen lässt sich jedoch ein sechzigprozentiger Anteil an Frauen, signifikant viele entspringen den Jahrgängen um 1960, es herrscht ein hoher Akademikeranteil. Ray bezeichnet Authentizität als Schlüssel zum Verständnis der Kulturell Kreativen: Sie wollen »leben, wovon sie überzeugt sind. Sie engagieren sich in konkreten Aktionen und betrachten diese als Teil ihres ganzheitlichen Lernprozesses«. Als Idealisten und Aktivisten zugleich

1001 Horx, Matthias: Sensual Society, in: connection special, Okt.–Nov. 2003, 38f.

1002 http://www.edition-zukunftsinstitut.de/sensual.htm. – Zu Sinn auch: Esser, Hartmut: Die Konstitution des Sinns, in: Honer, Anke u. a. (Hg.): Diesseitsreligion (1999); Berger, Peter L.: Sehnsucht nach Sinn. Glauben in einer Zeit der Leichtgläubigkeit, Frankfurt a. M. 1994; Kanitscheider, Bernulf: Auf der Suche nach dem Sinn, Frankfurt 1995; Weis, Hans-Willi: Exodus ins Ego, Zürich/Düsseldorf 1998. Hier vor allem Kapitel *Die Tücken der Sinnsuche und die Adressierung der Sinnfrage an Religion und Spiritualität*, 100–114.

1003 Ray, Paul H./Anderson, Sherry Ruth: The Cultural Creatives – How 50 Million People Are Changing The World, New York 2000.

1004 Ray untersuchte mit seinem Team 100.000 Amerikaner bezüglich ihrer Weltanschauung, Wertvorstellungen und ihres Lebensstils. Die Forschung gründet sich auf die Datenbasis von über 100 Studien, die unter seiner Führung in etwa 15 Jahren entstanden sind.

haben sie eine globale Perspektive; Spiritualität spielt nicht bei allen, aber bei der Mehrzahl der Kulturell Kreativen eine große Rolle. Unter ihnen sind »typische Kunden für einen Wirtschaftszweig, der Erfahrungen verkauft«[1005], zu finden. Dazu gehören Seminare und Wellness, Psychotherapie, alternative Heilweisen sowie Biowaren.[1006] Viele von ihnen lesen mehr als der Durchschnitt, gehören zur schreibenden Zunft, sind Wissenschaftler, Künstler, Musiker, Psychotherapeuten, Umweltaktivisten, Feministinnen oder arbeiten professionell im Bereich alternativer Therapien. Ray hat bei dieser Gruppe den höchsten Bildungsgrad ausgemacht; sie stelle die »führenden Denker«, verbinde »eine ernsthafte Beschäftigung mit ihrem inneren Wachstum mit einem hohen sozialen Engagement und nachhaltiger Wirtschaft« und schaffe eine »neue Kultur«.[1007]

Eine repräsentative EU-Befragung aus dem Jahr 1998, in der ca. 500 Personen vergleichbare Fragen beantworten sollten, führte zu ähnlichen Ergebnissen. Zudem hat sich unter der Schirmherrschaft des Club of Budapest eine interdisziplinäre Forschungsgruppe gebildet, welche die Studie von Ray und seinem Team parallel in europäischen Ländern durchführen will.[1008]

***

Im Rahmen dieser empirischen Studie hat sich gezeigt, dass sich ein großer Teil der Menschen, die sich im spirituellen Feld bewegen, in o. g. Umschreibungen wiederfindet. Zwischen kulturell kreativer Subkultur und Spirituellen gibt es eine starke Überschneidung. Viele spirituelle Menschen fühlen sich den Kulturell Kreativen zugehörig, während sich im Vergleich dazu vermutlich ein kleinerer, wenn auch beachtlicher Teil der Kulturell Kreativen zu den Spirituellen zählt.

In der Schnittmenge finden sich, so eine Hypothese, jene, die auch perspektivisch und aktiv an der Gestaltung der Welt von morgen mitwirken möchten und Visionen gegenüber aufgeschlossen sind.

Bewegungen und Gegenbewegungen

Die Ergebnisse der Phänomenologie spiegeln zu einem großen Teil gesamtgesellschaftliche Dynamiken wider. Was auf der gesamtgesellschaftlichen Ebene geschieht, geht auch mitten durch das spirituelle Feld. Spirituell Orientierte sind zugleich Teil der gegenwärtigen Gesellschaft und folgen, zumindest partiell, gesellschaftlichen Vorgaben. Wie andere sind auch sie geprägt von der Gesellschaft.

Gleichzeitig finden sich gerade im spirituellen Feld Gegenströmungen zu diesen gesamtgesellschaftlichen Dynamiken, etwa wenn Einzelne sich dem »Steigerungsspiel« (Schulze), dem Konsumismus, der »Kultur der Hinrichtung«, der narzisstischen Selbsterfindung, dem Machbarkeitswahn, dem Erfolgszwang, der Anerkennungssucht, den Banalitäten des Alltags oder der Weltflucht widersetzen und dagegen aufbegehren.

1005 Jösten, Harald: Die Entdeckung der »kulturell Kreativen«, in: Fiebig, Johannes (Hg.): Abschied vom Ego-Kult. Die neue soziale Offenheit, Krummwisch bei Kiel 2001, 99f.

1006 Jösten, Harald (2001), 100f.

1007 Ray, Paul H. in: Psychologie heute 3/2004, 32–37. Vgl. dazu auch: Schmidt-Reinecke, Wolfgang: Innen und Außen zugleich im Blick – Die Kulturell Kreativen, in: Transpersonale Perspektiven, 1/2001.

1008 Die Mitglieder der Forschungsgruppe kommen aus Frankreich, Italien, Deutschland, Polen, Ungarn und Norwegen. Koordinator der Gruppe ist Johannes Heimrath. Vgl. Interview mit Paul H. Ray in: Psychologie heute 3/2004, 32–37.

Diese Menschen entziehen sich also o. g. gesellschaftlicher Prägung und suchen nach Alternativen. Manche versuchen, der Gesellschaft den Rücken zu kehren und eigene Wege zu gehen, einige unter ihnen empfinden ihre Spiritualität als Quelle der Inspiration, der Kraft und Erneuerung. In ihnen wächst das Bedürfnis, sich erneut in den gesamtgesellschaftlichen Prozess einzubringen, vor allem im Engagement für andere und für die Gestaltung einer umwelt- und menschenfreundlichen Zukunft. Es deutet sich an, dass sie – zusammen mit anderen, Intellektuellen, Künstlern und womöglich mit Menschen aus den traditionellen Religionsgemeinschaften – Teil einer neuen kulturellen Avantgarde sein könnten, deren Anstöße und Anregungen gesamtgesellschaftliche Prozesse mitbeeinflussen und nun umgekehrt die Gesellschaft prägen können.

Anthropologischer Diskurs

Die zweite Spur, die Phänomenologie verstehbar zu machen, führt in den anthropologischen Diskurs. Die Frage ist, ob die in der Phänomenologie beobachtete spirituelle Dynamik nicht so sehr aus einer Krise der säkularen Moderne kommt, sondern eher aus der geraume Zeit verschütteten, aber bleibenden Tiefe des Menschen selbst. Wissenschaftler aus den unterschiedlichen Disziplinen vom Menschen beschäftigen sich mit den damit verbundenen Fragestellungen.

Während die Naturwissenschaft eher die körperliche Seite des Menschen ins Auge fasst und in jüngster Zeit vor allem Neurowissenschaftler mit Erklärungsmodellen für spirituelle Erfahrungen und Sehnsüchte (z. B. Genmystik/Hirnforschung[1009]) aufwarten, konzentriert sich die Geisteswissenschaft auf die geistige Seite. Ihre Konzepte umfassend darzustellen, würde den Rahmen dieser Forschungsarbeit sprengen. Deshalb sollen an dieser Stelle exemplarisch und in Kürze aus den Bereichen Ethnologie, Religionswissenschaft und Theologie stammende Ansätze skizziert werden. Dabei soll für die unterschiedlichen Disziplinen jeweils ein Autor und sein Werk im Vordergrund stehen. Die nachfolgende Kurzdarstellung konzentriert sich hauptsächlich auf den Forschungsraum Wien.

Religionsethnologisch

Eine erste Variante dieser spirituellen Suche des Menschen zeigt sich in den Forschungen der Religionsethnologie. Religiöse Phänomene sind nicht statisch, sondern unterliegen einem dynamischen Wandel. Gleichzeitig finden sich nicht nur in den Erlösungs-, Buch- und Offenbarungsreligionen, sondern auch in den »ethnischen Religionen«[1010] gemeinsame Konzepte, anthropologische Konstanten, die Karl R. Wernhart als »universelle Elemente des Religiösen« bezeichnet.[1011] Der Wiener Ethnologe ist der Auffassung, die »unterschiedlichen äußeren Erscheinungsfor-

1009 U. a. Newberg, Andrew/d'Aquili, Eugene/Rause, Vince: Der gedachte Gott. Wie Glaube im Gehirn entsteht, München 2003; Damasio, A. R.: Ich fühle, also bin ich. Die Entschlüsselung des Bewusstseins, München 2000.
1010 Nach Karl R. Wernhart verstanden als »Glaubensmanifestationen außereuropäischer nichtindustrieller Gesellschaften und der Schwellenländer der Dritten Welt«. Wernhart, Karl R. (2003), 260.
1011 Wernhart, Karl R.: Ethnische Religionen. Universale Elemente des Religiösen, Innsbruck/Wien 2004, 15.

men«[1012], die sich abhängig von den jeweiligen kulturellen und gesellschaftlichen Parametern manifestieren, besäßen eine innere Gemeinsamkeit und drückten sich z. B. durch Beten, Meditieren, Kulte und Rituale aus. Bereits in einem 1986 veröffentlichten Aufsatz sprach der Autor deshalb von »Religious Beliefs per se, a human Universality«.[1013]

Überall auf der Welt such(t)en Menschen nach Antworten auf die »Kardinalfragen des Lebens«: Wo komme ich her, wo gehe ich hin, was ist der Sinn und des Lebens Endziel? Aus den umfangreichen Datensammlungen und Forschungen der Ethnologie schlussfolgert Wernhart, dass der »Mensch an sich religiös ist« und nach Formen sucht, seine Beziehung zu etwas »Heiligem« und zu einer »höchsten Instanz« bzw. einem »höchsten Wesen«[1014] zu artikulieren und zu kultivieren.[1015]

Bei den verschiedenen »ethnischen Sozietäten« haben sich unterschiedliche Interpretations- und Ausdrucksformen entwickelt; dennoch liegen ihnen »Grundstrukturen religiösen Bewusstseins« zugrunde: In ihren Wertekanons sind »universale Grundparameter zum Schutz des Lebens, der Mitmenschen (Menschenrechte) und ebenso auch zur Akzeptanz der Transzendenz« enthalten.[1016] Diese Parameter ziehen sich durch alle Gesellschaften der Gegenwart und der Geschichte, allen Wandlungen vorherrschender Weltanschauungen und Weltkonzeptionen zum Trotz. In direktem Zusammenhang damit sieht Wernhart sein Konzept der »Universalia humana et cultura«[1017], in dem er den Menschen sowohl als Natur- als auch als Kulturwesen verstanden wissen will. Die natürliche Prädisposition des Menschen gilt dabei als Voraussetzung für seine Fähigkeit kulturellen Lernens. Weil das menschliche Gehirn in seiner Grundstruktur weltweit gleich aufgebaut ist, so die Schlussfolgerung, sind die Menschen unabhängig ihrer ethnischen Zugehörigkeit potenziell in der Lage, spirituelle Erfahrungen zu machen und sich ihrer bewusst zu werden. Die allgemein menschliche Universalie »›Trance‹-Phänomen, Ekstase und Mystik« kann aber auf unterschiedlichste Weise in Erscheinung treten. Wernhart weist darauf hin, dass sich etwa das Phänomen der Ekstase »religionsüberschreitend bzw. verbindend« zeigt.[1018] Auch Konzeptionen von »Seele« finden sich bei allen bisher bekannten Ethnien, woraus auf ein »allgemein-menschliches Seelenbewusstsein« geschlossen wird; auch wenn die Auffassungen dessen, was unter dem von abendländischem Denken geprägten Seelenbegriff zu verstehen ist und dessen Anwendbarkeit auf ethnische Religionen unter den Forschern umstritten ist.[1019] Von Bedeutung sind auch die »Rites de passage«: Tagesabläufe, Jahreszeiten und Lebensabschnitte werden durch ritualisierte Übergänge charakterisiert. Diesen o. g. Universalien liegt der »allgemein

1012 Wernhart, Karl R.: Ethnische Religionen, in: Figl, Johann (Hg.): Handbuch Religionswissenschaft, Innsbruck/Wien/Göttingen 2003, 263.

1013 Wernhart, Karl. R.: »Religious Beliefs per se«, a Human Universality, in: Anthropos, Bd. 81, Fribourg 1986, 648–652.

1014 Minimaldefinition von Josef Haekel: Religion, in: Trimborn, Hermann (Hg.): Lehrbuch der Völkerkunde, Stuttgart [4]1971, 72–141.

1015 Dazu auch: Bowen, John R.: Religions in Practice. An Approach to the Anthropology of Religion, Boston etc., 1998; Bowie, Fiona: The Anthropology of Religion, Oxford 2000; Glazier, Stephen D. (Hg.): Anthropology of Religion. A Handbook, Westport 1997; Thiel, Franz-Josef: Religionsethnologie. Grundbegriffe der Religionen schriftloser Völker, St. Augustin/Berlin 1984; Weiss, Gabriele: Elementarreligionen. Eine Einführung in die Religionsethnologie, Wien/New York 1987.

1016 Wernhart, Karl R. (2003), 260f.

1017 Wernhart, Karl R.: Universalia humana et cultura. Zur Frage von Mensch, Kultur und Umwelt, in: Mitteilungen der Anthropologischen Gesellschaft in Wien, Bd. 117, Wien 1987, 17–25.

1018 Wernhart, Karl R. (2003), 262f.

1019 Wernhart, Karl R.: Ethnische Seelenkonzepte, in: Figl, Johann/Klein, Hans-Dieter (Hg.): Der Begriff der Seele in der Religionswissenschaft, Würzburg 2002, 45–60.

menschliche Wunsch – in kulturell wie gesellschaftlich unterschiedlich determinierter Form – weiterleben zu wollen«[1020] zugrunde, eine für die Eschatologie des Einzelnen als auch für die gesamte Menschheit entscheidende Sehnsucht und Motivation.

Die aktuelle ethnologische Religionsforschung folgt den gegenwärtigen Entwicklungen wie Internationalisierung, Globalisierung, Multikulturalität und innovative Kommunikationstechnologie. Sie führen zu einer weit reichenden Pluralisierung der Zugriffsmöglichkeiten auf »Belief systems« überall auf der Welt. Im Zusammenhang mit diesen gesellschaftlichen Dynamiken ergeben sich neben der Pluralistischen Religionstheologie und der Religionswissenschaft auch für die Religionsethnologie neue Forschungsfelder, die sich bereits in zum Teil interdisziplinären Seminarangeboten und Forschungsprojekten einiger Universitäten im gesamten deutschsprachigen Raum abzuzeichnen beginnen.[1021] Die Religionsethnologie ist dabei, Themen wie Religion und Ritual in säkularisierten Gesellschaften, Religionspluralismus im Rechtsstaat, Fundamentalisierungsprozesse, Revitalisierungen von Magie, Hexerei und Schamanismus und neureligiöse Gruppen und Bewegungen für sich zu entdecken und zu erforschen.[1022]

Religionswissenschaftlich

Als Zweites findet die Vorstellung einer spirituellen Prädisposition des Menschen in den religionswissenschaftlichen Forschungen ihren Niederschlag. Die Religionswissenschaft besteht als eigenständige Fachdisziplin erst seit der zweiten Hälfte des 19. Jahrhunderts und vollzieht sich seit einigen Jahrzehnten nicht mehr nur in historischen, sondern auch in systematischen Zugängen mit empirisch-polymethodologischer Ausrichtung.[1023] Die systematische Religionswissenschaft arbeitet komparativ, ist auf das »Allgemeine, das Regel- oder Gesetzmäßige eines Objektbereiches« fokussiert und hat somit Theoriebildungen zum Ziel, etwa hinsichtlich der Konstanten »allgemein-anthropologische[r] Spiritualität«[1024].

Bereits im Jahr 1893 hat sich das »Weltparlament der Religionen« anlässlich der Weltausstellung in Chicago zusammengefunden, Ausdruck der Bereitschaft, sich mit dem Thema einer »universalen Einheit aller Religionen« zu befassen, ihren faktischen Unterschieden zum Trotz.

1989 stellte Johann Figl in seiner Antrittsvorlesung »Mystik und Dialog der Weltreligionen« klar, dass *Universalität* kein Begriff ist, der identische Erscheinungsformen, sondern das universelle Vorhandensein von »Kategorien vertieften religiösen Lebens« umschreibt.[1025] Die Religionswissenschaft hat zwar den »religionsspezifischen Kontext« im Auge, gleichzeitig interessiert sie sich aber auch für den »allgemein-anthropologischen Charakter«, was Figl etwa anhand von Meditationspraktiken im Zusammenhang eines christlich-buddhistischen Dialogs skizziert.[1026]

1020 Wernhart, Karl R. (2003), 264.
1021 U. a. in Marburg, Bonn, Bayreuth, Hannover, Freiburg, Heidelberg, Wien, Bern und Zürich.
1022 Vgl. Wicker, Hans-Rudolf: Leitfaden für die Einführungsvorlesung in Religionsethnologie; Vorlesungskonzept für Religionsethnologie und moderne ethnologische Bewusstseinsforschung von Manfred Kremser an der Universität Wien.
1023 Figl, Johann (Hg.): Handbuch Religionswissenschaft, Innsbruck/Wien/Göttingen 2003.
1024 Figl, Johann: Die Mitte der Religionen. Idee und Praxis universalreligiöser Bewegungen, Darmstadt 1993, 157.
1025 In: Wernhart, Karl R. (2003), 268.
1026 Figl, Johann: Spiritualität als Thema des interreligiösen Dialogs, in: Zulehner, Paul M. (Hg.): Spiritualität – mehr als ein Megatrend, Ostfildern 2004, 129–138.

Dem Konzept des Universalen, einer »gemeinsamen Mitte«, geht Figl in seinen Untersuchungen vor allem neureligiöser Bewegungen nach. Gerade in der »säkular geprägten Kultur des westlichen Kulturraums« hat er eine »allgemeine Tendenz, eine Erwartungshaltung« nach der »inneren Einheit der Religionen« beobachtet. Es ist »tief im Toleranzgedanken der Aufklärung und in humanistisch-philanthropischen Strömungen verwurzelt« und reicht »weit in die neuzeitliche Geistesgeschichte« zurück.[1027] Seit dem 19. Jahrhundert sind neureligiöse Gemeinschaften, meist auf hinduistischem, buddhistischem und islamisch-sufistischem Fundament, entstanden. Sie stehen für die »Idee von der Einheit der Religionen« und wollen für Spiritualität Aufgeschlossene dabei unterstützen, »die *Mitte* der verschiedenen Religionen konkret zu erfahren. Es geht ihnen um eine Spiritualität, die völlig »unabhängig von rassischen, sozialen, geschlechtlichen und sonstigen Unterschieden« gelebt wird.[1028] Sie haben die spirituelle Landschaft rund um die Jahrtausendwende entscheidend beeinflusst. Bei allen programmatischen Unterschieden finden sich charakteristische Merkmale wie die Suche nach Erfahrungen, die auch die »üblichen, reglementierten Formen religiöser Erfahrung überschreiten«, etwa in Mystik und Ekstase.[1029]

Figl weist darauf hin, dass es sich dabei um »religions- und kulturüberschreitende anthropologische Grundmöglichkeiten handelt, die zwar nur besonders begabten Personen zuteil werden; dennoch ist diese Fähigkeit nicht auf eine bestimmte Kulturform begrenzt«.[1030] Dieses »anthropologische Potential« geht einher mit der Annahme, dass es einen »Wesenskern, ein ›Selbst‹, im Menschen gebe, das als ›Licht‹, ›inneres Leben‹, mystischer Kern« freigesetzt werden könne.[1031]

Damit wird eine Brücke zu dem verstorbenen Religionswissenschaftler Kardinal Franz König (1905–2004) geschlagen: »Wenn wir das Buch der Geschichte aufschlagen, stellen wir fest, dass sich Menschen überall und zu allen Zeiten – Naturvölker, Hochreligionen verschiedener Kulturen – bittend und suchend an ihren Gott oder ihre Götter gewandt haben. (…) [Sie] haben Formeln von Anrufungen und Gebeten hinterlassen, durch die wir heute noch einen Blick in das Innerste der Menschen längst vergangener Zeiten tun können.«[1032]

Theologisch

Eine dritte Variation für die Annahme, dass die zeitgenössische spirituelle Suche nicht aus der Dynamik der säkularen Kultur, sondern aus der verborgenen Tiefe des Menschen kommt, bietet die theologische Anthropologie. In der christlichen Theologie gilt der Mensch »im Grund seines Wesens [als] Gottsucher«[1033].

Dieser Baustein stützt sich auf die Positionen des katholischen systematischen Theologen Karl Rahner, der sein denkerisches Lebenswerk in der epochalen Schrift »Grundkurs des Glaubens. Einführung in den Begriff des Christentums«[1034] verdichtet hat.

1027 Figl, Johann (1993), 1.
1028 Figl, Johann (1993), 2.
1029 Figl, Johann (1993), 143.
1030 Figl, Johann (1993), 145.
1031 Figl, Johann (1993), 166. Dazu auch Figl, Johann (2002).
1032 König, Franz Kardinal: Der Mensch und sein Glaube, in ders. (Hg.): Der Glaube der Menschen. Christus und die Religionen der Erde, Wien/Freiburg/Basel, [2]1994, 1–8.
1033 Zulehner, Paul M./Brandner, Josef: GottesPastoral, Ostfildern 2002, 120.
1034 Freiburg i. Br. 1976.

Den Ausgangspunkt seines systematisch-theologischen Denkens bildet die christliche Gotteslehre, konkreter die theologische Reflexion über das innergöttliche Leben (Trinitätslehre) sowie über die Theologie der Schöpfung. Auf die Frage, was den Menschen dazu bewegt, sich nach Gott zu sehnen und sich folglich auf den spirituellen Weg zu machen, finden sich bei Rahner fundamentale Antworten: Gott ist in sich überreiche Liebe, die sich selbstmitteilend verströmt. Dabei schafft er sich ein Gegenüber, den Menschen, und einen Raum, die Schöpfung. Im Menschen muss also eine Begegnungsfähigkeit mit dem eigenen Gott von Anfang an gegeben sein. Und zwar nicht erst durch die »Einführung der Menschen in die Heilsmysterien«, sondern dadurch, dass er jenes »Geheimnis« wahrnehmen und in es eintreten kann, welches das menschliche Leben bereits ist, insofern es »getragen ist von der unbeirrbaren Treue des anwesenden und mitgehenden Gottes, in dem wir leben, uns bewegen und in dem wir sind (Apg 17,28)«.[1035]

Dieses Verständnis besagt für die theologische Anthropologie, dass der Mensch so geschaffen ist, dass er Gott und seine Liebe auch aufnehmen kann (»übernatürliches Existenzial«). Dieses »übernatürliche Existential« ist auch (ohne theologische Prämissen) das Grundthema der Religionsphilosophie. Aus der philosophischen Analyse des menschlichen Geistes gelangt sie zu einer Transzendenzfähigkeit des Menschen, die auf ein Absolutes gerichtet ist, das auch Philosophen Gott nennen, etwa Jörg Splett in seiner philosophischen Anthropologie.[1036]

So gesehen erweist sich, wie auch Karl Rahner in religionsphilosophischer Auseinandersetzung mit Martin Heidegger darlegte, der Mensch als »Hörer des Wortes«[1037]. Seine maßlose Sehnsucht nach Gott ergibt sich aus der Sehnsucht des maßlosen Gottes nach dem Menschen.[1038] Diese Gottessehnsucht zeigt sich exemplarisch im Gebet des Königs David: »Gott, du mein Gott, ich suche dich, meine Seele dürstet nach dir, mein Leib verlangt nach dir wie dürres lechzendes Land ohne Wasser« (Psalm 63).

Auf dem Boden einer solchen theologischen Anthropologie lässt sich auch die spirituelle Suche des modernen Menschen als Konkretisierung dieser maßlosen Sehnsucht jedes Menschen nach Gott deuten. Karl Rahner verweist darauf, dass nach christlicher Theologie dieses Schöpfungsgeschehen bereits in einem aus der Menschheit zur Vollendung gelangt ist, nämlich in Jesus von Nazareth. Auf das, was sich in einem vollendet hat, drängt die Sehnsucht aller Menschen hin. Deswegen bezeichnet Rahner die spirituelle Dynamik, die es grundsätzlich in jedem Menschen (im Buddhisten, im Moslem, im Juden, im Atheisten, im zeitgenössischen Spirituellen) gibt, als »anonyme Christlichkeit«. Mit dieser seiner eigenen Glaubenswelt entlehnten Umschreibung signalisiert er keine Vereinnahmung all dieser Personengruppen in die diesseitige Kirche; er will vielmehr zum Ausdruck bringen, dass den Menschen eine Gottessehnsucht innewohnt, die nach christusförmiger Erfüllung und Vollendung strebt.[1039]

1035 Zulehner, Paul M. im Gespräch mit Karl Rahner: Denn du kommst unserem Tun mit deiner Gnade zuvor, Ostfildern 2002, 14.

1036 Splett, Jörg: Gotteserfahrung im Denken. Zur philosophische n Rechtfertigung des Redens vor Gott, Freiburg/München [4]1995; Splett, Jörg: Denken vor Gott. Philosophie als Wahrheitsliebe, Frankfurt 1996.

1037 Rahner, Karl: Hörer des Wortes. Zur Grundlegung einer Religionsphilosophie, München 1940.

1038 Zulehner, Paul M./Brandner, Josef (2002), 120.

1039 Rahner, Karl: Grundkurs des Glaubens. Einführung in den Begriff des Christentums, Freiburg 1976; Rahner, Karl: Kleines Kirchenjahr (über Ostern), München 1954, 84–92.

Anthropologische Konstanten

Die vorausgegangenen Konzepte aus Religionsethnologie, Religionswissenschaft und Theologie haben auf anthropologische Konstanten hingewiesen. Diese zeigen sich in der spirituellen Sehnsucht und Suche, welche in den unterschiedlichsten Formen in Erscheinung treten. Spiritualität scheint demzufolge zu einer anthropologischen Grundausstattung zu gehören, auch wenn diese nicht in allen Menschen gleichermaßen aufscheint. Beachtlicherweise findet sich das Thema auch bei Atheisten, wenn auch im Modus der Negation. Dass Menschen mit dieser »Begabung« ihre Weltanschauung selbst gestalten (privater Synkretismus) oder versuchen, den Grund aller spirituellen Suche aufzuspüren (Universalismus) wurde in der Phänomenologie ebenfalls aufgezeigt.

Typologie

Mit der Bildung von Dimensionen und Subdimensionen wurde in der Phänomenologie bereits eine erste Komplexitätsreduktion vorgenommen. Der Versuch einer Typologie kann diese starke Komplexität weiter reduzieren und damit gleichzeitig neue Zusammenhänge zwischen den einzelnen Dimensionen aus der Perspektive spiritueller Gruppen, Bewegungen, Weltanschauungen, Lehren und Programme aufzeigen. Um eine übersichtliche wissenschaftliche Aufarbeitung und Präsentation zu erreichen, entfernt sich diese Komplexitätsreduktion nun mehr wieder vom einzelnen spirituellen Menschen und damit einhergehenden Differenzierungen. Sie generalisiert und abstrahiert. Die Zuordnungen sind jedoch nicht als Beurteilungen zu werten, sondern dienen einer ersten Bestandsaufnahme.

Typen entstehen durch die Kombination dominanter Dimensionen bzw. Subdimensionen. Dabei wird vorausgesetzt, dass für die Charakterisierung konkreter Gruppen, Bewegungen, Weltanschauungen, Lehren und Programme mit großer Wahrscheinlichkeit mehr Dimensionen vonnöten sind als für die hier exemplarisch vorgenommene Typenbildung (jeweils drei) gewählt wurden. Die Benennung der Typen entspringt der interpretatorischen Arbeit der Wissenschaftlerin.

Die Schwerpunktsetzungen der Gruppen, Bewegungen, Weltanschauungen, Lehren und Programme zu den Dimensionen und Subdimensionen sind als Momentaufnahmen zu werten. Zwischen der Rezeption im zeitgenössischen spirituellen Feld und dem Selbstverständnis innerhalb der Herkunftskontexte (»reine Lehre«) finden sich mitunter Diskrepanzen. Zudem implizieren die vorgenommenen Schwerpunktsetzungen potenzielle Dynamiken: Spirituelle Gruppen, Bewegungen, Weltanschauungen und Programme können sich im Laufe der Zeit typologisch wandeln und andere Schwerpunkte für sich setzen.

Anhand von markanten Beispielen wird die Methode der Typenbildung exemplarisch vorgeführt, wobei die nachfolgenden Typen als erste Annäherungen zu verstehen sind. Zu berücksichtigen ist dabei, dass sich die Anzahl der Typen erweitern würde, je differenzierter die Zuordnungen zu den Dimensionen betrachtet und je strenger man dabei vorgehen würde.

Beispiel A Typen		Harmonie-Orientierte				Zukunfts-Orientierte			
GRUPPEN/ PROGRAMME/ LEHREN/ WELTAN-SCHAUUNGEN		Feng Shui	T'ai Chi	Yoga	(Neo-) Tantra	Kulturell Kreative	Peacemaker	Ökodörfer	Propheten/ Visionäre
Dimensionen									
Reise zu sich selbst									
	Die eigene Befindlichkeit	x	x	x	x				
	Der eigene Status	x							
	Selbst(er)findung		x	x					
Verzauberung									
	Erlebnis und Abenteuer				x				
	Nicht von dieser Welt								
	Ästhetisierung des Lebens	x	x		x				
Heilung									
	Heilswege								
	Heilsbilder								
Festigkeit									
	Orientierung								
	Gewissheit								x
Gemeinschaft									
	Allein in der Fremde								
	Verbunden und vernetzt				(x)	x			
	Verwoben und vereint						x	x	
Reise in die Weite									
	Physisch unterwegs								
	Virtuell unterwegs								
	Spirituell unterwegs		(x)	x	(x)	x	x	x	x
Weltverhältnis									
	Negationen								
	Retrospektiven								
	Perspektiven					x	x	x	x

Bei dieser ersten Typenbildung zeigen sich zwei diagonal entgegengesetzte Typen. Während die Harmonie-Orientierten ihren Schwerpunkt bei *Reise zu sich selbst* und *Verzauberung* setzen, fokussieren sich die Zukunfts-Orientierten auf das *Weltverhältnis* und die *Reise in die Weite.*

Wird stärker differenziert, kommt bei den Harmonie-Orientierten der Wunsch zum Ausdruck, das eigene Wohlbefinden zu verbessern, sich etwas Gutes zu tun, zu genießen, sich zu verwöhnen und zu entspannen. Sie nehmen sich und ihren Körper wichtig. Doch nicht nur er, sondern auch Geist und Seele sollen nicht zu kurz kommen; Ausflügen in die eigenen Tiefen stehen sie interessiert und offen gegenüber, wenn sie zu mehr Gelassenheit und innerer Balance führen. Harmonie-Orientierte suchen nach einem Ausgleich zu den »Strapazen des Alltags« und der »stressigen Berufswelt«. Ihrem Alltag wollen sie Farbe und Esprit verleihen. Sie verspüren eine Lust auf (meist ungefährliche) Erlebnisse und Abenteuer, haben eine mitunter ausgeprägte sinnliche Wahrnehmungsfähigkeit und sind schöngeistig veranlagt.

Bei den Zukunfts-Orientierten steht das Engagement für die Welt von morgen an erster Stelle. Viele von ihnen sind Idealisten mit hohen Wertvorstellungen, Menschen, die bereit sind, ihre Träume auch unter enormem Einsatz und persönlichen Opfern zumindest ein Stück weit zu realisieren. Sie sehnen sich nach einer anderen, friedlichen, natur- und menschenfreundlichen Welt. Dabei neigen sie mitunter zu Kompromisslosigkeiten und nehmen auf sich selbst wenig Rücksicht. Ihre Kraft beziehen sie meist aus ihrer spirituellen Praxis, ihrer Einbindung in soziale Netzwerke und Gemeinschaften von Gleichgesinnten oder aus einer festen Gewissheit, die ihnen aus der Erkenntnis oder als »Hörer des Wortes« erwächst.

Beispiel B Typen		Machen-Orientierte			Hingabe-Orientierte				
GRUPPEN/ PROGRAMME/ LEHREN/ WELTAN- SCHAUUNGEN		Satanismus	Positives Denken	Avatar-Kurse	Schamanismus	Geistiges Heilen	Satsang	Zen	(Christl.) Mystik
Dimensionen									
Reise zu sich selbst									
	Die eigene Befindlichkeit								
	Der eigene Status	x	x	x	x				
	Selbst(er)findung		x	x		x	x	x	x
Verzauberung									
	Erlebnis und Abenteuer	(x)		x	(x)				
	Nicht von dieser Welt	x							
	Ästhetisierung des Lebens								

Beispiel B Typen		Machen-Orientierte				Hingabe-Orientierte			
GRUPPEN/ PROGRAMME/ LEHREN/ WELTAN-SCHAUUNGEN		Satanismus	Positives Denken	Avatar-Kurse	Schama-nismus	Geistiges Heilen	Satsang	Zen	(Christl.) Mystik
Heilung									
	Heilswege				x	(x)			
	Heilsbilder					x	x		
Festigkeit									
	Orientierung		x					(x)	
	Gewissheit						(x)	x	x
Gemeinschaft									
	Allein in der Fremde								
	Verbunden und vernetzt								
	Verwoben und vereint								
Reise in die Weite									
	Physisch unterwegs								
	Virtuell unterwegs								
	Spirituell unterwegs				x	x	x	x	x
Weltverhältnis									
	Negationen	x							
	Retrospektiven								
	Perspektiven								

Bei der zweiten Gegenüberstellung von Typen werden unterschiedliche Haltungen, Machen-Orientierte und Hingabe-Orientierte, deutlich. Beide haben zunächst große Anteile an der *Reise zu sich selbst*. Während die Machen-Orientierten hier vor allem auf den *eigenen Status* setzen und vorrangig nach Macht z. B. über ihr Leben oder ihr Schicksal, nach Kontrolle, Erfolg oder Anerkennung streben, zeigen die Hingabe-Orientierten gerade an dieser Dimension wenig Interesse. Ihnen geht es stattdessen um Selbstfindung. Sie wollen erforschen, wer sie sind, was sie ausmacht und in der Tiefe ihres Seins, *bei sich ankommen*.

Machen-Orientierte fühlen sich von jenen Angeboten angezogen, von denen sie sich die Erfüllung ihrer Bedürfnisse versprechen und die auf Stärkung der eigenen Person setzen. Sie sind offen für Angebote, in denen es um »Werkzeuge« und »Techniken« geht. Sie werden lieber aktiv als sich dem Geschehen zu überlassen. Die erworbenen Techniken und Fähigkeiten sollen ihnen Sicherheit und Autonomie verleihen und ihrem Wunsch nach Selbstbestimmtheit zuträglich sein. Sie haben eine

Vorliebe für Abenteuer und auch für Übersinnliches. Ihre Affinität führt sie in selbst erschaffene, künstliche Welten oder nichtalltägliche Wirklichkeiten, in denen sie sich von Krafttieren begleiten lassen und gegen mächtige Geister, auch zur Hilfe und zum Heil für andere, zu kämpfen haben.

Hingabe-Orientierte hingegen treibt eine große Sehnsucht nach Einssein mit dem großen Ganzen, nach einer unio mystica, nach Erleuchtung und Erwachen voran. Sie wählen solche Angebote, in denen es nicht um Machen, sondern um Lassen geht: loslassen, geschehen lassen, sich überlassen. Vor allem von spirituellen Praktiken mit meditativen Elementen, Kontemplation, Stille und Weisheitslehren fühlen sie sich angesprochen. Sie möchten eintauchen in mystische Geheimnisse zur Selbst-, Welt- und Gotteserkenntnis. Davon versprechen sie sich innere Festigkeit, Stärke, aber auch Heilung am Grund ihres Seins, und damit Freiheit und Frieden.

***

In der Realität kommen reine Typen eher selten vor. Die Typenbildung zeigt idealtypische Tendenzen. Mischtypen, auch in Kombination mit noch ausstehenden, weiteren Typen, sind vermutlich die Regel.

Nach der Typenbildung können in einem weiteren Forschungsschritt auch quantitative Verfahren eingesetzt werden, um die Verteilung der im spirituellen Feld vertretenen Menschen hinsichtlich der sozialen Milieus, des Alters, des Geschlechts, der Bildung und Ost/West-Verteilung zu untersuchen. Es müssten dazu Fragebatterien entwickelt werden, mit deren Hilfe die Zuordnung von Personen zu Typen möglich wäre. Bei diesen empirischen Forschungen könnte sich auch die Typologie nochmals modifizieren. Aufschlussreich wären auch Biografie-Forschungen hinsichtlich möglicher Schwerpunkt-Verschiebungen in den verschiedenen Lebensphasen.

Statt eines Schlusswortes

Habt ihr nicht von jenem tollen Menschen gehört, der am hellen Vormittage eine Laterne anzündete, auf den Markt lief und unaufhörlich schrie: »Ich suche Gott! Ich suche Gott!«– Da dort gerade viele von denen zusammenstanden, welche nicht an Gott glaubten, so erregte er ein großes Gelächter. Ist er denn verlorengegangen? sagte der eine. Hat er sich verlaufen wie ein Kind? sagte der andere. Oder hält er sich versteckt? Fürchtet er sich vor uns? Ist er zu Schiff gegangen? Ausgewandert? – so schrien und lachten sie durcheinander. Der tolle Mensch sprang mitten unter sie und durchbohrte sie mit seinen Blicken.

»Wohin ist Gott?« rief er, »ich will es euch sagen! Wir haben ihn getötet – ihr und ich! Wir sind seine Mörder! Aber wie haben wir dies gemacht? Wie vermochten wir das Meer auszutrinken? Wer gab uns den Schwamm, um den ganzen Horizont wegzuwischen? Was taten wir, als wir diese Erde von ihrer Sonne losketteten? Wohin bewegt sie sich nun? Wohin bewegen wir uns? Fort von allen Sonnen? Stürzen wir nicht fortwährend? Und rückwärts, seitwärts, vorwärts, nach allen Seiten? Gibt es noch ein Oben und ein Unten? Irren wir nicht durch ein unendliches Nichts? Haucht uns nicht der leere Raum an? Ist es nicht kälter geworden? Kommt nicht immerfort die Nacht und mehr Nacht? Müssen nicht Laternen am Vormittag angezündet werden? Hören wir noch nichts von dem Lärm der Totengräber, welche Gott begraben? Riechen wir noch nichts von der göttlichen Verwesung? – auch Götter verwesen! Gott ist tot! Gott bleibt tot! Und wir haben ihn getötet! Wie trösten wir uns, die Mörder aller Mörder? Das Heiligste und Mächtigste, was die Welt bisher besaß, es ist unter unsern Messern verblutet – wer wischt dies Blut von uns ab? Mit welchem Wasser könnten wir uns reinigen? Welche Sühnefeiern, welche heiligen Spiele werden wir erfinden müssen? Ist nicht die Größe dieser Tat zu groß für uns? Müssen wir nicht selber zu Göttern werden, um nur ihrer würdig zu erscheinen? Es gab nie eine größere Tat – und wer nun immer nach uns geboren wird, gehört um dieser Tat willen in eine höhere Geschichte, als alle Geschichte bisher war!«

Hier schwieg der tolle Mensch und sah wieder seine Zuhörer an: auch sie schwiegen und blickten befremdet auf ihn. Endlich warf er seine Laterne auf den Boden, dass sie in Stücke sprang und erlosch. »Ich komme zu früh«, sagte er dann, »ich bin noch nicht an der Zeit. Dies ungeheure Ereignis ist noch unterwegs und wandert – es ist noch nicht bis zu den Ohren der Menschen gedrungen. Blitz und Donner brauchen Zeit, das Licht der Gestirne braucht Zeit, Taten brauchen Zeit, auch nachdem sie getan sind, um gesehen und gehört zu werden. Diese Tat ist ihnen immer noch ferner als die fernsten Gestirne – und doch haben sie dieselbe getan!« – Man erzählt noch, dass der tolle Mensch desselbigen Tages in verschiedenen Kirchen eingedrungen sei und darin sein Requiem aeternam deo angestimmt habe. Hinausgeführt und zur Rede gesetzt, habe er immer nur dies entgegnet: »Was sind denn diese Kirchen noch, wenn sie nicht die Gräber und die Grabmäler Gottes sind?«

Friedrich Nietzsche

Anhang

Vorgehensweise bei den Tiefeninterviews

Die Tiefeninterviews wurden erst nach längerer Zeit Teilnehmender Beobachtung und vielen Gesprächen mit spirituell orientierten Menschen sowie intensivem Quellenstudium durchgeführt. Aufgrund dieser ersten Forschungen hatte sich bereits eine hypothetische Dimensionenbündelung ergeben. Es wurde kein Fragebogen, sondern ein Leitfaden gewählt, der bei den themenzentriert-narrativen Interviews über diverse Themenfelder zur Orientierung diente, ohne von vorneherein den Ablauf starr festzulegen. Er sollte den Gesprächsverlauf unterstützen und gleichzeitig höchstmögliche Flexibilität gewährleisten.

Nach einer ersten Experimentierphase wurde die Interview-Methode variiert. Die anfangs angedachte Offenheit in der Gesprächssituation führte zu Weitschweifigkeit, sodass nur ein Teil der Themen angesprochen werden konnte. Bewährt hat sich die von mir entwickelte Methode mit acht kleinen Fragekärtchen, auf deren Vorderseite die sich bereits abzeichnenden Dimensionen vermerkt waren. Da der Begriff Spiritualität alle anderen Begriffe als Kern in sich vereint, wurde diese Karte in der Mitte platziert. Auf den Rückseiten standen jeweils weiterführende und die Begriffe erläuternde Formulierungen, die die Interviewpartner bei Bedarf anregen konnten, aber nicht mussten. Ziel war es, eine Atmosphäre herzustellen, die weniger den Charakter einer protokollartigen Befragung als vielmehr den eines persönlichen, offenen Gesprächs aufwies und gerade deshalb authentischere Antworten versprach.

Das Interview begann immer mit der Frage nach der Spiritualität: Was versteht der Informant darunter? Was bedeutet es für ihn, auch in Abgrenzung zum semantischen Spektrum innerhalb der Terminologie? Trifft der Begriff auf ihn zu oder fühlt er sich bei einem anderen wohler? Wie gestaltet er sein Leben? Meist führte die Antwort nach wenigen Sätzen zu einer anderen Karte. Die Informanten wählten selbst aus, von welchen Karten sie sich angesprochen fühlten und über welche sie als nächstes sprechen wollten. Dabei dienten die Karten lediglich als Strukturhilfen für den Verlauf des Interviews. Es bestand zu jeder Zeit die Möglichkeit, dem Bedürfnis entgegenzukommen, sich zu Bereichen zu äußern, die sie – auf den ersten Blick zumindest – nicht auf den Karten vertreten fanden. Es hat sich aber herausgestellt, dass die vorhandenen Dimensionen um keine nennenswerten Bereiche erweitert werden konnten. Der Ansatz wurde bestätigt.

Auf dem Hintergrund vieler zunächst unstrukturierter Gespräche im spirituellen Feld wurden für diese Arbeit neun Personen systematisch interviewt. Die Interviews dauerten zwischen 45 und 80 Minuten, wurden anschließend transkribiert und aus Datenschutzgründen mit Codes versehen, die Minimalauskünfte über die Personen geben. Nach der fortlaufenden Nummer folgt ein *W* für weiblich bzw. ein *M* für männlich und eine Zahl, die das Alter der Person zum Gesprächszeitpunkt wiedergibt: Bei 2W35 etwa handelt es sich um eine 35-jährige Frau, bei 4M47 um einen 47-jährigen Mann. Ich habe fünf Männer und vier Frauen interviewt, davon kamen sieben aus West- und zwei aus Ostdeutschland. Die Frauen gaben sich in Bezug auf ihr persönliches spirituelles Erleben tendenziell reflektierter bzw. zeigten mehr Offenheit, auch die emotionale Seite ihres spirituellen Erlebens zum Ausdruck zu bringen.

Es waren Berufsgruppen wie Handwerker, Pädagogen, Ärzte/Therapeuten, Journalisten/Publizisten, Biologen, Musiker und Wissenschaftler (auch Mehrfachnennungen) vertreten. Einige üben gleichzeitig eine Lehr- und Seminartätigkeit im spirituellen Feld aus, etwa in Yoga, diversen Formen der Meditation und Geistiger Heilung, andere sind erst am Beginn ihrer spirituellen Suche. Neben diesen systematischen Interviews konnten zahlreiche weitere aussagekräftige Statements spirituell orientierter Menschen, z. T. aus früheren Studien, aus Originalquellen, Fachzeitschriften und Internetpräsentationen in die Auswertung einfließen.

Die Informanten, die sich auf die Interview-Situation einließen, empfanden es durchweg als persönliche Bereicherung, sich in diesem Rahmen über ihre Spiritualität äußern zu können. Allerdings war in der Regel eine persönliche Kontaktaufnahme vorausgegangen. Sie ergab sich entweder spontan in einer Feldforschungssituation oder wurde auf persönlichem Weg durch Dritte vermittelt. Versuche, auf formellem Weg über Briefe oder E-Mails Kontakt zu Vertretern des spirituellen Feldes zu gewinnen, welche die Forscherin nicht kannten, verliefen ergebnislos. Entweder verwies man mich mit der Begründung, keine Zeit zu haben, an jemand anderen oder die schriftliche Anfrage wurde – trotz verbindlicher Zusage, die Äußerungen absolut vertraulich zu behandeln – ganz ignoriert. Die Ergebnisse der durchgeführten Interviews waren – zumindest auf die Zielsetzung dieser Arbeit bezogen – von unterschiedlicher Qualität. Am ergiebigsten waren die Gespräche mit jenen, die bereits selbst sehr viel über ihre Spiritualität reflektiert hatten und themenfokussierte Antworten geben konnten.

Bibliografie

Aanderuud, Catharina: Vorne ist da, wo sich keiner auskennt, Hamburger Abendblatt, 22. 5. 2000.

Achenbach, Gerd B. in: Helga Bohnet: Zeitgeist und Spiritualität - Analysen und Themen, in: www.kath.de/kfa/zeitgeist/zgei03.htm.

Adamski, George: Inside the Spaceships, New York 1955.

Affemann, Rudolf: Krank an der Gesellschaft, Freiburg i. Br. 1990.

Aigmüller, Barbara/Zerling, Clemens: Beobachten ist das Wichtigste, in: Hagia Chora, Herbst 2002, 44–47.

Allgemeine deutsche Real-Enzyklopädie für die gebildeten Stände. Conversations-Lexikon in fünfzehn Bänden, Leipzig 91847.

Altmann, Petra: Relaxen hinter Klostermauern, in: Mobil. Das Magazin der Bahn, März 2005, 16–19.

Alt, Jürgen August: Wenn Sinn knapp wird, Frankfurt 1997.

Amend, Christoph: Die Retro-Republik, in: Die Zeit, 9. 9. 2004, 63–64.

Amid Ali Almaas, in: Connection special, Okt.–Nov. 2003, 65f.

Anand, Margot: Tantra oder die Kunst der sexuellen Ekstase, München 121995.

Angelucci, O. M.: The Secret of the Saucers, Übersetz.: Geheimnis der Untertassen, Wiesbaden 21983.

Baer, Harald/Gasper, Hans/Müller, Joachim/Sinabell, Johannes (Hg.): Lexikon neureligiöser Gruppen, Szenen und Weltanschauungen, Freiburg i. Br. 2005.

Baer, Harald: Voodoo, in: Gasper, Hans u. a. (Hg.): Lexikon der Sekten, Sondergruppen und Weltanschauungen, Freiburg 1995, 1119f.

Baer, Harald: Yoga, in: Hempelmann, Reinhard u. a. (Hg.): Panorama der neuen Religiosität, Gütersloh 2001, 331–340.

Bahnsen, Ulrich: Das Projekt Unsterblichkeit. Der Tod ist unvermeidlich, doch das Leben kann im Labor verlängert werden, in: Die Zeit, 23. 1. 2003.

Baker Eddy, Mary: Wissenschaft und Gesundheit, Boston 1998.

Balsekar, Ramesh S.: Die eine Wahrheit. Der Schlüssel zur Nicht-Dualität, Freiburg i. Br. 1996.

Balthasar, Hans Urs von: Spiritualität, in: ders.: Verbum caro. Skizzen zur Theologie I, Einsiedeln 1960, 226–244.

Barz, Heiner u. a.: Neue Werte, Neue Wünsche. Düsseldorf/Berlin 2001.

Bauer, Eberhard/Schetsche, Michael (Hg.): Alltägliche Wunder. Erfahrungen mit dem Übersinnlichen – wissenschaftliche Befunde, Würzburg 2003.

Beck, Don/Cowon, Christopher: Spiral Dynamics: Mastering Values, Leadership and Change, Cambridge, Massachussetts 1995.

Beck, Ulrich/Beck-Gernsheim: Elisabeth: Individualisierung in modernen Gesellschaften – Perspektiven und Kontroversen einer subjektorientierten Soziologie, in: ebd. (Hg.): Riskante Freiheiten, Frankfurt a. M. 1994, 11–39.
Beck, Ulrich: Risikogesellschaft. Auf dem Weg in eine andere Moderne, Frankfurt a. M., 1986.
Becker, Cornelie/Wiechens, Peter: Wer anfängt, gewinnt, in: Martin, Jörg (Hg.): PsychoManie, Frankfurt 1996.
Beck-Gernsheim, Elisabeth: Gesundheit und Verantwortung im Zeitalter der Gentechnologie, in: Beck, Ulrich/Beck-Gernsheim, Elisabeth (Hg.): Riskante Freiheiten, Frankfurt a. M. 1994, 316–335.
Behrendt, Joachim-Ernst: Was ist ein Meister?, in: esotera 2/2000, 40f.
Belliger, Andrea/Krieger, David J. (Hg.): Ritualtheorien. Ein einführendes Handbuch, Opladen 2003.
Benke, Christoph: Was ist Spiritualität?, in: Zulehner, Paul M. (Hg.): Spiritualität – mehr als ein Megatrend, Ostfildern 2004, 29–43.
Benz, Erich: Außerirdische Welten. Von Kopernikus zu den Ufos, Freiburg 1990.
Berger, Peter L. u. a.: Desecularization of the World. Resurgent Religion and World Politics, Washington 1999.
Berger, Peter L./Luckmann, Thomas: Die gesellschaftliche Konstruktion der Wirklichkeit, Frankfurt a. M. 1969.
Berger, Peter L./Luckmann, Thomas: Modernität, Pluralismus und Sinnkrise. Die Orientierung des modernen Menschen, Gütersloh 1995.
Berger, Peter L.: Auf den Spuren der Engel. Die moderne Gesellschaft und die Wiederentdeckung der Transzendenz, Frankfurt 1970.
Berger, Peter L.: Sehnsucht nach Sinn. Glauben in einer Zeit der Leichtgläubigkeit. Gütersloh 1999.
Berger, Peter L.: The Sacred Canopy, New York 1967.
Berner, Ulrich: Untersuchungen zur Verwendung des Synkretismus-Begriffs, Wiesbaden 1982.
Bly, Robert: Die kindliche Gesellschaft. Von der Weigerung, erwachsen zu werden, München 1997.
Bobert, Sabine: Internet: Datenwüste, Sozialraum oder technischer Gott?, in: EZW Materialdienst 6/04.
Bochinger, Christoph: Neue Religiosität als Forschungsgegenstand. Stellungnahme zum Projekt »Megatrend Religion?« aus religionswissenschaftlicher und -soziologischer Sicht, in: Polak, Regina (Hg.): Megatrend Religion? Neue Religiositäten in Europa, Ostfildern 2002, 404–420.
Bochinger, Christoph: Spiritualisierung oder Respiritualisierung? Deutungsrichtungen der religiösen Gegenwartskultur. Vortrag auf dem Symposium »Megatrend Respiritualisierung«, Universität Wien 09/2003.
Bochinger, Christoph: Synkretismus, in: Baer, Harald u. a. (Hg.): Lexikon neureligiöser Gruppen, Szenen und Weltanschauungen, Freiburg i. Br. 2005, 1254–1261.
Böhme, Hartmut: Die technische Form Gottes: Über die theologischen Implikationen von Cyberspace, in: Neue Zürcher Zeitung, 13./14. 4. 1996.
Bolz, Norbert: Das Design der Sinngesellschaft, in: Sturm, Hermann (Hg.): Geste und Gewissen im Design, Köln 1998.
Bolz, Norbert: Die Sinngesellschaft, Düsseldorf 1997.

Bosshart, David: Die Neuerfindung des Menschen, in: Becker, Ulrich u. a.: Top-Trends. Die wichtigsten Trends für die nächsten Jahre, Düsseldorf/München 1995.
Bourdieu, Pierre: Sozialer Raum und ›Klassen‹. Zwei Vorlesungen, Frankfurt a. M. 1991.
Bourguignon, Erika: Religion, Altered States of Consciousness, and Social change, Ohio 1973.
Bowen, John R.: Religions in Practice. An Approach to the Anthropology of Religion, Boston 1998.
Bowie, Fiona: The Anthropology of Religion, Oxford 2000.
Brantschen, Niklaus: Die Ohnmacht der Machthaber, in: Der Bund/Management, 30. 9. 2003, 9.
Bretschneider, Rudolf: Konsumgesellschaft. Entwicklungslinien und Perspektiven, Wien 2000.
Brockhaus Enzyklopädie in zwanzig Bänden, Wiesbaden [17]1973.
Brockhaus. Die Enzyklopädie in vierundzwanzig Bänden. Leipzig und Mannheim [20]1998.
Budka, Philipp/Kremser, Manfred: CyberAnthropology – Anthropology of Cyber-Culture, in: Khittel, Stefan/Plankensteiner, Barbara/Six-Hohenbalken, Maria: Contemporary Issues in Socio-Cultural-Anthropology. Perspectives and Research Activities from Austria, Wien 2004.
Burkan, Tolly: Spiritualität Extrem. Das Unmögliche möglich machen, Uhlstädt-Kirchhasel 2003.
Campiche, Roland J. u. a.: Die zwei Gesichter der Religionen. Faszination und Entzauberung, Zürich 2004.
Caplan, Mariana: Auf dem halben Weg zum Gipfel der Erleuchtung. Die Gefahren und Irrtümer verfrühter Ansprüche, erleuchtet zu sein, Petersburg 2002.
Castaneda, Carlos: Der Ring der Kraft, München 1998.
Cimino, Richard: Faith in Cyberspace, in: www.goethe.de/br/sap/macumba/ciminosh.htm.
Cleary, Thomas (Hg.): Zen in der Kunst der Menschenführung, Bern/München/Wien 1990.
Clifford, James: The Predicament of Culture: Twentieth-Century Ethnography, Literature, and Art, Cambridge 1988.
Copray, Nobert: Wenn die Spiritualität heilsam wirkt, in: Weil, Alfred (Hg.): Brücken bauen ins nächste Jahrtausend – Buddhistisch-christlicher Dialog für eine lebenswerte Zukunft, Berlin 1999.
Crowley, Aleister: Das Buch des Gesetzes. Liber al Vel Legis, Basel [4]1993.
Dahlberg, Brita C., in: Hessischer Rundfunk, Forum Leib und Seele, 25. 9. 2002.
Dahlke, Rüdiger und Margit: Okkultismus, München 1990.
Dahlke, Rüdiger/Dethlefsen, Thorwald: Krankheit als Weg. Deutung und Be-Deutung der der Krankheitsbilder, München 1990.
Dalai Lama: Kalachakra-Tantra, Berlin 2002.
Dehn, Ulrich: Suche nach der eigenen Mitte – östliche Religiosität im Westen, in: Hempelmann, Reinhard u. a. (Hg.): Panorama der neuen Religiosität, Gütersloh 2001, 310–408.

Denz, Hermann (Hg.): Die europäische Seele. Leben und Glauben in Europa, Wien 2002.
Der Große Brockhaus, in zwölf Bänden, Wiesbaden [16]1957.
Der Große Brockhaus. Handbuch des Wissens in zwanzig Bänden, Leipzig [15]1934.
Deren, Maya: Der Tanz des Himmels mit der Erde. Die Götter des haitianischen Vaudou, Wien 1992.
Devereux, George: Angst und Methode in den Verhaltenswissenschaften, München [3]1967.
Diätholle und Wellnesshimmel, Dokumentation der HR-Sendereihe Horizonte, 6. 9. 2003.
Dickmann, Dorothee: Trau keinem unter 30! Geht der Spiri-Szene der Nachwuchs aus?, in: Connection. Das Magazin fürs Wesentliche, Sept./Okt. 2004, 12–16.
Dinzelbacher, Peter (Hg.): Wörterbuch der Mystik, Stuttgart 1989.
Dittrich, Adolf/Hoffmann, Albert/Leuner, Hanscarl (Hg.): Welten des Bewusstseins, Bd. 2: Kulturanthropologische und philosophische Beiträge, Berlin 1993.
Dittrich, Adolf/Scharfetter, Christian (Hg.): Ethnopsychotherapie, Stuttgart 1987.
Donath, Matthias/Fortmann, Silke: Zukunft durch Gemeinschaft, in: www.prometheusonline.de/heureka/nachhaltigkeit/monografien/donath-fortmann/1.htm.
Douglas-Klotz, Neil: Himmel und Erde wieder zusammenbringen, in: Visionen 04/2004.
DUDEN Etymologie. Herkunftswörterbuch der deutschen Sprache, Mannheim 1997.
Dusse, Debora: Rituale als Thema der Gegenwartskunst, Materialdienst 9/03 der EKD.
Ebertz, Michael N.: Die Dispersion des Religiösen, in: Kochanek, H. (Hg.): Ich habe meine eigene Religion, Zürich/Düsseldorf 1999.
Ebertz, Michael N.: Erosion der Gnadenanstalt. Zum Wandel der Sozialgestalt von Kirche, Frankfurt a. M. 1998.
Eck, Markus: Vor Hass triefend. Ein Interview mit Isegrim von der Black Metal Band AEBA, in: www.metalmessage.de/Interviews/aeba.htm.
Egli, René: Das LOL?A-Prinzip – die Formel für Reichtum, Oetwil 2001.
Ehmer, Manfred: Die Weisheit des Westens, Düsseldorf 1998.
Eiermann, Egon, Originalton in: HR2, 29. 9. 2004.
Ein Kurs in Wundern, Gutach i. Breisgau 1994.
Eliade, Mircea: Das Heilige und das Profane, Hamburg 1957.
Eliade, Mircea: Die Religion und das Heilige, Salzburg 1954.
Eliade, Mircea: Kosmos und Geschichte, Reinbek 1966.
Eliade, Mircea: Schamanismus und archaische Ekstasetechnik, Frankfurt a. M. [7]1991.
Emoto, Masuro: Messages of the Water, o. O. [6]2000.
Encyclopedia of Cultural Anthropology, Vol. 3, New York 1996.
Encyclopedia of Social and Cultural Anthropology, London 1996.
Englisch, Andreas: Gott ist wieder da, in: Die Welt, 13. 1. 2004.
Enkelmann, Nikolaus B./Arndt, Roland: Der erfolgreiche Weg. Begleitbuch zu Video- und Audiokassetten, Bonn 1996.

Enomiya-Lassalle, Hugo Makibi: Der neue Mensch, in: Ropers, Roland R.: Geburtsstunde des neuen Menschen. Hugo Makibi Enomiya-Lassalle zum 100. Geburtstag, Petersberg 1998.

Erdheim, Mario: Wie viel Rituale braucht der Mensch, in: unimagazin. Die Zeitschrift der Universität Zürich, 1/1998.

Escobar, Arturo: Welcome to Cyberia: Notes on the Anthropology of Cyberculture, in: Current Anthropology 35 (3), 211–231.

Etzioni, Amitai: Die Verantwortungsgesellschaft. Individualismus und Moral in der heutigen Demokratie, Stuttgart 1995.

Eurotopia. Gemeinschaften und Ökodörfer in Europa, Poppau 2004.

EUROTOPIA: Leben in Gemeinschaft. Das europäische Projekte-Verzeichnis 97/98, Niedertaufkirchen 1997.

Evans-Pritchard, E. E.: Theories of Primitive Religion, Oxford 1965.

Fahlbusch, Erwin u. a. (Hg.): Evangelisches Kirchenlexikon. Internationale theologische Enzyklopädie, Göttingen 1996.

Fenzl, Fritz: Wunderheilungen. Aufzeichnungen beglaubigter Geschehnisse, München 2003.

Fenzl, Fritz, in: Schmidt, Peter: Wunderwasser. Deutschlands heilige Quellen, ZDF-Dokumentation, 1. 7. 2003.

Fenzl, Fritz: Wahre Wunder, München 2002.

Fiebig, Johannes (Hg.): Abschied vom Ego-Kult. Die neue soziale Offenheit, Krummwisch bei Kiel 2001.

Figl, Johann (Hg.): Handbuch Religionswissenschaft, Innsbruck/Wien/Göttingen 2003.

Figl, Johann/Klein, Hans-Dieter (Hg.): Der Begriff der Seele in der Religionswissenschaft, Würzburg 2002.

Figl, Johann: Die Mitte der Religionen. Idee und Praxis universalreligiöser Bewegungen, Darmstadt 1993.

Figl, Johann: Neue Religionen, in: ebd. (Hg.): Handbuch Religionswissenschaft, Innsbruck/Wien/Göttingen 2003, 457–484.

Figl, Johann: Spiritualität als Thema des interreligiösen Dialogs, in: Zulehner, Paul M. (Hg.): Spiritualität – mehr als ein Megatrend, Ostfildern 2004, 129–155.

Finke, Andreas: Exklusive Wege zum Heil, in: Hempelmann, Reinhard u. a (Hg.): Panorama der neuen Religiosität, Gütersloh 2001, 499–594.

Fischedick, Heribert: Die Kraft der Rituale. Lebensübergänge bewusst erleben und gestalten, Stuttgart 2004.

Flasche, Reiner: Neue Religionen, in: Drehsen, Volker u. a. (Hg.): Wörterbuch des Christentums, Zürich 1988, 868.

Flick, Uwe: Qualitative Forschung. Theorie, Methoden, Anwendung in Psychologie und Sozialwissenschaften, Reinbek 2000.

Fraling, Bernhard: Überlegungen zum Begriff der Spiritualität: Arbeitsgemeinschaft Theologie der Spiritualität/AGTS (Hg.), »Lasst euch vom Geist erfüllen!« (Eph 5,18) – Beiträge zur Theologie der Spiritualität (Theologie der Spiritualität – Beiträge 4), Münster 2001, 6–30.

Frambach, Ludwig, Spiritualität – Ein Interview, in: www.bewusst-gemacht.de/spiritus.htm.

Frankl, Victor E.: … trotzdem ja zum Leben sagen. Ein Psychologe erlebt das Konzentrationslager, München [23]2003.
Frankl, Victor E.: Der Mensch vor der Frage nach Sinn. Eine Auswahl aus dem Gesamtwerk, München [9]1997.
Frankl, Victor E.: Der Wille zum Sinn, Bern [5]2005.
Friedell, Egon: Kulturgeschichte der Neuzeit, München 1960.
Friesl, Christian/Polak, Regina: Theoretische Weichenstellungen, in: Polak, Regina (Hg.): Megatrend Religion? Neue Religiositäten in Europa, Ostfildern 2002, 54–72.
Fröhling, Thomas/Martin, Katrin: Feng Shui heute, München 2003.
Fuld, Werner: Das Lexikon der Wunder. Unerklärliche Phänomene von Auferstehung bis Zwerg, Frankfurt 2001.
Gabriel, Karl (Hg.): Religiöse Individualisierung oder Säkularisierung, Gütersloh 1996.
Gärtner, Christel/Bischoff, Klaus: Es gibt so viele Wege wie Menschen. Individueller Synkretismus, in: Greverus, Ina-Maria/Welz, Gisela (Hg.): Spirituelle Wege und Orte, Frankfurt 1990, 173–200.
Gärtner, Christel/Pollack, Detlef/Wohlrab-Sahr, Monika (Hg.): Atheismus und religiöse Indifferenz, Opladen 2003.
Gärtner, Christel: Sinnsuche und das Phänomen der neuen religiösen Bewegung, in: Sociologica Internationalis, Bd. 38, 2000, 87–113.
Gasper, Hans/Müller, Joachim/Valentin, Friederike (Hg.): Lexikon der Sekten, Sondergruppen und Weltanschauungen, Freiburg [2]1995.
Gauch-Keller, W. und Th.: Aufruf an die Erdenbewohner. Erklärungen zur Umwandlung des Planeten Erde und seiner Menschheit in der ›Endzeit‹, Ostermundingen/Schweiz 1992.
Gebauer, Gunter/Wulf, Christoph: Spiel – Ritual – Geste. Mimetisches Handeln in der sozialen Welt, Reinbek 1998.
Gebhardt, Winfried/Hitzler, Ronald/Pfadenhauer, Michaela (Hg.): Events. Soziologie des Außergewöhnlichen, Opladen 2000.
Gebhardt, Winfried: Die Verszenung der Gesellschaft und die Eventisierung der Kultur. Kulturanalyse jenseits traditioneller Kulturwissenschaften und Cultural Studies, in: Göttlich, Udo u. a. (Hg.): Populäre Kultur als repräsentative Kultur. Die Herausforderung der Cultural Studies, Köln 2002, 287–305.
Gebhardt, Winfried: Jugendkultur und Religion. Auf dem Weg zur religiösen Selbstermächtigung, EZW-Texte 170/2003, 7–19.
Gellner, David N.: Religion, Ritual und Politik, in: unimagazin. Die Zeitschrift der Universität Zürich, 1/1998.
Gibran, Khalil: Das Auge des Propheten, Frankfurt a. M./Berlin 1994.
Giddens, Anthony: Leben in einer posttraditionellen Gesellschaft, in: Beck, Ulrich/Giddens, Anthony/Lash, S.: Reflexive Modernisierung, Frankfurt a. M. 1996, 113–194.
Giddens, Anthony: Tradition in der posttraditionellen Gesellschaft, Soziale Welt 4, 445–485.
Giesen, Traugott, in: www.kath.de/kfa/zeitgeist/zgei03.htm.
Girtler, Roland: Methoden der Feldforschung, Wien/Köln/Weimar [4]2001.
Glazier, Stephen D. (Hg.): Anthropology of Religion. A Handbook, Westport 1997.

Gleichen-Russwurm, Alexander von: Sieg der Freude. Eine Ästhetik des praktischen Lebens, Stuttgart 1913.
Glock, Charles Y.: Über die Dimensionen der Religiosität, in: Matthes, Joachim (Hg.): Einführung in die Religionssoziologie II, Hamburg 1969, 150–168.
Goetz, Rolf: Spirituelle Gemeinschaften, Katzenelnbogen 1985.
Goldsmith, Joel S.: Die Kunst der geistigen Heilung, Argenbühl-Eglofstal 1962.
Golzio, Karl-Heinz: Ekstase, in: Hirschberg, Walter: Neues Wörterbuch der Völkerkunde, Berlin 1988, 113.
Govinda, Kalashatra: Tantra. Geheimnisse östlicher Liebeskunst, München 2000.
Gräb, Wilhem: Sinn fürs Unendliche. Religion in der Mediengesellschaft, Gütersloh 2002.
Graf, Friedrich Wilhelm: Die Wiederkehr der Götter. Religion in der modernen Kultur, München 2004.
Graves, Clare: Summary Statement: The Emergent, Cyclical, Double-Helix Model of the Adult Human Biopsychological Systems, Boston 1981.
Gray, Debora/Starwoman, Athena: Wie du deinen Ex-Prinzen in eine Kröte verwandelst und andere Hexensprüche, München 1997.
Grof, Stanislav: Das Abenteuer der Selbstentdeckung. Heilung durch veränderte Bewusstseinszustände, Reinbek 1994.
Grom, Bernhard: Macht der Glaube gesund?, in: Materialdienst der EZW 10/2001, 5–19.
Gronemeyer, Marianne: Leben als letzte Gelegenheit. Sicherheitsbedürfnisse und Zeitknappheit, Darmstadt 1993.
Gross, Peter: Die Anbetung des Fleisches, in: Psychologie heute, 12/2000.
Gross, Peter: Die Multioptionsgesellschaft, Frankfurt a. M. 1994.
Gross, Peter: Ich-Jagd, Frankfurt a. M. 1999.
Grotepass, Christoph: Spurensuche Glaube, in: www.sekten-info-essen.de.
Grün, Anselm: Jeder Mensch hat einen Engel, Freiburg i. Br. 1999.
Grün, Anselm: Rituale im Alltag, Schwarzach 2003.
Grünschloß, Andreas: Wenn die Götter landen, EZW-Texte 2000, Nr. 153.
Guyer, Lydia: Rückkehr zu vergessenen Kräften, in: frau und familie, 4/1998.
Gyger, Pia: Ist Frieden eine Utopie?, in: Visionen. Das Magazin für ganzheitliches Leben, 05/2003, 22f.
Habermas, Jürgen: Erkenntnis und Interesse, Frankfurt 1969.
Haekel, Josef: Religion, in: Trimborn, Hermann (Hg.): Lehrbuch der Völkerkunde, Stuttgart [4]1971, 72–141.
Halbach, Dieter: Die Regenbogenkraft der Gemeinschaft, in: eurotopia, Poppau 2004, 28f.
Handke, Peter: Über die Dörfer, Frankfurt a. M. 1984, 109–121.
Harner, Michael: Der Weg des Schamanen – ein praktischer Führer zu innerer Heilkraft, Genf 1994.
Haußig, H.-M.: Der Religionsbegriff in den Religionen. Studien zum Selbst- und Religionsverständnis im Hinduismus, Buddhismus, Judentum und Islam, Berlin 1999.
Hayward, Jeremy W.: Briefe an Vanesse – Über Liebe, Physik und die Verzauberung der Welt, Frankfurt a. M. 1998.

Heine, Wolfgang Christoph: Der neue Mensch – ein ewig Beginnender, in: Connection special. Die Sonderhefte für das Wesentliche, Okt.–Nov. 2003.
Hellinger, Bert: Ordnungen der Liebe, Heidelberg 1994.
Hemminger, Hansjörg: Durch Lesen zum Erfolg? – Selbsthilfe-Ratgeber unter der Lupe, in: Utsch, Michael (Hg.): Erfolg, Optimismus, Gewinn. Erfolgstrainer, Motivationsgurus und Strukturvertriebe auf dem Prüfstand. EZW-Texte 2002, Nr. 164.
Hempelmann, Reinhard u. a. (Hg.): Panorama der neuen Religiosität, Gütersloh 2001.
Hentschel, C. u. a.: Entscheidung zur Komplementärmedizin, sachorientiert oder irrational?, Dtsch. Med. Wschr. 121 (1996), 1553–1560.
Hepp, Armin Gerhardt: »Sensual Society« – Die Sinn- und Sinnlichkeitsgesellschaft und die Märkte der Zukunft, in: www.nordschwarzwald.ihk24.de.
Herriegel, Eugen: Zen in der Kunst des Bogenschießens, München (1951) 381998.
Hertel, Lutz: Der große Wellness-Guide, Werl 2003.
Heuser, Uwe Jean/Randow, Gero von: Der Gemeinsinn wächst – trotz Geldfiebers und schwarzer Konten, in: Fiebig, Johannes (Hg.): Abschied vom Ego-Kult. Die neue soziale Offenheit, Krummwisch bei Kiel 2001, 17–21.
Hildegard von Bingen: Heilkraft der Natur – »Physica«. Rezepte und Ratschläge für ein gesundes Leben, Freiburg/Basel/Wien 31997.
Hildegard von Bingen: Heilkunde. Das Buch von dem Grund und Wesen und der Heilung der Krankheiten, Salzburg 61992.
Hillenkamp, Sven: Wir Urlaubssimulanten, Die Zeit, 1. 10. 2003.
Hillesum, Etty: Das denkende Herz, Reinbek 1992.
Hirschberg, Walter (begr.): Wörterbuch der Völkerkunde, Berlin 1999.
Hirschberg, Walter: Neues Wörterbuch der Völkerkunde, Berlin 1988.
Hitzler, Ronald/Bucher, Thomas/Niederbacher, Arne: Leben in Szenen. Formen jugendlicher Vergemeinschaftung heute, Opladen 2001.
Hitzler, Ronald/Honer, Anne: Bastelexistenz. Über subjektive Konsequenzen der Individualisierung, in: Beck, Ulrich/Beck-Gernsheim, Elisabeth (Hg.): Riskante Freiheiten, Frankfurt a. M. 1994, 307–315.
Hitzler, Ronald: Die Bastel-Existenz, in: Psychologie heute, 7/1996, 30–35.
Hitzler, Ronald: Individualisierung des Glaubens. Zur religiösen Dimension der Bastelexistenz, in: Honer, Anne/Kurt, Ronald/Reichertz, Jo (Hg.): Diesseitsreligion. Zur Deutung der Bedeutung moderner Kultur, Konstanz 1999, 351–368.
Hitzler, Ronald: Sinnbasteln, in: Mörth, Ingo: Das symbolische Kapital der Lebensstile. Zur Kultursoziologie der Moderne nach Pierre Bourdieu, Frankfurt a. M. 1994.
Hödl, Hans Gerald: Alternative Formen des Religiösen, in: Figl, Johann: Handbuch Religionswissenschaft, Innsbruck/Wien/Göttingen 2003, 485–524.
Hoffer, Eric: The True Believer, New York 1951.
Hoheisel, Karl: Spiritismus, in: Fahlbusch, Erwin u. a. (Hg.): Evangelisches Kirchenlexikon. Internationale theologische Enzyklopädie, Göttingen 1996, 402.
Höhn, Hans-Joachim: Auf dem Weg in eine »postsäkulare« Kultur?, in: Zulehner, Paul M. (Hg.): Spiritualität – mehr als ein Megatrend, Ostfildern 2004, 15–28.
Höhn, Hans-Joachim: Zerstreuungen. Religion zwischen Sinnsuche und Erlebnismarkt, Düsseldorf 1998.

Holzer, Sepp: Der Agrar-Rebell, Graz 2002.
Honer, Anne/Kurt, Ronald/Reichertz, Jo (Hg.): Diesseitsreligion. Zur Deutung der Bedeutung moderner Kultur, Konstanz 1999.
Horx, Matthias/Horx, Oona: Trend-Report 2005. Soziokulturelle SCHLÜSSEL-TRENDS für die Märkte der kommenden Jahre, Kelkheim 2004.
Horx, Matthias/Trendbüro (Hg.): Trendbuch 2. Megatrends für die späten Neunziger Jahre, Düsseldorf [2]1996.
Horx, Matthias: Das Comeback der Werte, in: Becker, Ulrich u. a.: TopTrends. Die wichtigsten Trends für die nächsten Jahre, Düsseldorf/München 1995.
Horx, Matthias: Die acht Sphären der Zukunft, Wien 1999.
Horx, Matthias: Die entzauberte Zukunft, in: Berliner Zeitung, 2. 8. 2003.
Horx, Matthias: Sensual Society, in: connection special Okt.–Nov. 2003.
Horx, Matthias: Sensual Society. Die neuen Märkte der Sinn- und Sinnlichkeitsgesellschaft, Frankfurt 2002.
Horx, Matthias: Sensual Society. Die neuen Märkte der Sinn- und Sinnlichkeitsgesellschaft, in: esotera 03/2001, 67f.
Horx-Strathern, Oona/Horx, Matthias: Was ist Wellness? Anatomie und Zukunft des Wohlfühltrends, Kelkheim 2001.
Hubbard, L. Ron: Scientology – A history of Man. Ursprünglicher Titel: What to Audit]. A List and Description of the Principal Incidents to be Found in a Human Being. Los Angeles & Copenhagen (1952) 1988.
Hubbard, L. Ron: Scientology – Grundlagen des Denkens, Kopenhagen (1956) 1992.
Hultkrantz, Ake: Schamanische Heilkunst und rituelles Drama Nordamerikas, München 1994.
Hummel, Reinhard: Guruismus, in: Gasper, Hans u. a. (Hg.): Lexikon der Sekten, Sondergruppen und Weltanschauungen, Freiburg 1995, 416.
Humphrey, Caroline/Laidlaw, James: The Archetypal Actions of Ritual. A theory of ritual illustrated by the Jain rite of worship, Oxford 1994.
Huntemann, Hanne: Ein Weg zum Glück, ZDF-Dokumentation, 5. 10. 1993.
Huntington, Samuel P.: Kampf der Kulturen. Die Neugestaltung der Weltpolitik im 21. Jahrhundert, Rheda-Wiedenbrück 1997.
Hussendörfer, Elisabeth: Die Lust am einfachen Leben, in: esotera 03/2001, 66f.
Inglehart, Ronald u. a. (Hg.): Human Beliefs and Values. A cross-cultural sourcebook based on the 1999–2002 values survey, México 2004.
Inglehart, Ronald: Kultureller Umbruch, Frankfurt a. M. 1989.
Institut für mediale Zukunftsforschung: Prognosen, Bd. 4, Januar–Dezember 2004, Mainz 2004.
Jaeggi, Eva u. a.: Gibt es auch Wahnsinn, hat es doch Methoden, München 1990.
Jaermann, Claude: Wieder geboren, in: Spuren Nr. 71, 2004, 28ff.
Jäger, Willigis: Die Welle ist das Meer. Mystische Spiritualität, Freiburg i. Br. 2000.
Jäger, Willigis: Religiöse Erfahrung als Chance für einen interkulturellen Dialog, in: Dittrich, Adolf u. a. (Hg.): Welten des Bewusstseins, Bd. 2: Kulturanthropologische und philosophische Beiträge, Berlin 1993, 119–138.
Jäger, Willigis: Was wir Gott nennen, vollzieht sich als Mensch. Das 21. Jahrhundert wird ein Jahrhundert der Mystik werden, in: connection spezial III 2004, 33ff.
Jampolsky, Gerald G.: Lieben heißt die Angst verlieren, München 1996.

Jasmuheen: Lichtnahrung. Die Nahrungsquelle für das kommende Jahrtausend, Brugrain 1997.
Jösten, Harald: Die Entdeckung der »kulturell Kreativen«, in: Fiebig, Johannes (Hg.): Abschied vom Ego-Kult. Die neue soziale Offenheit, Krummwisch bei Kiel 2001, 99–106.
Jung, Carl Gustav: Grundwerk, Bd. 2 und Bd. 9, Solothurn/Düsseldorf 1995.
Jung, Mathias: Mut zum Ich. Auf der Suche nach EigenSinn, München 2004.
Kabat-Zinn, Jon, in: Frankfurter Rundschau, 29. 1. 2002.
Kaiser, Annette: Jenseits aller Pfade. Visionen einer neuen Spiritualität, Berlin 2004.
Kanitscheider, Bernulf: Auf der Suche nach Sinn, Frankfurt a. M. 1995.
Kemper, Peter (Hg.): Der Trend zum Event, Frankfurt a. M. 2001.
Kemper, Peter: Nur Kult lässt keinen kalt. Veranstaltungsrituale im Medienzeitalter, in: Kemper, Peter (Hg.): Der Trend zum Event, Frankfurt a. M. 2001.
Keupp, Heiner: Eigensinn und Selbstsorge: Subjektsein in der Zivilgesellschaft, in: Fiebig, Johannes (Hg.): Abschied vom Ego-Kult. Die neue soziale Offenheit, Krummwisch bei Kiel 2001, 61–89.
Khema, Ayya: Ich schenke euch Leben. Die Lebensgeschichte einer deutschen Buddhistin, München 1997.
Kingston, Karen: Feng Shui gegen das Gerümpel im Alltag, Reinbek 2000.
Klages, Helmut: »Stille Revolution« und neue Werte, in: Fiebig, Johannes (Hg.): Abschied vom Ego-Kult. Die neue soziale Offenheit, Krummwisch bei Kiel 2001, 23–30.
Klein, Naomi: No Logo, München 2001.
Klettner, Ulrich: Geistiges Heilen, in: www.dgh-ev.de.
Klonovsky, Michael/Scherer, Martin: Die Glaubenswelten der Deutschen. Über die Suche nach Sinn und Erfüllung, Focus 16/2004.
Kneer, Georg/Nassehi, Armin/Schroer, Markus: Klassische Gesellschaftsbegriffe der Soziologie, München 2001.
Knoblauch, Hubert: Qualitative Religionsforschung, Paderborn 2003.
Knoblauch, Hubert: Renaissance des Religiösen. Transzendenzerfahrungen und Spiritualität, Vortrag auf dem Symposium »Megatrend Respiritualisierung«, Universität Wien, 09/2003.
Koban, Markus/Patzelt, Elke: Religiosität im Cyberspace. Auf religiöser Spurensuche im World Wide Web, in: Polak, Regina (Hg.): Megatrend Religion? Neue Religiositäten in Europa, Ostfildern 2002, 193–212.
Koepping, Klaus Peter: Ritual, in: Hirschberg, Walter (Hg.): Neues Wörterbuch der Völkerkunde, Berlin 1988, 406f.
König, Franz Kardinal: Der Mensch und sein Glaube, in: ebd. (Hg.): Der Glaube der Menschen. Christus und die Religionen der Erde, Wien/Freiburg/Basel, [2]1994, 1–8.
Köppler, Paul: Gemeinschaft oder Individualismus, in: Siddharta. Spirituelles Magazin, Nr. 1/04, 2.
Krebber, Werner: Der Weg zum Selbst. Vom Weg in die Zukunft auf den Spuren der Mystik, in: Connection special. Die Sonderhefte für das Wesentliche, Okt.–Nov. 2003, 26f.
Kremser, Manfred: Afrikas Digitale Diaspora Religionen: Das Ringen um religiöse Kultur und Identität im Cyberspace, in: Zips, Werner (Hg.): Afrikanische Dias-

pora: Out of Afrika - Into New Worlds. [= Afrika und ihre Diaspora, Band 1], 2003, 447–456.
Kremser, Manfred: Afro-Caribbean Rituals, in: Salamone, Frank A. (Ed.): Encyclopedia of Religious Rites, Rituals and Festivals, New York 2004, 22–26.
Kremser, Manfred (Hg.): Ay BoBo - Afro-Karibische Religionen/African-Caribbean Religions, Wien 1996.
Kremser, Manfred: Cyberspace, African and African Derived Religions, African Geomancy, Ifa, etc., in: Glazier, Stephen D. (Hg.): Encyclopedia of African and African American Religions. New York 2001, 111–114, 7–8, 149–151.
Kremser, Manfred: Shangó-Online. Afrikas Digitale Diaspora Religionen, in: ders.: Shangó-Transformationen: Vom traditionellen Donnergott der Yoruba zum digitalen Blitzgewitter im Cyberspace, Wien 2005.
Kremser, Manfred: Trance, in: Hirschberg, Walter (Hg.): Neues Wörterbuch der Völkerkunde, Berlin 1988, 485.
Kremser, Manfred: Trance-Therapeutic Rituals and the Aesthetics of Healing, in: Fazekas, Tamás/Plass, Christian A. (Hg.): The Need for Psychotherapy, Aachen 2004, 143–164.
Kremser, Manfred: Von der Feldforschung zur Felder-Forschung, in: Wernhart, Karl. R./Zips, Werner (Hg.): Ethnohistorie. Rekonstruktion und Kulturkritik. Eine Einführung, Wien ²2001, 135–144.
Kremser, Manfred: Wodu, in: Hirschberg, Walter (Hg.): Neues Wörterbuch der Völkerkunde, Berlin 1988, 525.
Kriele, Alexa: Mit den Engeln über die Schwelle zum Jenseits, München 2004.
Kronlob, Lars: Die neue Spiritualität. Wege zur Einfachheit, Siegburg 2002.
Kübler-Ross: Elisabeth: Interviews mit Sterbenden, Stuttgart/Berlin 1969.
Kundera, Milan: Die Identität, zit. in: Süddeutsche Zeitung, 10. 8. 1998.
Lamnek, Siegfried: Qualitative Sozialforschung, Weinheim/Basel ⁴2005.
Langthaler, Rudolf: Skeptische Rückfragen an »Megatrend-Diagnosen. Vortrag auf dem Symposium »Megatrend Respiritualisierung«, Universität Wien 09/2003.
Lauxmann, Frieder: Der philosophische Himmel, München 2002.
Leary, Timothy/Metzner, Ralph/Alpert, Richard: Psychedelische Erfahrungen. Ein Handbuch nach Weisungen des Tibetanischen Totenbuchs, (1964) Markt Erlbach 1993.
Lenz, Hans-Joachim: Die Heilige Stadt. Eine Vision am Beispiel der Stadt Mainz, Books on Demand, Norderstedt ²2004.
Leslie, D./Adamski, G.: Flying Saucers Have Landed, New York 1953.
Lévi, Eliphas: Dogma und Ritual der Hohen Magie, Bd. II, München 1927.
Levi-Strauss, Claude: Das wilde Denken, Frankfurt a. M. 1997.
Liessmann, Konrad Paul u. a.: Ruhm, Tod und Unsterblichkeit. Nachdenken über die Endlichkeit, Wien 2004.
Lifton, Robert Jay: Terror und Unsterblichkeit. Erlösungssekten proben den Weltuntergang, München 2000.
Lindsay, Jack: The Origins of Astrology, New York 1971.
Lou, Voodoo: Voodoo für Einsteiger, Kiel ⁵2003.
Lucadou, Walter von: Dimension PSI: Fakten zur Parapsychologie, München 2003.
Lucadou, Walter von: Psi-Phänomene: neue Ergebnisse der Psychokinese-Forschung, Frankfurt a. M. 1997.

Luckmann, Thomas: Die unsichtbare Religion, Frankfurt a. M. 1967/1991.
Luczyn, Daniel: Magisch Reisen Deutschland – Wo die Seele Kraft tankt, München 2002.
Lüpke, Geseko von: Christentum ohne Kirche. Tendenzen in einer neuen Wendezeit, in: connection special III 04, 26f.
Lütz, Manfred, in: Hessischer Rundfunk, 29. 8. 2004, 8.30–9.00 h.
Lütz, Manfred: Lebenslust – Wider die Diät-Sadisten, den Gesundheitswahn und den Fitness-Kult, München 2002.
Madhukar, Interview in: esotera 04/2004, 14–17.
Mandino, Og: Das Geheimnis des Erfolgs, Bonn [5]1992.
Manz, Charles C.: Jesus als Manager. Neue Dimensionen christlicher Ethik, Bern 1999.
Markl, Johanna: Geomantie und Naturschutz, in: www.esoportal.de.
Martin, Ariane: Buddhismus in Deutschland am Beispiel *Buddha-Haus Gesamtprojekt*. Unveröffentlichte Feldstudie, Mainz 2004.
Martin, Ariane: Zur Rezeption des indianischen Schamanismus in Deutschland, unveröffentlichte Magisterarbeit, Mainz 1996.
Mary, Michael: Die Glückslüge, Bergisch-Gladbach 2003.
Mayer, Gerhard: Schamanismus in Deutschland. Konzepte Praktiken – Erfahrungen, Würzburg 2003.
Mayring, Philipp: Einführung in die Qualitative Sozialforschung, Weinheim [5]2002.
McAdams, Dan P./St. Aubin, Ed de (Ed.): Generativity and Adult Development. American Psychogical Association, Washington 1998, zit. in: Nuber, Ursula: Soll das alles gewesen sein?, in: Psychologie heute compact. Was gibt dem Leben Sinn? o. D., 16f.
McLean, Dorothy: Du kannst mit Engeln sprechen, München 1998.
Meier, Susanna, aus: Rituale – Flügel oder Fesseln?, in: Schritte ins Offene, 1/2002.
Menne, Marion: Reich und schön mit gutem Chi, Süddeutsche Zeitung, 11. 3. 2002.
Mescalito Nr. 22 (1992).
Metzinger, Thomas: Mentale Repräsentation, Phantomglieder und halluzinierte Selbste, in: Dittrich, Adolf u. a. (Hg.): Welten des Bewusstseins, Bd. 2: Kulturanthropologische und philosophische Beiträge, Berlin 1993, 13–35.
Meyer, Karl-Heinz: Zukunftswerkstatt Gemeinschaftsprojekte, Steyerberg 1988.
Meyers Konversations-Lexikon. Ein Nachschlagewerk des allgemeinen Wissens, Leipzig und Wien [5]1897.
Miers, Horst: Lexikon des Geheimwissens, München 1993.
Miller, Daniel/Slater, Don: The Internet. An Ethnographic Approach, Oxford 2000.
Moffatt, Michael: Ethnographic Writing about the United States. Annual Review of Anthropology, 21, 1992, 205–229.
Mommaers, Paul: Was ist Mystik?, (1979) Frankfurt a. M. 1996.
Moody, Raymond A.: Leben nach dem Tod, Reinbek 1977.
Moody, Raymond A.: Leben vor dem Leben, Reinbek 1990.
Moos, Ute: Spirituelles Heilen. Der schamanische Weg zur Gesundheit, München 2001.
Moravec, Hans: Mind Children. Der Wettlauf zwischen menschlicher und künstlicher Intelligenz, Harvard 1988, Hamburg 1990, 152–154.

Mueller-Harju, Dieter: Das WERT-VOLLE zurückgewinnen, in: Visionen 3/2003, 10f.
Müller, Peter: Die Seele laufen lassen. Pilgertage und spirituelle Wanderungen, München 2004.
Müller-Schneider: Thomas: Subjektbezogene Ungleichheit. Ein Paradigma zur Sozialstrukturanalyse postindustrieller Gesellschaften, in: Berger, P. A./Vestner, M. (Hg.): »Alte« und »neue« Ungleichheiten in postindustriellen Gesellschaften, Opladen 1998. Zit. in: Aus Politik und Zeitgeschichte (Bundeszentrale für politische Bildung), Editorial (B 12/2000).
Murphy, Joseph: Kernreligion, Eschwege 1965.
Naess, Arne: Ecology, Community and Lifestyle. Outline of an Ecosophy, Cambridge/New York/Sydney 1989.
Newberg, Andrew/d'Aquili, Eugene/Rause, Vince: Der gedachte Gott. Wie Glaube im Gehirn entsteht, München 2003.
Nidiyaye, Safi/Gottwald, Franz-Theo/Hormann, John/Besser-Anthony, Antje: Führung durch Intuition. Die entscheidende Wende im Management, Kreuzlingen 1997.
Niemann-Stefan, Ulrike, in: http://mitglied.lycos.de/Steinheilkreis.
Nietzsche, Friedrich: Die fröhliche Wissenschaft, München 1959, 166f.
Nipkow, Karl Ernst: Volkskirche und Neue Religiosität, in: Funkkolleg Religion, Studienbegleitbrief 11, Frankfurt a. M. 1984.
Noble, David: Eiskalte Träume. Erlösungsphantasien der Technologen, Freiburg 1998.
Noelle-Neumann, Elisabeth: Umfragen in der Massengesellschaft, Reinbek 1968.
Nordische Zeitung, Heft 4/70. Jahrgang, Gilbhart/Julmond 3802 n. St.
Novalis, Werke, München [3]1997, 384f.
Novotny, Thomas: Satanismus als parasitäre Spiegelreligion, in: www.religio.de.
Nuber, Ursula: Soll das alles gewesen sein?, in: Psychologie heute compact. Was gibt dem Leben Sinn?, o. D., 58–61.
Nüchtern, Michael: Die Weihe des Profanen – Formen säkularer Religiosität, in: Hempelmann, Reinhard u. a. (Hg.): Panorama der neuen Religiosität, Gütersloh 2001, 21–94.
Obrecht, Andreas J. (Hg.): Die Klienten der Geistheiler. Vom anderen Umgang mit Krankheit, Krise, Schmerz und Tod, Wien/Köln/Weimar 2000.
Obrecht, Andreas J.: Die Welt der Geistheiler. Die Renaissance magischer Weltbilder, Wien/Köln/Weimar 1999.
O'Donohue, John: Schönheit. Das Buch vom Reichtum des Lebens, München 2004.
Opaschowski, Horst W.: Das Erlebniszeitalter, in: Becker, Ulrich u. a.: TopTrends. Die wichtigsten Trends für die nächsten Jahre, Düsseldorf/München 1995.
Opaschowski, Horst W./Zellmann, Peter: Wohlbefinden als Lebensstil. Institut für Freizeit- und Tourismusforschung, Vortrag im Rahmen einer Pressekonferenz der Claire Fisher Kosmetik am 20. 3. 2002 in Hamburg.
Osho: Die verbotene Wahrheit. Vorträge zum Thomasevangelium, Köln 2003.
Osho: Sieben Himmel, sieben Höllen. Liebe leben im Alltag, Köln 2003.
Osho: The Sun Rises in the Evening, zit. in: www.leben-sterben.de.

Passie, Torsten: Ist Schamanismus Mystik?, in: Scharfetter, Christian/Rätsch, Christian (Hg.): Welten des Bewusstsein, Bd. 9: Religion – Mystik – Schamanismus, Berlin 1998, 121–136.

Paulsen, Susanne: Lebenslaufforschung, GEO, Heft 8, 1. 8. 2002, 43–68.

Peitsmeier, Henning/Höfinghoff, Tim: Für Harry Potter arbeiten Buchhändler auch nachts. In: Frankfurter Allgemeine Sonntagszeitung, 9. 11. 2003.

Peters, Larry G./Price-Williams, Donald: Towards an Experimental Analysis of shamanism, in: American Anthropologist, 7/1980, 397ff.

Peterson, Robert: Praxis der außerkörperlichen Erfahrung, Düsseldorf 1998.

Pleterski, Friederun, in: StadtAnsichten, Oktober 2003, 38f.

Pogacnik, Marko: Erdsysteme und Christuskraft, München 2000.

Pöhlmann, Matthias (Hg.): »Ich habe euch noch viel zu sagen ...«, EZW-Texte Nr. 169, 2003.

Pöhlmann, Matthias, in: HR 2, 19. 6. 2003.

Pöhlmann, Matthias: Gemeinsamer Dachverband gescheitert: Neuheiden, Okkultisten und Satanisten gehen getrennte Wege, in: Materialdienst der EZW 5/2002, 153–155.

Pöhlmann, Matthias: Kesse Junghexen in magischen Welten, in: EZW-Texte 170/2003.

Pöhlmann, Matthias: Neuheiden, Hexen, Satanisten, in: Hempelmann, Reinhard u. a. (Hg.): Panorama der neuen Religiosität, Gütersloh 2001, 282–293.

Pöhlmann, Matthias: Neuoffenbarer und Neuoffenbarungsbewegungen, in: Hempelmann, Reinhard u. a. (Hg.), Panorama der neuen Religiosität, Gütersloh 2001, 557–576.

Polak, Regina (Hg.): Megatrend Religion? Neue Religiositäten in Europa, Ostfildern 2002.

Pongs, Armin: In welcher Gesellschaft leben wir eigentlich? Bd. 1, München ^{2}2004.

Pongs, Armin: In welcher Gesellschaft leben wir eigentlich? Bd. 2, München 2000.

Postman, Neil: Das Verschwinden der Kindheit, Frankfurt a. M. 1983.

Pribram, Karl, zit. in: Lüpke, Geseko von: Christentum ohne Kirche. Tendenzen in einer neuen Wendezeit, in: connection special III 04, 26.

Pyar, Interview in: Visionen 1/2001, ww.pyar.de.

Pyar: Meister-Schüler-Beziehung und die Gefahr des Missbrauchs, in: Wegweiser 03/2003; www.pyar.de/Textseiten/Meister_Schüler.htm.

Randi, James: Lexikon der übersinnlichen Phänomene, München 2001.

Rätsch, Christian: Interview in: GEO Magazin Nr. 9/1999.

Rätsch, Christian: Schamanismus, Techno und Cyberspace. Von ›natürlichen‹ und ›künstlichen‹ Paradiesen, Solothurn 2001.

Rätsch, Christian: Schamanismus, Techno, Cyberspace: Von »natürlichen« und »künstlichen« Paradiesen, in: Scharfetter, Christian/Rätsch, Christian (Hg.): Welten des Bewusstsein, Bd. 9: Religion – Mystik – Schamanismus, Berlin 1998, 219–251.

Rahner, Karl: Frömmigkeit früher und heute: Schriften zur Theologie VII (Olten 1966), 22f.

Rahner, Karl: Grundkurs des Glaubens. Einführung in den Begriff des Christentums, Freiburg 1976.

Rahner, Karl: Hörer des Wortes. Zur Grundlegung einer Religionsphilosophie, München 1940.
Rahner, Karl: Kleines Kirchenjahr (über Ostern), München 1954, 84–92.
Ray, Paul H./Anderson, Sherry Ruth: The Cultural Creatives – How 50 Million People Are Changing The World, New York 2000.
Ray, Paul H.: Interview in: Psychologie heute 3/2004, 32–37.
Redfield, James: Die Prophezeiungen von Celestine, München 1999.
Rees, Martin: Das Ende der Zivilisation, in: Die Zeit, 1. 10. 2003.
Reinartz, Burkhard: Heilung durch Stille. Frankfurter Rundschau, 29. 1. 2002.
Reiter, Peter: Geh den Weg der Mystiker. Meister Eckharts Lehren für die spirituelle Praxis im Alltag, Freiburg 2003.
Reller, Horst/Krech, Hans/Kleiminger, Matthias (Hg.): Handbuch Religiöse Gemeinschaften und Weltanschauungen. Im Auftrag der Kirchenleitung der velkd, Gütersloh [5]2000.
Rheingold, Howard: Virtuelle Welten: Reisen im Cyberspace, Reinbek 1995.
Richter, Horst-Eberhard: Neue Formen der Solidarität, Interview in: Fiebig, Johannes (Hg.): Abschied vom Ego-Kult. Die neue soziale Offenheit, Krummwisch bei Kiel 2001, 91–97.
Richter, Rudolf (Hg.): Sinnbasteln. Beiträge zur Soziologie der Lebensstile, Wien/Köln/Weimar 1994.
Riesebrodt, Martin: Die Rückkehr der Religionen. Fundamentalismus und der »Kampf der Kulturen«, München [2]2001.
Rinser, Luise: Liebes Fräulein Siegel …, in: Hat das Leben einen Sinn, Die Zeit, 7. 4. 2004.
Ripota, Peter: Chaos: Die geheime Ordnung des Lebens, in: P.M. 6/2004, 61–69.
Ripota, Peter: Das Universum hat ein Bewusstsein!, in: P.M. 9/2003.
Rogers, Carl: Der neue Mensch, Stuttgart [7]2003.
Rohde, Johann Jürgen: Soziologie des Krankenhauses, Stuttgart 1974.
Rohr, Jascha: Nach den Wurzeln fragen. Die Tiefenökologie als Grundlage für Wege aus der Agrarkrise, in: Hagia Chora, Herbst 2002, 14–18.
Rohr, Richard/Ebert, Andreas: Das Enneagramm. Die neun Gesichter der Seele, München 1990.
Rohrbach, Carmen: Wandern auf dem Himmelspfad. Eine Frau unterwegs auf dem Jakobsweg durch Frankreich und Spanien, München 2004.
Ropers, Roland R.: Erwachen in der Gegenwart Gottes. Transformation und Erneuerung durch Kontemplation, in: Visionen. Das Magazin für ganzheitliches Leben, 05/2003.
Ropers, Roland R.: Geburtsstunde des neuen Menschen. Hugo Makibi Enomiya-Lassalle zum 100. Geburtstag, Petersberg 1998.
Rosenberg, Marshall: Gewaltfreie Kommunikation, Paderborn 2001.
Röth, Bertold: Neues Jahrtausend – neuer Glaube. Naturreligion und »Witchcraft«, in: Magie & Mythos 1/1999.
Roetz, Heiner: Konfuzius, Orig. Ausgabe, München [2]1998.
Rottenfußer, Roland/Dickmann, Dorothee: Der Markt ist wie eine Zicke. Seminarleiter-Schicksale in Zeiten des wirtschaftlichen Umbruchs, in: Connection, 5/2004.
Rottenfußer, Roland: Erfolgreich SEIN, in: Connection spirit, 03/2005, 16–18.

Rötzer, Florian: Virtuelle und reale Welten, in: Rötzer, Florian/Weibel, Peter: Cyberspace: Zum medialen Gesamtkunstwerk, München 1993.
Rowling, Joanne K.: Harry Potter und der Stein der Weisen, Hamburg 1998.
Ruppert, Hans-Jürgen: Suche nach Erkenntnis und Erleuchtung – moderne esoterische Religiosität, in: Hempelmann, Reinhard u. a. (Hg.): Panorama der neuen Religiosität, Gütersloh 2001, 210–309.
Rüttimann, Vera: Der Tod ist schick, Berliner Zeitung, 2. 6. 2001.
Rýzl, Milan: Das große Handbuch de Parapsychologie, München 2001.
Sandra: Geldzauber. Sandras Hexentipps zu finanziellen und beruflichen Problemen, München 2002.
Sanford, Kathleen: Führen mit Liebe. Ein neuer Weg zur ganzheitlichen Managementpraxis, Bern 1999.
Scharfetter, Christian/Rätsch, Christian (Hg.): Welten des Bewusstsein, Bd. 9: Religion – Mystik – Schamanismus, Berlin 1998.
Scharfetter, Christian: Der spirituelle Weg und seine Gefahren. Eine Übersicht für Berater und Therapeuten, Stuttgart 1997.
Schellenberger, Bernadin: Auf den Wegen der Sehnsucht. Zum spirituellen Leben heute, Freiburg i. Br. 2004.
Schenk, Herrad (Hg.): Vom einfachen Leben – Glückssuche zwischen Überfluß und Askese, München 1997.
Schmid, Georg/Schmidt, Georg Otto (Hg.): Kirchen Sekten Religionen: Religiöse Gemeinschaften, weltanschauliche Gruppierungen und Psycho-Organisationen im deutschen Sprachraum, begründet von Oswald Eggenberger, Zürich 2003.
Schmidt, Bettina: Religionsethnologie, in: Hirschberg, Walter (begr.): Wörterbuch der Völkerkunde, Berlin 1999, 311.
Schmidt-Reinecke, Wolfgang: Innen und Außen zugleich im Blick – Die Kulturell Kreativen, in: Transpersonale Perspektiven 2001.
Schnabel, Ulrich: Wie man in Deutschland glaubt, in: Die Zeit, 22. 12. 2003.
Schneider, Maria/Schumacher, Silke: StadtAnsichten, Oktober 2003.
Schneider, Wolf: Auf der Suche nach dem Wesentlichen, Krummwisch 2003.
Scholtz, R. F. v.: Lichtpfad der Menschheit, Heilbronn 1988.
Schroer, Markus: Klassengesellschaft, in: Kneer, Georg/Nassehi, Armin/Schroer, Markus (Hg.): Klassische Gesellschaftsbegriffe der Soziologie, München 2001.
Schüle, Christian: Die Diktatur der Optimisten, in: Die Zeit, 13. 6. 2001.
Schüle, Christian: Schrei nach Stille, in: Die Zeit, 24. 6. 2004.
Schulze, Gerhard, zitiert in: Der Spiegel, 18. 7. 1994, 77.
Schulze, Gerhard: Die beste aller Welten. Wohin bewegt sich die Gesellschaft im 21. Jahrhundert?, München 2003.
Schulze, Gerhard: Die Erlebnisgesellschaft, Frankfurt a. M./New York ^{8}1992.
Schulze, Gerhard: Ich-Jagd. Im Unabhängigkeitsjahrhundert, Frankfurt a. M. 1999.
Schulze, Gerhard: Kulissen des Glücks. Streifzüge durch die Eventkultur, Frankfurt a. M. 1999.
Schulze, Gerhard: Was wird aus der Erlebnisgesellschaft?, in: www.stadt-frankfurt.de.
Schütz, Alfred: Wissenschaftliche Interpretationen und Alltagsverständnis menschlichen Handelns, in: ebd.: Gesammelte Aufsätze. Bd. 1: Das Problem der sozialen Wirklichkeit, Den Haag 1971.

Schutzbach, Roland, in: www.holon.ch/holonweb/content/archiv/infos/neues.html.

Sennett, Richard: Der flexible Mensch, Berlin 1998.

Sherman, Barrie: Virtuelle Realität: Computer kreieren synthetische Wetlen, eine Technologie, die unsere Gesellschaft radikal verändern wird, Bern/München/Wien 1993.

Sieber, Markus: Zwischen Erde und Himmel. Das Projekt Fintan wirtschaftet am keltischen Kraftort, in: Hagia Chora, Herbst 2002, 27.

Sölle, Dorothee: Lieben und Arbeiten, Hamburg 1999.

Sonnenschmidt, Rosina: Die sechs Wandlungs-Phasen des Sterbeprozesses, in: raum & zeit 114/2001, 5–23.

Späth, Nikos: Schamanismus, Okkultismus, Kohlemachismus, in: Welt am Sonntag, 23. 5. 2004.

Splett, Jörg: Denken vor Gott. Philosophie als Wahrheitsliebe, Frankfurt 1996.

Splett, Jörg: Gotteserfahrung im Denken. Zur philosophischen Rechtfertigung des Redens vor Gott, Freiburg/München ^{4}1995.

Sri Aurobindo: Der Integrale Yoga, Hamburg 1983.

Sri Nisargadatta Maharaj: Ich bin ... (Originaltitel: I am That), (1989), Bielefeld ^{4}1998.

Staat, Frits: The Meaninglessness of Ritual. Numen 26, 1979.

Steiner, Anita: Naturrituale, in: Gugerli, Barbara/Schauwecker, Marianne: Barfuß über die Erde, Zürich 2000.

Stevens, Petey: Entdecken Sie Ihre übersinnlichen Fähigkeiten, München 1996.

Streib, Heinz: Jugendokkultismus. Überblick über die Ergebnisse empirischer Forschung, in: Ritter, W. H./Streib, H. (Hg.): Okkulte Faszination, Neukirchen-Vluyn 1997.

Stutz, Pierre: 50 Rituale für die Seele, Freiburg 2003.

Sudbrack, Josef: Spiritualität, in: Dinzelbacher, Peter (Hg.): Wörterbuch der Mystik, Stuttgart 1989, 466.

Süss, Joachim/Pitzer-Reyl, Renate: Religionswechsel, München 1996.

Sutcliffe, Steven J.: Children of the new age – a history of spiritual practices, London 2003.

Suzuki, Daisetz T.: Die große Befreiung. Einführung in den Zen-Buddhismus, München/Wien ^{17}1997.

Szandor La Vey, Anton: Die Satanischen Rituale (1972), Berlin 1999.

Szandor La Vey, Anton: Die satanische Bibel (1969), Berlin ^{2}1999.

Talbot, Michael: Das Holographische Universum. Die Welt in neuer Dimension, München 1992.

Tasso, Hardy: Cyborgs: Mensch oder Maschine?, in: HR2, 11. 10. 2003, 9.30–9.45 h.

Temme, Teresa: »Ich sehe was, was Du nicht siehst ...« Wahrträume und ihre subjektive Evidenz, in: Bauer/Schetsche (Hg.): Alltägliche Wunder, Würzburg 2003.

Tenzer, Eva: Gut beraten?, in: Psychologie heute, 12/2003.

Thich, Nhat Hanh: Ein Lotos erblüht im Herzen, München 1995.

Thich, Nhat Hanh: Nimm das Leben ganz in deine Arme. Die Lehre des Buddha über die Liebe, Berlin ^{2}2001.

Thiel, Franz-Josef: Religionsethnologie. Grundbegriffe der Religionen schriftloser Völker, St. Augustin/Berlin 1984.

Thimm, Katja: Supermarkt der Religionen, in: Der Spiegel, 25. 12. 2000.

Thomä, Dieter: Das erstarrte Land, in: KulturSPIEGEL, 10/2004, 16.
Too, Lillian: Schlüssel zum Glück mit Feng Shui. Praktische Tipps zur Steigerung der Lebensqualität, München 1999.
Treibel, Annette: Einführung in soziologische Theorien der Gegenwart, Wiesbaden [6]2004.
Troll, Pyar: Buddha, Heilung und Spiritualität, in: Connection Febr./März 2004.
Troll, Pyar: Meister-Schüler-Beziehung und die Gefahr des Missbrauchs, in: Wegweiser 03/2003; www.pyar.de/Textseiten/Meister_Schüler.htm.
Trost, Sibylle: Endzeitfieber. Die Propheten der letzten Tage. Dokumentation aus der ZDF-Sendereihe *37 Grad*, 4. 8. 1998.
Trost, Sibylle: Fiat Lux, in: ZDF-Sendereihe *Zur Zeit*, 8. 8. 1998
Utsch, Michael: Ekstase, Erfolg, Erneuerung, Orientierung – vier Versprechen der Psychoszene, in: Hempelmann, Reinhard u. a. (Hg.), Panorama der neuen Religiosität, Gütersloh 2001, 95–209.
Valentin, Friederike: Sekten, in: Gasper, Hans u. a. (Hg.): Lexikon der Sekten, Sondergruppen und Weltanschauungen, Freiburg [2]1995.
Vaughan, Frances: Eine Frage des Gleichgewichts – Gesundes und Pathologisches in den neuen religiösen Bewegungen, in: Wilber, Ken u. a. (Hg.): Meister, Gurus, Menschenfänger, Frankfurt a. M. 1987, 63–83.
Veit, K. L./Gottsleben, J.: Außerirdische Weltraumschiffe sind gelandet. Umwälzende Ereignisse, Gütersloh [11]1996.
Vester, Frederic: Unsere Welt – ein vernetztes System, München 1991.
Waffender, Manfred (Hg.): Cyberspace: Ausflüge in virtuelle Wirklichkeiten, Reinbek 1993.
Wagner, Falk: Religion, in: Drehsen u. a. (Hg.): Wörterbuch des Christentums, Zürich 1988.
Walker, Barbara: Das geheime Wissen der Frauen, München [4]1997.
Walker, Brian: Dies sagte Laotse. Die unbekannten Lehren des Hua-hu ching, Braunschweig 1995.
Walsh, Roger N.: Der Geist des Schamanismus, Freiburg i. Br. 1992.
Wapnick, Kenneth: Betrachtungen über Ein Kurs in Wundern, Gutach i. Breisgau 1993.
Warnke, Ulrich: Was ist Leben? Diesseits und Jenseits der Raum-Zeit-Netze, in: Tattva Viveka 22, 8–17.
Was ist Erleuchtung? Magazin – Kann Erleuchtung die Welt retten? Issue 6, www.wie.org/DE/j6/j6.asp.
Watts, Alan: Gut sein wollen ist nicht gut, in: Visionen 1/2002, 36.
Weber, Max: Die Objektivität sozialwissenschaftlicher und sozialpolitischer Erkenntnis, in: ders.: Gesammelte Aufsätze zur Wissenschaftslehre, Tübingen (1922) 1988, 17–206.
Weber, Max: Wirtschaft und Gesellschaft. Grundriss der verstehenden Soziologie, Tübingen [5]1985.
Wehr, Gerhard: Spirituelle Meister des Westens, München 1995.
Weil, Andrew: Spontanheilung. Heilung kommt von innen, München 1998.
Weis, Hans-Willi: Exodus ins Ego. Therapie und Spiritualität im Selbstverwirklichungs-milieu, Zürich/Düsseldorf 1998.

Weismayer, Josef: Spiritualität, in: Gasper, Hans u. a. (Hg.): Lexikon der Sekten, Sondergruppen und Weltanschauungen, Freiburg i. Br. 1995, 1009.

Weismayer, Josef: Unterscheidung der Geister - Unterscheidung der Spiritualitäten, in: Zulehner, Paul M. (Hg.): Spiritualität - mehr als ein Megatrend, Ostfildern 2004, 189–203.

Weiss, Gabriele: Elementarreligionen. Eine Einführung in die Religionsethnologie, Wien/New York 1987.

Welwood, John: Über echte und falsche spirituelle Autorität, in: Wilber, Ken/Ecker, Bruce/Anthony, Dick: Gurus, Meister, Menschenfänger, Frankfurt 1995, 39–62.

Wenisch, Bernhard: Satanismus, in: Gasper, Hans u. a. (Hg.): Lexikon der Sekten, Sondergruppen und Weltanschauungen, Freiburg i. Br. 1995, 940.

Wenzel, Otto-R.: Soziologische/kulturelle Aspekte der Sinnfrage, in: www.fhs-moritzburg.de.

Wenzel, Uwe Justus: Eine Soziologie des Seins, NZZ, 5. 4. 2003.

Wernhart, Karl R.: Ethnische Religionen, in: Figl, Johann (Hg.): Handbuch der Religionswissenschaft, Innsbruck/Wien/Göttingen 2003, 260–287.

Wernhart, Karl R.: Ethnische Religionen. Universale Elemente des Religiösen, Innsbruck/Wien 2004.

Wernhart, Karl R.: Ethnische Seelenkonzepte, in: Figl, Johann/Klein, Hans-Dieter (Hg.): Der Begriff der Seele in der Religionswissenschaft, Würzburg 2002, 45–60.

Wernhart, Karl R.: Universalia humana et cultura. Zur Frage von Mensch, Kultur und Umwelt, in: Mitteilungen der Anthropologischen Gesellschaft in Wien, Bd. 117, Wien 1987, 17–25.

Wernhart, Karl. R.: »Religious Beliefs per se«, a Human Universality, in: Anthropos, Bd. 81, Fribourg 1986, 648–652.

Wersig, Gernot: Informationsgesellschaft und Postmoderne, in: http://kommwiss.fu-berlin.de/103.html.

wicca spezial, Ausgabe 02/2004, 18–25.

Widl, Maria: Christentum und Esoterik. Darstellung, Auseinandersetzung, Abgrenzung, Graz/Wien/Köln 1995.

Wiesendanger, Harald (Hg.): Geistiges Heilen für eine neue Zeit, München 1999.

Wilber, Ken/Ecker, Bruce/Anthony, Dick (Hg.): Meister, Gurus, Menschenfänger. Über die Integrität spiritueller Wege, Frankfurt 1995 (erstmals New York 1987).

Wilber, Ken: Das Wahre, Schöne und Gute. Geist und Kultur im 3. Jahrtausend, Frankfurt a. M. 2002.

Wilber, Ken: Eros, Logos, Kosmos. Eine Vision an der Schwelle zum nächsten Jahrtausend, Frankfurt a. M. 1996.

Wilber, Ken: Ganzheitlich handeln. Eine integrale Vision für Wirtschaft, Politik, Wissenschaft und Spiritualität, Freiamt 2001.

Wilkens, Karin: Positiv denken macht krank, in: Der Spiegel, 30/2002, 78.

Williamson, Marianne: Rückkehr zur Liebe. Harmonie, Lebenssinn und Glück durch »Ein Kurs in Wundern«, München 1993.

Winterhoff-Spurk, Peter: Hilfe, die Histrios sind unter uns! Ich bin so schön, ich bin so toll, in: Psychologie heute, März 2005, 30–35.

Winterhoff-Spurk, Peter: Kalte Herzen. Wie die Medien unseren Charakter formen, Stuttgart 2005.

Wippermann, Carsten, in: Adler, Katrin: Entzauberung führt zur Erprobung neuer Formen – Jugend und Religiosität, in: Das Parlament, Nr. 19–20, 2000.
Wippermann, Carsten: Religion, Identität, Lebensführung, Opladen 1998.
Wirtz, Ursula/Zöbeli, Jürg: Hunger nach Sinn. Menschen in Grenzsituationen. Psychotherapie, Stuttgart 1995.
Zanko: Wie lange schläfst du noch …?, Berlin 2004, www.edition-zanko.de.
Zapotoczky, Hans Georg, in: Richter, Claudia: Depression wird zur führenden Krankheit. Beziehungslosigkeit als Gesundheitsrisiko, Die Presse, 6. 2. 2004.
ZDF-Kulturmagazin *aspekte*, 8. 8. 2003, www.zdf.de.
ZDF-Sendereihe *sonntags – TV fürs Leben*, 30. 6. 2004.
Zeitschrift für Rechtspolitik, 11. November 2001.
Zeitschrift Schrot und Korn, März 2004.
Ziebertz, Hans-Georg, Interview in: Focus 16/2004, 138.
Ziebertz, Hans-Georg, Interview in: Psychologie heute compact. Was gibt dem Leben Sinn? o. D., 30–33.
Zinser, Hartmut: Traumreisen und Schamanisieren – Beobachtungen zum »New Age«-Schamanismus, in: Materialdienst der EZW, Stuttgart 9/1988.
Zirfas, Jörg: Vom Zauber der Rituale, Leipzig 2004.
Zulehner, Paul M./Brandner, Josef: GottesPastoral, Ostfildern 2002.
Zulehner, Paul M. im Gespräch mit Karl Rahner: Denn du kommst unserem Tun mit deiner Gnade zuvor, Ostfildern 2002.
Zulehner, Paul M. (Hg.): Spiritualität – mehr als ein Megatrend, Ostfildern 2004.
Zulehner, Paul M./Denz, Hermann: Wie Europa lebt und glaubt. Europäische Wertestudie, Düsseldorf 1993.
Zulehner, Paul M./Polak, Regina/Hager, Isa: Kehrt die Religion wieder? Religion im Leben der Menschen 1970–2000, Ostfildern 2001.
Zulehner, Paul M./Tomka, Miklos: Religion im gesellschaftlichen Kontext Ost (Mittel)Europas. [Gott nach dem Kommunismus], Ostfildern 2000.
Zulehner, Paul M.: Kirche umbauen – nicht totsparen, Ostfildern 2004.
Zulehner, Paul M.: Megatrend Religion, in: Stimmen der Zeit 221, 2003, 87–96.
Zulehner, Paul M.: Säkularisierung von Gesellschaft, Person und Religion, Wien 1973.
Zulehner, Paul M.: Vom Untertan zum Freiheitskünstler, Wien 1991.
Zulehner, Paul M.: Wiederkehr der Religion? in: Denz, Hermann (Hg.): Die europäische Seele, Wien 2002, 23–41.